Michael Ranft

Neue genealogischhistorische Nachrichten von den vornehmsten Begebenheiten,

welche sich an den europäischen Höfen zugetragen

Michael Ranft

Neue genealogischhistorische Nachrichten von den vornehmsten Begebenheiten,

welche sich an den europäischen Höfen zugetragen

ISBN/EAN: 9783741166846

Hergestellt in Europa, USA, Kanada, Australien, Japan

Cover: Foto ©ninafisch / pixelio.de

Manufactured and distributed by brebook publishing software (www.brebook.com)

Michael Ranft

Neue genealogischhistorische Nachrichten von den vornehmsten Begebenheiten,

Neue
Genealogisch-Historische
Nachrichten

von den
Vornehmsten Begebenheiten,
welche sich an den
Europäischen Höfen
zutragen,
worinn zugleich
vieler Stands-Personen
Lebens-Beschreibungen
vorkommen.

Der 115 Theil.

Leipzig, 1760.

Bey Johann Samuel Heinsii sel. Erben.

Inhalt.

I. Besondere Nachrichten von den gekrönten Regenten in Europa vom Jahr 1758.

II. Der merkwürdige Beschluß des Feldzugs in Sachsen 1758.

III. Einige jüngst geschehene merkwürdige Todes-Fälle.

IV. Leben und Thaten des jüngst verstorbenen Großmeisters von Malta.

V. Verzeichniß der gesammten Chur-Hannöverischen Trouppen zu Anfang 1759.

I.

Besondere Nachrichten von den gekrönten Regenten in Europa vom Jahre 1758.

I.

Franciscus I. Römischer Kayser, hat ein Corpo von 3300 Mann aus seinem Gros-Herzogthum Toscana im May nach Wien kommen lassen, die die Quartiere dererjenigen Trouppen bezogen, welche wider den König in Preußen zu Felde gehen müssen. Die Vorstädte, die er vor einigen Jahren zu Livorno anlegen lassen, sind diß Jahr fertig worden. Er hat ein Decret allda anschlagen lassen, durch welches die Rechte, Freyheiten und Privilegia derer, die sich daselbst häußlich niederlassen wollen, bekannt gemacht worden. Den 30 Oct. wurde ein Memorial von der lutherischen Gemeinde des in seiner Reichs-Grafschaft Falkenstein gelegenen Orts Ilbesheim bey dem Corpore Euangelicorum zu Regenspurg dictirt, worinnen um Intercession bey Sr. Kayserl. Maj. gebeten wurde, nachdem vorbesagte Gemeinde nicht hoffen kann, daß das, zur gemeldeten Grafschaft Falkenstein verordnete, Kayserl. Ober-Amt zu Winnweyler ihre Beschwerden abthun würde. Solche aber bestehen in der Einführung des simultanaei exercitii der

Römisch-Catholischen Religion. Die vorhabende Reichs-Achts-Erklärungs-Sache ist durch das, im Nov. abgefaßte Conclusum des Corporis Euangelicorum zu Regenspurg ins Stecken gerathen.

II. Maria Theresia, Kayserinn-Königinn in Ungarn hat den Krieg gegen den König in Preusen mit grossem Eyfer fortgesetzet, aber ihm in diesem Jahre wenig abgewinnen können. Der neue Pabst, Clemens XIII. hat ihr durch ein Breve das Recht zu Führung des Titels Apostolisch in Ansehung des Königreichs Ungarn zugestanden. Solches Breve ist also abgefasset:

> An Unsere in Christo vielgeliebte Tochter Maria Theresia, erwählte Römische Kayserinn und Apostolische Königinn von Ungarn. Clemens XIII.
>
> Heyl und Apostolischen Seegen an Unsere in Christo vielgeliebte Tochter!
>
> Nachdem die Römischen Päbste, denen Wir ganz unverdient gefolget sind, unter vielen andern vortrefflichen Beweisungen vornämlich auch weislich und rühmlich gehandelt, daß sie die, auf den Gränzen der ewigen Todt-Feinde des christlichen Namens gelegene Lande und Völker als Wälle und starke Verschanzungen gegen derselben Einfälle, in ihre ganz ausnehmende Zuneigung eingeschlossen, und sie bey vorkommender Gelegenheit mit Wohlthaten begnadiget: so haben auch Wir auf das florisanteste Reich Ungarn Acht, welches Unsere in Christo vielgeliebte Tochter, bekommen haben, und welches zur Ausbreitung der Gränzen des Christl. Gebietes und Glanzes sowohl in Absicht auf die Tapferkeit einer streitbaren Nation, als der natürlichen Lage der Lande sehr bequem und gelegen ist, gleichwie es dafür allezeit angesehen und geachtet worden.

den. Niemanden ist unbekannt, wie viel die edle Ungarische Nation durch ihre treffliche tapfere Thaten zur Vertheidung und Ausbreitung des christlichen Glaubens beygetragen: wie vielmal dieselbe gegen den Erb-Feind gestritten, und ihm, wenn er zum allgemeinen Untergange des gemeinen Besten der Christenheit ausgezogen, durch ihren eigenen Cörper das Eindringen abgeschnitten, und sehr grosse und beynahe unglaubliche Siege über ihn erfochten hat. Diese Thaten sind an sich selbst berühmt und weltkündig, und werden durch berühmte Zeitbücher und Gedenkschriften der Nachkommenschaft überliefert. Doch wir können hier keinesweges den heiligen Stephanum, diesen tapfersten Fürsten von Ungarn, dessen Gedächtniß der himmlischen Glorie gewidmet, und in die Zahl der Heiligen erhoben, Wir feyerlich verehren, mit Stillschweigen übergeben; denn seine nachgelassene Fußtapffen von Tugend, Heiligkeit und Tapferkeit erstrecken sich in diesen Gegenden bis zu einem ewigen Ruhm der Ungarischen Nation; auch haben die ihm nachgefolgten Beherrscher des Reichs diesen herrlichsten Beyspielen von Tugenden zu allen Zeiten nachzufolgen gesuchet. Es kann daher auch niemanden befremden, daß die Römischen Päbste die Ungarische Nation, sammt ihren Fürsten und Königen, wegen ihrer grossen und ausnehmenden Treue gegen den catholischen Glauben, und wegen deren Verdienste bey dem Römischen Stuhle mit vielem Lobe erhoben und mit Freyheiten beehret haben. Es gereichet ihnen unter andern zur Ehre, daß ihren Königen, wenn sie öffentlich erscheinen, das Creutz als ein Zeichen des glanzreichsten Apostelats durch den Bischoff vorgetragen wird; und zwar aus einer besondern Zulassung von diesem heiligen Stuhle, um zu bezeugen, daß die Ungarische Nation und ihre Könige sich einzig und allein des Creutzes unsers Herrn Jesu Christi rühmen, und iederzeit gewohnt gewesen sind, in diesem Zeichen für den catholischen Glauben zu streiten und zu überwinden. Auch haben die Könige von Ungarn dadurch so viel erworben, daß sie zu mehrern malen, und

beyna=

beynahe durchgehends, mit dem überherrlichen und glänzenden Namen Apostolischer Könige beehret und bezeichnet worden, ob man gleich den Ursprung dieser Gewohnheit und die Authenticität von einem solchen Privilegio nicht entdecken kann. Wir jedoch, da Wir den weisen Sinn unserer Vorfahren hierinnen nicht entdecken können, und gleichwohl uns bestreben, ihren Einrichtungen zu folgen, vermeinen, den Anfang Unserer Päbstl. Würde nicht besser verherrlichen zu können, als solche Fürsten und Könige, von denen Wir wissen, daß sie dem heiligen Stuhle äusserst zugethan und verbunden sind, mit Glanz und Ehre zu zieren. Wir finden derohalben für gut, die Verherrlichung und Großmachung Ew. Apostolischen Maj. und Deroselben Königreichs Ungarn zu befördern. Wir werden solches gehörig und feyerlich bewerkstelligen, wenn Wir vorbesagter höchstwürdigen Benennung Apostolisch Unsere Päbstl. Auctorität, Macht und Gewalt, soviel dieselbe nöthig ist, beyfügen. Wir zieren, beehren, würdigen und bezeichnen dannenhero aus eigener Bewegung und reifer Ueberlegung, wie auch aus Vollkommenheit Unserer Apostolischen Macht und Gewalt Ew. Apostolische Majestät, als Königinn von Ungarn, und alle Dero Nachfolger in solchem Reiche, mit dem Titel und der Benennung Apostolische Könige; und wollen und begehren, daß sie von allen und jeden als Apostolische Königinn, und alle Dero Nachfolger im Königreiche Ungarn als Apostolische Könige genennet, betittelt, begrüßet, behandelt und gehalten werden, ohngeachtet aller derer, die sich darwider setzen möchten. Sie lassen sich denn, Unsere in Christo vielgeliebte Tochter, diesen Titel lieb und angenehm seyn, nicht zum Beweis von Macht und Herrschaft, welche die Ehrsucht dieser Welt und ein eiteles Gepränge ausgedacht hat, sondern zu dem eigentlichen Kennzeichen christlicher Bescheidenheit und Unterthänigkeit an Jesum Christum selbst, worinnen der wahre und nicht vergängliche Glanz Dero Reichs bestehet. Sie empfangen diesen Titel zu einem Zeugnisse oder zu einer Belohnung Dero brennenden

Eyfers

Eyfers zu Fortpflanzung der Catholischen Religion, den Sie von Dero Vorvätern in einem sehr preißlichen Zusammenhange übernommen und bewahret, und ie länger ie mehr wachsen lassen. Ueberliefern Sie dieſen Ehren-Tittel und diese Zierde an Dero allerbesten und allerliebsten Sohn, welchem der Glanz des mütterlichen Erbes, und die Nachfolge von derselben vorbildlichen Thaten zukömmt. Sie nehmen endlich dieses Breve als die Erstlinge Unserer Päbstl. Liebe und Zuneigung an, womit Wir Ew. Apostolische Maj. entgegen gehen, und wobey Wir noch zu einem zweyten Unterpfande Unsern Apostolischen Seegen fügen, den Wir Jhnen, Unsere in Christo vielgeliebte Tochter, aufs zärtlichste mittheilen. Gegeben zu Rom den 25 August 1758.

III. Ferdinand VI. König von Spanien, hat feste bey der Neutralität gehalten, ob er gleich sowohl seine Land-Truppen als Schiffs-Flotten in guten Stand gesetzet. Im April wurde der General-Lieutenant zur See, Don Andreas Reggio, und der Contre-Admiral, Graf von Vega-Florida, ernennet, eine Escadre von 16 Schiffen von der Linie und 6 Fregatten zu commandiren, welche auf die erste Ordre segelfertig seyn sollten. Die ersten waren von 60 bis 70 die andern aber von 26 bis 30 Canonen. Die Escadre lief im Jun. mit 12 bis 13 Schiffen von der Linie, und 2 bis 3 Fregatten von Cadix aus, und lauerte auf die Algierische Escadre, die aus einem Kriegs-Schiffe, einer Fregatte und 5 Xebequen bestunde, und an den Küsten von Portugall creutzte, an welchen sie auch verschiedene kleine Prisen machte. Als sie Kundschaft einzog, daß einige Spanische Schiffe wider sie auslaufen sollten, faßte sie den Schluß, die Straße wieder zu paßiren, aus Furcht, abgeschnitten zu werden. Dieses desto sicherer zu thun, trachteten die Algierer sich, so viel möglich, gegen die Barbarischen Küsten zu halten. Alleine der Wind führte sie ziemlich nahe an Gibraltar. Allhier begegneten sie den 9 Jun. 3 Spanischen Kriegs-Schiffen, welche Englische Flaggen aufsteckten, aber, da dieselben ihnen näher kamen, ihnen unter Spanischen Flaggen eine völlige Lage gaben. So sehr sie den Algierern überlegen waren, desto mehr wehreten sich diese, und fochten wie die Löwen. Das Admiral-Schiff ergab sich nicht eher, als in dem Augenblicke, da es zu Grunde gehen wollte. Die Fregatte aber wehrete sich bis in die Nacht, da sie zu den Xebequen wieder zu gelangen suchte, die bey Anfang des Gefechtes Mittel fanden zu entkommen. Der König hat zu Erfüllung des Willens seines Vaters Philippi V. in einer Capelle der Collegial-Kirche zu St. Ildefonse, wo sein Leichnam begraben worden, ein kostbares Grabmahl aufrichten lassen, das der Pracht der Capelle, die gedachter König erbauet hat, vollkommen gleich ist. Es kostet solches wenigstens 2 Millionen livres. Den 2 May reisete er mit seiner Gemahlinn nach Aranjuez, allwo diese krank ward und den 27 August starb. Er erhub sich alsdenn voller Bestürzung nach Villa Viciosa, wo, außer einigen Ministris, die die großen Entrees haben, niemand Erlaubniß kriegte, vor ihn zu kommen, auch selbst die fremden Gesandten nicht. Anfangs hielte man es vor ein Zeichen einer großen Traurigkeit, aber es wieß sich nachgehends aus, daß es wegen seiner Krankheit geschahe, die Se. Maj.

Maj. an diesem Orte befallen. Indessen besorgte der Infant, Don Ludwig, mit Zuziehung des Staats-Secretarii, Don Richard Wall, die Regierungs-Geschäffte. Im Oct. hies es, der König sey so hergestellt, daß er bald wieder nach Madrit kommen würde. Allein es wurde bald wiederrufen und dabey versichert, daß er sich in einer tiefen Melancholie befände. Im Nov. hies es, man habe durch Milch-Bäder die Geschwulst an den Füßen vertrieben, doch nähmen die Leibes-Kräfte täglich mehr ab. Den 21 Nov. Nachmittags kam der König nach dem Escurial, so nur 3 Mellen von Villa Viciosa liegt. Man schöpfte gute Hofnung, es würde besser mit ihm werden. Allein Se. Maj. brachten nur eine Nacht in dem Escurial in großer Unruhe zu, und kehrten den 23sten schon wieder nach Villa Viciosa zurücke, wo sie aufs neue sehr schwach wurden. Folgender Bericht aus Madrit vom 30 Dec. erzehlt den Zustand des Königs also: Se. Maj. nehmen öfters bey 60 Stunden lang, nicht die geringste Nahrung zu sich. Sie schlafen nicht anders als auf Stühlen, und die zur Reinlichkeit des Körpers gehörigen Dinge können kaum mit der größten Mühe von Ihnen erhalten werden. Die dringenden und unterthänigsten Vorstellungen haben keinen Eindruck in Dero Gemüthe; endlich aber hat man Se. Maj. doch vermocht, Dero Testament zu machen. Der Graf von Valdeparaiso hat es in Gegenwart des Obrist-Kämmerers, Herzogs von Bejar, niedergeschrieben, und man weis von dessen Innhalte soviel, daß es zum Vortheil des Königs

beyder

beyder Sicilien eingerichtet, und die verwittwere Königinn zum Haupte der Junta ernennet worden, welche während der Abwesenheit Sr. Sicilianischen Maj. die Regierung des Reichs verwalten soll. Hiernechst hat er 1200 000 Stück von Achten für Seel-Messen ausgesetzet.

IV. **Ludwig XV.** König in Frankreich, hat dem Parlamente zu Paris das Recht wieder zugestanden, die Prinzen und Pairs willkührlich zu Einnehmung ihrer Plätze im Parlamente einzuladen. Es geschahe bey Gelegenheit der Verurtheilung eines Mannes, der von dem hingerichteten Königs-Mörder angeklagt worden, daß er abscheuliche Reden wider den König geführt haben sollte. Der König ließ vorher den ersten Präsidenten nach Vorsailles kommen, zu dem er sprach: „Ich trage euch auf, meinem Parlamente zu sagen, „daß ich niemals die Absicht gehabt, den Rechten, „welche den Prinzen von meinem Geblüte und den „Pairs meines Königreichs zugehören, daselbst „Platz zu nehmen, einigen Eintrag zu thun, wenn „sie es für dienlich erachten, oder wenn sie von mei„nem Parlamente dazu eingeladen werden; und „ich baue zu sehr auf die Treue aller derer, die dar„zu gehören, als daß ich nicht versichert seyn sollte, „daß man dieses Recht niemals anders, als für das „Beste meines Dienstes gebrauchen werde.„ Den 16 Jun. erfolgte die Versammlung des Parlaments, worinnen Gautier losgesprochen, von dem Parlamente selbst aber, nicht nur der Ausspruch des Königs registriret, sondern auch dem ersten Präsidenten, sich deshalben bey Sr. Maj. zu bedanken,

danken, aufgetragen wurde. Die großen Kosten des gegenwärtigen Kriegs haben den König genöthiget, verschiedene außerordentliche Schatzungen auszuschreiben, davon die Edicte nicht ohne Schwürigkeit von dem Parlamente registrirt worden. Eines der wichtigsten betraf das Don Gratuit, welches auf 6 Jahr von dem 1sten Jan. 1759 an von allen Städten und Flecken des Königreichs gezahlt werden soll. Es ward solches den 1 Sept. von dem Parlamente registriret. Man rechnet, daß durch dieses Mittel nur alleine die Stadt Paris, jährlich eine Million und 200 000 livres geben müsse. Es kömmt durch das ganze Königreich eine erstaunenswürdige Summe heraus. Die Geistlichkeit insonderheit hat sich zu einem Don Gratuit von 16 Millionen verstehen müssen. Der König, der zuweilen etwas von podagrischen Schmerzen empfindet, hat unter seinen Ministers oftmalige Veränderungen vorgenommen, aber doch dadurch seinen Waffen kein größer Glücke verschaffen können, als sie von Anfang dieses gegenwärtigen Kriegs an gehabt, ob er gleich sowohl sehr zahlreiche Armeen ins Feld gestellt, als auch verschiedene ansehnliche Escadern ausgerüstet hat.

V. Georgius II. König von Großbritannien und Churfürst von Braunschweig, hat bey seinem erreichten hohen Alter sich noch ziemlich wohlauf befunden, und das genaue Bündniß mit dem Könige in Preußen, seinem guten Bruder und Alliirten aufs neue bestätiget. Mit dem Parlamente hat er durch das Ansehen des Herrn Pitt, der noch immer bey der ganzen Nation den höchsten

sten Credit hat, in der vollkommensten Harmonie gestanden. Es hat ihm alles bewilliget, was er zu eyfriger Fortsetzung des Kriegs in Deutschland sowohl als zur See begehret. Der Ruhm seiner Regierung steiget solchergestallt gegen das Ende seines Lebens aufs Höchste, weil nicht nur die Kriegs-Macht zu Wasser und zu Lande den höchsten Grad erreichet, sondern zugleich der mächtigen Crone Frankreich das Messer an die Kehle gesetzt wird. Das Parlament wurde den 20 Jun. von gewissen Commissarien dissolvirt, weil der König durch einige Unpäßlichkeit abgehalten wurde, sich in Person in dem Oberhause einzufinden, und den Sessionen des Parlaments ein Ende zu machen. Er befand sich aber bald wieder besser; doch wohnte er gleichwohl während seiner Unpäßlichkeit, denen Berathschlagungen bey, die bey gegenwärtigen wichtigen Angelegenheiten gepflogen wurden. Die zum Dienst des gegenwärtigen Jahrs bewilligten Subsidien fliegen auf 10 Millionen 495007 Pf. Sterlings, und die Mittel zu deren Aufbringung auf 11 Millionen 41843 Pf. Sterlings. Den 23 Nov. wurde die Session des Parlaments durch gewisse Commissarien wieder eröffnet, wobey im Namen des Königs eine sehr nachdrückliche Anrede gehalten wurde, darinnen die glücklichen Progressen der Großbritannischen Waffen in dem verwichenen Feldzuge gar sehr erhoben wurden. Herr Pitt machte bey Eröffnung des Parlaments den Gemeinden noch ins besondere von dem Zustande der Sachen in Amerika und Europa einen sehr vortheilhaftigen Begriff. Er zeigte, daß es nöthig sey,

sey, den Krieg fortzusetzen, und die äußersten Kräfte daran zu strecken, den König von Preußen und die übrigen Bundesgenossen Grosbritanniens zu unterstützen. Als darauf einer von den Parlaments-Gliedern vor gut befand, zum Unterhalt der alliirten Armee, und zu den Subsidien für den König in Preußen 2 Millionen Pf. Sterlings zu bewilligen, dieses aber dem Herrn Pitt noch zu wenig dünkte, versetzte er: Es hätte das Unterhaus für das ietzige Jahr schon mehr als diese Summa bewilliget; der nächste Feldzug in Deutschland würde unsäglich mehr kosten, wenn man den Krieg mit Macht fortführen wollte; es wäre dieses eine übel verstandene Haushaltung und eine Sparsamkeit, die zu ganz unrechter Zeit gebrauchet würde. Der wenig kostbare Weg wäre, eher einige Millionen mehr zu bewilligen, und das äußerste daran zu wenden, als den Krieg matt fortzusetzen und in die Länge zu spielen. Dieses ist meine Meynung, fügte Herr Pitt hinzu; wenn aber einige Glieder dieser Versammlung vorhanden sind, welche einen wohlfeilern Entwurf für die gemeine Sache angeben können, so werde ich mich demselben mit Vergnügen unterwerfen, und allemal denjenigen Einsichten weichen, die den meinigen überlegen sind. Nachdem nun die Gemeinen durch ihr Stillschweigen zu erkennen gaben, daß sie nichts wider ihn einzuwenden hätten, fuhr er fort, ihnen den blühenden Zustand Engellands zu Gemüthe zu führen, und wie sehr dessen Reichthümer, der erstaunlichen Ausgaben ungeachtet, vermehret worden; wie dessen Handlung von Tage zu Tage zunähme, dergestallt, daß

daß die Zölle des ietzigen Jahrs schon über eine Million höher gestiegen wären, als in den vorigen Jahren; und ich verspreche, setzte er hinzu, daß diese Einkünfte in nechstfolgendem Jahre noch über die von dem ietzigen hinaus gehen sollen, welches ein untrüglicher Beweis ist, daß das Geld, wenn es durch einen Weg aus dem Reiche gehet, durch einen andern wieder hinein kömmt. Den 15 Dec. beschloß das Unterhaus auf das Jahr 1759 folgende Subsidien, nämlich 398697 Pf. Sterlinge zu Unterhaltung 38000 Mann Hannöverischer, Wolfenbüttellscher und Bückeburgischer Trouppen, 59646 Pf. Sterlinge sowohl zum Unterhalt 12020 Hessen vom 25 Dec. 1758 bis 24 Mart. 1759 als zum jährlichen Subsidio für den Landgrafen selbsten, und 500000 Pf. Sterlinge für Fourage und allerhand andern außerordentlichem Aufwand, bey der Armee unter des Prinz Ferdinands Commando.

VI. **Elisabeth I. Kayserinn von Rußland**, hat gegen den König in Preußen Ernst gebraucht, und nicht nur das ganze Königreich Preußen durch ihre Trouppen in Besitz nehmen lassen, sondern auch eine starke Armee gegen ihn ins Feld gestellt, die aber den 24 Aug. bey Zorndorf in der Neumark geschlagen worden. Ihr General Fermor hat sie zwar zu bereden gesucht, als ob er den Sieg erhalten. Alleine er hat den erlittenen großen Verlust nicht leugnen können, weswegen es Mühe gekostet, die Monarchinn dahin zu bewegen, dieses vermeynten Sieges halben das Te Deum anstimmen zu lassen. Sie hat über den Tod so vieler

Erschla-

Erschlagenen Thränen vergossen, und nicht nur auf ihre eigenen Unterthanen, sondern auch selbst auf ihre Feinde einen Blick der Menschen-Liebe geworfen. Endlich ließ sie, doch in der Haupt-Kirche zu Petersburg das Te Deum mit aller Feyerlichkeit singen. Sie hat sich durch keine Vorstellungen des Englischen Ministers bewegen lassen, in dem gegenwärtigen Kriege die Neutralität zu erwählen, sondern feste an der Allianz gehalten, die sie mit der Kayserinn-Königinn getroffen. Mit der Cron Schweden hat sie den 26 April zu Stockholm eine Convention geschlossen, welche von den Reichs-Räthen, Baron von Höpken und Graf von Eckeblad, und ihrem Minister Herrn von Panin, unterschrieben worden. Kraft derselben haben beyde Höfe eine gemeinschaftliche Flotte ausgerüstet, auch sich in Bereitschaft gesetzet, einer Englischen Flotte, im Fall sie in der Ost-See erscheinen sollte, die Spitze zu bieten. Da auch der bisherige Freundschafts- und Allianz-Tractat zwischen beyden Reichen im Julio zu Ende gegangen, so ist solcher auf 12 Jahr ohne Veränderung erneuert worden. Den 21 Jul. langte die combinirte Rußische und Schwedische Flotte in der Klöger-Bucht an, wo sie den ganzen Sommer über blieb, und den Sund gegen eine Englische Flotte bedeckte. Die Rußischen Schiffe an der Zahl 26 wurden von dem Admiral Mischoukow, dem Vice-Admiral Polanzki und die Contre-Admirals Lapuchin und Mardwinow, die Schwedischen Schiffe aber, an der Zahl 9 von einem Vice-Admiral commandirt.

VII. Au-

VII. Augustus III. König in Pohlen und Churfürst zu Sachsen, hat das ganze Jahr in seinem Königreiche zugebracht, und sein geliebtes Sachsen in andern Händen lassen müssen. Zu Ende des Jahrs langten bey ihm die geheimen Conferenz-Ministri, Grafen von Wackerbarr, Loß, Rex und Strubenberg, nebst dem Cammerherrn, Grafen von Salmour, von Dreßden, wo sie den 16 Dec. auf Befehl des Königs in Preußen aufbrechen müssen, zu Warschau an. Die Wahl seines Prinzens Caroli zu einem Herzoge von Curland, davon wir unten ausführlich handeln wollen, hat seinem Kummer bey den gegenwärtigen widrigen Umständen nicht wenig vermindert. Der Reichstag, den er auf dieses Jahr ausgeschrieben, hat kein besser Schicksal, als die vorigen, gehabt. Er wurde zu Anfang des Oct. zu Warschau eröffnet. Nachdem die Wahl des Landboten-Marschalls vor sich gegangen, hatte man die größte Hoffnung, daß endlich dieses mahl der erste Reichs-Tag unter Sr. Maj. Regierung zu Stande kommen würde. Allein da es zu den Deliberationen kam, beschwerten sich sehr viele Landbothen über den Auffenthalt der Russen in Pohlen. Man suchte sie zwar zu besänftigen und dahin zu bewegen, daß sie zu Sr. Königl. Maj. in die Senatoren-Stube giengen. Allein der Landbothe Podhorski von Vollhynien protestirte darwider, daß nichts eher vorgenommen würde, bis die Russen aus dem Reiche geschafft wären. Er hemmte dadurch die Activität in der Landbothen-Stube und machte dadurch den Reichs-

tag

tag fruchtlos. Er beharrte zwey Tage bey seiner Protestation, den dritten Tag aber blieb er gar weg. Die Landbothen-Stube schickte darauf einige aus ihren Mitteln ab, den Herrn Podhorski aufzusuchen. Alleine man wartete vergeblich auf ihn. Denn er war nirgends zu finden. Der Marschall sahe sich also den 11 Oct. genöthiget, die sämmtlichen Landbothen zu beurlauben, wobey er eine nachdrückliche Rede hielte. Die Königl. Sequestration des Herzogthums Ostrog ist in diesem Jahre wieder aufgehoben worden.

VIII. Friedericus V. König in Dännemark hat sich bey der Neutralität erhalten, aber doch seinem Reiche ein kriegerisches Ansehen gegeben. Er hat desphalben nicht nur eine Escadra von 6 Schiffen von der Linie und 4 Fregatten unter dem Schout by Nacht Fischer ausgerüstet, die den 28. Jun. zu Copenhagen unter Seegel gegangen, sondern auch eine Armee von 24000 Mann, die in 44 Escadrons Cavallerie und 26 Bataillons Infanterie bestunde, in dem Herzogthum Holstein zusammen gezogen.*) Das Absehen dieses Lagers giebt der commandirende General-Feld-Marschall, Marggraf von Brandenburg-Culmbach, in folgendem Manifeste zu erkennen:

„Von

---

*) Die Generalität bey dieser Armee bestunde aus folgenden Personen: 1) Der General en Chef, Marggraf von Culmbach; 2) Der General der Cav. von Kalkreuter; 3) Die General-Lieutenants, Herzog von Augustusburg, Graf von Ahlefeld zu Langeland, Juel, Dehn und Ove Ramel

"Von Gottes Gnaden, Friedrich Ernst,
"Marggraf zu Brandenburg, in Preussen und zu
"Schlesien Herzog ꝛc. ꝛc. Ihro Königlich Maj.
"zu Dännemark Norwegen, in den Herzogthümern
"Schleßwig und Holstein verordneter Stabthal-
"ter, auch bestellter General-Feld-Marschall und
"commandirender Chef der zum Cantonnement
"beorderten Trouppen, des Elephanten-Ordens
"Ritter ꝛc. Fügen hiermit zu wissen: Demnach
"Ihro Königl. Maj. zu Dännemark, Norwegen
"ꝛc. ꝛc. aus landes väterl. Vorsorge allergnädigst
"für gut befunden, bey dem dermalen vorwalten-
"den Conjuncturen ein Corps Dero Trouppen,
"nach dem Herzogthum Holstein marschiren und
"daselbst cantoniren zu lassen: So haben Wir auf
"expressen Königl. allergnädigsten Befehl hiermit
"kund thun und declariren wollen, daß diese Can-
"tonirung aus keiner andern Ursache geschehe, als
"nur, um das Herzogthum Holstein, und Ihro Kö-
"nigl. Maj. getreue Unterthanen gegen alle Gefahr
"zu decken und in Sicherheit zu setzen, gestalt denn
"keiner der Benachbarten, so lange keine Anleitung
"dazu gegeben wird, von dieser Seiten eine In-
"vasion oder Einrückung zu befürchten haben, son-
"dern

Sehestedt; 4) Die General-Majors von Rieppur, Gr. von Schmettau, Moltke, Gr. von Able-
feld zu Esselsmark, Gr. Holk, de la Potterie, Gr.
Leurwig, Prinz Aemilius August von Augusten-
burg, und Baron von Schenk; 5) Die General-
Adjutanten von Gäbler, Röweling, und Graf von
Moltke und 6) der General-Quartiermeister Obrist
von Teignet.

„bern versichert seyn kann, daß nicht ein einziger
„Mann über die Gränzen sich machen, oder ein
„fremdes Territorium betreten solle. Und gleich-
„wie im übrigen die Maasregeln bereits genom-
„men worden, daß sowohl in den Quartieren als
„auf den Märschen die strengste und schärfste
„Mannszucht gehalten werde, damit sowohl Unter-
„thanen als Fremde und Ausheimische nicht den
„mindesten Zug, sich zu beschweren, erlangen mö-
„gen: so zweifelt man in geringsten nicht, daß so-
„wohl Ihro Königl. Maj. Unterthanen an den Or-
„ten, wo die Cantonnirung veranstaltet ist, als auch
„alle und jede in den angränzenden und umliegen-
„den Gegenden, als die Groß-Fürstl. Holsteinische,
„Bischöfl. Eutinische, Sachsen-Lauenburgische,
„Fürstl. Plönische, Hamburgische und Lübeckische,
„wie auch Ritterschaftliche Unterthanen, dadurch
„völlig werden gesichert werden, dergestalt und
„also, daß beydes Reisende sowohl, als Handel und
„Wandel treibende, Reiche und Arme, und wes
„Standes und Condition sie seyn mögen, weder
„auf irgend einige Weise beunruhiget noch mole-
„stiret, sondern vielmehr ruhig und sicher bey ihrer
„Arbeit, Nahrung und Handthierung gelassen wer-
„den sollen und verbleiben können; gestalt denn,
„und damit ein jeder hiervon völlig unterrichtet
„seyn möge, gegenwärtiges Patent überall in die-
„sen Fürstenthümern publicirt, und an den ge-
„wöhnl. Orten affigiret wird. Gegeben unter Un-
„serm Fürstl. Insiegel auf dem Schlosse Friedrichs-
„ruhe, den 20 Jul. 1758.

IX. Adolph Friedrich, König in Schweden, hat zwar in dem Kriege gegen den König in Preußen wenig Vortheile erlangt, gleichwohl soll derselbe der Cron Schweden in diesem Jahre schon 8 Millionen 233333 Thaler Silber-Münze gekostet haben. Von dem guten Vernehmen mit Rußland haben wir schon oben gehandelt. Aus dem Berichte, den der Landshauptmann, General-Major und Commandeur des Schwerd-Ordens, Baron von Salza, erstattet, hat der König mit Vergnügen ersehen, daß durch dessen gemachte rühmliche Verfassungen und den unermüdeten Fleiß, den die von ihm zur Unterweisung der Einwohner verordnete Ober- und Unterhaushalter angewendet, bereits in dem verwichenen 1757sten Jahre folgende Verbesserungen geschehen. Es sind nämlich durch gezogene Graben, Reinigung von Steinbrüchen und andere Ausreutungen die Korn-Aecker mit 2355 Tonnen-land vermehret, neue Wiesen von 2027 Fudern angelegt, alte und verdorbene Wiesen, soviel als 9379 Tonnen-land, gereiniget und aus benen mit Moos bewachsenen Morästen 217 Tonnen-land fruchtbar gemacht; außerdem aber 15316 Fuder Steine ausgebrochen, 91573 Faden gegraben, 812 Brücken von Steinen verfertiget, und anstatt der Zäune Mauern von 4640 Faden aufgesetzt worden. Im Aug. wurde unter dem Vorsitz des Reichsraths, Barons von Palmstern, eine Königl. Comißion niedergesetzt, einige in Dalekarlien in Verhaft genommene Personen, die allerhand Unwesen vorgehabt, zu verhören; doch wurde von dem eigentlichen Anschlage, den sie gehabt,

habt, dem Publico nichts bekannt gemacht. Der vornehmste darunter war ein alter Bergmann mit einem eißgrauen Barte, Namens Lamberg, der vor einiger Zeit, weil er sich derer, in seiner Provinz entstandenen Unruhen theilhaftig gemacht, außer Landes entflohen, aber durch List wieder zurücke geschickt, und seinen Richtern in die Hände geliefert worden. Durch seine Anzeigen sind verschiedene andere in sein Schicksal gezogen worden, worunter sich sonderlich der Sänftenträger Liberg, ein Büchsenspanner der Königin, und verschiedene Domestiquen des Königl. Lust-Schlosses Drottningholm befunden. Man bemächtigte sich auch im Sept. des Kleinschmidts Engberg, der vormals dem Grafen von Löwenhaupt aus dem Arreste geholffen, und eines Bauers in Dalekarlien, die beyde vor die Commission gebracht wurden. Desgleichen wurde auch im Oct. der Läufer Rußa in Verhaft genommen. Obgleich die Commission sich sehr eyfrig erwies, so blieben doch ihre Untersuchungen vor den Augen des Publici gänzlich verborgen. Man unterstund sich nicht einmal, muthmaßliche Urtheile davon zu fällen. Soviel weiß man, daß verschiedene Personen vom Range, und unter andern die Gräfin von Gyllenstierna, der Ober-Jägermeister, Graf von Jersen, und der Obrist-Lieutenant Ramsey vor diese Comission geladen worden. Die letztern beyde sind erschienen, die erste aber wurde durch Deputirte vernommen. Den Ausgang hat man künfftig zu erwarten.

X. Frie=

X. Friedericus II. König in Preußen, hat das ganze Jahr in Waffen zugebracht, und seinen vielen Feinden überall die Spitze geboten, aber etlichemal mit Verlust weichen müssen. Den Winter brachte er zu Breslau zu. Nach Eroberung der Stadt Breslau, gieng er mit einer Armee nach Mähren und belagerte Ollmütz, mußte aber den 1 Jul. davon wieder abziehen, und nach Böhmen zurücke kehren. Nachdem er einige Zeit bey Königsgrätz gestanden, lagerte er sich den 9 Aug. bey Landshut in Schlesien, von dar er mit einem Corpo in die Neumark gienge, sich mit dem Grafen von Dohna vereinigte, und den 25 Aug. die Russen bey Zorndorf schlug. Da indessen der Graf von Daun mit der Oesterreichischen Armee durch die Lausitz nach Sachsen gegangen, und in der Gegend von Dresden sich mit der Reichs-Armee vereiniget hatte, gieng der König mit einem Corps ebenfalls dahin; und verstärkte den Prinz Heinrich, und da sich hierauf die Daunische Armee in die Gegend von Bautzen zog, folgte ihr der König nach, wurde aber den 14 Oct. bey Hochkirchen im Lager überfallen, und hatte Gefahr, völlig geschlagen zu werden. Er entsetzte hierauf die belagerte Vestung Neiß in Schlesien. Der Graf von Daun gieng sodenn abermals vor Dresden, und bewog dadurch den Preußischen Commendanten, den 10 Nov. die Vorstädte vor dem Pirnischen Thore in den Brand zu stecken. Die Reichs-Truppen waren in Begriff, zu gleicher Zeit Torgau und Leipzig wegzunehmen. Allein der König schickte ihnen die Generals von Dohna und Wedel

del mit ihren Corps über den Hals, die sie zurücke schlugen. Er selbst der König langte den 20sten aus Schlesien zu Dresden an, nachdem der Graf von Daun den 16ten vorher aus dem Lager vor Dresden aufgebrochen, und sich über Pirna nach Böhmen zurücke gezogen hatte. Solchergestalt war Sachsen völlig wieder in seinen Händen. Er blieb bis in Dec. zu Dresden, worauf er wieder nach Breslau abgienge, allwo er den 14 Dec. anlangte, und bis ins folgende Jahr da bliebe. Sein General-Feld-Kriegs-Directorium zu Torgau schloß mit der Chur-Sächsischen Cammer gegen eine jährlich bewilligte Million einen Vergleich, worauf den 20 April dergleichen auch mit den Land-Ständen wegen der Pfennig-Quatember- und Land-Steuern auf 27 Tonnen Goldes geschlossen wurde, die jährlich in gewissen Terminen bezahlt werden sollten. Hiervon ist die Lausitz ausgenommen, die das Ihrige besonders entrichten muß, ingleichen was an außerordentlichen Contributionen, z. E. von der Stadt Leipzig, gezahlt werden müssen. Den 5 Jan. 1758 langte die Königin mit der Prinzessin von Preußen, und den übrigen Prinzessinnen des Königl. Hauses von Magdeburg, wo sie den 3ten abgereiset, wieder zu Berlin an.

XI. Josephus I. König in Portugall, hat dieß Jahr viel gewagt, da er nicht nur die Gewalt der Inquisition eingeschränkt, sondern auch wider die Jesuiten eine scharfe Untersuchung vornehmen lassen. Diese letztern haben sich in West-Indien durch ihre gemißbrauchte Gewalt so übel aufgeführt, daß der König bewogen worden, die äußerste Schärf-

Schärffe gegen sie zu gebrauchen. Er hat nicht nur viele von ihnen gefangen nach Portugall bringen, und nach den äußersten Gränzen des Königreichs schaffen laffen, sondern auch bey dem Pabste Benedicto XIV. es dahin gebracht, daß der Patriarche zu Lissabon, Cardinal d'Attalaja, zum qualificirten Reformator des Ordens in diesem Königreiche ernennet worden. Dieser legte ihnen bey Strafe der Excommunication auf, binnen 3 mal 24 Stunden eine richtige Karte von allen den Gütern und Ländereyen, welche sie besitzen, und eine genaue Liste von allen Capitalien, die sie in Depositum gegeben, ferner alle Schlüssel von ihren Magazinen und Packhäusern, mit der Anzeige der darinnen niedergelegten Waaren und Güter, benebst den Comtoir-Büchern und dem Aufsatze der laufenden Wechselbriefe ihm einzuhändigen, ohne das allergeringste zurücke zu halten. Eben dergleichen sollte auch von ihrem Orden in Brasilien und in dem Portugiesischen Indien an die dazu subdelegirten Ministros geschehen. Der Cardinal ließ auch einen Hirten-Brief an alle Kirch-Thüren anschlagen, und in solchem ihnen allen das Beicht-Hören und andere Amts-Verrichtungen untersagen. Es sollte auch der Orden von der bisher geführten Direction der lateinischen Schulen entsetzt werden. Es ließen hierauf die Ehrwürdigen Väter 28 Exemplare von der Geographischen Karte ihrer Provinz Paraguay abdrucken, die, ob sie zwar schon 1732 gestochen worden, noch niemals zum Vorschein gekommen war. Sie ist ihrem damaligen General P. Retz mit folgender Auffschrift zugeeignet:

geeignet: Admodum Reverendo in Christo Patri suo Francisco Retz, Societatis Iesu Praeposito Generali XV. hanc Terrarum Filiorum suorum sudore et sanguine excultarum Tabulam D. D. D. Prouincia Paraguaica eiusdem Societatis. Ohngefehr im Mart. kam eine Königl. Verordnung wegen der Inquisition heraus, die aus 18 Artickeln bestunde, welche unter andern enthielten: 1) daß die Inquisition künftig niemanden länger als 4 Tage im Gefängnisse eingeschlossen halten solle, es sey denn mit Vorwissen des großen Raths Sr. Königl. Majestät, und nachdem die Missethat bekannt gemacht worden; und 2) daß dem Inquisitions-Gerichte von nun an durch das ganze Königreich die Macht benommen seyn solle, jemanden, unter welchem Vorwande es wolle, wegen Ketzerey oder des Judenthums mit dem Tode zu bestrafen, bevor der Criminal-Proceß in Sr. Maj. großen Rathe mit den authentischen Beweisen übersehen und untersuchet, und das Todes-Urtheil durch den Monarchen selbst eigenhändig unterschrieben worden. Es hat diese Verordnung unter den Königl. Unterthanen großes Vergnügen verursachet. Die Würkung hiervon sahe man an dem Auto Da Fe, das den 27 Aug. zu Lissabon gehalten wurde. Es geschahe vorher keine Publication davon. Die Verurtheilten giengen nicht in Procession, und es wurde weder Predigt noch sonst einiger Gottesdienst gehalten. Der König wohnte demselben nicht bey, und es wurde auch keine Liste der Verurtheilten bekannt gemacht. Die meisten von ihnen waren catholische Christen, die schwere Verbrechen

brechen begangen hätten, die übrigen aber waren aus dem Judenthum bekehret worden, und wurden beschuldiget, daß sie demselben von neuen angehangen hätten; doch wurde keines von allen zum Feuer verdammt. Allein so beliebt sich der König bey allen rechtschaffenen Unterthanen durch so löbl. Verordnungen gemacht, so groß war dargegen der Haß derverjenigen wider ihn, denen durch diese Verordnungen Wehe geschahe. Die Würkung davon erfuhr der König den 3 Sept. da Abends unverhoft 3 Schüsse nach ihm geschahen, davon einer seine hohe Person selbsten traf, und Sr. Maj. beynahe das Leben kostete. Die Königin mußte bis zu seiner Genesung die Regierung führen. Wir werden künftig in einem eigenen Artickel umständlich von dieser sonderbahren Begebenheit handeln. Uebrigens hat der König vor die Wieder-Aufbauung der Stadt Lissabon ernstlich gesorget. Es wurde den 2 Jun. ein Königl. Entschluß, der den 12 May gefasset worden, bekannt gemacht, nach welchem die Stadt binnen 5 Jahren wieder aufgebauet werden sollte. Die Häuser sollten sämmtlich nach dem entworfenen Plane aufgeführet, und die Gassen theils vermehret, theils erweitert werden. Alle Häuser sollten 3 Stockwerke hoch gebauet werden. Es sind eine große Anzahl Mäurer und Zimmerleute aus allen Provinzen des Königreichs zur Arbeit verschrieben, auch viele Truppen darzu nach Lissabon beordert worden. Den 2 Jan. 1759 sollte der Anfang zu diesem Bau gemacht werden. Das Schlimmste hierbey ist, daß der Erdboden noch immer sich erschüttert, und die Stadt mit einer

neuen

neuen Umstürzung bedrohet. Zum Aufnehmen des Commercii ist verbothen worden, daß keine Fremdlinge ihre Waaren öffentlich mehr vertreiben, sondern allenfalls sich naturalisiren lassen, jedoch keine von der Französischen Nation darzu gelassen werden sollen. Da man auch in Frankreich die Einfuhre der Diamanten aus Portugall verbothen, so hat der Portugiesische Hof den Gebrauch der Französischen Stoffe und anderer Manufacturen gleichergestallt untersagen lassen.

XII. Carolus, König beyder Sicilien, hat feste bey der Neutralität gehalten, worzu ihn die anhaltende Krankheit seines Bruders, des Königs in Spanien, desto mehr bewogen, je mehr er des Beystandes der Cron Engelland nöthig zu haben glaubte, im Fall der Succession halben sich Irrungen ereignen sollten. Der Bau des prächtigen Schlosses und Gartens zu Caserta, darzu der König selbst den 20 Jan. 1752 den Grundstein geleget, ist mit großem Eyfer und Kosten fortgesetzet worden, um solches gleichsam zu einem zweyten Versailles zu machen; doch hat der König dabey nicht unterlassen, sich zu Wasser und zu Lande in guten Vertheidigungs-Stand zu setzen, und deshalben sowohl die Truppen ergänzet und in den Waffen üben lassen, als auch die Häfen ausbessern, und neue Schiffe und Fahrzeuge erbauen, auch neue Artillerie giesen lassen, welches alles sein Absehen auf die zu vermuthenden Spanischen Successions-Irrungen gehabt. Bey der fortgesetzten Arbeit in Herculano hat man immer noch herrliche Kunststücke des prächtigen Alterthums gefunden. Im Da-
befahl

befahl der König, einen neuen Weg längst der See von Mergellino bis nach Posilippo anzulegen, so, daß man nach Pozzuolo, Baya, Ischia und Proceba kommen könne, ohne genöthiget zu seyn, durch die Grotte zu passiren. Im Nov. hieß es, der König würde nach Spanien übergehen, und während der Krankheit seines Bruders die Regierung führen, welches aber nicht erfolget ist.

XII. Carolus Emanuel, König von Sardinien, hat bey den gegenwärtigen Europäischen Kriegs-Troublen zu aller Welt Verwunderung ganz stille gesessen, und nach Art kluger Schiffleute das Wetter beobachtet, indessen aber alles zurechte gemacht, um sich in Bewegung setzen zu können, sobald es die Umstände erfordern. Dieser Zeit-Punct schiene sich mit der anhaltenden Krankheit des Königs in Spanien zu nähern. Er hat die Anwartschaft auf das Herzogthum Piacenza, im Fall der Infant Don Phlipp nach dem Aachischen Friedens-Schlusse, dem neuen Könige von Spanien in den beyden Sicilien succediren würde. In Ansehung dessen setzte er seine Truppen in einen completen Stand, und gab dadurch zu vielem Argwohn bey den Kriegenden Partheyen Anlaß.

XIII. Stanislaus, König von Pohlen und Herzog in Lothringen, hat sich in dem 82. Jahre seines Alters noch so wohl befunden, daß er den 12 Sept. abermals zu Versailles anlangen, und die Königl. Familie besuchen konnte. Er reisete den 3 Oct. von Versailles wieder nach Luneville ab, nachdem er den kranken Herzog und Marschall von Bellisle zweymal seines Besuchs

suchs gewürdiget hatte. Als das Parlament von Nancy sich weigerte, die Auflage von dem 20ſten militariſchen Pfennige in ſein Regiſter zu tragen, empfand er es ſo übel, daß er das ganze Parlament ſuſpendirte, und einige von den Räthen ohne Widerruf caſſirte, und ihrer Würden entſetzte.

XIV. Clemens XIII. Römiſcher Pabſt, ſcheinet in den Fußſtapffen ſeines löbl. Vorfahrers zu wandeln. Er läßt gegen alle Höfe und Staate eine unpartheyiſche Geſinnung ſpüren, und ſorgt vor das Beſte ſeiner Staaten und Unterthanen. Er ordnete im Nov. durch eine Conſtitution eine neue Congregation an, welche über die Verwaltung der Finanzen und Einkünfte der Apoſtolliſchen Cammer die Aufſicht führen, und aus 5 Cardinälen, und eben ſoviel Prälaten beſtehen ſollte. Er gab auch im Dec. eine Verordnung heraus, Korn und Mehl den Armen zum Beſten wohlfeiler zu geben. Den 8 Sept. empfieng er durch den Connetable Colonna zum erſten male den jährl. Tribut wegen des Königreichs Neapolis, und dem 12 Nov. nahm er von der Kirche zu St. Johannis im Lateran Beſitz. Die Cavalcade, die hierbey gehalten wurde, war eine der prächtigſten, die jemals geſehen worden. Der prächtige Aufzug geſchahe durch die vornehmſten Straßen zwiſchen dem Vatican und Lateran. Auf einem gewiſſen großen Platze, den Clemens XIII. paſſirte, ſtund ein Triumpf-Bogen, den der König bey der Sicillen der Gewohnheit nach hatte aufrichten laſſen, mit lateiniſchen Aufſchriften. An einer andern Ehren-Pforte bewillkommte ihn der Graf Bielfs im Namen

men des Römischen Senats und Volks. Bey der Synagoge der Juden trat der Rabbi derselben heraus, und präsentirte ihm gewöhnlicher maßen die 5 Bücher Mosis in Hebräischer Sprache mit folgender Anrede: „Allerheiligster Priester! die„ses sind die Geseße und Vorschriften, welche der „Ewige ehemals Mosen gegeben hat, daß sowohl „unsere Väter als ihre Nachkommen darnach wan„deln sollen. Wir präsentiren sie also Ew. Hei„ligkeit, und bitten aufs demüthigste, daß selbige „während Dero Pontificats in allen Punkten beo„bachtet werden, damit der Allmächtige die Regie„rung Ew. Heiligkeit segnen, und Ihnen Tage des „Friedens und des Heyls geben möge.„ Diese Rede beantwortete der Pabst also: „Ich habe Ehr„erbietung und Hochachtung für das Geseße Mo„sis, weil es von Gott gegeben worden; aber ich „billige die Auslegung nicht, die ihr ihm gebet, da „ihr dem Messiam verachtet, dessen Stadthalter „ich bin; darum hat euch auch Gott über den Erd„boden zerstreuet; wenn euch aber der Herr Herr „mit seiner Christenheit vereinigen wird, denn wer„det ihr auch Frieden haben, und Ruhe für eure „Seelen.„ Von dem neuen Titel Ihrer Apostolischen Majestät, den er der Kayserin-Königin in Ansehung des Königreichs Ungarn beygelegt, haben wir oben schon gehandelt. Da die Chaldäische Kirche die Griechischen Kirchen-Gebräuche abgeschaffet, um sich nach der Römisch-Catholischen Kirche zu richten, so hat dieselbe nunmehro die nöthige Vorschrift deswegen erhalten. Der Chaldäische Bischoff, Herr Diabrich, welcher deswegen

nach

nach Rom gekommen, empfieng bey seiner Rückreise nach seiner Diöces von der Congregation
de propaganda fide ein Decret.

* *

II.
Der merkwürdige Beschluß des Feldzugs in Sachsen 1758.

Den 3 und 4 Nov. 1758 veränderte die Reichs-
Armee unter dem Prinzen von Zweybrücken ihre Stellung, und ließ ihr Vorder-Treffen
bis Freyberg vorrücken, der übrige Theil der Armee
aber, nebst dem Corps des Grafens von Serbelloni lagerte sich bey Lauenstein, und ließ das
vorige Lager bey Struppen, die Stadt Pirna und
die daselbst befindlichen Brücken nur mit etliche
1000 Mann leichter Truppen besetzt. Von dieser
feindlichen Stellung völlige Gewißheit zu haben,
griff der General-Major Mayer den 4 Abends die
auf den Vorposten stehenden Panduren mit 500
Mann an, und trieb sie von der Ziegelscheune bey
Pirna bis jenseit dem bey Groß-Sedlitz gelegenen
Garten, ohne dabey viel zu verlieren. Dieses
bewog den General Itzenpliz, der die in Sachsen zurücke gebliebe Preußische Armee commandirte, sein bisher bey Gamich unweit Dreßden ge-
habtes Lager den 5 Nov. aufzuheben, und es nach
Bennerich unweit Kesselsdorf zu verlegen. Auf
dem Marsche wurde das Hinter-Treffen von dem
General-

General-Wachtmeister von Ried mit 4000 Mann beunruhiget. Der General Mayer aber lockte sie mit einem Detaschement in einen Hinterhalt, wo ihnen der Obrist-Lieutenant von Bölling mit seinen schwarzen Husaren plötzlich über den Hals kam, und sie mit ziemlichen Verlust zurücke triebe, auch etliche 50 Mann nebst 2 Officiers zu Kriegs-Gefangenen machte.

Immittelst war der Oesterreichische General-Feld-Marschall, Graf von Daun dem Könige in Preussen, da er ihm den Weg nach Görlitz und Schlesien nicht hatte abschneiden können, mit seiner Armee bis Görlitz nachgefolget. Allhier aber detaschirte er den General Laudon mit 20000 Mann, daß er der Königl. Armee von weiten nachgehen und ihr glauben machen sollte, als ob es die ganze Oesterreichische Armee selbst wäre; er selbst aber gieng mit dem Gros der Armee in forcirten Märschen gerade nach Dresden zu, langte den 5ten zu Bischofswerde an, passirte den 6ten die Elbe, und stellte sich auf den Anhöhen bey Lockwitz in Schlacht-Ordnung. Sein Absehen war, sich der Stadt Dresden unvermuthet zu bemächtigen, und zu gleicher Zeit auch Leipzig und Torgau einzunehmen, auch mit denen, in Sachsen befindlichen kleinen Corps Preußischer Truppen fertig zu werden, ehe der König von Preußen zu Hülfe kommen könnte.

Den 7ten besetzte der General-Major Mayer die Vorstädte zu Dreßden mit einigen Frey-Bataillons und den schwarzen Husaren, sie konnten aber nicht verhindern, daß nicht den 8ten Nachmittags

tags ein Oesterreichisches Detaschement angerückt wäre, um die äußern Gegenden der Stadt zu recognosciren, mit welchen sie bey dem Moschinski-schen Garten einen hitzigen Scharmützel hatten. Inzwischen hatte auch der General Mayer einige kleine Canonen in den großen Garten vor dem Pirnischen Thore pflanzen lassen, auch die daselbst stehenden Husaren mit einiger Infanterie unterstützt, wodurch den Oesterreichern viele Leute getödtet, und selbige Abends sich zurücke zu ziehen genöthiget wurden. Weil man in der Stadt geglaubt hatte, es würde dieser Angriff ernstlicher werden, so wurde darinnen Lärmen geschlagen, und die ganze Garnison befand sich in Waffen. Es hatte auch bereits der Commendant, Graf von Schmettau, viele brennliche Materien in die, an der Contrescarpe des Stadt-Grabens gebaute Häuser bringen lassen, um sie bey erfolgter Attaque desto leichter in Brand zu setzen.

Den 9ten Nachmittags langte die Oesterreichische Armee in 2 Colonnen bey dem großen Königl. Garten vor dem Pirnischen Schlage an. Die Vortrouppen kamen mit denen im Garten befindlichen Preußen, die von den schwarzen Husaren und dem Frey-Bataillon von Chaßignon waren, in einen heftigen Scharmützel, und als diese sich endlich wegen der Ueberlegenheit in die Vorstadt zurücke zogen, jagten ihnen ohngefehr 15 Oesterreichische Husaren bis über den Schlag nach, wurden aber durch 2 Canen-Schüsse bald wieder heraus getrieben. Gegen Abend hörte das Schießen von beyden Seiten auf. Die Oesterreicher schlugen ihr Lager hinter dem großen Garten auf, und zogen ihre Canonen, die sie in dem großen Garten gepflanzt hatten, und aus welchen 8 Kugeln in die Stadt geflogen waren, zurücke. Das Lager war so nahe bey der Stadt, daß man auf den Wällen die Trommeln in demselben hören konnte.

Der General von Itzenplitz stund indessen noch immer mit seinem Corpo in der Gegend von Kesselsdorf, ward aber nunmehro genöthiget, sich von dar weg zu ziehen. Anfangs wollte er sich den 8 frühe gegen Meißen wenden, um sich der Verstärckung, die aus der Marck erwartet wurde, zu nähern. Allein er veränderte sein Vorhaben und blieb in der vorigen Stellung, da inzwischen unterhalb der Stadt eine Schiff-Brücke über die Elbe geschlagen, und die Bagage noch in derselben Nacht übergesetzt wurde. Den 9ten Abends zogen sich auch die Trouppen von den Höhen von Kesselsdorf nach dem Willsdorfischen Thore, und der kleinen Oster-Wiese, und giengen theils über die daselbst geschlagene Schiff-Brücke, theils durch die Stadt und Neustadt, auf die andere Seite der Elbe, und lagerten sich vor dem schwarzen Thore.

Eben diesen Abend gab der General von Schmettau den Frey-Bataillons die Ordre, daß sie sich, wenn sie in der Nacht in den Vorstädten angegriffen würden, von Haus zu Haus vertheidigen, und alle Gassen, die sie nicht behaupten könnten, abbrennen sollten. Nach Mitternacht wurde Lerm in der Stadt, weil man erfuhr, daß der Graf von Daun, der selbst bey der Armee war, 4 Batterien

terien anlegen laſſen, unter deren Bedeckung die
Vorſtadt angegriffen werden ſollte. Als man nun
würklich um 3 Uhr frühe, welches der 10te Nov.
war, die Oeſterreichiſchen Truppen gegen die Vorſtadt anrücken ſahe, erhielten die Frey-Bataillons
Befehl, ſich nach der Stadt zu ziehen, und die
Vorſtädte anzuzünden, welches ſogleich vollzogen
wurde. Da man nun zugleich von den Wällen
aus den Canonen und Haubitzen mit Feuerkugeln
und Granaden feuerte, ſo wurden in kurzer Zeit
überall ſoviel Häuſer abgebrannt, als nöthig war,
die Wälle vor allem Angriff zu beſchützen. Der
General Mayer wurde darauf mit ſeinen Truppen
beordert, durch die Stadt und über die Elb-Brü-
cke zu marſchiren, und zu dem Itzenplitziſchen
Corps vor dem ſchwarzen Thore zu ſtoßen, da mittlerweile der Obriſt-Lieutenant von Wunſch die
Feinde aus den Defileen und Verhack am Sand-
berge, und aus Loſchwitz verjagte, und eine ſo vortheilhaftige Stellung nahm, daß dadurch der rechte
Flügel des Itzenplitziſchen Corps wider allen Angriff
geſichert war.

Mittlerweile zernichtete das große Feuer den
entworfenen Angriff der Stadt, machte aber eine
ſtarke Beſorgniß, es möchte ſolches Feuer ſich der
Stadt mittheilen, da zumal ganze Klumpen Feuer
in dieſelbe hinein fielen. Jedoch die guten Gegen-
Anſtalten und ſtarken ausgeſetzten Piquets, verhinderten allen weitern Schaden, und alle in
ſolcher Verwirrung von der Miliz beſorgende
Exceſſe.

Nachmittage um 4 Uhr schickte der Feld-Marschall Daun den Obristen Zawoiski mit einem Trompeter an den Grafen von Schmettau, um ihm desselben Befremdung über das unerhörte und unchristl. Betragen Sr. Excellenz, da sie die Vorstädte einer Residenz hätten in Brand stecken lassen, zu erkennen zu geben, mit dem Beyfügen, daß sie für dieses und alles andere Unglück, so der Stadt noch begegnen könnte, für Ihre Person haften müßten. Der Graf von Schmettau ließ darauf zur Antwort ertheilen, daß, da er die Ehre hätte, dem Herrn Feld-Marschall bekannt zu seyn, er sich schmeichelte, Se. Excellenz würden ihm zutrauen, daß er die Kriegsregeln verstünde; er wollte für alles, was er gethan hätte und noch thun würde, haften; es wäre nach der Kriegs-Raison allemal gebräuchlich, Vorstädte von festen Plätzen, die man vertheidigen wollte, abzubrennen; und er würde endlich ein gleiches zur Vertheidigung der Wälle thun, und sich, wenn er solche nicht länger behaupten könnte, von Gasse zu Gasse vertheidigen.

Den 11ten gieng nichts für, weil die Vorstädte noch in ihrer Glut lagen; aber den 12ten frühe machten die Oesterreicher einige Bewegungen, als wenn sie in den Vorstädten, welche das Feuer nicht ganz verzehrt hatte, und davon noch 2 Drittheile, obgleich über 280 Häuser in die Asche gelegt worden, stehen geblieben waren, Posto fassen wollten. Dieses verursachte, daß man abermals mit Feuer-Kugeln, Bomben und Granaten darauf feuerte, und da die ganze Oesterreichische Armee gegen Mittag unter dem Gewehr war, und sich mit sachten

Schrit-

des Feldzugs in Sachsen 1758.

Schritten in Schlacht-Ordnung der Stadt näherte, so hatte man alle Ursache zu glauben, daß sie einen Sturm wagen würde. Es wurden demnach alle Gegen-Anstalten gemacht, und es mußten 500 Cürassiers in die Stadt rücken. Man brachte auch noch mehr schweres Geschütze in die Stadt. Nachdem sich aber die Oesterreichische Armée einige Stunden lang in Schlacht-Ordnung gezeiget, zog sie sich in ihr Lager hinter dem großen Garten zurücke. Sie mochte zu einer Bataille schlechte Lust haben, weil sie nicht einmal das kleine Corps von 20 Bataillons und einigen Escadrons angegriffen, welches doch 2 Tage bey Kesselsdorf ihrer erwartet hatte.

Die Abbrennung der Vorstadt von Dresden machte überall ein großes Aufsehen. Sie wurde von dem Wienerischen und Sächsischen Hofe, sowohl in den Zeitungen als durch öffentliche, auf dem Reichstage zu Regenspurg übergebene Schriften als eine Sache vorgestellt, wodurch man die Gesetze des Völkerrechts und Christenthums verletzt hätte. Es blieben aber diese Vorstellungen nicht unbeantwortet, indem der Preußische Hof zu Berlin zu seiner Vertheidigung eine Nachricht von diesem Vorgange mit Zeugnissen an das Licht treten ließ. Wir wollen, soviel die Abbrennung der Vorstadt anbetrifft, folgenden Bericht des Gouverneurs Grafens von Schmettau allhier mittheilen.

Nachdem der Feld-Marschall Graf von Daun, der sich die Entfernung des Königs, welcher gegen die Russen marschirt war, zu Nutze gemacht hatte, in der Absicht, mit seiner ganzen Macht

II. **Der merkwürdige Beschluß**

Macht in verwichenem Julio in Sachsen einzubringen, und die sogenannte Reichsarmee auf einer andern Seite über Peterswalde vorgerückt war, so sahe der Gouverneur zu Dresden, Graf von Schmettau, diesen Platz in einer so dringenden Gefahr, daß er glaubte, er sey unumgänglich genöthiget, alle mögliche Maasregeln zu ergreifen, um selbigen wider einen Ueberfall zu bewahren, und zu verhüten, daß er nicht etwann von den Oesterreichern durch eine Ueberrumpelung erobert würde. Eine Unternehmung von solcher Art dürfte soviel leichter gewesen seyn, da die meisten Häuser der Vorstädte von dem Pirnischen Thore an, bis gegen das Wilsdurffer Thor, das Innerste der Stadt sowohl wegen ihrer erstaunlichen Höhe von 6 bis 7 Stockwerken, als auch wegen ihrer Nähe an dem Graben völlig commandirten.

Bey dieser Beschaffenheit ließ der Graf von Schmettau dem Dresdner-Hofe durch den Oberschenken von Bose die Erklärung thun, daß wenn die Feinde Mine machen möchten, Dreßden anzugreifen, er sich in der traurigen Nothwendigkeit befinden würde, die Vorstädte abzubrennen, daher er zu dem Ende in die zunächst liegenden Häuser, und in diejenigen, welche nahe am Walle wären, allerhand leicht brennende Materien bringen ließe, um im Stande zu seyn, dasjenige, was ihm die Kriegs-Raison zu seiner Vertheidigung auferlegte, besto hurtiger zu bewerkstelligen. Eben diese Erklärung geschahe auch dem Magistrat. Der Hof und die Stadt baten inständigst, die Einwohner nicht so unglücklich zu machen; aber der Gouverneur, der sich

sich auf die unumgängliche Nothwendigkeit bezog, ließ alles zur Erfüllung seiner Drohungen veranstalten. Sowohl die Stadt, als die Sächsischen Landstände, welche damals in Dresden versammlet waren, schickten inzwischen eine Deputation an den Königl. Etats-Minister, den Herrn von Bork, um ihn zu ersuchen, bey dem Gouverneur ein gutes Wort vor sie einzulegen. Sobald nun der Herr von Bork sich dieserhalben mit dem Grafen von Schmettau besprochen hatte, antwortete er den Deputirten, es komme auf den Hof und die Stadt selbst an, zu verhindern, daß Dresden nicht angegriffen würde; denn sobald die Oesterreicher solches thäten, sey es unmöglich, die Vorstädte, deren Häuser den Wall commandirten, zu verschonen, indem der Gouverneur den genauesten Befehl habe, sich bis auf das Aeußerste zu vertheidigen; sie sollten daher das Ihrige aus allen Kräften beytragen, um dieses Ungewitter abwenden zu helfen, und die Erklärung des Gouverneur ja nicht vor leere Drohungen anzunehmen, indem er sie auf seine Ehre versicherte, daß sie nach dem ersten feindlichen Canonen-Schuß auf die Stadt, die Vorstädte im Feuer sehen würden.

Zu gutem Glück änderte der Feld-Marschall Daun bey der siegreichen Zurückkunft des Königs von Zorndorf seinen damaligen Vorsatz, und der Gouverneur von Dresden ließ die leicht brennenden Materien aus allen Häusern, die man damit angefüllt hatte, wieder wegnehmen. Der Feld-Marschall von Daun aber kam zum zweytenmale nach Sachsen zurücke, und erschien den 6 Nov. mit einer zahlrei-

zahlreichen Armee von neuen, im Angesichte der Stadt Dresden. Diese Armee machte den 7ten eine Bewegung, und nahm ihr Lager diffeits Lockwitz, da denn der Gouverneur, weil er an den Absichten des Feld-Marschalls von Daun auf die Hauptstadt nicht mehr zweifeln konnte, unverzüglich die leicht brennenden Materien wieder in die Häuser der Vorstädte, die den Stadtgraben umgeben, und den Wall beherrschen, bringen ließ. Der Hof ward hiervon sogleich durch den Oberschenken von Bose benachrichtiget, welchem der Graf von Schmettau auftrug, seinem Hofe von neuen vorzustellen, daß, im Fall sich die feindliche Armee den Vorstädten nähern sollte, man selbige ohne den mindesten Verzug in Brand stecken würde. Die Antwort fiel dahin aus, daß der Hof, weil ihm die Hände zu sehr gebunden wären, sich alles, auch selbst das Aeußerste, gefallen laßen müßte, wodurch sich denn der Gouverneur in völliger Freyheit befand, alles dasjenige zu thun, was er zu verantworten glaubte.

An eben dem Tage, nämlich den 8 Nov. gegen Mittag, griffen die feindlichen Vortrouppen unsere Husaren und die Frey-Bataillons, die sich zu Striesen und Grünewiese gesetzt hatten, an. Das Scharmutzieren dauerte bis auf den Abend, und der Gouverneur urtheilte daraus, daß dieses Handgemenge Folgen nach sich ziehen könnte, indem der Feind gedachte Vorposten etwan zurücke treiben, und hernach mit ihnen zugleich in die Vorstädte dringen möchten. Er detaschirte also des andern Tages, als den 9ten, frühe den Obristen von Itzenplitz

mit

mit 700 Mann und einigen Canonen, und postirte sie selbst in die Redouten, welche die Vorstadt umschließen, damit sie allda im Fall der Noth die Husaren und Frey-Bataillons unterstützen könnten. Gegen Mittag ließ er den Stadt-Magistrat zu sich berufen, erinnerte ihn desjenigen, was er ihm im verwichenen Monath Julio eröfnet hatte, und erklärte sich dabey, daß weil der Feind ohne Zweifel im Ernst etwas wider Dresden auszuführen suche, er ihm hiermit zum letzten male andeute, daß die Vorstädte bey der Erblickung des ersten Oesterreichers, der sich in der Nähe zeigte, in Flammen stehen würden. Der Magistrat zuckte die Schultern, und bejammerte das Unglück seiner Mitbürger, worauf der Gouverneur sagte, sie sollten sich an ihren Hof wenden, welcher allein die Mittel in Händen habe, diesem Unglück vorzubeugen.

Die Oesterreichische Avantgarde griff gegen Mittag die Vorposten an, trieb die Husaren, welche zu schwach waren ihr zu widerstehen, zu rücke, und zwunge selbige, nebst dem Frey-Bataillon von Monjou, den großen Garten zu verlassen und die Vorstadt zu gewinnen. Der Feind fiel so fort die kleinen Redouten an, worinnen sich die 700 Mann von der Garnison befanden, forcirte dreye davon, drunge durch die Pirnischen und Ramnischen Schläge bis an das Zinzendorfische Haus, und machte in der Vorstadt solche Progressen, daß ein Oesterreichischer Soldat bey der Zug-Brücke des Pirnischen Thors erschossen ward, und man sich genöthiget sahe, einige Canonen-Schüsse auf das Zinzendorfische Haus zu thun, um die Oesterreicher daraus

daraus zu vertreiben. Währendem Angriff ließ der Feind seine Canonen bis in die Stadt spielen, und verschiedene 6 pfündige Kugeln fielen in das Zeughaus, in das Quartier der Prinzen, wie auch in die Häuser von Loos, Mniszeck und Fritsch. Eine Kugel schlug sogar vor dem Hause des Feld-Marschalls, Grafens von Rutowski, nieder. Die Canonen auf den Wällen nöthigten die Feinde, sich zurücke zu ziehen, und man nahm ihnen sogar noch vor dem Anbruch der Nacht alle Redouten, deren sie sich bemächtiget hatten, wieder ab. Inzwischen defilirte die Armee des Generals von Jgenplitz durch die Stadt, gieng über die Elbe, und lagerte sich unter den Canonen von Neustadt. Der General von Mayer hatte Ordre, die Vorstadt mit seinen Frey-Bataillons und 4 andern Bataillons zu behaupten, und selbige, nach vorher ertheilten Nachricht an die dasigen Einwohner, in Brand zu stecken.

Gegen Mitternacht empfieng der Gouverneur durch einen Officier des gedachten Generals den Bericht, daß man arbeiten höre, und es schiene als ob der Feind Batterien aufrichte, auch Canonen darauf pflanze; wie denn auch alle diejenigen, welche man außerhalb der Stadt zum Recognosciren schickte, ein starkes Feuer ausstehen mußten. Nun schienen dem Gouverneur keine andern Maasregeln übrig zu seyn, als diejenigen, welche ihm das Interesse seines Herrn, die Kriegs-Raison und seine eigene Ehre anzeigten. Das Signal wurde durch den General von Mayer gegeben, und einem Augenblick darauf, sahe man den 10 Nov.
frühe

frühe um 3 Uhr, die meisten Häuser der Pirnischen Vorstadt, die an den Graben stoßenden Häuser, und zwene in der Wilsdruffer Vorstadt in Flammen stehen. Die 6 Bataillons nebst den 700 Mann zogen sich durch die 3 Thore, welche so fort darauf verrammt wurden, wieder in die Stadt, und seit 6 Uhr des Morgens ist kein einziger Preuße in den Vorstädten gewesen.

Da dieses bey Dresden vorfiel, hatten indessen auch der General-Lieutenant Graf von Dohna, und der General-Major von Wedel, mit ihren unterhabenden Corps auf Befehl des Königs aus Pommern und aus der Mark, in solcher Geschwindigkeit nach Sachsen geeilet, daß sie den Oesterreichern und Reichs-Trouppen, die vor Torgau und Leipzig gerückt waren, über den Hals kamen, da sie sichs am wenigsten versahen. Der General Wedel langte den 12 Nov. zu Torgau an, und verjagte den General Haddick, der vor dieser Stadt lag, wobey er 30 Husaren gefangen kriegte. Den 14ten langte auch der Graf von Dohna an, der sich mit dem General Wedel vereinigte, worauf beyde mit ihren Trouppen den 15ten nach Eilenburg marschirten, wo sich der General Haddick mit seinem Corps gesetzt hatte. Er stund jenseit der Stadt auf einer Anhöhe, und hatte die Mulde vor sich, die Stadt aber und ein davor gelegenes Dorf waren mit Croaten besetzt. Der General-Major von Wedel, welcher die Avant-Garde commandirte, ließ das Dorf durch den Obristen, Grafen von Hård, mit seinem Regimente attaquiren, welches derselbe mit solcher Tapferkeit aus-

ausführte, daß der Feind sich eiligst durch die Stadt retirirte, und hinter sich einen Theil der Vorstadt nebst 2 Brücken in Brand steckte, welches verhinderte, daß die Infanterie nicht folgen konnte. Die Feinde wollten sich auf den Anhöhen jenseit der Stadt setzen. Allein der General-Major Malachowski setzte mit seinen Husaren und 5 Escabrons Dragonern durch die Mulde, und trieb sie völlig in die Flucht, welche sie in größter Unordnung nach Grimma nahmen. Wenn die Nacht ihnen nicht zu Hülfe gekommen, so würde dieses Corps eine gänzliche Niederlage erlitten haben. Inzwischen blieben ihrer doch bey 200 Mann, 80 Mann aber, 3 Unter- und 3 Ober-Officiers wurden gefangen genommen. Der General Malachowski eroberte auch 3 Canonen und 2 Ammunitions-Wagen. Durch diese glückliche Actiones wurde der Prinz von Zweybrücken genöthiget, die Bloquade von Leipzig aufzuheben, und sich über Borna nach Freyberg zu retiriren.

Immittelst war den 14ten Nov. ein Courier mit 16 blasenden Postillions zu Dresden angelangt, der die Nachricht von dem Entsatze der belagerten Vestung Neiß überbracht hatte, weswegen den 15ten frühe von den Wällen der Vestung Victoria geschossen worden. Da nun zugleich bekannt wurde, daß Torgau und Leipzig entsetzt worden, und der König von Preußen im Anzuge wäre, erachtete der Graf von Daun für rathsam, ohne die Früchte seines Sieges bey Hochkirchen einzuernten, alle Anstalten zum Abmarsche vorzukehren. Er brach auch den 16ten frühe aus dem Lager bey dem

dem großen Garten wirklich auf, und marschirte über Pirna nach Böhmen zurücke. Es wurde sogleich Preußischer Seits eine Schiffbrücke unterhalb der Stadt geschlagen, und theils über solche, theils durch das wieder eröfnete Wilsdruffer-Thor demselben einige Trouppen zu Pferde und zu Fuß nachgeschickt, die auch noch denselbigen Abend zurücke kamen, und nebst 2 Officiers und 50 gemeinen Kriegs-Gefangenen die Nachricht mitbrachten, daß die Oesterreicher ihr Lager bey Cotta, und das Haupt-Quartier zu Gieshübel genommen. Hier dauerte ihr Aufenthalt nicht lange, indem sie ihren Rückmarsch eiligst vollends nach Böhmen nahmen, nachdem sie Pirna und die Vestung Sonnenstein mit Hinterlassung eines Lieutenants mit 50 Mann, die zu Kriegs-Gefangenen gemacht wurden, freywillig verließen.

Den 20ten langte der König in Begleitung seines Bruders, des Prinz Heinrichs, von Baußen unter Bedeckung eines Regiments Husaren zu Dreßden an, dem den 21sten die 7000 Mann, welche der gedachte Prinz am 18 Oct. von hier nach Baußen mit genommen hatte, folgten, die in der Stadt einquartirt wurden. Den 22sten wurde der General Hülsen mit einem starken Corps abgeschickt, um den Erzgebürgischen und Vogtländischen Kreyß vollends zu reinigen, nachdem der Prinz von Zweybrücken mit der Reichs-Armee sich gleichfalls über Plauen nach Francken retiriret hatte, ohne den Grafen von Dohna abzuwarten, der sich zu Leipzig einfand, und durch seine Trouppen die Feinde aus dem ganzen Lande delogirte,

girte, auch hier und da einige Gefangene machte. Solchergestalt befand sich ganz Sachsen binnen 14 Tagen in Preußischen Händen. Man konnte sich nicht genung über die eilfertige Retirade des Feld-Marschalls von Daun nach Böhmen verwundern, da er mit seiner Armee, die zugleich mit der Reichs-Armee vereiniget war, denen Preußen so sehr überlegen war.

Den 29 Nov. rückte der General von Itzenplitz mit etlichen Regimentern in Zwickau ein, und nahm daselbst sein Stand-Quartier. Den 1 Dec. ließ er den Oesterreichischen General-Wachtmeister Uihasy, der zu Reichenbach Posto gefaßt, nachdem er mit Hinterlassung 1200 Scheffel Haber aus Zwickau gewichen, durch den Major von Roel von dar vertreiben, nachdem er mit dessen Vor-Trouppen, die zu Neumark postirt stunden, einen blutigen Scharmützel gehabt, dabey er viele niedergehauen, und 139 Mann, worunter 1 Major, 2 Rittmeister und 3 Cornets sich befanden, zu Gefangenen gemacht. Die Preußischen Trouppen wurden hierauf in die Winter-Quartiere gelegt, und sowohl Sachsen als Schlesien stark besetzt. Zu Dresden kriegte der General von Finck, zu Pirna der General von Aßeburg, zu Freyberg der General von Hülsen, zu Chemnitz der General von Knoblauch, zu Zwickau der General von Itzenplitz, zu Reichenbach der General von Salmuth, zu Leipzig der General von Hausen, welcher schon im vorigen Jahre daselbst das Commando gehabt hatte, und zu Plauen der General von Mayer das Commando. Das General-Commando führte wieder-

wiederum der Königl. Prinz Heinrich, der sein Haupt-Quartier zu Dresden nahm. Der König langte den 14ten Dec. wieder zu Breslau an. Der General von Ziethen hatte den Winter über sein Haupt-Quartier zu Landshut, und der General von Fouquet zu Nelß.

Die Reichs-Armee mit denen dabey befindlichen Oesterreichischen Trouppen bezogen ihre Winter-Quartiere in Franken, die Daunische Armee aber in Böhmen. Den 7 Dec. langte der Graf von Daun, und einige Zeit hernach über Regenspurg auch der Prinz von Zweybrücken zu Wien an, die beyde von Ihro Kayserl. Majestäten aufs gnädigste empfangen wurden.

* *

III.

Einige jüngst geschehene merkwürdige Todes-Fälle.

a) im Dec. 1758.

I.

Clemens Argenvillieres, der Römischen Kirche Cardinal, starb den 27 Dec. zu Rom in einem Alter von 71 Jahren, nachdem er 5 Jahr die Cardinals-Würde bekleidet. Er wurde den 30 Dec. 1687 zu Rom aus einem Geschlechte gebohren, das eben nicht sonderlich bekannt ist. Er studirte in seiner Vaterstadt, legte sich stark auf die

Theo-

Theologie und canonischen Rechte und ward Doctor. Nachdem er in den Prälaten-Stand getreten, wurde er am Päbstl. Hofe zu verschiedenen Aemtern befördert, die er rühmlich verwaltete. Er wurde nachgehends ein Mitglied von verschiedenen Congregationen, und kriegte ein Canonicat an der Kirche zu St. Johannis in Laterano. Im Sept. 1743 nahm Benedictus XIV. eine große Cardinals-Promotion vor, dadurch unter andern das Amt eines Päbstl. Auditoris verlediget wurde. Dieses erhielte der Herr Argenvilleres, der es auch bis an den Tod des Pabst bekleidet, ob er gleich den 26 Nov. 1753 zur Cardinals-Würde erhoben worden. Er nahm alsdenn den Titel eines Pro-Auditoris an, und stund bey Benedicto XIV. in großen Gnaden. Er erhielte alsbald nach seiner Erhebung aus des Pabst Händen das Biret, und den 20 Nov. den Huth, auch den 10 Dec. den Priester-Titel St. Trinitatis in Monte Pincio. Er wohnte hierauf fleißig denen Congregationen bey, von denen er ein Mitglied worden, und führte einen exemplarischen Wandel. Im Dec. 1754 wurde er mit einer gefährl. Krankheit befallen, davon er aber sich bald wieder erhohlte. A. 1758 erlebte er den Tod Benedicti XIV. worauf er dem Conclavi beywohnte, darinnen er die 23ste Celle hatte. Er betrat dieselbe den 28 May, da die ander Cardinäle schon 13 Tage sich in dem Conclavi befunden. Er half Clementem XIII. erwehlen, der ihm die Präfectur del Concilio ertheilte, die er aber gar kurze Zeit bekleidet. Er kriegte einige Tage vor seinem Ende ein gefährliches Seiten-Stechen, daran er sterben mußte,

mußte, nachdem er sich mit den letzten Sacramenten versehen, und vom Pabste die Benediction in articulo mortis ertheilen lassen.

II. Andreas Stanislaus Kostka, Graf Zaluski, Bischof zu Cracau, Senator des Königreichs Pohlen und Ritter des weisen Adlers, starb den 16 Dec. in einem Alter von etlichen 60 Jahren. Es soll von seinem Leben künftig umständlich gehandelt werden.

III. Hanß Jacob von Arnold, Königl. Dänischer, General-Feld-Marschall, Ritter des Elephanten-Ordens und commandirender General in Norwegen, starb den 24 Dec. zu Christiania, in einem Alter von 90 Jahren. Er ist in den Dänischen Diensten, darinnen er sich von Jugend auf befunden, grau worden, und hat schon in dem vorigen Schwedischen Kriege Dienste geleistet. Er wurde von König Friederico IV. zum General-Major und den 16 April 1722 zum Ritter von Dannebrog ernennet. Christian VI. machte ihn zum General-Lieutenant und Commendanten zu Rendsburg. Anno 1736 ward er an des verstorbenen Generals von Römmeling Stelle General-Commendant der gesammten Trouppen in Norwegen, und Ober-Aufseher aller Vestungen in diesem Königreiche. Er ward nachgehends General der Infanterie. Der jetzige König ernennte ihn den 4 Sept. 1747 zum Ritter des Elephanten-Ordens, und nicht lange hernach zum General-Feld-Marschall. Im Sept. 1752 erhielte er den Rang derer geheimden Räthe im Conseil. Von seiner Familie ist mir nichts bekannt.

IV. **August de la Chevallerie, Baron von la Motte**, Königl. Preußischer General-Lieutenant der Infanterie, Gouverneur des Herzogthums Geldern, Chef der dasigen Königl. Commißion, Ritter des schwarzen Adlers, und Obrister über ein Bataillon Infanterie, starb den 7 Dec. zu Magdeburg an einer hitzigen Brust Krankheit im 71sten Jahre seines Alters. Er stammte aus einem Französischen Geschlechte her, das der Religion wegen aus seinem Vaterlande hat weichen müssen. Nachdem er bey dem Regimente des Feld-Marschalls von Grumbkow bis zu der Stelle eines Obristens avancirt, erhielte er dieses Regiment nach dessen Tode 1739 selbsten, und ward den 2 August 1740 zum General-Major ernennet, in welcher Qualität er 1741 und 1742 den Feldzügen in Schlesien, Mähren und Böhmen, und besonders der Schlacht bey Chotositz, die den Breslauischen Frieden nach sich zog, beygewohnet. Im Jan. 1744 ward er zum General-Lieutenant erklärt, worauf er im Aug. abermal wider die Königin in Ungarn nach Böhmen zu Felde gehen mußte. Anno 1745 mußte er die Insurgenten mit einem Corps aus Ober-Schlesien zurücke treiben, worauf er der Schlacht bey Striegau, und dem Einfalle des Königs in Sachsen beywohnte, worauf der Dreßdnische Friede erfolgte. Im Nov. 1748 kriegte er das Gouvernement von Geldern nebst dem dasigen Garnison-Bataillon, wo er sich bis in den Apr. 1757 befunden, da er mit denen, aus Wesel und andern Orten im Clevischen ausgezogenen Trouppen sich zur Observations-Armee in Nieder-Sachsen fen begeben, dem Obristen von Salmouth aber das Commando in Geldern überlassen. Er kriegte nachgehends das Commando in Magdeburg. Im Febr. 1757 erhielte er den Ritter-Orden des schwarzen Adlers.

V. Ofalco, Graf von Minuzzi, Chur-Bayerischer würkl. Geheimer Rath, General-Feld-Zeugmeister, Obrister über ein Regiment zu Fuß, commandirender General der sämmtlichen Chur-Bayerischen Trouppen, und Groß Creuß des Ritter-Ordens St. Georgii, starb den 7 Dec. zu München, nach einer 4 Monathe lang überstandenen abzehrenden Krankheit in einem Alter von 85 Jahren. Er war ein gebohrner Italiäner, hat aber sein Glücke in Bayern gemacht. Er diente dem Churfürsten Maximilian Emanuel in dem Spanischen Successions Kriege, und avancirte bis zu der Stelle eines Obristens, nachdem er bereits 1702 unter die Churfürstl. Cämmerer aufgenommen worden. Als der Churfürst wieder in seine Lande eingesetzet worden, ward er General-Wachtmeister und Chef von der Carabinier-Garde. Der Churfürst Carl Albert, nachmaliger Kayser, erklärte ihn zum General-Feld-Marschall-Lieutenant, und 1735 zum Viece-Kriegs Raths-Präsidenten, schickte ihn auch 1738 mit einem Auxiliar-Corpo, dem Kayser Carolo VI. wider die Türken in Ungarn zu Hülfe, da er denn bis zum Belgrader-Frieden treue Dienste leistete, und besonders der Schlacht bey Grotzka beywohnte. Anno 1741 kam er in dem Lager bey Schördingen zu stehen, als man im Begrif war in Oesterreich einzufallen. Nachdem er den 31 Jul. unverhofft die Stadt Paßau eingenommen, und die Französischen Auxiliar-Trouppen angelangt wären, erfolgte zu Anfang des Septembers der würkliche Einfall in Ober-Oesterreich. Man breitete sich nach Eroberung der Stadt Linz bis Ulmerfeld aus, beschloß aber gähling, sich des Königreichs Böhmen zu bemächtigen. Der Graf Minuzzi mußte zu dem Ende mit einem Corpo den 25 Oct. bey Waldmünchen in dieses Königreich einfallen, da er denn nach zwey Märschen sich bey Pilsen mit denen Franzosen vereinigte, die aus der Ober-Pfalz dahin gekommen, und sich allda gelagert hatten. Der Marsch gieng auf Prag loß, wohin auch der Churfürst mit der ganzen Armee aus Oesterreich folgte, doch Linz stark besetzt hinterließ, wohin sich der Graf Minuzzi als Commendant begeben mußte, aber sich den 24 Jan. 1742 genöthiget sahe, die Stadt an die Oesterreicher zu übergeben. Er kam hierauf bey der Armee in Bayern zu stehen, die der Graf von Seckendorf commandirte, und ward General-Feld-Zeugmeister, kriegte aber den 6 Aug. eine Schlappe von dem Obrist Menzel, als er ein Corpo von 6000 Mann bey Pilsting commandirte. Im Nov. wurde er zum Commendanten zu Braunau bestellt, welche Vestung den 3 Dec. sehr scharf belagert und bombardirt wurde. Er hielte aber das feindliche Feuer standhaft aus, und that alle mögliche Gegenwehr, bis der Französische Succurs sich näherte, der die Oesterreicher nöthigte, die Belagerung den 6ten Abends aufzuheben, und sich zurücke zu ziehen. Ein feindlich Corpo stund bey Simpach

disseit

disseit dem Inn. Auf dieses that der Graf von Minuzzi den 9 Dec. einen Ausfall und zerstreuete es. Das Haupt-Lager war bey Ranzhofen. Als solches die Franzosen und Bayern angreifen wollten, zogen sich die Feinde den 12 Dec. des Nachts eiligst über dem Inn zurücke. Anno 1743 commandirte er im Frühjahr ein ansehnlich Corpo in der Gegend von Braunau. Es bestund aus dem Kern der Bayerischen sammt den Pfälzischen und Heßischen Trouppen. Allein er wurde von der ungleich stärkern Oesterreichischen Armee den 9. May bey Simpach angegriffen und gänzlich geschlagen, auch selbst zum Kriegs-Gefangenen gemacht. Anno 1745 bin 14 May kam er aus seiner Kriegs-Gefangenschaft zurücke, nachdem der neue Churfürst mit dem Wienerischen Hofe Friede gemacht hatte. Er ward darauf geheimer Rath, und im Aug. 1753 commandirender General der gesammten Chur-Bayerischen Trouppen. Dem Ritter-Orden St. Georgii hat er lange Zeit getragen, biß er endlich Groß-Creutz bey demselben worden. Er hat einen Sohn hinterlassen, der schon General-Wachtmeister seyn soll. Ein' anderer Sohn, Namens Johannes, starb 1739 in Ungarn als Cämmerer und Hauptmann.

VI. **Ludwig Johann Franz, Graf von Hallot**, Königl. Pohlnischer und Churfürstl. Sächsischer General-Lieutenant, Cammerherr und Ober-Hofmeister des Königl. Prinzens Xaverii, wie auch Ritter des heil. Ludwigs-Ordens, starb den 17 Dec. zu Wien in einem Alter von 57 Jahren. Ich weiß von ihm nichts weiter zu melden, als daß er
ein

ein gebohrner Franzose gewesen, und 1750 als General-Major in Sächsische Dienste getreten, nachgehends in Pension gesetzt worden, und zu Wien ein Privat-Leben geführt. Er muß aber bey gegenwärtigen Kriegs-Troublen von dem, nach Wien gekommenen Königl. Prinzen Xaverio, mit dem Prädicat eines General-Lieutenants zu seinem Ober-Hofmeister angenommen worden seyn.

VII. **Friedrich Otto von Rappe**, Königl. Dänischer General-Lieutenant, Geheimer Rath, Ober-Präsident zu Copenhagen, und Ritter von Dannebrog, starb den 2 Dec. zu Copenhagen an einer Abzehrung, in einem Alter von 79 Jahren. Er commandirte sonst das erste geworbene Infanterie-Regiment als Obrister, und ward im Aug. 1735 General-Major, den 10 Febr. 1740 Ritter von Dannebrog, einige Jahre hernach General-Lieutenant und Geheimder Rath, und im Aug. 1750 Ober-Präsident der Königl. Residenz-Stadt Copenhagen, von welcher Stelle er den 19 Oct. Besitz nahm. Im Mart. 1752 erhielte er den Orden De l'Union Parfaite.

VIII. **Niels, Baron Diurclo**, Königl. Schwedischer General-Major, und gewesener Landshauptmann und Ober Commendante zu Calmar, auch Ritter des Königl. Schwerd-Ordens, starb den 24 Dec. auf seinem, in der Calmarischen Provinz gelegenen Gute Knapehoff. Als Obrister des Calmarlohns-Regiments, erhielte er im April 1747 den neugestiffteten Schwerd-Orden. Im Jan. 1755 ward er General-Major, und bald hernach

nach Lande-Hauptmann und Ober-Commendant in Calmar, kriegte aber im May 1757 seinen Abschied.

IX. **Wilhelm Christian, Graf von Isenburg-Meerholz,** starb den 10 Dec. zu Meerholz an einer auszehrenden Krankheit, in dem 21sten Jahre seines Alters. Er war der zweyte Sohn des regierenden Grafens, Carl Friedrichs zu Isenburg-Meerholz. Seine Mutter, Eleonora Friderica Juliana, gebohrne Gräfinn von Solms-Rödelheim, brachte ihn den 1 Mart. 1738 zur Welt. Er stund unter den Ober-Rheinischen Kreyß-Trouppen als Fähndrich. Sein Tod fiel den Hochgräfl. Eltern desto empfindlicher, weil nur den 23 Jul. 1758 vorher der jüngste Sohn, **Friedrich Ludwig Carl,** in dem Treffen bey Sängershausen unweit Cassel getödtet worden. Es hatte solcher den 25 Jun. 1739 das Licht der Welt erblickt, und befand sich folglich erst in einem Alter von 19 Jahren.

X. **Ernst Dietrich, Graf von Isenburg-Büdingen,** starb den 26 Dec. an einem hitzigen Fluß- und Friese-Fieber im 42sten Jahre seines Alters. Sein Vater Ernst Casimir, Graf von Isenburg-Büdingen, der den 15 Oct. 1749 als Ritter des Elephanten-Ordens gestorben, hat ihn mit Christiano Eleonora, gebohrnen Gräfinn von Stollberg-Geudern gezeugt. Er war unter drey Brüdern der jüngste, und wurde den 30 Oct. 1717 gebohren. Anno 1752 den 15 August vermählte er sich mit Dorothea Wilhelmina Albertina, des Fürsten Wolfgang Ernsts von Isenburg-Birstein

Tochter, die ihm etliche Kinder gebohren, davon noch ein Sohn, Namens Ernst Casimir, am Leben ist, der den 25 Febr. 1757 zur Welt gebohren worden.

XII. **Christian Ludwig Moritz, Graf von Hohenlohe-Langenburg**, Königl. Dänischer Obrister, Cammerherr und Ritter des Dannebrog-Ordens, starb den 27 Dec. in seiner Residenz zu Schroßberg, nach einer langwierigen und abzehrenden Krankheit, im 55sten Jahre seines Alters. Sein Vater, Christian Crato, war regierender Graf von Hohenlohe-Ingelfingen, und starb den 2 Oct. 1743. Seine Mutter, Sophia Maria Catharina, gebohrne Gräfin von Hohenlohe-Pfedelbach, eine Mutter von 17 Kindern, brachte ihn den 1 Mart. 1704 zur Welt. Er begab sich in Dänische Dienste, und erhielte die obgedachten Chargen. Den 28 Nov. 1740 erhielte er den Orden von Dannebrog. Anno 1747 quittirte er die Dänischen Dienste, und erwählte Schroßberg zu seiner Residenz, nachdem er den 24 Apr. 1746 sich mit Louise Henriette, gebohrnen Gräfinn von Hohenlohe-Koßla vermählt hatte, von der er aber kein Kind hinterlassen.

XIII. **Magdalena Charlotte**, verwitwete von Rüßow, gebohrne Gräfin von Burgsdorf, starb im Dec. zu Stargard in einem Alter von 52 Jahren.

XIV. **Gerhard Ernst, Graf von Lehndorf**, Königl. Preußischer Capitain der Garde zu Fuß, Ritter des Ordens pour le merite und Commthur des Johanniter-Ordens zu Lagow, Aeltester seines

seines Hauses, starb zu Anfang des Dec. zu Glogau im 35ften Jahre seines Alters, an seinen bey Hochkirchen empfangen Wunden.

XV. Jacob Born, auf Wildenborn und Surdorf, Königl. Pohlnischer und Churfürstl. Sächsischer gewesener Vice-Canzler, und bisheriger ältester Bürgermeister der Stadt Leipzig, starb den 3 Dec. nach kurz zuvor angetretenem 76ften Jahre seines Alters, an einer von den Schwachheiten des Alters, und mancherley Beschwernissen verursachten Entkräftung. Sein Leichnam wurde den 7ten frühe in aller Stille in der Bornischen Familien-Grufft beygesetzet. Seine Eigenschaften und Verdienste werden sein Andenken bey der Stadt Leipzig im Seegen erhalten.

XVI. John Norcroß, ein gebohrner Engelländer, und berüchtigter Freybeuter-Capitain, starb den 4 Dec. in seinem 31 jährigem Gefängnisse, auf der Citadelle zu Capenhagen, und im 71ften Jahre seines Alters. Er kann sowohl unter die allergrößten Avanturiers, als auch unter die lasterhaftesten und ruchlosesten Menschen gezehlt werden. Sein Leben, das er selbst abgefaßt, ist im öffentlichen Drucke erschienen.

b) nachgehohlte Todes=Fälle vom Oct. 1758.

I. Carl Philipp von Albert, Herzog von Luynes, Pair von Frankreich, und Ritter der Königl. Orden, starb den 25 Oct. auf seinem Schlosse Dampiere im 64ften Jahre seines Alters.

ters. Sein Vater war Honoratus Carolus von Albert, Herzog von Montfort, der den 9 Sept. 1704 vor Landau blieb. Seine Mutter, Maria Anna Johanna von Courcillon, des Marquis von Dangrau Tochter, die den 28 Jun. 1718 als Witwe gestorben, brachte ihn den 30 Jul. 1695 zur Welt. Er war nicht viel über 9 Jahr alt, da der Vater starb, doch lebte der Groß-Vater, Carl Honoratus, Herzog von Luynes, noch, der den 5 Nov. 1712 starb, welchem er in der Qualität eines Herzogs von Luynes, und Pairs von Frankreich succedirte. Er vermählte sich den 30 Jul. 1710 mit Louise Leontina Jacqueline von Bourbon, des Fürstens Ludwig Heinrichs von Neufchatel Tochter, die den 11 Jan. 1722 mit Hinterlassung dreyer Söhne und einer Tochter wieder verstorben. Anno 1734 trat er seinem ältesten Sohne, Maria Carl Ludwig, mit dem Titel eines Herzogs von Chevreuse, die Würde eines Pairs ab. Den 1 Jan. 1748 ward er zum Ritter der Königl. Orden creirt, auch den 2 Febr. a. e. darzu installirt. Er ließ nebst seinem Sohne, dem Herzoge von Chevreuse, auf dem Friedens-Congresse zu Aachen, eine Protestation wegen seiner Ansprüche sowohl auf Neufchatel und Valengin, als auf das Fürstenthum Oranien, und verschiedene Ländereyen in der Franche Comte, ingleichen wegen einer großen Feld-Forderung an den König von Sarbinien überreichen, dadurch er die Gerechtsame seines Hauses, als Repräsentant und Rechts-Inhaber der ehemaligen Herzogin von Nemours aus dem Hause Longueville sich vorbehielte. Er hat sich den 15 Jan. 1732

1732 zum andernmale mit Maria Theresia de Bethune, des Herzogs von Choroſt Tochter, vermählt. Ob ſie ihm Kinder gebohren, iſt mir nicht bekannt. Sein Erbe in ſeinen Titeln und Würden iſt der bisherige Herzog von Chevreuſe, älteſter Sohn aus erſter Ehe. Der heutige Cardinal von Luynes war ſein leiblicher Bruder.

II. **Henning Alexander von Kahlden,** Königl. Preußiſcher General-Major, und Obriſter über ein Regiment zu Fuß, Erbherr von Gottberg, ſtarb den 22 Oct. vor Tage zu Berlin, an ſeiner bey Zorndorf empfangenen ſchweren Wunde, im 43ſten Jahre ſeines Alters. Er ward im Febr. 1742 zum Major und Königl. Flügel-Adjutanten ernennet. Im Febr. 1749 erhielte er das Grenadier-Bataillon zu Treuenbrißen. Im May 1750 ward er Obriſt-Lieutenant, und den 10 Sept. 1754 Obriſter von der Infanterie, in welcher Qualität er 1756 und 1757 den Feldzügen in Sachſen und Böhmen beygewohnet. Nach der Schlacht bey Leuthen unweit Breslau, die den 5 Dec. 1757 geſchahe, ward er General-Major. Im Jan 1758 erhielte er das Anhalt-Deſſauiſche Regiment. Er wohnte darauf dem Feldzuge in Mähren bey, und gieng nach der Rückkunft der Armee in Schleſien, mit dem Corpo, das der König nach der Neumark führte, wider die Ruſſen zu Felde, ward aber in der Schlacht bey Zorndorf am 25 Aug. ſo gefährlich bleſſirt, daß er nach einigen Monathen zu Berlin, wohin man ihn gebracht, ſterben mußte. Er hatte eine gebohrne von Kannenberg zur Gemahlinn,

mahlinn, von der er verschiedene Kinder hinterlassen.

III. **Richard** *), Vicomte von **Molesworth**, Pair von Irrland, Königl. Grosbritannischer Feld-Marschall, und Grand Maitre der Artillerie, wie auch commandirender General in Irrland, starb den 13 Oct. zu London. Er war ein Sohn des bekannten Lords Molesworth, der im Jun. 1725 zu Dublin im 80sten Jahre seines Alters gestorben, nachdem er sich sowohl durch seine, an den Nordischen Höfen geführte Gesandschaften, als durch seine Beschreibung des Staats von Dännemark berühmt gemacht. Er, der Sohn, widmete sich den Kriegsdiensten, und war schon Brigadier der Cavallerie, als der Vater starb. Anno 1720 ward er als Königl. Gesandter nach Turin geschickt, wo er sich schon verschiedene Jahre befunden. Anno 1735 den 19 Dec. ward er General-Major, im Jul. 1739 General-Lieutenant, im April 1747 General der Cavallerie, und im Dec. 1757 Feld-Marschall. Von seiner Familie weiß ich nichts weiter zu berichten, als daß er verschiedene Kinder hinterlassen. Von seinen Kriegs-Thaten ist mir nichts bewußt.

IV. **Heinrich Wilhelm**, Freyherr von **Haugwitz**, Kayserl. Königl. würkl. Geheimer Rath, Cämmerer und Ober-Cammergraf im Herzogthum Oesterreich, unter und ob der Enß, wie auch im Herzogthum Steyermark, starb den 10 Oct. im 47 Jahre seines Alters.

V. Frie-

---

*) Andere nennen ihn John.

V. **Friedrich Wilhelm**, Freyherr von Zobel, auf Gibelstadt, Ritter des Deutschen Ordens, Commandeur von Münnerstadt, Chur-Cöllnischer Cammerherr, Fürstl. Bamberg- und Würzburgischer würklicher Geheimer Rath, Obrister von des Fürsten-Bischoffs Leib-Garde der Trabanten und Husaren, auch Obrister und Commandeur des Marggräfl. Bayreuthischen Curassier-Regiments in Diensten des Fränkischen Kreyßes, starb den 3 Oct. zu Berlin an einem Schlagflusse im 54sten Jahre seines Alters. Er ward in der Schlacht bey Roßbach am 5 Nov. 1757 gefangen. Man begrub ihn den 6 Oct. in der Garnison-Kirche zu Berlin.

VI. **Sophia Dorothea Wilhelmina**, Gräfinn von Isenburg-Wächtersbach, starb im Oct. zu Wächtersbach im 53 Jahre ihres Alters. Sie war eine Tochter Adolph Heinrichs, Grafens von Rechtern-Almeloo, und hatte den 15 Aug. 1706 das Licht der Welt erblickt. Anno 1756 den 22 Apr. vermählte sie sich mit Albert August, Grafen von Isenburg-Wächtersbach, Holländischen General-Major, der 11 Jahr jünger war. Sie ist ohne Kinder gestorben.

VII. **Erdmuth Catharina**, Gräfinn von Kayserling, starb den 31 Oct. zu Wien in einem Alter von 18 Jahren. Sie war eine gebohrne Gräfinn von Schafgotsch, genannt von Dallwitz, und wurde vor einiger Zeit mit Heinrich Christian, Grafen von Kayserling, Kayserl. Königl. Cammerherrn, und würkl. Reichs-Hof-Rathe, auch Rittern des St. Annen-Ordens, einem Sohne des

des bekannten Russischen Ministers und würklichen Geheimen Raths, Herrmann Carls, Grafens von Kayserling, vermählt.

VIII. Der Graf von Buttler, Kayserl. Königl. Obrister über die Grenadiers, blieb den 14 Oct. in der Schlacht bey Hochkirchen.

IX. Isaac Farch, Holländischer Gouverneur von Curaßau, und denen darzu gehörigen Inseln, starb den 13 Oct.

* * * * * * * * * * * * * * * *

IV.
Leben und Thaten des jüngst verstorbenen Großmeisters von Malta.

Emanuel Pinto, Großmeister von Malta, war ein gebohrner Portugiese aus dem Hause derer Herren von Fonseca, und hatte den 24 May 1681 das Licht der Welt erblickt. Er trat jung in den Maltheser-Orden, und fand sich selbst auf der Insel Malta ein. Er that als ein Ritter die schuldigen Kriegs-Dienste zur See wider die Türken, und bewieß bey aller Gelegenheit eine große Tapferkeit, weßwegen er auch zu verschiedenen Kriegs-Bedienungen befördert wurde. Er erhielte nachgehends die Stelle eines Vice-Canzlers des Ordens, und einige Zeit hernach eines Procuratoris des Schatzes, in welcher Bedienung er stunde, als der bißherige Großmeister, Anton ten Raymund von Pouch, den 15 Jan. 1741 das Zeitliche gesegnet. Als es darauf den 18 dieses zur Wahl eines neuen Großmeisters kam, hatte er das Glücke, vielen ältern und in höhern Aemtern stehenden Rittern vorgezogen, und zum würklichen Großmeister des heillgen Hospitals zu St. Johannis in Jerusalem, und des Kriegs-Ordens des heiligen Grabes des Herrn erwehlt zu werden.

Das erste, was er rühmliches nach Antritt seiner Regierung that, war die Tilgung des Jansenismi, der sich in vielen Parochien von Bagliaggi und einigen Malthesischen Commenden in Frankreich eingeschlichen hatte. Benedictus XIV. hatte ein solches Vergnügen darüber, daß er ihm für diesen Eyfer durch den damaligen Inquisitor in Malta, den Herrn Gualtieri, danken ließ. Den 29 Oct. 1741 nahm er mit großem Gepränge, von der alten Stadt zu Malta Besitz, welche Ceremonie seit 1530 nicht geschehen war.

Im Jahr 1742 ließ er die Kriegs-Schiffe, die gegen die Ungläubigen bestimmt waren, bequemer machen, den Verfall des Montis Pietatis, der zum Besten des Armuths gestiftet worden, wieder herstellen, das Justitz-Wesen verbessern, und die Handlung auf der Insel, durch Einführung neuer Manufakturen und Erklärung des Hafens zu einem Porto Franco in mehreres Aufnehmen bringen, auch von denen, die bisher mit den öffentlichen Einkünften zu thun gehabt, Rechnung fordern. Er schickte auch in diesem Jahre eine kleine Escadre nach Africa, die denen aus der Levante zurücke kehren kehrenden Französischen Schiffen zur Sicherheit dienen sollte, weil die Seeräuber mit Frankreich brechen wollten, welche Escadre hernach auch die Spanischen Küsten vor den Anfällen der Corsaren bedeckte.

Im Jahr 1743 erhielte er von dem Pabste eine Creutz-Bulla, um von der dem Orden unterworfenen Geistlichkeit, einen Beytrag zu Ausrüstung mehrer Kriegs-Schiffe gegen die Ungläubigen zu heben. Da auch in diesem Jahre die Pest zu Messina in Sicilien stark zu grassiren anfieng, erzeigte er sich sehr sorgfältig, die Seuche durch gute Anstalten von seiner Insel abzuhalten, welches ihn aber nicht hinderte, zu gleicher Zeit den Großmeisterlichen Pallast auszubessern, und mit neuen Auszierungen zu versehen.

Im Jahr 1744 kamen verschiedene Jüdische und andere ungläubige Familien aus der Barbarey nach Malta, um sich taufen zu lassen, welche der Großmeister sehr liebreich aufnahm. Da auch die Verschwendung unter den Rittern und Einwohnern der Insel sehr überhand nahm, gab er 1745 sehr heilsame Gesetze darwider heraus. Er wäre aber in diesem Jahre beynahe mit der Republick Venedig in große Irrung gerathen. Denn da ein Malthesisches Kriegs-Schiff im Adriatischen Meere viele Türkische Schiffe wegnahm, und die Republick besorgte, die Türken möchten darüber mit der Republick den Frieden brechen, verboth sie allen Malthesischen Schiffen das Creutzen in dem Adriatischen Meere. Hierüber schöpfte der Orden

Orden einen großen Verdruß, und es war bloß der Klugheit des Großmeisters zuzuschreiben, daß diese Irrungen noch in der Güte beygelegt wurden.

Im Jahr 1746 that Benedictus XIV. dem Maltheser-Orden die Ehre an, und ertheilte dessen Minister zu Rom, die Vorzüge eines Königl. Gesandtens. Da nun in Ansehung des Ceremoniels verschiedenes dabey unentschieden blieb, der Gesandte aber deshalben unterthänige Vorstellungen that, so geschahe von dem Pabste im Febr. 1747 folgende Declaration: „Da Wir jederzeit geneigt „sind, einen um die Christenheit sowohl verdienten „Orden, der seit so vielen Jahrhunderten dieselbe „zu vertheidigen nicht aufhöret, und welcher durch „die Regierung seines jetzigen Großmeisters in „unsern Tagen so trefflichen Ruhm erlanget, ie „mehr und mehr zu erhöhen; und da Wir auch „dessen kindlichen Gehorsam gegen den heiligen „Stuhl belohnen, und ganz Europa die Achtung, „die Wir aus dessen Adel machen, vor Augen legen „wollen, bestätigen Wir die Ehren, die Wir be„sagten Gesandten von Malta bereits zugestanden „haben, und befehlen noch ferner, daß er zu allen „öffentlichen sowohl, als Privat-Functionen, denen „die Gesandten beyzuwohnen pflegen, welche die „Königl. Prärogativen genüßen, berufen werden, „und aller Ehren und Prärogativen derselben theil„haftig seyn solle.„

Hieran ließ es Benedictus XIV. nicht genung seyn, sondern überschickte auch im Jahr 1747 dem Großmeister selbst durch den Herrn Valenti einen geweyheten Huth und Degen. Hierbey vergaß er nicht, noch ferner vor das Innerliche seines Staats zu sorgen, weßhalben er nicht nur die in Verfall gerathene Schule der Mathematischen Wissenschaften und freyen Künste, wie auch die Bibliotheck wieder herstellte, sondern auch die Haupt-Kirche zu St. Johannis mit neuen Zierathen, und die Stadt Valetta mit neuen Vestungs-Werken versahe, womit man etliche Jahre zubrachte.

Im Jahr 1748 gerieth er mit dem Pabste in eine kleine Irrung. Denn weil er den bisherigen Gesandten, Ritter von Tencin, durch den Grafen Solari ohne des heiligen Vaters Vorwissen ablösen ließ, nahm es dieser so übel, daß er dem, schon auf der Reise nach Rom begriffenen neuen Abgesandten, verbiethen ließ, seine Reise fortzusetzen. Jedoch der Großmeister erkannte seinen Fehler, schickte den General seiner Galeeren ausserordentlich nach Rom, und ließ sein Versehen entschuldigen, worauf sich der Pabst besänftigen ließ.

Den 2 Febr. eben dieses Jahrs, langte zu einer unglücklichen Stunde der bißherige Türkische Gouverneur zu Rhodus, Mustapha Baßa, als ein Gefangener auf seiner eigenen Galeere, deren sich die darauf befindlichen Ruderknechte, durch einen

einen erregten Aufstand bemächtiget hatten, in dem Hafen zu Malta an. Nachdem er ans Land gestiegen, wurde er in das bequemste Quartier im Lazarethe logirt. Man ließ ihm alle seine Bedienten und Effecten, und unterhielte ihn auf Kosten der öffentlichen Schatz-Cammer. Nach geendigter Quarantaine bekam er sein Quartier in dem Castell St. Elmo, wo er alle Ehre und Bequemlichkeit genoß. Man gestattete ihm sogar, dem Großmeister in Gesellschaft seiner vornehmsten Officiers seine Aufwartung zu machen. Er wurde in das Cabinet Sr. Eminenz geführt, welche ihm auf das gnädigste begegneten, ihn in seinem Unglück trösteten, und ihm sogar versprachen, ihm alle Gefälligkeit zu erzeigen.

Er brachte die ersten Monathe seiner Gefangenschaft in lauter Kummer zu, weil er befürchtete, durch sein Schicksal bey der Pforte in Ungnade zu fallen. Dieses abzuwenden, faßte er den Vorsatz eine Unternehmung auszuführen, die ihn an seinem Hofe in besonderes Ansehen bringen, seinen Namen aber bey allen Völkern verewigen könnte. Er fiel nämlich mit Zuziehung seiner bey sich habenden Officiers und Bedienten auf den Anschlag, die sämmtlichen Sclaven des Großmeisters und Ordens heimlich zu einer Revolte zu verleiten, und bey solcher Gelegenheit den Großmeister und seine Ministers und Bedienten hinzurichten, die ganze Insel aber den Türken in die Hände zu spielen. Er war listig genug, diese wichtige Unternehmung so einzufädeln, daß vor den Orden nicht geringe Gefahr daraus bevorstunde. Derjenige Neger, welcher der Urheber von der Empörung der Ruder-Sclaven der Galeren des Bassa gewesen, und nachdem er die christliche Religion angenommen, von dem Großmeister zum Cammerdiener angenommen worden, nahm die Ermordung des Großmeisters auf sich, welche sehr leicht hätte bewerkstelliget werden können; wenn auch gleich die Ausführung der übrigen bösen Rathschläge zu Wasser worden wäre. Der Bassa hatte sogar sowohl dem Türkischen Hofe, als denen Deys zu Algier, Tunis und Tripoli, ingleichen dem Bassa in Morea, Nachricht davon gegeben, damit sie die angezettelte Conspiration, durch abgeschikte Schiffe unterstützen sollten.

Der 29ste Tag des Monaths Junii 1749 war zu Ausführung dieses schrecklichen Complots angesetzt, nachdem der Bassa bereits im April vorher durch die Vorbitte des Königs in Frankreich in Freyheit gesetzt worden. Allein den 6ten Jun. wurde diese abscheuliche Unternehmung durch einen Soldaten, der in dieselbe verwickelt war, entdeckt, worauf man sogleich die vornehmsten Zusammenverschwornen in Ketten und Banden warf, sie stark folterte und eine große Menge derselben hinrichtete. Der Pöbel war so erbittert über den Bassa, daß der Großmeister Mühe hatte, ihn vor ihrer Wuth zu retten, und aufs Castell in Sicherheit zu bringen. Es mußten nach und nach

Großmeisters von Malta.

bey 120 Personen auf allerhand Art durch die Hand des Henkers sterben, der Bassa aber blieb in Betrachtung seines hohen Standes und vieler üblen Folgen, die es in Ansehung der Pforte nach sich ziehen möchte, wenn man demselben nach Verdienst strafte, bey dem Leben, wurde aber von neuen auf das Castall gefangen gesetzt, biß er im April 1751 durch Vermittelung des Französischen Hofs, auf ein Französisches Schiff gebracht, und nach Constantinopel geführt wurde, wo ihn der Groß-Sultan zum Stadthalter in Egypten gemacht.

Immittelst wurden dem Großmeister von dem Kayserl. Hofe eben die Vorzüge zugestanden, die er bereits von dem Pabste erhalten. Man gab ihm nämlich den Rang eines gekrönten Souverains. Als daher sein Abgesandter, Graf Anton von Colloredo, den 16 Februar 1749 zu Wien seinen öffentlichen Einzug hielte, ließ man ihm eben die Ehre widerfahren, die man den Päbstlichen Nuncio, und denen Bothschaftern gekrönter Häupter zu erweisen pflegt, als welche bey dem öffentlichen Gottesdienste, und andern Ceremonien des Hofs erscheinen, und sich vor dem Throne Sr. Königl. Maj. bedecken dürfen. Der Venetianische Bothschafter bezeugte zwar sein Mißvergnügen darüber, zumal da er nicht zugleich mit dem Maltheßschen Bothschafter der Kayserl. Capelle beywohnen durfte, da doch seine Republick jederzeit vor dem Maltheser-Orden einen großen Vorzug gehabt. Allein man kehrte sich an dem Kayserl.

Ll 3   Hofe

Hofe nicht daran, sondern fertigte dem Grafen von Colloredo, nachdem er den 27 Mart. seine Abschieds-Audienz gehabt, den 31 May die Acte über diese erhaltenen Vorzüge zu, die er so fort mit vielem Vergnügen dem Großmeister nach Malta übersendete.

In eben diesem Jahre langte der Holländische Admiral Innslager, mit 3 Kriegsschiffen auf seiner Rückfahrt von Smirna zu Malta an, der sich genöthiget sahe, 4 Wochen allhier sich aufzuhalten. Er genoß die Zeit über von dem Großmeister und denen Ordens-Rittern viele Ehre und Höflichkeit, wurde mit Provision reichlich versehen, bekam kostbare Geschenke, und empfieng ein Schreiben an Ihre Hochmögenden, worinnen sie der Großmeister sowohl seiner als des ganzen Ordens Hochachtung versicherte.

Im Jahr 1753 gerieth der Großmeister mit dem Neopolitanischen Hofe in große Irrungen, weil er dem Könige beyder Sicilien das Recht nicht zugestehen wollte, das Jus Patronatus über das Bißthum zu Malta auszuüben. Denn da der König in dieser Absicht, im May dem Bischof von Siracusa, als geistlichen Visitator nach der Insel Malta abschickte, um in dem hiesigen Bißthum Visitation zu halten, wollte der Großmeister diesen Prälaten durchaus in solcher Qualität nicht zulassen, weil er es vor einem Eingriff in seine landesherrl. Gerechtsame hielte. Um nun den Königl. Hof dadurch nicht in

Har-

Harnisch zu bringen, schickte er den Bailli Duegnos nach Neapolis, um dieserhalben Vorstellungen zu thun, und die entstandenen Irrungen beyzulegen. Allein der König declarirte, daß wenn man sich ferner weigern würde, zu Malta die Visitation zuzulassen, die der Bischof von Siracusa in Königl. Vollmacht verrichten sollte, er alle Einkünfte des Ordens in seinen Staaten sequestriren lassen wollte. Allein der Großmeister gab deßwegen nicht nach, sondern drohete in solchem Fall, alle Einkünfte dererjenigen Malteser-Ritter, welche Unterthanen von dem Könige beyder Sicilien wären, auf gleiche Weise einzuziehen. Der Bischoff von Siracusa wollte dem ohngeachtet in Malta an Land steigen, mußte aber davon abstehen, als er hörte, daß man ihn mit scharfen Canonen-Schüssen empfangen würde. Der Großmeister schickte eine Deduction von allen alten Privilegien, worauf sich die Befreyung von der Visitation gründen sollte, an alle Römisch-Catholischen Höfe, der König beyder Sicilien aber, ließ durch ein Edict seine Gerechtsame der Welt kund thun. Es schiene zwischen ihnen beyden zu einer völligen Ruptur zu kommen, und es wurde bereits auf beyden Seiten alles Commercium aufgehoben, welches sowohl den Maltesern, die nunmehro ihr Getrayde mit mehrern Kosten aus Morea kommen lassen mußten, als den Sicilianern, die den Ueberfluß ihres Getraydes behalten mußten, großen Schaden that. Der Pabst ließ sich am meisten angelegen seyn, diesen Irrungen ein Ende zu machen. Er ließ in dieser

dieser Absicht 1754 verschiedene nachdrückliche Breven, sowohl an den König, als an den Großmeister ergehen, worinnen er sie ermahnte, von der Strenge ihrer Anforderungen nachzulassen, und sich zu vergleichen. Es verzog sich aber biß ins Jahr 1755 ehe diese Irrungen beygelegt wurden. Endlich würkte die Vermittelung des Pabsts und des Königs in Frankreich soviel, daß der König sich aus Gefälligkeit gegen beyde hohe Häupter zum Ziel legte, und das gesperrte Commercium mit Malta wieder eröfnete. Es kam aber zu keinem würklichen Vergleiche, weil der König sich seine Ansprüche auf der Insel und Kirche von Malta vorbehielte, doch stund er von der Visitation ab, und ließ die Großmeisterischen Gesandten den 6 Sept. 1755 zur öffentlichen Audienz, als sie bey Sr. Maj. wegen Wiedereröffnung des Commercii mit Neapolis und Sicilien, die Danksagung abstatteten. Die Sachen wurden alsdenn wieder auf denjenigen Fuß gesetzt, darinnen sie sich vor den entstandenen Irrungen befunden.

Im Jahr 1756 wurde der Staat von Tunis, von den Algierern mit Krieg überzogen. Weil nun derselbe bißher mit dem Malteser-Orten in gutem Frieden gelebt, schickte der Großmeister den Bailli von Fleury mit 4 Galeeren nach Goletta, allwo er den dahin geflüchteten jungen Dey rettete, die dasigen Algierischen Schiffe aber den 2 Sept. größtentheils eroberte. Sobald dieser barbarische Prinz in Malta angelangt, entschloß er
sich

sich, den christlichen Glauben anzunehmen. Der Großmeister ließ ihn in der christlichen Religion unterrichten, worauf er im Nov. die Taufe empfienge, wobey der Großmeister und die Königin beyder Sicilien die hohen Pathen waren, die ihre Stellen durch andere Personen vertreten ließen.

Es schiene dieses Jahr vor den Großmeister das letzte seines Lebens zu werden. Er befand sich zu Ende des Julii und Anfang des Augusti so krank, daß man an seinem Anfkommen zweifelte, doch besserte sichs nach acht tägiger Krankheit dergestallt wieder mit ihm, daß seine Leibärzte den 4 Aug. durch 50 Canonen-Schüsse ankündigen lassen kunnten, daß er außer aller Gefahr sey. Er ließ sich auch den 6 dieses wieder öffentlich sehen. Uebrigens sollen in keinem Jahre seit seiner Gelangung zur Regierung, so viele und reiche Prisen von den Türken im Archipelago gemacht worden seyn, als von 1755 biß in den April 1756 indem versichert worden, daß man in dem letztgedachten Monathe, die Zeughäuser zu Malta durch die eroberten Schiffe mit 379 metallenen Canonen, und die Sclaven-Häuser mit 1207 Barbaren vermehrt gehabt.

Man hat nachgehends nichts weiter von dem Angelegenheiten des Malteser-Ordens vernommen, biß endlich der Großmeister im Sept. 1758 das Zeitliche verlassen, nachdem er sein Alter über 77 Jahr

Jahr gebracht, biß in das 18te Jahr aber eine sehr löbliche Regierung geführt. Er hat einen großen Ruhm erlangt, weil er nicht nur viele Vorzüge und Vortheile dem Orden zuwege gebracht, sondern auch selbst viel Gutes gestifftet, und mit vielen besondern guten Eigenschaften versehen gewesen. Man hat im Jahr 1748 durch ein kostbar Werk das Andenken seiner löblichen Thaten zu verherrlichen gesucht. Es führte solches diesem Titel: Medaglie rappresentanti i piu gloriosi avvenimenti del Magistero di S. A. E. Fra D. Emmanuele Pinto. Der Verfasser ist ein Theatiner, Namens Paul Maria Paciaudi. Es bestehet aus wohl ausgesonnenen Medaillen, die sauber in Kupfer gestochen sind, und die vornehmsten Begebenheiten, welche sich unter der Regierung dieses berühmten Großmeisters, bis auf dieselbige Zeit zugetragen haben. *)

---

*) Einen kurzen Auszug aus diesem Werke findet man in der N. Eur. Fama P. 180. p. 899. sq.

V.
Verzeichniß der gesammten Chur-Hannöverischen Trouppen zu Anfang 1759.

I. Die Cavallerie.

a) Reuter:

1. Die Garde zu Pferde, der General-Major von Zeppelin, 188 Mann.
2. Das Leib-Regiment, der Obrist von Penz, 352 Mann.
3. Hammerstein, der General-Lieutenant von Hammerstein, 352 Mann.
4. Rheden, der Obrist von Rheden, 352 Mann.
5. Gilten, der Obrist von Gilten, 352 Mann.
6. Heise, der Obrist von Heise, 352 Mann.
7. Fersen, der Obrist von Fersen, 352 Mann.
8. Grothauß, der General-Major von Grothauß, 352 Mann.

9. Bremer, der Obrist von Bremer, 352 Mann.

3004 Mann.

b) Dragoner:

10. Busch, der General-Lieutenant von Busch, 703 Mann.
11. Breidenbach, der Obrist von Breidenbach. 703 Mann.
12. Dachenhausen, der General-Major von Dachenhausen, 703 Mann.
13. Bock, der General-Major von Bock, 703 Mann.

c) Andere leichte Trouppen:

14. Grenadiers zu Pferde, der Obrist von Breidenbach, 210 Mann.
15. Hussaren, der Obrist-Lieutenant von Luckner, 140 Mann.

3162 Mann.

Summa der Cavallerie 15 Regimenter, die 86 Compagnien enthalten, und aus 6166 Mann bestehen.

II. Die

II. Die Infanterie.

a) Die Feld-Regimenter:

1. Die Garde zu Fuß, der General der Infanterie von Sommerfeld, 2000 Mann.
2. Alt-Zastrow, der General der Infanterie von Zastrow, 1000 Mann.
3. Spörken, der General der Infanterie, Baron von Spörken, 1800 Mann.
4. Oberg, der General-Lieutenant von Oberg, 1000 Mann.
5. Stolzenberg, der Obrist von Stolzenberg, 1000 Mann.
6. Kielmansegg, der General-Lieutenant, Graf von Kielmannsegg, 1000 Mann.
7. Drewes, der Obrist von Drewes, 1000 Mann.
8. Behr, der Obrist von Behr, 1000 Mann.
9. Hauß, der General-Major von Hauß, 1000 Mann.
10. Halberstadt, der Obrist von Halberstadt, 1000 Mann.

11. Hardenberg, der General-Major von Hardenberg, 1000 Mann.
12. Diepenbrock, der General-Major von Diepenbrock, 1000 Mann.
13. Post, der General-Major von Post, 1000 Mann.
14. Grote, der General-Major von Grote 1000 Mann.
15. Wangenheim, der General-Major von Wangenheim, 1000 Mann.
16. Fabrice, der General-Major von Fabrice, 1000 Mann.
17. Jung-Zastrow, der General-Major von Zastrow *), 1000 Mann.
18. Druchtleben, der Obrist von Druchtleben, 1000 Mann.
19. Zandre, der Obrist von Zandre, 1000 Mann.
20. Scheiter, der Obrist von Scheiter, 1000 Mann.
21. Knesebeck, der Obrist von Knesebeck, 1000 Mann.

---

*) Es scheinet solchergestalt, daß er noch am Leben sey. Man hat ihn 1758 unter die Todten gezählt.

22. Block, der General-Lieutenant von Block, 1000 Mann.
23. Brunk, der General-Lieutenant von Brunk, 1000 Mann.
24. Jerfen, Fuseliers, der Obrist von Jerfen, 1000 Mann.
25. Sachsen-Gotha, der Obrist von Uechteritz, 1000 Mann.
26. Marschall, der Obrist-Lieutenant von Marschall 1000 Mann.
27. Wreden, der Obrist-Lieutenant von Wreden, 1000 Mann.

Summa der Infanterie 27 Regimenter, die 224 Compagnien enthalten, und aus 28000 Mann bestehen.

b) Andere Trouppen zu Fuß:

1. Artillerie, der Obrist von Braun, 528 Mann.
2. Ingenieurs, der Obrist von Isenbart, 26 Mann.
3. Die Frey-Compagnie, der Hauptmann von Scheiter, 200 Mann.
4. Die Garnison zu Hildesheim, der Obrist-Lieutenant Storre, 200 Mann.

5. Die

5. Die Garnison zu Bentheim, der Major Jeinsen, 195 Mann.
6. Die Invaliden, 3112 Mann.

Summa 4261 Mann.

Die Haupt-Summa aller Trouppen:

1. Cavallerie 6166 Mann.
2. Infanterie 28000 Mann.
3. Die übrige Miliz 4261 Mann.

38427 Mann.

Neue Genealogisch-Historische Nachrichten

von den

Vornehmsten Begebenheiten,

welche sich an den

Europäischen Höfen

zutragen,

worinn zugleich

vieler Stands-Personen

Lebens-Beschreibungen

vorkommen.

Der 116 Theil.

Leipzig, 1760.

Bey Johann Samuel Heinsii sel. Erben.

Inhalt.

I. Die entdeckte Conspiration wider den König in Portugall.

II. Besondere Nachrichten von allerhand Standes-Personen vom Jahr 1758.

III. Die Irrungen, die wegen der Ost-Seefarth zwischen den Holländern und Engelländern 1758. entstanden.

IV. Die Türkischen und andern Orientalischen Begebenheiten im Jahr 1758.

V. Einige einzelne merkwürdige Begebenheiten vom Jahr 1758.

I.
Die entdeckte Conspiration wider den König in Portugall.

Portugall ist in unsern Tagen ein Schauplatz vieler merkwürdigen Begebenheiten worden. Es werden sehr klägliche Trauerspiele auf demselben vorgestellt. Das schreckliche Erdbeben, das vor etlichen Jahren das ganze Königreich erschüttert und die prächtige Haupt- und Residenz-Stadt fast in einen Stein-Haufen verwandelt, liegt uns allen noch im Gedächtniß. Kaum aber hat die erboste Erde ein wenig nachgelassen, Stadt und Land mit einer völligen Verschlingung zu bedrohen, so öffnet sich eine neue Scene, die fast eben so schrecklich in die Augen fällt. Eine Bande hoher Standes-Personen macht ein Complot wider den besten König, der ein wahrer Joseph und Vater des Vaterlandes ist. Sie legen die Hand an den Gesalbten des Herrn, und wollen durch dessen meuchelmörderische Hinrichtung das ganze Königliche Haus vom Throne stürzen und sich gewisser maßen selbst auf denselben erheben. Sie thun bereits tödliche Schüsse nach ihm, und es fehlet wenig, daß sie ihm nicht das kostbare Leben rauben. Er wird harte verwundet, und nicht ohne Todes-Gefahr wieder hergestellt.

Es ist dieses freylich ein jämmerlicher Auftritt in den Augen derer, die gewohnt sind, Leute, die in Purpur und köstlicher Leinewand einher gehen und Fürsten und Königen an der Seite sitzen, mit höchster Ehrfurcht anzusehen, und die sich einbilden, daß, da dieselben über den Stand anderer Menschen weit erhaben sind, auch allezeit in dem Glanze irdischer Hoheit bis an ihr Ende schimmern müßten. Es hat um deßwillen die Hinrichtung so vornehmer Standes-Personen allerdings sehr rührend in die Augen fallen, und jedweden sowohl die Nichtigkeit der irdischen Hoheit und Glückseligkeit, als die Allgemeinheit der menschlichen Bosheit zu Gemüthe führen müssen. Ehe wir zu der blutigen Schaubühne aber hinzu treten, und das kläglichste Trauerspiel, so nur jemals vorgestellt worden, mit Zittern ansehen, wollen wir vorher die Umstände des Verbrechens, das eine so schreckliche Strafe nach sich gezogen, unsern Lesern bekannt machen.

Als der König den 3 Sept. 1758. Abends an einem Sonntage, vom Lande, wo er sich denselben Nachmittag erlustiget hatte, zurücke kam, und nur einen Cammerdiener, Namens Petrus Teyeira, bey sich hatte, geschahen nahe bey Belem, da er einen einsamen Platz passiren mußte, auf seine Carosse drey Schüsse, davon einer auf den Kutscher, die andern beyden aber auf den König gerichtet waren, der auch sehr verwundet, der Kutscher aber zu großem Glücke nicht getroffen wurde, welcher darauf in vollem Gallop, auf Befehl des verwundeten Königs, umkehren, und

Uu 3 den

den nächsten Weg nach dem obersten Königl. Wundarzte, der in Junqueira wohnte, fahren mußte, wo Se. Majestät sich verbinden, und alsdenn in Dero ordentlichen Pallast zu Belem bringen ließen.

Das Schrecken bey des Königs Ankunft in seinem Palaste war unbeschreiblich, weil der Monarche an verschiedenen Orten des Leibes, und selbst im Gesichte verwundet, auch der rechte Arm dergestalt verletzet war, daß man zweifelte, ob er jemals völlig wieder würde hergestellt werden, wobey Se. Majestät über große Schmerzen klagten und sich ganz entkräftet und malade befanden, weßhalben man Ihnen etliche Adern öffnete. Um die Cur recht abzuwarten, übertrug er der Königin die Besorgung der Regierungs-Geschäfte, wobey unter der Direction des ersten Ministers, Don Sebastian Joseph de Caravalho, der ältere Marquis von Marialva, der Graf von Unsao und der alte Vicomte de Ponte De Lima in dem Departement der Depeschen gebraucht wurden. Es ward zu dem Ende den 7 Sept. im Namen des Königs ein Arret ans Licht gestellt, kraft dessen der Königin bis zur Genesung des Königs die Regierung mit aller unumschränkten Gewalt, übergeben wurde.

Der König hielte sich darauf inne und ließ, außer den Leib- und Wund-Aerzten und dem Premier-Minister, wie auch jezuweilen dem Cardinal von Saldansa, Niemanden vor sich. Weil man überzeugt war, daß der eigentliche Grund

Grund von diesem Ueberfall in einer Zusammenverschwörung verschiedener Personen zu suchen sey, fand man für gut, das bereits durch ganz Lissabon verbreitete Gerüchte von einem geschehenen Ueberfall des Königs zu dämpfen, und dem Publico weiß zu machen, daß Se. Majestät im Herabsteigen von der Treppe Dero Palasts zufälliger Weise einen Fall gethan und sich dabey am Arme sehr beschädiget hätten. Man suchte hierdurch die Verbrecher sicher zu machen, als welche der Premier-Minister zu entdecken, und in seine Hände zu kriegen, sich in geheim alle nur erdenkliche Mühe gab.

Immittelst wurde der König durch die Sorgfalt seines Leib-Chirurgi, Anton Svarez, von seinen Wunden dergestalt wieder hergestellt, daß er den 19 Sept. zum erstenmale wieder Audienz geben konnte, wiewohl die Königin noch immer mit allem Eyfer fortfuhr, zum Vergnügen der Unterthanen das Regiments-Ruder zu führen. Jedoch hieß es immer, die Krankheit des Königs habe ein critisches Ansehen, und wenn nicht Herr Crafton, ein Englischer Wund-Arzt, die Wunden gereiniget, und allen darinnen steckenden Haget durch seine besondere Geschicklichkeit herausgebracht hätte, würde es um die Cur sehr mißlich aussehen. Es geschahe aber alles, um die Conspiranten recht sicher zu machen, und zu deren Inhaftirung Zeit zu gewinnen.

Indessen kriegte man durch die genaue Untersuchung des ersten Staats-Ministers, Herrn von Caras

Carvalho, immer mehr Licht, daß würcklich eine Conspiration wider den König gemacht worden sey. Ein schlechter Bürger, ein Handschuh-Krämer, soll das Werkzeug gewesen seyn, durch welches die göttliche Vorsehung diese abscheuliche Sache zuerst ans Licht gebracht. Denn da solcher sich denselben Abend, da die Schüße auf den König geschehen, bey seiner Schwester, die einen von den Mitschuldigen*) zur Ehe gehabt, befand, und er, da der Herzog von Aveiro mit denen beyden, die nebst ihm nach dem Könige geschoßen, sich nach der That ebenfalls in diesem Hause das in der Stadt an der Straße, die nach Belem gehet, gelegen, eingefunden, sich in die Cammer neben der Stube, worinnen die Neuangekommenen waren, reterirte, und allda die Nacht zubrachte, hörte er mit Entsetzen, daß der Herzog fragte: Sollte denn der König auch wohl würklich todt seyn? worauf die zwey andern ihn dessen völlig versichert und behauptet hätten: Es sey unmöglich, daß er den Schüssen, die auf ihn geschehen, habe entkommen können. Der Herzog habe mit Fluchen erwiedert: Sie hätten von Rechtswegen nicht eher von dem Platze weichen sollen, als bis sie Augenzeugen von seinem Tode gewesen wären. Nachdem es auf den Gassen stille worden, hätten sie dieses Haus wieder verlassen, und nicht geglaubt,

*) Vielleicht ist es der Anton Alvarez Ferreira, ein Bruder des Cammerdieners des Herzogs von Aveiro, gewesen.

geglaubt, daß sie von jemand behorcht worden. Der Handschuhmacher sey über die vernommenen Reden erstaunet, habe aber den wahren Verstand derselben nicht eher einsehen können, als bis er den folgenden Morgen, den durch ganz Lissabon entstandenen Lärmen gehöret, es sey der König den vorigen Abend angegriffen worden. Diese Nachricht bewog ihn, sich zu dem Königl. Staats-Minister zu verfügen, um ihm von der angehörten nächtlichen Unterredung Bericht zu erstatten; der die Aussage zum Grunde seiner Untersuchung gelegt, und dem Handschuh-Krämer um seiner eigenen Sicherheit willen ein genaues Stillschweigen aufgelegt.

Der Minister machte sich diese Nachricht zu Nutze, und machte zu Entdeckung der fernern Umstände dieser so wichtigen Sache die nöthigen Maaßregeln. Die sämmtlichen Trouppen erhielten Befehl, sich der Hauptstadt zu nähern, und man veränderte alle Officiers bey der Armee. Es erweckte dieses in den meisten Gemüthern einen Verdacht. Nur die Zusammenverschwornen schienen die einzigen zu seyn, die ruhig waren. Man wundert sich, daß sie sich nicht die ersten Augenblicke des Schreckens zu Nutze gemacht, und die Flucht genommen. Ihre verwegene Sicherheit gieng so weit, daß sie seit dem viel öfterer, als sonst, bey Hofe erschienen, und sie sahen das sich zusammen ziehende Wetter nicht eher, als bis es über ihren Scheiteln ausbrach.

I. Die entdeckte Conſpiration

Man gieng bey der angefangenen Inquiſition ſehr behutſam, damit man die Conſpiranten insgeſammt in die Hände kriegen und keiner von denſelben der Strafe entgehen möchte. Das deutlichſte Licht in dieſer Sache kriegte man durch die Briefe, die man auf folgende Weiſe liſtig in die Hände bekam. Es wurde nämlich auf Königlichen Befehl ein Schiff nach Braſilien abgeſchickt, deſſen Capitain einen verſiegelten Brief empfieng, den er nicht eher, als wenn er die Azoriſchen Inſeln erreicht haben würde, eröffnen ſollte. Sobald das Schiff daſelbſt angelangt war, und der Capitain den Brief erbrochen hatte, fand er den ausdrücklichen Befehl, allda zu bleiben, alle am Bord ſeines Schiffs befindlichen Briefe und Pappiere durchzuleſen, diejenigen Reiſenden, die ihm verdächtig vorkommen würden, in Verhaft zu nehmen, und hernach wieder zurücke zu kehren, um Sr. Majeſtät von ſeinen Entdeckungen Bericht abzuſtatten. Dieſer Ordre wurde aufs genaueſte nachgelebt. Nachdem man die Papiere durchſucht, die Briefe aber erbrochen und geleſen hatte, kehrte der Capitain mit dem Schiffe nach Liſſabon zurücke. Man überlieferte alles in die Hände des Königs und durch dieſes Mittel wurden die vornehmſten Zuſammenverſchwornen entdeckt. Immittelſt lebte der König mit einer kleinen Anzahl von ſeinen vertrauteſten Hofleuten in der größten Stille, und ließ das Gerüchte in der Stadt ausbreiten, als wenn er noch ſehr gefährlich darnieder läge.

Nun-

Nunmehro war man darauf bedacht, den Inquisitions-Proceß mit allem Nachdruck anzustellen. Um nun der Gerechtigkeit einen desto sicherern Lauf zu verschaffen, wurden zuförderst von den Trouppen, die sich bereits der Residenz genähert hatten, 10 Regimenter zu Pferde und zu Fuß, die zusammen den dritten Theil der ganzen Armee ausmachten, nach Lissabon beordert. Damit aber diese starke Garnison kein Aufsehen machen möchte, bediente man sich des Vorwandes, daß diese Trouppen an der Wiederaufbauung der durch das Erdbeben zerstörten Hauptstadt arbeiten sollten. Endlich wurde diese fürchterliche Inquisition den 13 Dec. mit folgendem Königl. Manifeste, welches den 9 December datirt war, eröffnet:

Meine Unterthanen haben zu allen Zeiten gegen ihre Könige eine so zärtliche Liebe, Ehrfurcht und Treue mit einer so unverletzbaren Zuneigung bewiesen, daß sie diese löblichen Eigenschaften den allergetreuesten Völkern Europens streitig machen können. Alleine, ob sie gleich seit meiner Gelangung zu dem Throne meiner Vor-Eltern mir die allerdeutlichsten Merkmaale ihrer Ergebenheit und Dankbarkeit für die Wohlthaten gegeben, die sie von meiner Vaterliebe und unermüdeten Vorsorge empfangen haben, so sind gleichwohl unglückseliger Weise einige gewesen, welche ihrer unumgänglich nöthigen Pflicht dergestalt vergessen, daß weder der Greuel der allerschrecklichsten Laster, noch die damit verknüpfte ewige Schande, sie haben verhindern können, sich durch die allerabscheulichste Zusammenverschwörung mit dem allerboshaftigsten und allerstrafbaresten Vornehmen zu besudeln. Sie haben sich unterstanden, seit einiger Zeit unter verschiedenen frommen Personen, mittelst heimlich geschmiedeschmiedeter Anschläge der allertadelhaftesten List auszubreiten, daß ich nicht länger, als bis zu Ende des letztverwichenen Septembers leben könnte. Nachdem sie die Gemüther mit diesen abscheulichen Prophezeyungen, die sie zu Ausführung ihres Zwecks nöthig gefunden, angesteckt und vorbereitet hatten, so entschlossen sie sich, solche durch die allererschrecklichste Thathandlung wahr zu machen. Als ich den 3ten des vergangenen Septembers Abends um 11 Uhr nach meinem Schlosse Belem zurücke kehrte, und aus dem Thor, de la Quinta genannt, kam, um über den daran stoßenden Hof zu fahren, so thaten dreye dieser Mitverschwornen, die zu Pferde waren, und sich zwischen denen zur Seite stehenden Häusern verborgen hatten, hinten auf die Carosse, worinnen ich saß, zwey mit gehacktem Eisen geladene Carabiner-Schüsse unter einem so entsetzlichen Gepraßel, daß menschlicher Verstand unmöglich ergründen kan, wie meine Königliche Person keinen andern Schaden als einige Wunden davon bekommen hat, wenn man nicht begreift, daß die Allmacht für meine Erhaltung gewachet. Durch diese abscheuliche That sind alle göttliche, natürliche, bürgerliche, Staats- und väterliche Rechte übertreten und verletzet worden; und zu gleicher Zeit bleibt die Portugiesische Treue mit den löblichen Gesinnungen der Ehre und der Dankbarkeit, welche um und neben meiner Königlichen Person seyn sollten, der ganzen Welt zum Vorwurfe und zum Aergernisse aufgesetzt. Es ist also unumgänglich nöthig, alle Glieder dieser Verschwörung von Grund auszurotten und zu vertilgen, damit bey meinen getreuen Unterthanen niemals das Gedächtniß solcher unnatürlichen Ungeheuer bleiben möge. Deßhalben befehle und ordne ich, daß ich alle diejenigen, welche einen oder einige in dieser abscheulichen Zusammenverschwörung Verwickelte entdecken, offenbaren und angeben, (doch mit dem Bedinge, daß sie das Angegebene wahr machen) falls sie zur niedrigsten Classe des Volks gehören, von Stund an in den

Adel-

Abelſtand erheben werde; wenn ſie von Adel ſind, ſollen ſie mit dem Range von Mocoſidalgo und von Cavalleroſidalgo *). nebſt denen mit dieſen Würden verknüpften Freyheiten und Vorzügen belohnet werden; und wenn ſie Fidalgos wären, ſo will ich ſie zu Viconntes und Grafen machen, nach dem Range, den ſie vorher hatten. Hiernächſt behalte ich mir vor, welche die Mitverſchwornen offenbaren oder entdecken, nach der Beſchaffenheit und Wichtigkeit des Dienſtes mit andern Erhöhungen, Vortheilen, Gehalten, Leben und Comthureyen zu begnadigen. Und ſo verordne ich auch und will, daß denjenigen derer Zuſammenverſchwornen, welche ihre Mitſchuldige entdecken, nicht nur ihr Verbrechen vergeben ſeyn, ſondern ſie auch mit Erhöhungen und Vortheilen, wie oben gedacht, belohnet werden ſollen; diejenigen jedoch ausgenommen, welche die Häupter dieſer Verſchwörung ſind, oder die es geweſen. Da meine väterliche Liebe unaufhörlich für das Glücke meiner getreuen Unterthanen wachet, ſo hält ſie ihnen die unumgängliche Schuldigkeit vor, alle Handlungen, Schritte und Inſinuationen zu entdecken, zu offenbaren und auszuſagen, welche die geringſte Anzeige des Aufruhrs, der Empörung und der Zuſammenverſchwörung darlegen, ohne ihr eigen Geblüte ſelbſt in dem Grabe des Vaters gegen den Sohn zu ſchonen. Meine Königliche Perſon, der allgemeine Vater des Vaterlandes, die Majeſtät und Heiligkeit des Staats, welche auf die Geſetze der heil. Religion gegründet und errichtet worden, ſind und müſſen vor allem beſondern Intereſſe vorzüglich erhalten und geſichert ſeyn. Das gehelligte Band, welches den Staat mit meiner Königlichen Perſon untertrennlich verknüpft, legt demſelben auf und berechtiget ihn, für meine Erhaltung zu wachen, ohne deßhalben in die Schande des Ungehers

zu

---

*) So werden die Portugieſiſchen Edelleute nach ihren verſchiedenen Claſſen genennet.

zu verfallen, wie es es sonſt bey Offenbarwerdung verdorbener Sitten ſich zu ereignen pflegt. Alle die leichteſten und geſchwindeſten Mittel müſſen zur Hand genommen werden, um dieſes abſcheuliche Laſter von Grund aus zu heben und zu erſticken. Derowegen bevollmächtige und berechtige ich nicht alleine eine jede Gerichts-Obrigkeit insbeſondere, ſondern auch noch alle diejenigen wes Standes und Würden ſie ſeyn können, welchen einen oder einige der Zuſammenverſchwornen und deren Mitſchuldige, auskundſchaften oder antreffen werden, ſich ihrer zu bemächtigen, ſie anzuhalten, ins Gefängniß zu bringen und ſie unverzüglich und ohne Umſchweiff, ſo bald es ihnen möglich ſeyn wird, an den Miniſter oder den Magiſtrat des nechſtgelegenen Orts auszuliefern, damit dieſer ſie nach meiner Reſidenz ſchaffe. Wie ich denn in dieſer Sache alle Freyheiten, Vorrechte, Ausnahmen der adelichen Ländereyen, heiliger, und auch anderer Oerter aufhebe, daß ſie allda ergriffen, in Verhaft genommen, mit Gewalt aus allen dieſen Oertern weggeriſſen, und nach den Gefängniſſen meines Königreichs gebracht werden. Der Canzler, Pedro Gonſalves Cordeiro Pereira des Tribunals von den Suppliquen, der zum Richter über die Untreuen ernennet iſt, hat dieſes Edict an allen öffentlichen Orten meiner Stadt Liſſabon und ihres Bezirks, desgleichen in allen andern Städten und Schlöſſern meines Königreichs anzuſchlagen, und die Exemplarien dieſes Edicts ſelbſt zu unterzeichnen; und ſollen ſolche eben die Kraft, Glaubwürdigkeit und Anſehen, als dieſes Original haben, ohngeachtet der Geſetze, Decreten und einiger andern Verordnungen und vorgängiger Verfügungen zu dieſem Edicte, und ohne, daß es nöthig ſey, daß ſie durch ein neues Edict aufgehoben werden. Belem, den 9 Dec. 1758.

Unter Sr. Majeſtät Handzeichen.

Dieſes

wider den König in Portugall. 581

Dieses Manifest wurde den 13 Dec. nebst noch einem andern Königl. Edicte überall öffentlich angeschlagen. Der Inhalt des zweyten Edicts gieng dahin, daß allen und jeden Personen, von welchem Range und Stande dieselben seyn möchten, aufs schärffste verbothen würde, unter keinerley Vorwande weder zu Lande, noch zu Wasser aus dem Königreiche zu gehen, ohne mit einem Passe von dem darzu ernennten Commissario versehen zu seyn. Man legte auch auf alle Schiffe ein Embargo, vermittelst dessen untersagt wurde, daß keines davon bis auf weitern Befehl aus den Häfen des Königreichs auslaufen sollte, worunter auch selbst das Englische Paquet-Boot mit begriffen war. Diesem Verbothe zu Folge wurden von dem 13 Dec. an alle Schiffe, welche den Tago hinunter gehen wollten, angehalten.

An eben diesem Tage früh um 4 Uhr, nachdem die Trouppen die Nacht vorher in aller Stille durch die Straßen der Stadt patrouillirt hatten, wurden alle Paläste und Häuser der Familie von Tavora unvermuthet mit Soldaten besetzt und folgende Personen aus denselben in verschiedene Gefängnisse geführet:

1. Don Joseph Mascarenhas, Herzog von Aveiro, Königl. Ober-Hofmeister.
2. Der Marquis von Gouvea, dessen Sohn,
3. Don Franciscus d'Asis, Marquis von Tavora, commandirender General der Cavallerie und gewesener Vice-König in Ost-Indien.

4. Don

4. Don Ludwig Bernhard, Marquis von Tavora, des vorigen ältester Sohn,
5. Don Joseph Maria von Tavora, desselben zwenter Sohn und Adjutante,
6. Don Emanuel von Tavora, und
7. Don Joseph Maria von Tavora, des alten Marquis Bruder,
8. Don Hieronymus d'Atayde, Graf von Atouguia, des alten Marquis Schwieger-Sohn.
9. Der Marquis von Alorea, dessen anderer Schwieger-Sohn,
10. Don Emanuel de Sousa Calharts,
11. Don Antonio d'Acosta Freyra, Ober-Intendant der Königl. Finanzen,
12. Braz Joseph Romeiro, ein Corporal bey dem Cavallerie-Regimente des alten Marquis von Tavora, nebst verschiedenen Bedienten dieser Herren, besonders des Herzogs von Aveiro und des alten Marquis von Tavora.

Hiernächst wurden

13. Die alte Marquisin von Tavora mit ihren Töchtern, unter einer Bedeckung nach dem Kloster Dos Grillas,
14. Die Herzogin von Aveiro mit ihren Töchtern nach dem Kloster de la Madre de Deos, und
15. Die junge Marquisin von Tavora, nach dem prächtigen Kloster Dos Santos gebracht.

Die übrigen Damen und Gemahlinnen derer Gefangenen bekamen bloß eine Wache in ihren Häusern.

Zu gleicher Zeit wurde ein Befehl ausgefertiget, den Obristen in der Provinz Tralos-Montes, Don Juan von Tavora, zu Thaves, und den Obristen in der Provinz Alentejo, Don Nuno de Tavora, Brüder des alten Marquis von Tavora, in Verhaft zu nehmen, welches auch dem Erzbischoff von Evora und dem Bischoffe von Oporto, so beydes Vaters-Brüder des gedachten Marquis sind, wiederfuhr.

Der Herzog von Aveiro, der alte Marquis von Tavora und der Graf von Atouguia wurden, als die Haupt-Verbrecher, in ihren Gefängnissen zu Belem an Händen und Füßen geschlossen.

Man besetzte auch diesen Nachmittag durch eine Anzahl Trouppen die sämmtlichen Jesuiter-Collegia von allen Seiten, und der von dem Pabste zum Reformator ihres Ordens ernennte Cardinal von Saldanha ertheilte ihnen Befehl, nicht aus ihren Häusern zu gehen.

Von diesem Tage an mußte beständig einer von den Staats-Secretarien auf dem Königl. Schlosse schlafen, und die Informationes in dem Processe wider die eingezogenen Personen wurden angefangen und mit aller Schärfe fortgesetzt.

Den 20 Dec. wurden die obgedachten Haupt-Verbrecher, der Herzog von Aveiro, der alte Marquis von Tavora und der Graf von Atouguia, peinlich befragt. Man überführte sie des vorgehabten Königsmords, und kündigte ihnen an, daß ihre Güter eingezogen werden sollten.

I. **Die entdeckte Conspiration**

Den 22 wurden sie aller ihrer Ehren, Titel, Würden und Bedienungen entsetzt, auch der Anfang gemacht, ihre eingezogenen Güter zu verkaufen, kurz vorher aber ließ man die Wachen von den Häusern des Don Emanuel von Tavora, des Marqvis von Alorna und anderer abgehen. Den 23ßen verfügte sich ein Policey-Bedienter nebst einem Officier und einigen Soldaten nach den sämmtlichen Jesuiter-Collegiis, unter dem Vorwand, Tobacks-Untersuchungen allda anzustellen. Sie durchsuchten aber alles in denselben aufs genaueste, ließen es aber auf dem vorigen Fuße, doch wurden die Wachen noch ferner vor den Thüren gelassen. Es wurden auch noch verschiedene Personen in die Gefängnisse gebracht, von deren Aussage aber nichts bekannt wurde.

Den 1 Jan. 1759. wurden die Grafen von Obidos und von Ribeira Grande eingezogen und auf das Schloß zu St. Julien gebracht. Man glaubte nicht, daß sie einigen Theil an der Verschwörung hätten, sondern nur daß sie einige freye Reden geführet. Es wurden auch an diesem Tage die Wachen an den Eingängen des Königl. Schlosses verdoppelt und Niemand durfte ohne ausdrückliche Erlaubniß eingelassen werden. Den 4 Jan. wurden die Gräfin von Antouguia und die Marqvisin von Alorna nebst ihren Kindern nach verschiedenen Klöstern gebracht. Den 9ten endigte die von dem Könige zu Abhörung und Verurtheilung der Gefangenen angeordnete Commission, den Inqvisitions-Proceß in Absicht auf die Haupt-Verbrecher. Es bestund diese Commission aus 9 Personen, nämlich den drey Staats-Secretarien, und derjenigen Person, die in diesem Gerichte an die Stelle des Herzogs von Laforas, der sich eben krank befand, den Vorsitz hatte, ingleichen 5 andern Richtern und dem Königl. Procurator. Den 10ten wurde die alte Marquisin von Tavora, die man bisher in dem Kloster das Grillas eingeschlossen gehabt, in das Gefängniß der andern Haupt-Verbrecher gebracht.

Immittelst hatte der König seine völlige Gesundheit wieder bekommen, und die Regierung von neuem angetreten. Den 16 Dec. und die folgenden Tage legten alle auswärtigen Gesandten und Consuls, wie auch die sämmtlichen Königl. Bedienten der verschiedenen Departements, bey Sr. Majestät ihre Glückwünsche zu Dero Genesung ab, wobey die letztern zugleich die theuersten Versicherungen von ihrer Treue gaben. Es wurde auch an eben diesem Tage an den Prior der Augustiner zu Lissabon, ein Königl. Befehl wegen Absingung des Te Deum laudamus in allen Ordens-Kirchen seiner Provinz, durch den Königl. Staats-Minister, ausgefertiget, welches auch den 23sten in der Königl. Capelle und in der Haupt-Kirche zu Lissabon wegen der Erhaltung des Lebens Sr. Majestät feyerlich geschahe. Dieses hatten den 21sten vorher auch die Jesuiten und die P.P. Oratorii in ihren Kirchen gethan.

Den 11 Jan. 1759. wurden viele Jesuiten eingezogen. Es waren solches der P. Moreira, gewesener Beichtvater des Königs; der P. Hyacinth da Costa, ehemaliger Beichtvater der Königin; der P. Timotheus von Oliveira, vormaliger Beichtvater der Prinzeßinnen; der P. Rector des Seminarii zu Arroyos; der P. Franz Eduard, ein berühmter Prediger dieses Seminarii; der P. Malagrida, ein Italiäner; der P. Joseph Perdigam, General-Procurator des Ordens; der P. Joseph Soares, Procurator von Moragnan; der P. Provincial Henriquez; der P. Matos; der P. Duarte und der P. Alexander.

Den 12 Jan. wurde das von dem Inquisitions-Gerichte wider die Verbrecher abgefaßte Urtheil auf Königl. Befehl durch den Druck öffentlich bekannt gemacht. Es ist solches sehr weitläuftig abgefaßt, und zeiget nicht nur den ganzen Zusammenhang der Conspiration, wie auch den Antheil, den die Jesuiten an dem angestifteten Königsmorde gehabt, sondern eröffnet auch den wahren Verlauf des unternommenen Meuchelmords. Es war aber dieses Urtheil nur wider die 11 Haupt-Verbrecher gerichtet, die den Tag darauf hingerichtet wurden, nämlich:

1. Den Herzog von Aveiro,
2. Die alte Marquisin von Tavora,
3. Den alten Marquis von Tavora, derselben Gemahl,
4. Den jungen Marquis von Tavora, ihren ältesten Sohn,
5. Den Grafen von Atouguia, ihren Schwieger-Sohn,

6. Don

6. Don Joseph Maria von Tavora, ihren zweyten Sohn,
7. Den Corporal Romeiro, einen Günstling des jungen Marquis von Tavora,
8. Anton Alvarez Ferreira, des Herzogs von Aveiro gewesenen Cammerdiener,
9. Joseph Policarpus de Azevedo, desselben Schwager, dessen Execution aber nur im Bildnisse geschehen, weil er durch die Flucht entkommen,
10. Emanuel Alvarez Ferreira, des obgedachten Ferreira Bruder, einen würklichen Cammerdiener des Herzogs und
11. Juan Miguel, Leib-Pagen des Herzogs von Aveiro.

Wir wollen das vornehmste aus dieser Schrift anführen.

Das Haupt und der Urheber des ganzen Complots war der Herzog von Aveiro, der darum einen unauslöschlichen Haß gegen den König gefaßt, weil derselbe sich seinen Maaßregeln widersetzet, dadurch er sich in dem Credite, den er in den letztern Jahren der vorigen Regierung, vermittelst des Ansehens seines Oheims, des P. Gaspard de l'Incarnation,*) gehabt, zu erhalten gesucht; ingleichen weil derselbe nicht zugeben wollen, daß er mit den Königl. und Erb-Gütern des Houses Aveiro

---

*) Dieses ist eben der berühmte Ordens-Mann, der bey dem vorigen Könige, Johanni V. die Stelle eines Premier-Ministers bekleidet.

Avelro die reichen Beneficien vereinigte, welche die Administratores seiner Familie in ihrem Leben besessen hatten; und endlich weil ihm nicht gestattet worden, die zwischen seinem Sohne, dem Marquis von Gouvea und der Donna Margaretha von Lothringen, des Herzogs, Nuno Cajetano de Mello von Cadaval, Schwester, vorhabende Heyrath zu vollziehen, um hierdurch die Güter des Hauses Cadaval an sein Haus zu bringen, dessen Haupt sich noch minderjährig und unverehlicht befand, auch von ihm durch Processe in solche Umstände gesetzt worden, daß es den erforderlichen Aufwand nicht machen können, sich standesmäßig zu vermählen. Seinen Haß gegen den König aufs höchste zu treiben, errichtete er eine vertraute Freundschaft mit denen Jesuiten, die bey Hofe das Beichtvater-Amt verlohren hatten, *) weil sie durch ihre Kunstgriffe den König mit gewissen Höfen in Mißverständniß zu setzen gesuchet, auch formale Revolten und öffentliche Kriege in den Americanischen Landschaften Uraguai und Maragnan erreget hatten, ohngeachtet er so wohl während dem Ministerio seines Oncle, des obgedachten P. Gaspard, als auch hernach, in der größten Feindschaft mit diesen Ordens-Leuten gelebet. Er fieng an, diese Paires öfters zu besuchen, auch ihnen in seinem Hause einen freyen Zutritt zu verstatten, da er denn lange Zusammenkünfte mit ihnen hielte, in welchen

---

*) Siehe die neuen Nachr. T. IX. p. 198 sq.

chen sie sich zusammen für Feinde des Königs und seiner Regierung erklärten und deßhalben anfiengen, zu rathschlagen, wie man am leichtesten zur Veränderung der Regierung gelangen könnte, da denn der Tod des Königs vor das dienlichste Mittel gehalten wurde. Die Jesuiten versprachen dem Herzoge zu Ausführung solcher höllischen That eine zulängliche Schadloshaltung und fällten das Urtheil, daß der Mörder, welcher den König tödtete, nicht einmal einer Venial-Sünde schuldig sey.

Diese ersten Conspiranten bemüheten sich darauf, die vielvermögende Marquisin Donna Eleonora von Tavora in ihre Conföderation zu verwickeln. Diese stolze und ehrgeitze Dame, welche ihren Gemahl und ganze Familie beherrschte, hatte bisher mit dem Herzoge von Aveiro in schlechtem Vernehmen gestanden, weil sie voller Erfersucht war, daß man dessen Haus über ihr Haus an Ehren und Gütern erhaben hatte. Jedoch der große Verdruß, den sie auf den König geworfen, daß er ihr die gesuchte Erhebung in dem Herzoglichen Stand, verweigert, brachte sie leichte dahin, daß sie den Jesuiten und dem Herzoge Gehöre gab. Sie war aber kaum in die Zusammenverschwörung getreten, als sie sich angelegen seyn ließ, alle Personen ihrer Bekanntschaft zu bereden, daß der Jesuite, P. Gabriel Malagrida, ein heiliger Mann und Pönitente wäre. Sie machte darauf alle ihre Andachts- und Christenthums-Uebungen unter der Direction dieses Paters, welche Unterwerfung in dessen Führung

Er 4 Anlaß

Anlaß gab, daß ihr Haus der Sitz täglicher Zusammenkünfte wurde, worinnen lauter Schmach-Reden und Verleumbungen wider den König und dessen Regierung ausgestoßen wurden, wobey man zum Grunde legte, daß es sehr nützlich seyn würde, wenn der König zu leben aufhörte. Die Marquisin vereinigte sich mit dem Herzoge zu allen den Anschlägen, die in dessen Hause wider das Leben des Königs geschmiedet wurden. Sie unterhielte zu dem Ende nicht nur mit dem P. Malagrida, sondern auch mit den Jesuiten, P. Juan de Matos, P. Juan Alexander und andern ein Verständniß. Auf diese Weise wurde sie eine der vornehmsten Häupter dieser schrecklichen Zusammenverschwörung, indem sie allen ihren Credit anwandte, auch alle mögliche Kunstgriffe gebrauchte, alle Personen, die sie berücken konnte, in dieses Complot zu ziehen. Sie that auch zu dem Gelde, das die Mörder zu ihren Lohne haben sollten, einen ansehnlichen Beytrag.

Sie mußte durch ihre despotische Gewalt, die sie über ihren Gemahl, Söhne, Töchter, Schwieger-Sohn, Vettern und andern Personen ihres Hauses und Familie auszuüben gewohnt war, es dahin zu bringen, daß sich dieselben durch ihren teufelischen Hofarts-Geist, hinreissen, und in die von dem Herzoge von Aveiro und denen Jesuiten angesponnene Conföderation verstricken ließen. Die Marquisin bediente sich hierbey nicht nur der Meynung, die sie von der berufenen Heiligkeit des P. Gabriel Malagrida zu haben vorgab, sondern auch einiger Briefe, welche

derselbe

derselbe öfters an sie geschrieben, um alle ihre Anverwandten zu bereden, daß sie, um ihre geistlichen Uebungen mit ihm, dem P. Malagrida, zu halten, nach Setubal kommen möchten.

Der erste, der sich in diese verdammte Zusammenverschwörung stürzte, war der Marquis Franciscus d'Assis von Tavora, der durch das Zureden seiner Gemahlin und des Herzogs, seines Schwagers, wie auch der besagten Jesuiten hingerissen wurde, an dem teuflischen Anschlage wider des Königs Leben Theil zu nehmen und auch Geld zu Belohnung der Mörder herzugeben. Er stellte sich sogar in der Nacht des 3 Sept. nicht nur in den Hinterhalt, um, wenn der König den ersten Schüssen entgehen möchte, er durch die andern getödtet würde, welches aber durch das Umkehren der Königl. Carosse verhindert, von ihm aber hernach, da er in dem Hause des Herzogs mit dem andern wieder zusammen kam, gar sehr bedauert wurde.

Der andere, der sich von dem Häuptern der Zusammenverschwornen, nämlich der besagten Marquisin, dem Herzoge von Aveiro und denen mit ihnen verbundenen Jesuiten, verführen ließ, war der Marquis Luis Bernardo von Tavora, welcher daher auch denen Berathschlagungen derer Conföderirten in dem Hause des Herzogs fleißig beywohnte, auch selbst seine Waffen und Pferde zu Ausführung des verdammten Anschlags anbot, weshalben er zwey Tage vorher zwey gesattelte Pferde nach dem Marstalle des Herzogs

Herzogs abschickte, nicht weniger nebst seinem Vater und Bruder sich in der unseligen Nacht des 3 Sept. in dem Hinterhalte befand, um, wenn der König dem ersten Anfalle entrinnen sollte, er hernach in seine Hände fallen möchte. Er hat auch hernach der Versammlung der Mitschuldigen in dem Hause des Herzogs beygewohnet, und Theil an dem Unwillen genommen, daß der Anschlag nicht nach Wunsche ausgeführet worden.

Der dritte, der sich in das verdammte Complot verwickeln ließ, war der Graf von Atouguia, des alten Marquis von Tavora Schwiegersohn, der sich deshalben fast alle Abende mit seiner Gemahlin bey den aufrührischen Unterredungen in dem Hause seiner Schwieger-Eltern finden, auch sich verführen ließ, denen Vorschriften seiner Schwieger-Mutter und den Lehren derer Jesuiten, Malagrida, Matos und Alexander aufs genaueste zu folgen, auch 8 Goldstücke zu Bezahlung der Mörder zu seinem Antheil hergab; nicht weniger ein Mitgeselle von der Wacht war, die man wider den König in der Nacht von 3 Sept. aufgestellt hatte. Seine Gemahlin wußte gleichfals um den Anschlag, daher sie auch den folgenden Morgen der Versammlung beywohnte, die in des Herzogs von Aveiro Hause zu Belem gehalten wurde.

Der vierte, der durch die Häupter der Zusammenverschwörung verführet wurde, war Don Joseph Maria de Tavora, der alten Marqusin zweyter Sohn, ein junger und roher Officier, der

der sich mit seinem Vater und Bruder in dem Hinterhalte befand, um auf den König zu schießen, wenn er den Händen der bestellten Mörder entrinnen sollte. Er befand sich auch den andern Morgen in dem Hause des Herzogs von Aveiro zugegen, als sich die Consöderirten versammleten, da er denn, bey Gelegenheit derer mißlungenen Schüsse, diese Worte sprach: Bey meiner Treu! wenn ich es gewesen wäre, so hätte er nicht entwischen sollen!

Der fünfte, der sich in die greuliche Zusammenverschwörung verwickeln ließ, ist Braz Joseph Romeiro, der 1749. in den Diensten des Marquis von Tavora mit nach Ost-Indien gegangen, und von dar auch mit zurücke gekommen. Er ward hernach bey dessen Sohne, dem jungen Marquis von Tavora, Corporal unter dessen Leib-Compagnie, auch Einkäufer in seinem Hause und ein großer Günstling. Er hat 3 Pferde satteln und in der Nacht an denjenigen Ort führen müssen, wo die übrigen Pferde für die Conspiranten zusammen gebracht worden, um sich derselben zu bedienen. Er hat sich auch bey dem Hinterhalte befunden, und hernach der ersten geheimen Versammlung an dem Garten des Herzogs beygewohnet.

Der sechste und siebende von denen, die in das Complot gezogen worden, waren des Herzogs von Aveiro ehemaliger Cammerdiener, Anton Alvarez Ferreira, und dessen Schwager, Joseph Polycarpo de Azevedo, welche in Gesellschaft des Herzogs die Schüsse nach der Carosse roffe des Königs gethan und Sr. Majeſtät verwundet haben. Sie haben ſich hierzu zweyer Carabiner und zweyer Piſtolen, die der erſtere von einem Frembden erborgt gehabt, bedienet, auch für ihre That 40 Goldſtücke auf zweymal bekommen. Sie ſind, nachdem ſie die Carabiner losgebrannt, durch einen Umweg nach Liſſabon geflüchtet. *) Nach 2 Tagen wurde der erſte zu dem Herzog gefordert, der ihn ausſchalt und ſagte, die Schüſſe hätten nichts getaugt; wobey er den Finger in den Mund ſteckte und ſprach: Schweig du, denn der Teufel ſoll es nicht erfahren, wenn du es nicht ausſageſt.

Der achte, der in die Zuſammenverſchwörung mit eingeflochten worden, war Emanuel Alvarez Ferreira, ein Bruder des obgedachten Anton Alvarez Ferreira, ein würklicher Cammerdiener des Herzogs. Dieſer hat nicht nur ſeinen Bruder, den Meuchelmörder, beſtellt, ſondern auch ſeinem Herrn den Mantel und Peruque verſchaft, womit er ſich in der Nacht des Ueberfalls verkleidet. Er hat auch auf dem Landgute von Azeiton, als der Herzog von dem Secretair, Luis Anton de Leira, auf der vorhabenden Flucht angehalten worden, Widerſtand gethan, und dem gedachten Secretair den Degen aus dem Gehenke gezogen.

Endlich der neunte von denen, die in das Complot gezogen worden, war Juan Miguel, des Herzogs Leib-Page und großer Vertrauter, den

---

*) Vielleicht in das Haus, wo ſie der Handſchuh-Krämer behorcht hat.

wider den König in Portugall.

den der Herzog bey sich gehabt, als er unter dem Schwibbogen auf den Königl. Kutscher geschossen, solchen aber verfehlet.

Der ganze Verlauf des intendirten Meuchel-Mords ist besage des publicirten Urtheils folgender Gestalt beschaffen gewesen:

Nachdem die Häupter der Zusammen-Verschwörung, der Herzog von Aveiro und die alte Marqvisin von Tavora, mit Einstimmung der Jesuiten die zwey Meuchelmörder, Anton Alvarez Ferreira und Joseph Polycarpo de Azevedo vor eine Summa Geld gedinget, den König auf dem Wege, durch welchen er gemeiniglich zurücke zu kommen pfleget, wenn er incognito ausfähret, zu erschießen, wurde die Nacht des 3ten Sept. 1758. darzu bestimmt, weil man wußte, daß der Monarche an diesem Abende solchen Weg passiren würde. Um nun den Anschlag desto gewisser auszuführen, wurden 9 Pferde hinter dem Land-Hause des Herzogl. Secretarius de Mattos zusammen gebracht, die mit den zwey Meuchelmördern 11 Pferde ausmachten. In diese vertheilten sich die Conspiranten und formirten zwey Partheyen. Eine davon dirigirte der Herzog, der nebst seinem Bedienten, Juan Miguel, sich nicht weit von den zwey Meuchelmördern postirte, die andere aber der alte Marqvis von Tavora, der mit seinen beyden Söhnen und dem Romeiro sich eine Strecke davon in einem Hinterhalt legte, so, daß ieglicher von dem andern abgesondert stunde, um, wenn der König den Schüssen der Meuchelmörchelmörder entgienge, er ihnen in die Hände fallen und getödtet werden möchte. Der Graf von Atouguia aber stunde auf der Wache. Als nun der König des Nachts um 11 Uhr um die Ecke des nordlichen Endes der Häuser an dem mittelsten Garten bey Belem gefahren kam, trat der Herzog von Aveiro sogleich aus dem dasigen Schwibbogen mit dem Juan Miguel hervor und brannte auf den Kutscher seinen Carabiner loß, damit er aber fehlte, worauf der Kutscher desto schärfer zufuhr, um der fernern Gefahr zu entrinnen; und dieses war Ursache, daß die Meuchelmörder, die auf der Warte nächst an dem Graben der neuen Mauer bereit stunden, ihre Schüsse, als sie auf den König, da er sich in vollem Gallop näherte, feuerten, nicht gewiß anbringen konnten, und nur die Seite des Wagens trafen, doch aber die Person des Königs gar sehr verletzten; indem der grobe Hagel, womit die Carabiner geladen waren, in die Schulter und in den rechten Arm bis an den Ellenbogen eindrungen, auch große Löcher in das Fleisch machten, sechs Hagel-Körner aber bis an die Brust kamen. Ein Schuß verletzte nur die obere Fläche der gedachten Schulter und des Arms von außen, der andere Schuß aber gieng in das Inwendige des Arms und der rechten Seite des Leibes, jedoch ohne einigen Haupttheil zu beschädigen.

Sobald der König die Schüsse bekommen, verbiß er den Schmerz und überlegte in der Geschwindigkeit, daß, wenn er erst nach seinem Palaste

wider den König in Portugall.

laſte führe, er ſich allzuſehr verbluten würde, daher er bejahl, ſogleich umzukehren und gerade nach dem Orte, wo der oberſte Wund-Arzt wohnte, zuzufahren. Sobald er allda angelangt, ſagte er zuförderſt dem Allerhöchſten Dank für die wunderbare Errettung ſeines Lebens und legte zu dem Ende zu den Füßen eines evangeliſchen Miniſtri *), der gleich vorhanden war, ſeine Beichte ab. Hierauf ließ er ſich mit großer Gelaſſenheit und Standhaftigkeit die Wunden verbinden, und alsdenn in ſeinen ordentlichen Königl. Palaſt nach Belem bringen.

Indeſſen waren die Zuſammenverſchwornen größtentheils wieder an dem nordlichen Ende des, dem Herzoge von Aveiro zugehörigen, Gartens zuſammen gekommen. Sie bezeugten ſo wenig Reue über ihre begangene Bosheit, daß ſie vielmehr entrüſtet waren, daß ihr Anſchlag ihnen nicht beſſer gelungen, verbanden ſich auch wieder von neuen, die Mordthat künftig zu vollziehen. Der Herzog ſtieß für Verdruß ſeinen Carabiner, womit er des Königs Kutſcher verfehlet hatte, auf einen Stein und ſprach im Zorn: Gebrauche dich der Teufel; denn wenn ich dich gebrauchen will, ſo dieneſt du mir nicht; und

als

---

*) So heißt es in der publicirten Sentenz. Vermuthlich wird darunter ein proteſtantiſcher Geſandter verſtanden, der die Beichte oder das Gebet des Königs nicht als ein Beichtvater, wie es faſt klinget, ſondern nur als ein Zeuge angehöret.

als der alte Marquis von Tavora zweifelhaftig sprach: Ob denn der König von den verfluchten Schüssen, die man auf ihn gethan, wohl möchte umgekommen seyn? brach der Herzog abermals in die höllischen Worte aus: Es liegt nichts daran; wenn er noch nicht todt ist, so wird er doch sterben müssen. Sie haben sich auch den folgenden Morgen von neuen in dem Hause des Herzogs versammlet und in ihren verdammten Berathschlagungen fortgefahren. Sie beschuldigten hierbey die beyden Meuchelmörder, daß sie die Schüsse nicht recht angebracht. Einige rühmten sich, daß sie diesen Zweck gewiß erreicht haben würden, wenn der König die Hinterhalte vorbey gefahren und nicht wieder umgekehret wäre.

Wir müssen hier abbrechen und den Rest dieser merkwürdigen Begebenheit in dem folgenden Theile erzehlen.

* *

II.
Besondere Nachrichten von allerhand Stands-Personen vom Jahr 1758.

1. Maximilian Joseph, Churfürst von Bayern, gerieth im Sept. mit dem Herzoge von Württemberg in eine große Irrung. Denn da dieser die weitere Einfuhre des
Bayeri-

Bayerischen Salzes in seinen Landen bey Strafe verbleten und ein beträchtliches Quantum von andern ausländischen Salze seine Unterthanen verbrauchen ließ, wurde Chur-Bayerischer Seits durch ein Mandat vom 18 Sept. aller Handel und Wandel mit den Würtembergischen Landen gänzlich aufgehoben. Hierwider gab der Herzog von Württemberg unter dem 30 Sept. ein Gegen-Manifest heraus, durch welches gleichfalls alle Einfuhre der Chur-Bayerischen Waaren so lange, bis das Bayerische Verboth wieder aufgehoben worden, verbothen ward, wobey er sich erklärte, daß er die Einfuhre des Bayerischen Salzes nur auf wenig Wochen, bis die Quantität auswärtigen Salzes, die er anzunehmen veranlasset worden, verbraucht worden, verbothen habe. Es würkte dieses so viel, daß der Churfürst den 24 Nov. durch ein Patent das Verboth wieder aufhub, welches auch der Herzog durch ein Patent unterm 28sten dieses auf gleiche Weise that. Solchergestallt wurde das freye Commercium den 1 Dec. zwischen den beyderseitigen Landen völlig wieder hergestellt.

II. Clemens August, Churfürst von Cölln, hatte das Glücke, daß der neue Pabst Clemens XIII. die wichtige Streit-Sache in Ansehung der Jurisdiction, welche er über die, in seinen Landen befindlichen, Benedictiner-Klöster auszuüben sich befugt hielte und die schon seit vielen Jahren mit vieler Heftigkeit getrieben worden, in der Congregation von den Bischöffen und Regularen zum Vortheil des Churfürstens entscheiden ließ.

III. Johann Philipp, Churfürst von Trier schlug den Franzosen das Ansinnen ab, das sie zu Anfang des Julii an ihn thaten, um in die Festung Coblenz eine französische Besatzung einzunehmen. Er ließ vielmehr in der gleich folgenden Nacht 800 Mann von seinen eigenen Trouppen in dieselbe werfen.

IV. Elisabeth, verwittwete Königin von Spanien, wurde im Oct. zu St. Ildefonse von einer Unpäßlichkeit befallen, von der man die gefährlichsten Folgen vermuthete, doch wurde sie wider Vermuthen im Nov. wieder hergestellt.

V. Der Herzog von Bourgogne, des Königs in Frankreich ältester Enkel, wurde den 1 May, nachdem er das 8te Jahr seines Alters angetreten, aus der Aufsicht des Frauenzimmers genommen und dem Grafen von Vauguyon, seinem Ober-Hofmeister, übergeben. Vorher stellten die Medici einen Schein über des Prinzens guten Gesundheits-Zustand von sich, davon sowohl seine bisherige Gouvernantin, die Gräfin von Marsan, als der Graf von Vauguyon eine Abschrift kriegte. Gegen Mittag führte die Gräfin den jungen Herzog in des Königs Zimmer und überantwortete ihn in Sr. Majestät Hände, worauf ihn der Monarche einige Augenblicke hernach an den Grafen von Vauguyon übergab, nachdem er gegen die Gräfin seine höchste Zufriedenheit über die bisher geführte Erziehung

hung deſſelben in den gnädigſten Ausdrücken bezeugte. Der junge Prinz war über dieſe Trennung ſehr gerühret, überwand aber ſeine Regungen, dergeſtallt, daß jedermann ſowohl ſein gutes Herze, als ſein, weit über ſeine Jahre hinaus gehendes, Weſen bewundern mußte. Im Sept. zeigte der junge Prinz dem Könige ein Buch, in welchem er alle Aufgaben der practiſchen Geometrie aufgelöſet, gezeichnet und mit eigner Hand illuminirt hatte. Vorne vor dieſem Buche war eine Zueignungs-Schrift an den König, die der Prinz ſelbſt verfertiget hatte.

VI. **Anna**, verwitwete Prinzeſſin von **Oranien** und Erb-Stadthalterin derer vereinigten Niederlande, kam den 29 Apr. mit dem jungen Erb-Stadthalter und der Prinzeſſin Carolina, ihren Kindern aus dem Haag nach Harlem, um allda die prächtigen Früh-Jahrs-Blumen in den Gärten der Herren Voorhelm und van Kampen zu beſehen. Sie kehrten Nachmittags mit Bezeugung Dero beſondern Vergnügens über die Schönheit derer Blumen nach dem Haag zurücke. Im Sept. gerieth ſie mit der Stadt Harlem in eine Irrung. Denn da die Regierung der Stadt bey Ernennung der neuen Bürgermeiſter ein Glied übergangen, ſo ernennte die Stadthalterin den, der übergangen worden, darzu, und behauptete, daß dieſes unter den vorigen Stadthaltern mehrmals geſchehen ſey. Der neuernennte Bürgermeiſter nahm daher, ohngeacht der Proteſtation der meiſten Glieder des

Magistrats, in der Versammlung Siß. Den 18. Dec. wurde sie mit einer schweren Unpäßlichkeit befallen, die die traurigsten Folgen nach sich gezogen. Ein mehrers von ihr kömmt anderwärts vor.

VII. Anna Amalia, verwitwete Herzogin von Sachsen-Weimar und Eisenach, erhielte den 1 Aug. durch ein Kayserl. Reichs-Hofraths-Decret die gesuchte veniam aetatis, wobey sie zugleich fähig erklärt wurde, die Mit-Vormundschaft, Coadministration und Regierung der Fürstl. Lande über ihren unmündigen Erb-Prinzen Carl August mit Assistirung eines Neben-Vormunds zu führen, da denn der König in Pohlen, als Churfürst zu Sachsen, Mit-Vormund und Landes-Verweser seyn sollte. Was darüber vor Irrungen entstanden und wie solche beygelegt worden, soll künftig gemeldet werden.

VIII. Carl, Herzog von Lothringen, Stadthalter der Oesterreichischen Niederlande, kam den 7 Jan. von der Armee aus Böhmen nach Wien zurücke, wo er bis in den November blieb, ohne dem Feldzuge weiter beyzuwohnen. Er kehrte darauf wieder nach Brüssel zurücke, wo er den 15 Nov. anlangte, nachdem seine Equipage schon den 24 Aug. vorher daselbst angekommen war. Den Tag darauf fand sich die Prinzessin Charlotte von Lothringen, von Mons daselbst ein, ihrem Herrn Bruder, der fast 2 Jahr abwesend gewesen, die Visite zu geben. Den 14 Decemb. kehrte sie allererst wieder nach Mons zurücke.

IX. Chri-

von alleth. Stands-Persohnen von 1758. 603

IX. **Christian, Pfalzgraf von Zwey-brücken,** gieng im Febr. über Carlsruhe, wo er bey Hofe das Mittagsmahl einnahm, wieder nach Paris ab, nachdem er sich zuvor zur Römisch-Catholischen Religion bekannt hatte. Die Regierung kriegte nach seiner Abreise Befehl, es öffentlich bekannt zu machen und zu versichern, daß solches nichts in demjenigen ändern würde, was ein Herr seinen Unterthanen schuldig sey. Die Catholicken haben deßwegen ein feyerliches Dankfest angestellt. Den 28 Jun. langte er aus Frankreich zu München an, von dar er sich im Sept. bey der Französischen Armee in Hessen einfand und den 20sten dieses die Universität zu Göttingen besuchte, so er sowohl die Universitäts-Bibliothek in hohen Augenschein nahm, als auch einer medicinischen Inaugural-Disputation unter dem Hofrath Richter, die ein gelehrter Jude von Mannheim, Namens Cosmann Ullmann, mit größem Beyfall hielte, beywohnte; wie er sich denn überhaupt durch seine Leutseligkeit jedermanns Liebe und Hochachtung daselbst erworben hat.

X. **Carl, Herzog von Württemberg-Stutgard,** begieng den 11 Febr. zu Stutgard seinen hohen Geburts-Tag mit besonderer Pracht und vielfältiger Lustbarkeit. Unter andern hohen Gästen waren die Prinzen Carl August von Baden-Durlach, und August von Baden-Baden, der regierende Fürst von Hohenzollern-Hechingen und die regierenden Grafen von Hohenlohe-Kirchberg und Oettingen-Wallerstein zugegen. Es wurde an diesem Tage, an welchem der Herzog das 30ste Jahr seines Alters zurücke geleget, an 4 Tafeln öffentlich gespeiset und Abends in den großen Opern-Saale die ganz neue Opera, Eʒio, mit 3 neuen Ballets aufgeführt, auch eine zahlreiche Promotion vorgenommen. Zu Anfang des May kamen seine Trouppen aus Böhmen zurücke. Von seinem Feldzuge ist zu anderer Zeit gehandelt worden. Den 7 Oct. kam er aus Hessen wieder nach Stutgard zurücke. Im Dec. folgten ihm seine Trouppen nach. Den 21 Dec. ward zwischen ihm und der unächten Linie de l'Esperance von der darzu ernannten Kaiserl. Hof-Commission ein Vergleich zu Stande gebracht, nach welchem sich diese Linie aller Ansprüche, Wappen und Namen von Mömpelgard endlich begeben, der Herzog aber sich anheischig machte, jährlich derselben 14000 fl. zu bezahlen.

XI. **Philippina Charlotte, Herzogin von Braunschweig-Wolfenbüttel**, kam den 6 März Abends mit ihren Prinzessinnen von Blankenburg nach Braunschweig zurücke, und hielte unter großem Frolocken der Einwohner daselbst ihren solennen Einzug, nachdem der Herzog, ihr Gemahl, ihr aus der Stadt entgegen geritten, der bereits den 28 Febr. die Prinzen aber den 3 Mart. von Blankenburg wieder zu Braunschweig angelangt waren. Den 4 Oct. that die Herzogin mit ihren Prinzessinnen Carolina und Elisabeth eine Reise nach Weimar zu ihrer zweyten Tochter, der verwitweten Herzogin, die mit ihrem zweyten Prinzen in den Wochen lag.

Den 22sten dieses reisete sie nach zärtlichem Abschiede von Weimar wieder ab, die Durchl. Wöchnerin aber hielte an eben diesem Tage ihren Kirchgang und 2 Tage darauf begieng sie ihren Geburts-Tag.

XII. Antoinette Amalia, verwitwete Herzogin von Braunschweig-Wolffenbüttel, that eine Reise nach Dännemark und besuchte daselbst ihre Tochter, die regierende Königin. Es geschahe in Gesellschaft ihrer beyden damals noch unvermählten Prinzeßinnen. Sie paßirte den 4 May glücklich den großen Belt und langte den 6ten dieses über Corsoer und Rothschild glücklich auf dem Schlosse Friedrichsburg an, wo sie von Ihro Majestäten aufs Zärtlichste empfangen wurde. Sie kam den 25sten mit der Königin nach Coppenhagen und fuhr Nachmittags mitten durch die Stadt. Den 4 Jul. speisete sie zum letzten male mit der Königl. Herrschaft zu Jägerspreiß, worauf sie den folgenden Morgen mit ihren Prinzeßinnen wieder abreisete und den 14ten dieses zu Altona anlangte, von dar sie sich mit ihren Prinzeßinnen nach Schönhausen zu ihren beyden ältesten Töchtern, der Königin und der verwitweten Prinzeßin von Preußen, erhub. Den 20sten langte sie zu Berlin an, und stattete daselbst bey den Gemahlinnen der Königl. Prinzen Heinrich und Ferdinand ihren Besuch ab. Den 1 Aug. reisete sie von Schönhausen über Potsdam und Magdeburg wieder nach Braunschweig. Die Königin begleitete sie bis Potsdam.

II. Besondere Nachrichten

XIII. **Wilhelm, Landgraf von Hessen-Cassel,** gieng den 1 May von Hamburg, wo er sich beynahe ein Jahr aufgehalten, mit seiner Hofstatt wieder ab, nachdem den Tag vorher die Erb-Prinzessin von Hessen-Cassel und die Prinzessin Charlotta ebenfalls abgereiset waren. Den 6ten dieses langte er zu großer Freude der Einwohner wieder zu Cassel an. Er wurde mit vielem Gepränge und großem Frolocken des Volks eingeholet. In der Standarte der Kaufmannschaft, welche bey dem Einzuge geführet wurde, war ein, an eine Pyramide sich lehnender, Mercurius zu sehen, der seinen Stab gegen den Hessischen Löwen streckte, mit der Aufschrift: Illo falvo, salvi sumus, und auf der Gegen-Seite waren die Worte: Fide et Industria d. VI. Maii MDCCLVIII. mit Gold und Seide gestickt zu sehen. Den 18 Jul. sahe er sich schon wieder genöthiget, seine Residenz zu Cassel zu verlassen und sich mit den obgedachten Prinzessinnen nach Rinteln zu erheben, wo er den 20sten über Hameln anlangte. Er hatte vorher alle Meublen von dar wegschaffen lassen. Von Rinteln begab er sich nach Bremen, wo er sich bis zu Ende des Jahrs aufgehalten. Im Jul. setzte der König von Engelland der Erb-Prinzessin von Cassel, seiner Tochter, eine jährliche Pension von 5000 Pf. Sterl. auf die Einkünfte von Irland aus. Nach ihrem Tode sollen ihre Kinder sie zu genießen haben, wenn sie bey der Protestantischen Religion verbleiben würden.

XIV.

XIV. Franz Conrad, Cardinal von Rodt, Bischoff von Costniz, hat von dem Pabst Clemente XIII. vor seiner Abreise aus Rom, die den 5 Sept. geschehen, ein Wahl-Breve erhalten, vermöge dessen er eine Stimme zu allen geistlichen Pfründen und Stiftern in Deutschland haben soll.

XV. Friedrich August, Fürst von Anhalt-Zerbst, kam zu Anfang des Märzes mit seiner Frau Mutter aus Zerbst zu Hamburg an, von dar der Fürst sich im Aug. nach Wien, und sodenn zu der Armee erhoben, bey welcher er als Volontair dem Feldzuge beygewohnet. Seine Frau Mutter, die verwitwete Fürstin, that fast zu gleicher Zeit eine Reise nach Paris, wo sie unter dem Titel einer Gräfin von Oldenburg bis zu Ende des Jahrs incognito lebte, gleichwohl aber nicht verborgen blieb, weil sie überaus große Depensen machte. Es ist ihr überall und von jedermann viele Ehre wiederfahren.

XVI. Friedrich, Herzog von Mecklenburg-Schwerin, hat unterm 12 Jan. an seine Comitial-Gesandtschaft rescribirt und derselben die durch die Preußische Invasion verursachte Noth und Gefahr vorgestellt, dabey aber der Ritterschaft es zur schweren Verantwortung angerechnet, daß sie ohne seine Erlaubniß mit dem Feld-Marschall von Lehwald über die begehrte drittehalb Millionen Thaler Contribution und Natural-Lieferung sich in Tractaten eingelassen, auch hierbey eine ungleich größere Bereitwilligkeit, als zu denen am letzten Land-Tage angekündigten bigten Römer-Monathen bezeiget. Er hat sich immittelst das ganze Jahr hindurch zu Lübeck aufgehalten, und den im Nov. zu Sternberg gehaltenen Land-Tag durch den wirkl. Geh. Rath, Grafen von Baßewitz, und den Schloß-Hauptmann, Baron von Forstner, beschicken laſſen. Es iſt solcher nach dem alten Herkommen auf dem, vor der Stadt Sternberg gelegenen, Huckeberge eröffnet worden und viel ruhiger abgelaufen, als man vermuthet gehabt, weil man die Postulata des Herzogs gegen die Bestätigung aller, der Land- und Ritterschaft zukommmenden, Privilegien verwilliget. Von Herzogl. Strelizischer Seite war der Geheime Canzeley-Rath Seip als Commiſſarius zugegen. Zu Ende des Jahrs fand sich der Preußische General, Graf von Dohna, mit seinem Corps aus Sachsen wieder ein, der durch das Mecklenburgische seinen Marsch nach Pommern nahm und überall Contributiones und Fourage eintrieb.

XVII. Maria Anna, Erz-Herzogin von Oesterreich, legte im Febr. auf folgende Weise eine Probe von ihrer Großmuth ab. Sie spielte mit ihrer Mama, der Kaiserin, und bezeugte eine große Freude über den Gewinn. Ihre Majestät stellten ihr vor, daß Personen von ihrem Range über einen solchen Gewinn nicht empfindlich seyn dürften. Die Erz-Herzogin erwiederte. Sie freue sich nicht wegen des Gewinns, sondern wegen des guten Gebrauchs, weil sie solches zum Trost der verwundeten Soldaten anwenden wolle.

XVIII.

XVIII. **Joseph Wenceslaus, Fürst von Lichtenstein**, Kayserl. Königl. General-Feld-Marschall, hat um das Oesterreichische Artillerie-Wesen sich so verdient gemacht, daß ihm beyde Kaiserl. Majestäten in dem Zeughause zu Wien eine prächtige Bildsäule setzen lassen, mit dieser Inscription:

Impp.
FRANCISCUS et MARIA THERESIA
Pii, Felices, Augg. Patres Patriae,
Scientiarum, Artiumque Fautores,
Iusti meritorum Arbitri,
Viri Toga et sago aeque magni,
IOSEPHI WENCESLAI,
S. R. I. PRINCIPIS de LICHTENSTEIN
Oppauiae et Carnouiae Ducis in Silesia,
Aur. Vell. Equ.
S. S. Caes. Maiest. Consil. Act. Int.
Castrorum Tribuni,
Supremi vtriusque Rei Armamentariae
Moderat. Legion. Desult. Praef.
Virtuti, Religioni, Fidelitati, Patriae Amori,
Ac in Rei Arment. Inuentis
Restaurandis, promouendis, augendisque,
Industriae, indefessoque Labori
Hoc monumentum publicum poni iusserunt.

XIX. **Christoph von Beaumont, Ertz-Bischoff von Paris**, hat sich noch dieses ganze Jahr in seinem Exilio zu la Roque befunden.

Bey der Audienz, welche die Deputirten der Versammlung der Geistlichkeit bey dem Könige hatten, that der Bischoff von Orleans, Herr von Tarente, im Namen derselben zugleich Ansuchung, daß der Erz-Bischoff von Paris aus seinem Exilio zurücke berufen werden möchte. Die Antwort, die Se. Maj. darauf ertheilten, war dieses Inhalts: Ich habe den Erz-Bischoff von Paris nicht anders als mit Widerwillen entfernet und bin deswegen bereit, ihn zurücke zu berufen, daferne er schriftlich angelobet, daß er sich nach meiner, zu Handhabung der öffentlichen Ruhe gegebenen, Declaration achten wolle; auf den Fall aber, wenn er solcher nicht nachleben sollte, werde ich mich genöthiget sehen, ihn noch weiter von mir zu entfernen und die Mittel zu ergreifen, um den Frieden in der Kirche zu behaupten. Die Geistlichkeit schickte darauf den Bischoff von Puy nach la Roque, um von dem Erz-Bischoffe, wo möglich, ein schriftlich Angelöbniß zu erhalten, daß er sich nach den Absichten des Königs betragen wollte, um dadurch der Geistlichkeit Mittel an die Hand zu geben, dessen Zurückberuffung bey Sr. Maj. auszuwürken. Man hat nicht erfahren, worzu er sich erkläret. So viel aber ist gewiß, daß er im Dec. aus dem Orte seines Exilii ein weitläuftiges Mandement ergehen lassen, wodurch das bekannte Buch L'*Esprit* verdammt und in seiner Diöces verbothen worden.

XX. Friedr. Wilhelm Ernst, Graf von Lippe-Bückeburg hat feste an der Allianz gehalten, die zwischen den Königen in Preußen und
Groß-

Großbritannien geschlossen worden. Es gieng zwar im Nov. das Gerüchte, als ob er seine Trouppen von dem Jsenburgischen Corps aus einem geschöpften Verdrusse zurücke berufen hätte; aber es befand sich ohne Grund. Es hatten vielmehr einige Regierungs-Angelegenheiten die Zurückkunft des Grafens in seine Residenz erfordert. Es sind auch nur die Bückeburgischen Leib-Grenadiers und Leib-Jäger nach ihrem Vaterlande zurücke gegangen, und zwar, um nur zu ihrer desto bessern Verpflegung den Winter daselbst hinzubringen. Die übrigen Trouppen haben zugleich mit dem Jsenburgischen Corps die Winter-Quartiere bezogen. Im Dec. hat der Graf aus Veranlassung des, vom Kaiser unterm 28 Aug. an die Reichs-Versammlung erlassenen, Hof-Decrets die wahre Beschaffenheit seines, bey gegenwärtigen Unruhen geführten, Betragens dem gesammten Reiche zu erkennen gegeben und sämmtl. Stände ersuchet, durch ihre Vermittelung es bey Sr. Kaiserl. Maj. dahin zu bringen, daß die, gegen ihn ergangenen, harten Verfügungen wieder aufgehoben werden und er zu einer billigen Ersetzung des, durch die Französische Invasion erlittenen, Schadens gelangen möchte.

XXI. Christian Johann, Graf von Leiningen-Westerburg hat im Oct. Schulden halber bonis cedirt, worauf die Verwaltung seiner Güter und Vermögens vom Kaiser seinem Schwiegervater, dem Wild- und Rheingrafen Carl Walrad Wilhelm zu Grumbach aufgetragen worden.

XXII.

XXII. Friedrich Heinrich, Graf von Seckendorff, wurde am 2ten Advents-Sonntage durch ein Preußisches Husaren-Commando von seinem Gute Meuselwitz im Fürstenthum Altenburg aus der Kirche abgeholt, und nach Magdeburg gebracht, wo er bis in May 1759. da er gegen einen Revers, niemals wieder mit den Feinden des Königs die geringste Correspondenz und Gemeinschaft zu unterhalten, und gegen Erlegung einer Summa Geld, wieder in Freyheit gesetzt worden, gefangen sitzen müssen.

XXIII. Johann Carl, Herzog von Braganza, einer von dem legitimirten Prinzen von Portugall, langte den 21 Febr. aus Engelland, wo er sich eine Zeitlang aufgehalten, zu Frankfurt am Mayn an. Nachdem er alles Merkwürdige daselbst in genauen Augenschein genommen, setzte er seine Reise nach Wien fort, wo er zu Anfang des Märzes anlangte, und als Volontair dem Feldzuge wider den König in Preußen beywohnte.

XXIV. Der Graf von Maillebois, Französischer General-Lieutenant der Königl. Armeen, ein Sohn des Marschalls dieses Namens, wurde den 22 May zu Duynkirchen auf Befehl des Königs arretirt und nach dem Castell von Dourlens gebracht. Er war nur den Tag vorher daselbst angekommen, um das Corps Trouppen zu commandiren, das sich bey dieser Stadt lagern sollte. Er beschäfftigte sich gleich, die Trouppen zu vertheilen, die zu solchem Lager bestimmt waren und eine

eine Linie von hier bis Mardyk zu ziehen, als er arretirt wurde. Die Ursache rührte von den Zwistigkeiten her, darein er mit dem Marschall von Estrees über den verwichenen Feldzug in Deutschland gefallen. Die Umstände davon werden in einem Schreiben aus Paris also erzehlet:

Man weiß von langer Zeit her, daß der Marschall von Estrees und der Graf von Maillebois Feinde zusammen gewesen, und daß ihr Haß während ihrer Anwesenheit in Deutschland bey verschiedenen Gelegenheiten öffentlich ausgebrochen ist. Der Graf von Maillebois, ein Officier von Verdiensten, aber kühn und dabey eifersüchtig auf den Marschall von Estrees, hatte das Betragen des letztern jederzeit aufs fleißigste ausgekundschaftet und den Hof von allen Fehlern seines Gegners, die er begangen haben sollte, genau unterrichtet. Seine Berichte brachten es dahin, daß man hier und da dem Marschalle eine Saumseligkeit in seinen Unternehmungen Schuld gab. Weil der Hof in den Grafen von Maillebois beständig ein großes Vertrauen gesetzt hatte, so fanden dessen Relationes bluers Glauben, und der Marschall von Estrees erhielte von dem Kriegs-Departement nicht selten empfindliche Briefe. Ohne dem Marschall von Belliste, der den Marschall von Estrees am Hofe unterstützte, würde seine Zurückberufung wahrscheinlicher Weise noch viel eher erfolget seyn. Da aber der Sieg bey Hastenbeck nicht so vollkommen war, als er hätte seyn können, so ergriff

griff der Graf von Maillebois diese Gelegenheit, seinem Gegner, den er der Untüchtigkeit oder gar der Verrätherey beschuldigte, den Rappel zuwege zu bringen. Selbiger hätte, schrieb der Graf von Maillebois, die Hannöverische Armee gänzlich zu Grunde richten können, wenn er nicht die Unvorsichtigkeit begangen, und 2 Französische Brigaden auf einander selbst feuern lassen. Als der Marschall nach Paris zurücke kam, wollte er sein Betragen rechtfertigen; allein die Parthey seiner Feinde siegte und alle seine Bemühungen waren vergeblich. Endlich nahm der Credit einiger Freunde seines Gegners etwas ab, und der Marschall von Estrees gelangte durch den Canal des Marschalls von Bellisle dazu, daß sein Verhalten von den Marschallen von Frankreich den 19 May untersucht wurde. Von diesem hohen Gerichte nun wurde er, nach einer reifen Ueberlegung und Nachsehung der von ihm beygebrachten Rechtfertigungs-Stücken, von aller Beschuldigung frey gesprochen und seine Aufführung völlig gebilliget, sein Widersacher hingegen überführet, daß er selbst die vornehmste Ursache der, bey der Schlacht zu Hastenbeck begangenen, Fehler gewesen, welchen zu Folge er zu Verliehrung seiner Bedienung bey der Armee nebst einem Gefängnisse von einigen Jahren verurtheilet wurde. Nach diesem Ausspruche sendete der Hof durch einen Cabinets-Courier dem Commendanten zu Duynkirchen den Befehl zu, den Grafen von Maillebois in Verhaft zu nehmen und ihn im Fall einiger Widersetzung durch eine gute Bedeckung nach dem

dem Schloß Dourlens führen zu lassen, als wohin er verwiesen wäre.

Diese Sache machte sowohl am Hofe als bey dem Publico viel Aufsehen, weil ein jeder von diesen beyden Herren seine Freunde hat. Als dem Grafen von Maillebois durch einen Grenadier-Capitain die Ungnade angekündiget wurde, hörte er solche mit einer heldenmüthigen Standhaftigkeit an, daher sich die Wache retirirte, weil sie Befehl hatte, nur auf den Fall der Widersetzlichkeit Gewalt zu gebrauchen. Da die lettre du Cachet enthielte, daß er unter sicherer Bedeckung nach Dourlens abgeführt werden sollte, fragte er den Grenadier-Hauptmann: Ob er für ihn einen ehrl. Mann und für einen getreuen Unterthan des Königs hielte? Als dieser mit Ja! antwortete, fügte er hinzu: Wohlan! weil Sie eine so gute Meynung von mir haben, so ist es unnöthig, daß Sie eine Bedeckung mitnehmen. Ich werde den Befehlen des Königs in der Ungnade eben so gehorsam seyn, als in der Gnade. Wenn die Ordre nicht so ausdrücklich wäre, als sie ist, daß Sie mich begleiten sollten, so würde ich mich ganz alleine nach dem Orte meiner Verweisung begeben; weil es aber nicht erlaubt ist, diese Reise alleine zu thun, so wird es mir lieb seyn, wenn Sie mich dahin bringen. Mit diesen Worten stieg er mit seinem Führer in seine Kutsche und reisete des Nachmittags nach Dourlens ab, wohin ihm sein Secretair und sein Cammerdiener folgten. Es

Ist der König zu Bestätigung und Vollstreckung dieses Urtheils vornehmlich durch die Betrachtung der Folgen, die aus einen dergleichen Betragen gegen einen Chef entstehen können, und durch die Nothwendigkeit, ein Beyspiel von Subordination hierinnen zu geben, bewogen worden. Von dem Castell zu Dourlens hat man ihn nach dem zu Ham gebracht, sein Vater aber, der Marschall von Maillebois, wurde auf sein Landgut gleiches Namens verwiesen. Die Schrift, durch welche der Marschall von Estrées sich gegen die Beschuldigungen des Marquis von Maillebois gerechtfertiget, kam zu Paris unter folgendem Titel ans Licht: Eclaircissemens presentez au Roi, par le Marechal d'Estrees. Sie betrug 32. gedruckte Seiten in 4.

XXV. Der Herzog von Coße hat bey seiner Rückreise nach Frankreich, als er aus der Preußischen Kriegs-Gefangenschaft befreyet worden, wegen seiner, bey Roßbach am Kopf empfangenen, Wunden nur ganz kleine Tagreisen thun können. Von seinen 30 Bedienten, so er bey seiner Abreise aus Paris mitgenommen, ist nur ein einziger wieder mit gekommen. Er hat ein Kleinod von großem Werth verlohren und demjenigen, der es ausfindig machen würde, einen Recompens von 100000 livres versprochen.

III.
Die Irrungen, die wegen der See-Capereyen zwischen den Holländern und Engelländern 1758. entstanden.

Die Holländer haben immer etwas zu pimpeln. Nach ihrer natürlichen Gewinnsucht wollen sie gerne stets im Trüben fischen und dabey allezeit glücklich seyn. Mißlinget ihnen dieses, so brennet es gleich in allen Gassen. Es hat sich dieses in den Irrungen geäußert, die bey gegenwärtigem Kriege mit den Engelländern entstanden, da diese die holländischen Schiffe in America unter dem Vorwand, daß sie Französische Ladungen hätten, häufig weggenommen.

Die General-Staaten hatten bey Entstehung des itzigen Kriegs zwischen Frankreich und Großbritannien für gut befunden, die Neutralität zu erwehlen. Die Kaufmannschaft vermeynte hierbey einen großen Gewinn zu erlangen, wenn sie den kriegenden Parteyen die benöthigten Waaren in geheim zuführe, auch derselben eigene Waaren unter ihrem Namen sicher fortbringen ließ. Da nun sonderlich die Franzosen auf solche Weise viele Vortheile durch die Holländischen Kauffarthey-Schiffe erhielten, sahen dieses die Engelländer vor eine Verletzung der Neutralität an und fiengen an, dergleichen Schiffe

wo sie solche antreffen, wegzunehmen und für gute
Priesen zu erklären.

Hierüber entstunden nun bey den Holländern große Klagen, die sonderlich im Junio 1758.
ihren Anfang nahmen. Der Holländische Minister Hop in Engelland brachte solche an dem Großbritannischen Hofe sehr häufig für und that deshalben die allernachdrücklichsten Vorstellungen; es
that aber nicht die erwünschte Würkung. Denn
man wollte Englischer Seits unwidersprechlich beweisen, und zwar selbst durch die in Händen habenden Briefe derer Feinde, daß die weggenommenen Holländischen Schiffe, ohngeacht sie lauter Holländische Certificate am Bord gehabt, dennoch alle für Französische Rechnung gegangen wären. Man fiel daher Holländischer Seits auf
die Vermehrung der Trouppen und Ausrüstung
einer Anzahl Kriegs-Schiffe, die man sonderlich
in der Versammlung der Staaten von Holland,
die den meisten Schaden durch die Räubereyen
der Engelländer litten, in Vorschlag brachte, darzu
aber die übrigen Provinzen, und auch selbst die
Stadt Amsterdam nicht einstimmen wollte.

Indessen dauerten die Deprädationes der Engelländer unaufhörlich fort. Sie bemächtigten
sich der Holländischen Schiffe so gar bis unter
den Canonen von St. Eustache und Curassao.
Der Gouverneur des ersten Platzes schickte an die
West-Indische Compagnie zu Amsterdam Deputirte ab, um sie von diesen Gewaltthätigkeiten zu
benachrichtigen und Befehle von ihr einzuholen;

wie

wie er sich in Ansehung derselben künftig verhalten sollte. Man kehrte sich aber Englischer Seits nicht daran, sondern erklärte zu Antigoa alle Holländischen Schiffe für gute Prisen, die mit Permissions-Briefen versehen waren, um nach den Französischen Colonien zu handeln. Die Engelländer urtheilen hierbey also: Gesetzt, daß dieses unrecht ist, so muß man doch den Handel zu St. Eustache schlechterdings unterdrücken und vernichten, weil die Franzosen zu Canada eben von daher ihren Unterhalt ziehen und dadurch gehindert werden, sich zum Ziele zu legen.

Im Julio wurden kurz nach einander 7 Bittschriften bey den General-Staaten übergeben, darinnen die Kaufleute um Schutz wider die Englischen Capers baten und den erlittenen Schaden sehr beweglich vorstellten. Die erste war von 56 Kaufleuten zu Dortrecht, die andern von 59. zu Amsterdam, die dritte von 262. in den Provinzen, die vierte von 83. zu Roterdam, die fünfte von 106. in Nord-Holland, die sechste von 76. in Friesland und die siebente von verschiedenen Kaufleuten aus Seeland unterzeichnet. Im August machte man die Listen von den Holländischen Schiffen bekannt, welche die Engelländer seit dem Anfange des gegenwärtigen Krieges wider den Inhalt der Tractaten geplündert und übel tractirt hatten. Es waren die Namen und Ladungen der Schiffe sammt dem erlittenen Schaden beygefüget. Die erste Liste enthielte die Schiffe, welche von Curassao und St. Eustache gekommen und genommen worden, an der Zahl 21. davon der Schade sich auf 3557500 Gulden belief. Die zweyte Liste hielte die Schiffe in sich, die nach West-Indien gegangen oder von daher gekommen waren, wovon ein Theil schon für gute Prisen erklärt worden, ob sie gleich nur mit Tractaten-mäßigen Waaren beladen gewesen, welche Schiffe an der Zahl 35. einen Schaden von 5144000 fl. ausmachten. Die dritte Liste begriff die Schiffe, die von den Englischen Capers auf ihrer Passage geplündert und gemißhandelt worden, worauf diejenigen, davon man die Beweise hatte, sich auf 100. und der dadurch verursachte Schade auf 439191 Gulden belief.

Der wesentliche Inhalt der obgedachten Bittschriften, die sehr weitläuftig abgefaßt waren, bestund in sehr bittern Klagen wider die Englischen Kriegs-Schiffe und Kapers, welche ohngeacht der feyerlichsten Tractaten, des Völker-Rechts und des öffentlichen Glaubens, sich des willführlichen Rechts anmaßten, aus der freyen See ein offenes Feld für alle Arten von Bedrückungen und Gewaltthätigkeiten zu machen, die unter gesitteten Völkern so grausam als unerhört und ohne Exempel, und mit einem Worte solche Ausschweifungen wären, die nicht einmal einem declarirten Feinde, sondern vielmehr der Wuth der Barbarn weit besser anständen, als einer christlichen Nation, welche sich noch überdieß den Titel einer Freundin und getreuen Bundsgenossin zueignet. Man beschwerte sich zugleich über

über die Ungerechtigkeit der Gerichts-Höfe, deren langweilige und kostbare Processe nur deswegen von einer Instanz zur andern gebracht würden, damit sie bis zur Appellation unentschieden bleiben möchten; und im Grunde dienten diese Formalitäten zu nichts anders, als die angeführten öffentlichen Beweise davon zu bringen, da es sehr selten sey, daß man ein Urtheil abfassen sehe, welches nicht allemal zum Schaden der Unterthanen des Staats ausfalle, deren Schiffe und Effecten, obwohl darüber glaubwürdige Documente verhanden wären, dennoch unrechtmäßiger Weise genommen und entäußert würden. Man mahlte ferner die wichtigen Folgen mit lebhaften Farben ab, welche von der Fortsetzung eines Uebels zu fürchten wären, das den vornehmsten neruum des Staats so stark angriffe und dessen Abhelfung fast keinen Aufschub mehr selben könne, da kein Kaufmann sich zu erhalten im Stande sey, so lange die Bosheit der Raubbegierde und die Brechung der feyerlichsten Tractaten ungestraft ausgeübt und geduldet würde, als welche den gänzlichen Untergang der Handlung und selbst des Staats nothwendiger Weise nach sich ziehen müßte, nachdem erst vorher viele tausend der besten Einwohner zu Grunde gerichtet worden, welche alsdenn sich genöthiget sehen würden, den gezwungenen Entschluß zu fassen, außerhalb Landes einen würksamen Schutz zu suchen. Vermittelst so dringender und vermögender Bewegungs-Gründe flehete man Jhro Hochmögenden um Dero Schutz an, um, da es noch Zeit darzu

sey,

sey, diesen traurigen Folgen vorzubeugen; wobey man hinzufügte, daß Jhro Hochmögenden allenfalls geruhen möchten, zu erlauben, daß man auf eigene Kosten einige Schiffe ausrüsten dürfte, um den gegenseitigen Ungerechtigkeiten Einhalt zu thun.

Die Staaten von Holland thaten darauf bey Jhro Hochmögenden neue Vorstellungen, 24 Kriegs-Schiffe auszurüsten, damit die Schiffahrt der Handlung der Republik gesichert seyn möchte, als welche ohne hinlängliche Bedeckung Gefahr liefe, ruinirt zu werden, weil die Engelländer die See unsicher machten und es nicht möglich wäre, die Beleidiger der Holländischen Flaggen allemal zu erkennen oder ausfündig zu machen, indem sie sich einer solchen List und solcher Kunstgriffe bedienten, welche selbst der Großbritannischen Admiralität bey der genauesten Nachforschung unbekannt bleiben müßten. Die Schiffahrt der Republik bleibe indessen den Ausschweifungen der Englischen Capers bloßgestellt und die Holländischen Schiffe, denen solche Gäste unter der Masque an Bord kämen und die ihnen die besten Effecten wegnähme, wüßten keine andere Anzeige zu geben, als daß sie Capers am Bord gehabt, die ihre Papiere durchsucht und was sy-anständig gewesen, mit sich genommen hätten. Dem ohngeacht wurde der Antrag, 24 Schiffe auszurüsten, nicht bewilliget, obgleich die Mehrheit der Stimmen darzu vorhanden war, weil die Prinzessin-Gouvernantin noch daran arbeitete, eine Vermittelung zu treffen. Sie brachte

den

den 29 Aug. die Trouppen-Vermehrung wiederum in Vorschlag, es wurde aber kein Entschluß darauf gefaßt.

Indessen gab der Englische Minister im Haag, Herr Yorck, eine Declaration von sich, darinnen er unter andern anführte, daß Frankreich in Friedens-Zeiten keiner Nation, wer sie auch sey, die Handlung nach seinen Americanischen Inseln erlaube, hingegen itzo sich der Holländischen Schiffe bediene, damit es die Matrosen vor den Kauffarthey-Schiffen auf den Kriegs-Schiffen gebrauchen könne, welches der Englischen Nation zum Nachtheil gereiche und welches Se. Maj. nicht als gleichgültig ansehen könnten. Der Großbritannische Hof bestund überhaupt darauf und wollte nicht leiden, daß die Unterthanen der Republik nach den Französischen Colonien handelten, weil diese Handlung wider die Tractaten stritte und für Engelland verderblich wäre. Die General-Staaten hingegen behaupteten, Engelland sey nicht berechtiget, die Handlung und Schiffahrt der diesseitigen Unterthanen zu stöhren, weil nach dem Tractate von 1674. die Handlung und Schiffahrt frey seyn sollte.

Der König von Großbritannien ertheilte endlich Befehl, nicht nur die von Surinam gekommenen Holländischen Schiffe, welche von den Engelländern genommen worden, wiederum frey zu geben, sondern ihnen auch den allergeringsten Schaden, der ihnen verursachet worden, zu vergüten; wie denn auch hinführo alle Holländische Schiffe,

Schiffe, welche von ihren eigenen Colonien in West-Indien kämen, frey und ungehindert passiren sollten. Diese Königl. Verordnung wurde der Prinzessin-Gouvernantin und Ihro Hochmögenden durch den General-York im Sept. mitgetheilet.

Alleine, ohngeacht dieser Declaration, hatten die Irrungen doch noch kein Ende, weil die Engelländer immer von neuen alle Holländischen Schiffe, welche nach den Französischen Inseln handelten, wegnahmen und nach Engelland brachten, wo man sie mit ihrer gantzen Ladung für gute Priesen erklärte. Bisher waren es nur Capers ohne Commißion gewesen, welche die Holländischen Schiffe beunruhigten und plünderten, itzo aber kränkten auch so gar die Königl. Schiffe die Flaggen der Republik. Die Staaten von Holland sendeten daher zu Anfang des Oct. eine solenne Deputation an die Prinzeßin-Gouvernantin, Ihro Königl. Hoheit zu bitten, Dero Credit dahin anzuwenden, daß die Land-Provinzen bewegt würden, wenigstens in die Ausrüstung von 6 Kriegs-Schiffen zu willigen. Es langte auch den 8 Nov. eine Deputation von den Kaufleuten aus Holland und Seeland bey der Prinzeßin-Gouvernantin und dem Präsidenten der General-Staaten an, die sich aufs neue über die Beläßtigungen der Engelländer in Absicht auf die Schiffe der Republik beschwerten und um Schutz dawider baten.

Es hieß unter andern in dieser Bittschrift also: diese unerlaubten Unternehmungen zeigen auf eine
hand-

handgreifliche Weise, daß sie dem Commercio ins besondere und dem Vaterlande überhaupt einen tödtlichen Stoß versetzen müßten. Auf tausend reiche und mittelmäßig vermögende Personen gerathen dadurch in Verfall, und wo nicht eine schleunige Hülfe geschiehet, werden nicht alleine die besten Negocianten, sondern auch noch die Haufen beret, die im Kleinen handeln, dem Ruin, der sie bedrohet, nicht entgehen können. Dieser Vorfall verursachet bereits das Stillstehen einiger 100 Fabriken verschiedener Art, als Sachen-Rafinerie- Färbe- und anderer Fabriken, wo die Künstler und Arbeiter in jeder bereits müßige Hände haben ꝛc.

Die Prinzeßin Gouvernantin gab hierauf diese Antwort: Sie hoffte, daß Dero Herrn Vaters, des Königs von Großbritannien Majestät, dessen Liebe zur Gerechtigkeit und Billigkeit bekannt wäre, also handeln würden, daß ihre Committenten zufrieden seyn sollten.

Die Staaten von Holland ließen indessen ein Vermahnungs-Schreiben an die andern Provinzen ergehen, worinnen sie dieselben zu bewegen suchten, ihre Einwilligung zu der Vermehrung der Marine zu geben. Die Provinzen von dem festen Lande, Geldern, Utrecht, Ober-Yßel und Gröningen, gaben darauf folgende Antwort:
„Sie hätte, nachdem sie über das Verlangen der
„Staaten von Holland reiflich gerathschlaget, die
„Vermehrung der Land-Trouppen noch immer
„gleich nothwendig befunden, um dieselben ge-
„gen alle Anfälle zu schützen; es wäre aber nicht
„genung,

„genung, die Marine zu vermehren, um die
„Handlung und Schiffahrt der See-Provinzen zu
„bedecken, welche von Seiten des festen Landes
„nichts zu befürchten hätten, da diese ihnen zur
„Vormauer dienten, sondern man müßte darauf
„bedacht seyn, wie man auch bey Zeiten für die
„Sicherheit der 4 andern Provinzen das Nöthige
„vorkehrte, welche sich bloß gestellt befänden, da
„keine Trouppen vorhanden wären, um ihre Gren-
„zen zu besetzen. Sie ersuchten daher ihrer Seits
„Ihro Edlen und Großmögenden nochmals, daß
„sie ihre Lage betrachten, darauf denken und ihre
„Einwilligung zur Vermehrung der Land-Troup-
„pen geben möchten; da sie denn in solchem Fall
„keinen Augenblick Anstand nehmen würden, die
„von der Marine mit Vergnügen zu bewilligen.„
Man sahe also voraus, daß, da die Stadt Amsterdam auf ihrer Weigerung in Ansehung der
Trouppen-Vermehrung hartnäckigt bestunde, weder aus der einen, noch andern Vermehrung so
bald etwas werden dürfte.

Immittelst erfuhr man durch Briefe aus
London, daß dem Holländischen Gesandten daselbst, General Hop, über die Vorstellungen
und Klagen in Ansehung der Verationen, womit
die Engelländer sich an den Schiffen der Republik
vergriffen, eine trockene und in keinem Stücke
vergnügliche Antwort ertheilet worden. In dieser Antwort sollte es heißen, daß er, Herr Hop,
nicht nöthig hätte, dergleichen Memoriale fernerhin zu überreichen; man würde allezeit seinen
Gang gehen und alle Holländischen Schiffe wegnehmen,

nehmen, die man auf ihrer Fahrt von den Indianischen Inseln antreffen möchte, um urtheilen zu können, ob ihre Waaren mit Contrebanden vermischt wären, und ob solche Schiffe sich in dem Fall befänden, für gute Prisen erklärt oder aber losgelassen zu werden.

Den 6 Dec. wurden die Deputirten der Negocianten verschiedener Städte der Provinz Holland in die Versammlung der General-Staaten eingeführt, wo sie dem Präsidenten der Woche die Ursachen ihrer abermaligen Abhandlung anzeigten. Sie wurden von der Prinzeßin-Gouvernantin zur Audienz gelassen, an welche sie folgende Rede hielten.

Durchlauchtigste Prinzeßin!

Die Negocianten der Handlung treibenden Städte und Plätze dieser Provinz begreifen nur allzuwohl den Verdruß und das Mißfallen, welche ihre beständige, obgleich rechtmäßige, Klagen über das ungerechte Betragen der Englischen Kriegs-Schiffe und Armateurs gegen die, den Unterthanen der Republik zugehörigen Schiffe und Fahrzeuge Ew. Königl. Hoheit verursachen müssen. Sie finden sich aber dem ohngeacht genöthiget, Ew. Königl. Hoheit zu bitten, daß es ihnen noch einmal erlaubt seyn möge, Höchstdenenselben ihre gerechte Beschwerden und das Object ihres Verlangens mit aller der Aufrichtigkeit, die ihrem lebhaften Schmerze gemäß ist, vorzutragen. Sie versichern aufs ernstlichste, daß es nicht anders als mit Widerwillen und aus einer dringenden Nothwendigkeit geschehe, daß sie zum vierten male anhero kommen, und daß sie mit Beyseitsetzung ihres eigenen Interesse nichts als das Beste des Vaterlandes und die Glückseligkeit und Ehre des hohen Hauses Oranien vor Augen haben und jederzeit haben werden. Sie sehen voraus, daß nach ihrem gänzlichen Ruin und dem von einer großen Menge ihrer Mitbürger und Landsleute die Regierung, an deren Haupte sie Ew. Königl. Hoheit zu sehen das Glücke haben, nicht denjenigen Glanz und diejenige Achtung mehr haben werde, die sie in denjenigen glücklichen Zeiten hatte, da die Republik als eine Puißance und selbst als eine See-Puißance betrachtet wurde, und daß sie den Schmerzen haben werden, das hohe Haus Ew. Königl. Hoheit, welches die stärksten Bande gegenwärtig auf immerdar mit unserm werthen Vaterlande verbinden, an dem Verfall und dem Ruin der Republik Antheil haben, zu sehen. Diese Betrachtungen sind es dahero, welche machen, daß sie sich die Freyheit nehmen, Ew. Königl. Hoheit aller der Ursachen zu Beschwerungen, die sie Höchstdenenselben schon angezeiget und bis zu dreyen mälen nun vorgebracht haben, auf neue zu erinnern. Sie könnten eine neue Erzehlung davon machen, wenn sie nicht befürchteten, Ew. Königl. Hoheit möchten sie als unverschämt ansehen und sie folglich mit Vorurtheil anhören. Sie wollen es also dabey bewenden lassen, Ew. Königl. Hoheit zu versichern, daß anstatt, daß sich die Umstände des Commercii seit der wenigen Zeit gebessert hätten, da sie die Ehre gehabt, vor Ew. Königl. Hoheit zu erscheinen, die Sachen im Gegentheil sich von Tage zu Tage verschlimmert haben. Ew. Königl. Hoheit haben auf die vorhergehenden Vorstellungen der Negocianten in nicht weniger gnädigen als förmlichen Ausdrückungen zu antworten und zu erklären geruhet: Höchstdieselben wären von dem ansehnlichen Nachtheile, so das Commercium litte, unterrichtet und höchlich gerühret; Sie hätten nichts mehr am Herzen als die Wohlfahrt des Vaterlands; Sie sähen selbige als die Ihrige an, weil Ihro Königl. Hoheit eigenes Bestes sowohl, als das von Dero Durchl. Kindern und Dero ganzen hohen Hause, auf das Glücke der Republik ankäme; man hätte hiernächst in Dero Namen an dem Großbritannischen Hofe nachdrückliche Vorstellungen gethan und

Höchst-

Höchstdieselben hätten alle Ursache zu glauben, daß man dem zufolge daran arbeiten würde; es wären aber Sachen, die durch das Parlament reguliret werden müßten; also müßte man 4 bis 5 Wochen Gedult haben und Ihro Königl. Hoheit hofften, daß binnen solcher Zeit eine oder die andere gute Nachricht von Seiten des Königs von Großbritannien Dero Herrn Vaters einlaufen könnte. Den Negocianten, ob sie gleich über die gnädige Aufnahme, womit Ew. Königl. Hoheit sie beehret hatten, höchlich vergnügt waren, gieng es nichts destoweniger nahe, eine Zeit von 4 bis 5 Monathen abzuwarten, weil ieder Tag, ja jede Stunde zur Vermehrung ihres Ruins beyträgt; sie haben aber in Betrachtung der aufrichtigen und treulichen Versicherungen Ew. Königl. Hoheit sich mit einer völligen Unterwerfung in Dero Begehren so lange zufrieden gestellt, bis Höchstdieselben geruhet, 4 Negocianten von Amsterdam und 2 von Roterdam nach Hofe zu berufen, um ihnen von einigen empfangenen Nachrichten Post zu geben. Man kann mit Worten nicht ausdrücken, mit was für Verlangen die Bürger dieser beyden Städte, große und kleine, auf die Zurückkunft dieser 6 Negocianten warteten; welches Verlangen auf die Hoffnung gegründet war, daß sie günstige, vergnügliche, und mit einem Worte solche Nachrichten mit sich zurücke bringen würden, welche unsern Besorgnissen, unserm Hoffen und unsern Wünschen ein Ziel setzen könnten. Alleine wir müssen zu unserm großen Leidwesen sagen, daß der Erfolg mit unserer Erwartung nicht überein gekommen sey. Als die durch Ew. Königl. Hoheit berufene Negocianten wieder nach Hause gekehret, lag man ihnen um nichts mehr an, als ihren Mitbürgern dasjenige zu eröffnen, was vorgegangen wäre; und um nichts zu verfehlen, lasen sie vor einer zahlreichen Versammlung von Negocianten das Schreiben des Herrn Envoyé Hop an den Herrn Greffier Hagel von London unterm 17 November. Aber, Madame, wie groß war die Bestürzung aller dieser Negocianten!

Wie

Wie vergeblich war ihre Hoffnung! Wie wurden sie in ihrer Erwartung betrogen, als man den Inhalt dieses Schreibens erwog, das nur von Verzögerungen und von Bedingungen redet, welche unmöglich anzunehmen sind! Die Negocianten finden bey Eintheilung dieses Schreibens in seine Theile, daß es diese 3 Puncte enthält: 1) Eine Untersuchung des Marine-Tractats von Jahr 1674: 2) Einen zu concertirenden Plan, um die sich etwan findenden Mißbräuche bey Wegnehmung der Schiffe und in den Proceduren abzustellen; 3) Eine Änderung in der Acte, die in Ansehen der Prisen im Jahr 1756. paßirt ist, in so ferne sie zu Vexationen Anlaß giebt. Den ersten Punct anlangend, haben die Negocianten mit vielem Vergnügen die guten Neigungen gesehen, worinnen sich Herr Pitt und die andern Herren des Ministerii befänden, Ihro Hochmögenden Genugthuung zu geben, in so ferne die Beschwerden ihrer Unterthanen wohl gegründet wären; sie erklären aber, daß eben dieses sie veranlassen müße, zu fürchten und zu schließen, daß das Ministerium in Engelland nur wenige Klagen der Unterthanen der Republik, als wohl gegründet, werde zulassen wollen, zumahl da die Erfahrung ihnen die Gesinnungen anzeiget, welche man überhaupt in Engelland in Ansehung der, den Holländern gehörigen, Schiffe heget, die man dahin führet; und dieses um so vielmehr, da man die, Ihro Hochmögenden zu gebende, Satisfaction auf zwey und vielleicht gar auf eine größere Anzahl Puncte, setzen zu wollen scheinet, welche Ihro Hochmögenden Engelland vorläufig zugestehen sollten, nahmentlich den Trafic und die Schiffahrt nach den Französischen Inseln, und hernach den Transport der zum Schiffbau dienlichen Materialien nach Frankreich. Die Negocianten können nicht umhin, sich einen Augenblick über diese beyden Puncte aufzuhalten, weil es bey dem ersten Puncte ihre Ehre, und bey allen beyden die Wohlfahrt des Commercii der Republik betrifft. Denn Herr Pitt hat schlechterdings gesetzet und saget zu dem Herrn Envoye Hop, daß

daß die Schiffahrt und der Trafic nach den Französischen Inseln auf Rechnung der Franzosen, obgleich unter verstellten Namen, geschähe. Dieser Satz will zu erkennen geben, daß alle Certificate, welche eydlich bezeugten, daß die Schiffe, Waaren und Effecten, die nach gedachten Inseln bestimmt, den Holländern zugehörten, falsch und erdichtet befunden worden; daß die bey dem Commercio interessirte Negocianten ihren Gewinn der ewigen Seligkeit vorgezogen und daß sie durch falsche Eyde ihre Seelen der ewigen Verdammniß überliefert. Wer erstaunet nicht, wenn er an dergleichen Abscheulichkeiten gedenket, ohne von einer Beschuldigung von der Art, die über den größten Theil einer Nation erstrecket wird, zu reden! dieses thut inzwischen Herr Pitt. Die Negocianten können nicht genungsam ausdrücken, wie empfindlich sie über eine so weit getriebene Anklage sind. Sie bereden sich, daß Ew. Königl. Hoheit nach Dero ordentlichen Billigkeit eine gar zu gute Meynung von den Unterthanen hegen, als daß Sie den Satz des Herrn Pitt als eine Wahrheit, und das Commercium mit einem dergleichen Vorwurfe beschmitzt ansehen sollten.

Diese Rede ist für so anzüglich befunden worden, daß die fernere Bekanntmachung derselben in Holland selbst höhern Orts untersagt worden. Um aber die Kaufleute wegen ihrer Beschwerden einiger maßen zufrieden zu stellen, ließ die Prinzessin-Gouvernantin ihnen durch ihren Geheimen Rath von Larrey bekannt machen, daß Sie Ihr möglichstes thun würden, ihnen den Schaden zu vergüten, den sie, die Kaufleute, durch die Engelländer erlitten hätten. Sie ließ ihnen zugleich einen, von dem Könige in Engelland erhaltenen, Brief vorlesen, worinnen Se. Maj. die Raubereyen der Englischen Capers durchaus miß-

mißbilligten und verſicherten, daß Höchſtdieſelbe die begangenen Gewaltthätigkeiten unterſuchen laſſen und diejenigen, welche ſo unſchuldig darunter gelitten hätten, ſchadloß ſtellen wollten.

Den 11 Dec. erhub ſich die Prinzeſſin Gouvernantin in die Verſammlung der General-Staaten und hielte an dieſelbe folgende Rede:

Hochmögende Herren!
Ich würde den Eyfer und die Wachſamkeit beleidigen, welche Ew. Hochmögende für die Erhaltung des Staats beleben, wenn ich hieher käme, dieſelben in dem, was ich Ihnen vortragen will, zu ermuntern. Die Beweiſe, welche ich in Händen habe, haben mich davon ſchon ſeit langer Zeit überzeuget, und aus dieſem Grunde begebe ich mich in die Verſammlung Ew. Hochmögenden, um Ihnen vorzuſtellen, daß da die ernſthaften Anforderungen Ew. Hochmögenden bey den Provinzen Holland, Seeland und Frießland bisher vergeblich geweſen, die vorgeſchlagene Trouppen-Vermehrung und die See-Rüſtung zu Stande zu bringen, Ew. Hochmögenden auf Mittel denken möchten, ein baldiges Ende darinnen zu machen, um ſowohl dem ſtarken und gerechten Anhalten der Provinzen Geldern, Utrecht, Ober-Yſſel und Gröningen, als auch dem eifrigen und gegründeten Verlangen der Handlungtreibenden Unterthanen dieſer Provinzen in Anſehung ihres erlittenen Schadens ein Genüge zu leiſten, welche, da ſie ſchon von der, zwiſchen Großbritannien und Ew. Hochmögenden angefangenen Unterhandlung, die entſtandenen Streitigkeiten beyzulegen, desgleichen von dem unermüdeten Beſtreben, das ich für meine Perſon angewendet, um zu einem billigen Vergleiche zu gelangen, ſo, wie auch von den Folgen meiner Bemühungen unterrichtet ſind, zum vierten male eine Deputation an mich abgeſchickt haben, um eine anſehnliche Vermehrung der Macht der Republik

publik zur See zu betreiben. Diese Deputation hat in 44 Kaufleuten bestanden, und sie verdient zugleich auch durch die Anrede, die sie an mich gethan, nicht weniger Achtung, wovon eine große Anzahl Exemplarien vorläufig gedruckt und unmittelbar hernach ausgetheilt worden. Ich enthalte mich, itzo einige Betrachtungen darüber zu machen: ich will nur bemerken, daß solche Anrede nicht abgefaßt zu seyn scheinet, die mit Engelland angefangene Unterhandlung zu erleichtern, oder die Nation zu bereden, daß man einen gütlichen Vergleiche dem Bruche mit dieser Crone vorziehe. Ich werde mich desfalls nicht weiter herauslassen. Ich gebe solches lediglich den hochstweisen Einsichten und den durchdringenden Urtheile Ew. Hochmögenden anheim. Sie werden aus solcher Anrede sehen, daß es mehr als iemals Zeit ist, den Berathschlagungen über die Vermehrung sowohl zu Wasser als zu Lande ein Ende zu machen, um welche beyde ich beständig mit der äußersten Sorgfalt angehalten habe, und ohne die ich völlig überführt bin, daß der Staat sowohl für das Gegenwärtige als Zukünftige allen Gattungen von Unglücksfällen bloß gestellt seyn werde.

Auf diese Rede ließen die General-Staaten ein Anmahnung-Schreiben an die resp. Provinzen ergehen, um sie zu bewegen, zu beyden Vermehrungen ihre Einwilligung zu geben.

Der Großbritannische Minister, General Yorck, hielte hierauf mit den Gliedern der Regierung eine Conferenz, wobey er folgende Erklärung that:

Se. Großbritannische Maj. haben die Beweg-Ursachen derer, zwischen den Unterthanen beyder Mächte vorwaltenden, Klagen mit desto mehr Leidwesen vernommen, da Sie nichts eifriger wünschten, als die Wiederherstellung des guten Vernehmens und die Bestätigung der unter beyden Nationen so nöthigen Vereinigung.

gung. Se. Maj. sind bey den getroffenen Veranstaltungen, diesen Zweck zu erreichen, nie gesinnet gewesen, einigen Anlaß zum Mißvergnügen zu geben. Ihro Hochmögenden werden sehen, daß Se. Maj. die Beylegung der Sache sehr zu Herzen nehmen. Ohngeacht die Untersuchung derselben Zeit erfordert, so wird man sie doch nicht nach der bisher gebräuchlichen Art behandeln. Wenn sie noch keinen weitern Grad der Endschaft erreicht hat, und wenn Se. Maj. auf die hierüber geschehene Vorstellungen noch nicht förmlich genung geantwortet haben, so ist es nur darum geschehen, damit Höchstdieselben nicht in Deductionen hinein verfielen, welche die Entscheidung der Sache zu weitläuftig machen. Um Mittel zur Sicherheit und zu einem beyderseitigen Vergnügen auszufinden, haben Sie ihm, dem Herrn York, befohlen, mit solchen Personen deßfalls in Unterhandlung zu treten, welche Ihro Hochmögenden darzu ernennen werden. Er, seiner Seits, wird dabey allen Eifer und alle menschliche Mäßigung anwenden, das gute Verständniß zwischen Großbritannien und der Republik wieder herzustellen. Er hoffet, daß die General-Staaten ihres Orts mit eben der Bereitwilligkeit das Ihrige dazu beytragen werden, um zu einem so heilsamen und so zu wünschenden Endzwecke zu gelangen.

Dieser Erklärung zufolge ernennten die General-Staaten eine Commission, welche mit dem gemachten Minister in der Sache wirklich arbeiten sollten, um sie in der Güte beyzulegen. Unterdessen fuhren doch die Engelländer mit Wegnehmung der Holländischen Schiffe beständig fort.

Was in dieser Sache weiter vorgegangen, soll künftig erzehlet werden.

IV.

IV.
Die Türkischen und andern Orientalischen Begebenheiten im Jahr 1758.

Der Türkische Kaiser, Mustapha III. wandelt in den Fußstapfen seiner Vorfahren und richtet sich in Ansehung der innerlichen Reichs-Affairen nach dem Beyspiele seines Vaters, Achmeths III. in Ansehung der auswärtigen Geschäffte aber nach dem Exempel seiner Vettern Mahomeths VI. und Osmanns III. die unmittelbar vor ihm den Thron besessen haben; folglich liebt er den Frieden und lebt mit den christl. Puißancen gerne in guter Freundschaft. Es müssen aber nicht alle Muselmänner mit dieser Regierungs-Art zufrieden seyn, wenn man der Nachricht Glauben beymessen soll, die im Febr. 1758. aus Constantinopel zu Paris angelangt, daß nämlich der erste Medicus dem Groß-Sultan Gift beygebracht habe, welcher von so heftiger Würkung gewesen, daß ihm auf einer Seite des Haupts die Haare aus dem Barte und Kopfe gefallen und er im Gesichte ganz gelbe geworden wäre. Der eigentliche Urheber von dieser Frevelthat sollte der Groß-Allmosenterer des Groß-Sultans gewesen seyn, der sich des Medici zum Werkzeuge bedienet. Beyde hätten ihren Lohn empfangen, indem sie lebendig in einen Sack gesteckt und ins Meer geschmissen worden.

Daß der Groß-Sultan das Ceremoniel an seinem Hofe liebe, erhellet unter andern aus denen öffentlichen Solennitäten, mit welchen er den 13 Apr. seine **Schwester**, des Jahia Pacha, Gouverneurs von Belgrad, Witwe mit dem Groß-Vezier, **Raghib Mehmed Pacha,** vermählet hat. Es ist hiervon eine umständliche Beschreibung bekannt gemacht worden, die werth ist, daß wir dieselbe hier einrücken, weil man daraus die Etiqvette des Türkischen Hofs erkennen kann.

Den 6 April begab sich der Kiaja-Bey von Seiten des Groß-Veziers nach Ejub in den Palast der Sultanin, wohin sich auch der Kislar-Aga, der Mufti, die beyden Cadilesters und der Stambol Effendisi verfügten. Als sie daselbst versammlet waren, hielte der Kiaja-Bey eine Rede, darinnen er die Veranlassung seiner aufhabenden Commission anzeigte. Hierauf begab sich der Kislar-Aga nach dem Harem, der Sultanin davon Bericht zu erstatten. Auf die von ihr angegebene Einwilligung arbeiteten sodenn die obbenannten Gesetzverständigen an dem Heyraths-Contracte; und unmittelbar darauf übersandte die Sultanin an den Groß-Vezier durch ihren Kiaja, welcher der Eydam des Ayvas Mehmed Pacha ist, das kostbare Präsent, das eine Braut ihrem Bräutigam zu machen pfleget. Der Groß-Vezier nahm daßelbe mit vielem Vergnügen an und beschenkte den, der es überbrachte, mit einen Zobel-Pelze nebst einem Pferde mit prächtigem Zeuge. Der Mufti erhub sich alsdenn zu dem Groß-Vezier,

zier, die Glückwünschungen bey ihm abzustatten, und stieg unten an der Treppe vom Pferde, wo er von ihm empfangen wurde. Beyde unterhielten sich fast eine Stunde lang mit einander im Gespräche, und er wurde sodenn mit eben den Ceremonien bis unten an die Treppe wiederum zurück begleitet, wo der Groß-Vezier dem Mufti ebenfalls ein sehr schönes Pferd schenkte. Als der Kiaja-Bey zurücke kam, empfieng er gleichergestalt einen Zobel-Pelz zum Präsent, und die Sultanin gab ihm auch einen, sowohl als dem Mufti.

Am 13ten, als an dem Tage, da sich die Sultanin nach dem Palaste des Groß-Veziers begeben sollte, verfügte sich der Kiaja-Bey gegen 9 Uhr mit seinem ganzen Gefolge nach dem Palaste dieser Prinzeßin, um sie dazu einzuladen und sie bis nach der Pforte zu begleiten. Die Sultanin setzte sich hierauf in einem sechsspännigen Wagen, und der Zug gieng folgender maßen vor sich: Verschiedene Chiousen zu Pferde in ihrem völligen Staate eröffneten denselben. Hierauf kam der Sultan Kiajassi mit seinen Ciohabats, der Kiaja-Bey mit seiner Svite; über 300 Baltagi zu Fuß, und der Basch-Aga, Mohr der Sultanin, der von seinen Bastangis begleitet wurde; sodenn die Sultanin in einem vergoldeten und mit schwarzen verschnittenen umgebenen Wagen, welchen 12 andere Wagen mit dem Frauenzimmer und den Sclaven der Sultanin folgten.

An eben dem Tage überschickte der Groß-Sultan der Prinzeßin, seiner Schwester, reiche Präsente, die in koſtbaren Edelgeſteinen, einem Hanger und einer mit Brillanten beſetzten Uhr, einem Ringe mit einem einzigen ſehr großen Brillanten, und einer Robe mit prächtigem Futter beſtunden, um durch ſie des andern Tages ihrem Gemahl präſentirt zu werden. Um ein Uhr zu Nacht begab ſich der Kislar-Aga nach der Pforte mit Befehl, den Groß-Vezier zu ſeiner Braut zu führen.

Den Freytag, als den folgenden Tag, machte man bey der Pforte kund, daß der Groß-Sultan dahin kommen würde, bey ſeiner Prinzeſſin Schweſter die Glückwünſchungs-Complimente abzulegen; und man machte ſo fort die nöthigen Anſtalten zum Empfang Sr. Hoheit. Man breitete auf der Erde von dem Orte an, wo der Monarche vom Pferde abſteigen ſollte, bis zu den Zimmern oben die ſchönſten Teppiche und Scharlach-Tuch aus und bedeckte die Orte, worüber derſelbe gehen würde, mit Drap d' or. Nachdem, in der Moſchee des Sultans Bajazeth verrichteten, Mittags-Gebete erhub ſich Se. Hoheit mit Dero geſammten Hofſtatt zu dem Groß-Vezier. Alle Miniſtri der Pforte waren auf dem großen Hofe auf beyden Seiten rangirt, dem Groß-Sultan ihre Unterthänigkeit zu bezeugen. Der Kiaja-Bey näherte ſich bis in die Straße, und der Groß-Vezier bis zu der großen Halle, den Monarchen mit köſtlichen Räuchwerk zu empfangen, und nachdem ſie ſich tief geneiget, traten ſie

im Jahr 1758.

sie vor ihm her zu Fuße bis an den Ort, wo Se. Hoheit vom Pferde abstieg; daselbst nahm der Groß-Vezier den Groß-Sultan unter dem rechten Arm und führte ihn bis an das Apartement. Der Kislar-Aga stieg vom Pferde und wurde durch den Klaja-Bey geführet. Gegen 4 Uhr Nachmittags kamen auch die andern Schwestern des Groß-Sultans, die neue Gemahlin des Groß-Veziers zu complimentiren, der dem Groß-Sultan ein herrliches Souper gab, nach welchem Se. Hoheit sich von gedachtem Minister wieder hinweg verfügte.

Bereits den 22 März vorher hatte der Groß-Sultan dem Groß-Vezier einen prächtigen mit Zobel garnirten Rock, Kapanizza genannt, geschicket und zwar in Betrachtung der guten Administration dieses Ministers und der ansehnlichen Fonds, die er in den Kaiserl. Schatz gebracht. Diese Gnade, die der Groß-Sultan dem Vezier erwiesen, wird als eine ausnehmendere Gunst-Bezeugung angesehen, weil kein Vezier seit der Regierung Achmeths, welcher den Groß-Vezier Ibrahim Pacha, der sein Eydam und Favorit war, mit einem gleichmäßigen Gnaden-Geschenke beehrte, solche Ehre gehabt hat. Es ist daraus zu schließen, daß er sich in seinem Posten länger, als sein Vorgänger, erhalten werde. Sein Credit nimmt von Tage zu Tage zu, ob gleich seine Neider solchen durch heimliche Kunstgriffe zu vermindern suchen. Der Bostangi-Pacha und der Chiaus-Pascha haben es im Oct. erfahren, als welche ihrer Bedienungen entsetzt worden,

weil

weil sie sich in Sinn kommen lassen, üble Anschläge wider ihn zu schmieden. Daß dieser erste Minister viel Menschen-liebe besitze, erhellet aus dem Bezeugen gegen die beyden Söhne des jüngst verstorbenen Ali-Pascha, von dem er zu allen Zeiten ein aufrichtiger Freund gewesen. Er hat solche an Kindes statt angenommen und sie nebst 80 andern Kindern armer Aeltern auf seine Kosten beschneiden lassen.

Der Groß-Sultan ist in diesem Jahre mit der bessern Einrichtung der Policey gar sehr beschäfftiget gewesen. Unter andern suchte er die Kleidung der Griechischen Armenischen und Jüdischen Unterthanen auf einen anständigen Fuß zu setzen. Sie sollten insgesammt von oben bis unten schwarz gekleidet gehen, und dieses Geboth war so scharf, daß im Jun. ein Jude und ein Armenier, der eine, weil er gelbe Schuhe getragen, und der andere wegen rother Kleidung, den Kopf verlohren, worüber unter dem Volke ein großes Schrecken entstunde. Gleichwohl kehrten sich die im Reiche wohnenden Armenier, Griechen und Juden immer nicht an die ihnen vorgeschriebene Kleider-Ordnung, weßwegen der Groß-Sultan im Sept. bewogen wurde, wider die Uebertreter die Strafen dahin zu schärfen, daß alle, die hinführo darwider handeln würden, ohne allem Proceß so fort erdrosselt oder enthauptet werden sollten.

Es kam nicht lange hernach eine neue Verordnung heraus, durch welche den Türken das Tragen von Atlassen und Turbans von feinem Nessel-

Nesseltuch, ingleichen das Toback-Rauchen auf den Straßen verboten wurde, worüber eben so scharf, als über das obige Verbot der Kleider-Pracht und zwar bey Todes-Strafe gehalten werden sollte. Der Groß-Sultan will durchaus haben, daß seinen gegebenen Gesetzen genau nachgelebt werde, daher er in eigener Person incognito alles in der Stadt genau beobachtet. Als er daher im Dec. ein Brod um 5 Dragmen zu leichte befand, ließ er den Becker aufhängen, und da er einen Türken mit einer Tobacks-Pfeife auf der Gasse antraf, ließ er ihn ins Gefängniß werfen.

Der Groß-Sultan hat auch im Dec. durch seine Dollmetscher allen ausländischen Gesandten und Ministern zu erkennen geben lassen, wie er begehre, daß hinführo Niemand sich auf Europäische Art kleiden sollte, als diejenigen welche in der That Europäer wären, wobey er zugleich denselben die Erklärung thun lassen, daß er mit vielem Vergnügen sehen würde, wenn sie künftig seine Unterthanen keine Protection mehr angedeyhen liessen. Es hatten die fremden Ministri zu Constantinopel bisher in Gewohnheit gehabt, diejenigen Türkischen Unterthanen, welche keine Mahomethaner sind und bey ihrem Gewerbe für den unangenehmen Begegnungen der Türken gerne bedeckt seyn wollen, in Schutz zu nehmen. Sie heißen Barattaires von Barat, welches einen Freyheits-Brief andeutet, den sie in solchem Fall haben müssen. Es ist solcher sowohl von dem Minister im Namen seines Hofs, als von dem

dem Groß-Sultan selbst oder dem Groß-Wezler unterzeichnet. Vermöge solcher Schrift genüsset der Inhaber derselben, ob er gleich als ein Unterthan des Groß-Sultans von der Pforte abhanget, das Vorrecht, daß er nicht directe unter den Gerichten dieses Reichs stehet, sondern von dem Minister in allen Rechts-Händeln und Streitigkeiten vertreten wird. Dergleichen Schrift muß nicht nur der Pforte bezahlt, sondern auch, so oft ein Groß-Sultan stirbt, und ein anderer den Thron besteigt, erneuert werden. Es haben manche Gesandten wohl 30 bis 40 dergleichen Leute in ihrem Schutze. Es erweckte dieses Ansinnen des Groß-Sultans bey dem Gesandten eine große Befremdung und bewog sie, durch ihre Dollmetscher bey dem Reichs-Effendi Vorstellungen darwider zu thun.

Der Groß-Sultan hat auch in diesem Jahre auf Ansuchen einiger christlichen Mächte einige Commissarien nach Palästina oder dem gelobten Lande gesendet, die daselbst alles wieder auf den alten Fuß gesetzet und die heiligen Oerter zu Jerusalem, welche vor einiger Zeit von den Griechen denen Franciscanern abgenommen worden, den letztern wieder eingeräumet.

Im Jul. kriegte es zu Constantinopel ein kriegerisches Ansehen, weil man anfieng, große Kriegs-Rüstungen vorzunehmen. Es ergieng an alle Bassen der Befehl, ihre Trouppen zu versammlen, viele neue Artillerie zu gießen und auf dem schwarzen Meere eine Flotte auszurüsten.

ſten. Man gerieth hierbey auf auf die Gedanken, daß der Groß-Sultan über lang oder kurz einer von den benachbarten Puißancen den Krieg ankündigen würde. Alleine der Ausgang hat gewieſen, daß es auf die aufrühriſchen Araber angeſehen geweſen.

Dieſes räuberiſche Volk ſtehet unter des Groß-Sultans Schuße, hat aber wenig Ehrfurcht und Regard vor der Ottomaniſchen Pforte. Wenn daher die Türkiſchen Caravanen, die nach Mecca gehen, ſich nicht in gutem Vertheidigungs-Stande befinden, ſo ſtehen ſie in Gefahr, von den Arabern angegriffen und geplündert zu werden. Dieſes hat auch im Dec. 1757. die große Caravane betroffen, welche jährlich von Conſtantinopel nach Mecca zu dem Grabe des Mahomeths gehet. Sie war ito 60 bis 70000 Perſonen ſtark. Als ſie durch die Arabiſchen Wüſteneyen zog, wurde ſie von einem Heer ſtreifender Araber angefallen, die einen Theil davon tödteten, die andern aber zerſtreueten, die ganze Caravane aber plünderten.

Der Verluſt, den die Handlung dadurch erlitten, wird nach den Gütern derer Perſonen, daraus die Caravane beſtanden, auf ohngefehr 5000 Piaſters für jede Perſon gerechnet, welches zuſammen eine ungemein ſtarke Summa beträgt. Das Gefechte zwiſchen beyden Theilen hat 16 Stunden gedauert. Der erſte Vortheil, den die Araber erhalten, iſt geweſen, daß ſie den Baſſa von Sidon, der gewöhnlicher maßen mit

Lebens-

lebens-Vorrath zum Dienst der Pilgrimme im Anzuge war, von ihnen abgeschnitten und getödtet worden. Man hat hierauf den Arabern durch den Emir Hudge oder commandirenden Bassa 1000 Beutel angeboten, um von ihren fernern Unternehmungen abzustehen; alleine sie haben weder diesen, noch andern Anerbietungen Gehöre gegeben. Ein dergleichen Zufall mit der Caravane hat sich auch schon 1694. unter der Regierung Achmeths II. zugetragen.

Der Groß-Sultan ward über diese Frevelthat sehr entrüstet, weil er sie für eine Beleidigung ansahe, die die Religion und Ehre seines Reichs angienge. Er war entschlossen, sich über kurz oder lang dafür zu rächen. Er ließ den Gouverneur zu Aleppo, Ezard-Pascha, und dessen Bruder arretiren, weil man sie im Verdachte hielte, daß sie mit den Arabern im Verständnisse gelebt hätten, und schickte eine Armee von 40 bis 50000 Mann gegen dieses Gesindel ab, die sie zu Paaren treiben sollten. Es lief aber im Jul. zu Constantinopel die Nachricht ein, daß diese Armee geschlagen worden, worauf man anderes Kriesheer dahin abgehen ließ, welches um so viel nöthiger war, weil es hieß, es würde Mecca in seinen 4 Zugängen der Gebürge von den Rebellen eingeschlossen gehalten und stünde in äußerster Gefahr, mit den allda befindlichen unsäglichen Schätzen überrumpelt zu werden.

Man wartete zu Constantinopel mit Verlangen auf die Nachricht, wie der Feldzug gegen die

die Araber ablaufen würde. Endlich langte im Nov. ein Schreiben von der Armee bey dem Groß-Sultan an, welches am 15 Nov. da das Fest des Mahomeths gefeyert wurde, während dem Gottesdienste in der Moschee, worinnen sich der Groß-Sultan befand, öffentlich abgelesen wurde. Hierinne wurde berichtet, daß die Türkischen Trouppen die Araber zu zweyen malen geschlagen und zerstreuet hätten, worauf die große Caravane von Mecca, die wegen der Streifereyen der Araber unterwegens stille liegen müssen, in völliger Sicherheit ihre Reise fortgesetzet habe und glücklich zu Mecca angekommen sey. Nach Verlesung dieses Schreibens ließen die Einwohner der Stadt viele Freudens-Bezeugungen spüren und riefen überall aus: *Es lebe Mustapha, der große und ruhmwürdige Kaiser der Muselmänner!* Es soll ihm auch von dieser Zeit an der Name der *Ruhmwürdige,* beygelegt worden seyn.

Im May 1758. wurde der bisherige Tartar-Chan abgesetzt und dargegen ein anderer ernennet. Weil der erstere schon seit etlichen Jahren der Pforte rechtmäßige Ursachen zum Mißvergnügen gegeben hatte, wurde er nach Gallipoli verwiesen. Jedoch da er einen großen Anhang in seinem Lande und selbst in der Stadt Constantinopel behalten hatte, und seine Freunde, nachdem sich unvermerkt mehrere darzu gefunden, sich berechtiget zu seyn erachteten, das, was ihm wiederfahren, zu rächen und seinen durch die Pforte ernennten Nachfolger wieder zu verjagen, so faßte der

der Groß-Sultan nicht alleine den Schluß, den itzigen Chan mächtig zu schützen, sondern auch, alle Freunde und Anhänger des vorigen zu entfernen und ihn selbst von Gallipoli weiter nach Rhodus zu verbannen. Weil der neue Chan mit seinem schwachen Anhange nicht im Stande war, den aufrührischen Tartarn Widerstand zu thun, flüchtete er nach Bender und ließ durch einen abgeschickten Officier die Pforte um Schutz und Beystand bitten, worauf verschiedene Baßen, welche der Tartarey am nähesten sind, Befehl kriegten, ihre Trouppen zu versammlen, um die Tartarn zu züchtigen und den Chan wieder in sein Land einzusetzen. Jedoch da dieselben schon einen neuen Chan erwehlet hatten, von dem sie nicht lassen wollten, fanden sie im Octob. Mittel, mit dem Groß-Sultan dergestalt wieder ausgesöhnt zu werden, daß er ihnen nicht nur aufs neue Schutz und Gnade zusagte, sondern auch versprach, den neuerwehlten Chan in seiner Würde zu bestättigen. Dargegen machten sie sich anheischig, alle, den Unterthanen und Vasallen des Ottomannischen Reichs gehörige, Sclaven zurücke zu geben und eine große Quantität Lebens-Mittel nach Constantinopel zu liefern, woran man bisher großen Mangel gelitten hatte.

Immittelst hat es in dem Türkischen Reiche nicht an den gewöhnlichen Landes-Plagen, nur den Krieg ausgenommen, gefehlt. Das größte Uebel ist die Theurung und Hungers-Noth gewesen, womit der größte Theil dieses Reichs heim-

heimgesucht worden. Den 17 May wurde von
Smirna geschrieben, daß das Getrånde daselbst
drey bis viermal theuer als in den andern Jahren gewesen. In andern Plätzen ist die Hungers-Noth aufs höchste gestiegen. Zu Aleppo
sollten täglich 100 bis 120 Menschen Hungers
gestorben und an der Persischen Küste die Kinder von ihren Aeltern für Brod verkauft worden seyn. Zu Constantinopel war die Theurung des Getraides so groß, daß der Pöbel
3 Schwedische und 2 Dähnische mit Korn beladene Schiffe plünderte, ohne daß die an dem
Ufer des Bosphorus Wacht haltenden Janitscharen solche Gewaltthätigkeiten hindern konnten.
Zu Smirna entstunde im Junio über der Theurung eine große Conspiration. Es beschlossen
nämlich die Janitscharen auf Anstiften einiger,
gegen die christlichen Einwohner übelgesinnten,
Türken, die denselben Schuld gaben, daß sie
an der Theurung der Lebens-Mittel Ursache wären, ihr Quartier in Brand zu stecken und ihre
Effecten zu plündern. Diese Conspiration wurde eben zu der Zeit, da sie ausbrechen sollte,
durch einen Janitschar dem Venetianischen Consul entdeckt, der die Christen wegen der, ihnen
bevorstehenden, Gefahr so fort warnete; worauf
diese sich mit Gewehr versahen und in so guten
Vertheidigungs-Stand setzten, daß die Zusammenverschwornen sich nicht unterstunden, ihr
Vorhaben auszuführen.

Im Dec. entstunde sowohl in Syrien, als in Egypten eine gefährliche Empörung, davon die erstere durch die Vorsorge und Wachsamkeit des dasigen Bassa in der Geburt erstickt wurde, die andere aber, die sonderlich zu Groß-Cairo arg war, konnte nicht sogleich gedämpft werden, daher der Groß-Sultan vor nöthig erachtete, seinen Ober-Stallmeister dahin zu senden.

Die Pest hat im Jul. und Aug. sehr stark zu Constantinopel gewütet, so, daß alle ausländischen Ministri sich aufs Land begeben haben. Zu Pera verspürete man noch wenig von dieser Seuche, aber desto mehr in der Vorstadt Galata; jedoch griff sie allhier noch nicht so sehr um sich, als vorher zu Smirna, wo täglich 70 bis 80 Personen daran sturben, wiewohl sie im Sept. allhier völlig nachgelassen, zu Constantinopel aber noch bis in Oct. da sie sich vermindert, stark gewütet hat.

Es hat auch in diesem Jahre nicht an Erdbeben gefehlt, indem nicht nur den 16 Jul. frühe zu Smirna zwey gewaltige Erschütterungen mit einem entsetzlichen unterirdischen Getöse verspüret worden, wodurch aber kein großer Schade geschehen, sondern nur ein Hornwerk auf dem Castell eingestürzt worden, sondern man hat auch in diesem Monathe fast in allen Häfen an dem Aegäischen Meere Erd-Erschütterungen wahrgenommen. In der Nacht vom 3ten zum 4ten
Dec.

Dec. empfand man auch zu Constantinopel und in den benachbarten Plätzen eine heftige Erschütterung, die aber keinen Schaden gethan.

Den 29 Jun. entstunde zu Constantinopel ein Brand, welcher aber durch die Aufmerksamkeit der Wachten noch glücklich gedämpft wurde. Der Groß-Sultan fand sich selbst auf dem Platze ein, wo das Feuer aufgegangen war und seine Gegenwart trug nicht wenig zu dessen baldiger Löschung bey. Den 22 Dec. da abermals eine Feuersbrunst entstunde, gieng es nicht so glücklich ab. Sie dauerte 18 Stunden und verzehrte binnen dieser Zeit bey 5000 Häuser, kostete auch verschiedenen Person das Leben.

Der neue Kaiser von Marocco, Muley Mahometh, hat sich im Jan. 1758. von Marocco nach Mequinez begeben, um allda zu residiren. Sein Hof ist besser eingerichtet und prächtiger, als der von seinem Vater. Er hat auch weit einnehmendere Eigenschaften und absonderlich die, welche die Politick anbetreffen, kennet auch das Interesse der vornehmsten Europäischen Puißancen ziemlich wohl. Die Zölle von den eingehenden Gütern zu Salee und Saffy sowohl, als die von den ausgehenden Gütern daselbst und zu St. Croix, Tetuan, Tanger und Larache hat er für gewisse Geld-Summen an die dasigen Negocianten verpachtet. Im Aug. that er eine Reise durch die Provinzen seines Reichs. Als er nach Mequinez zurücke kam,

kam, wurde er von einem so heftigen Fieber befallen, daß man anfänglich an seinem Aufkommen zweifelte; doch seit dem 29 Sept. befand er sich völlig wieder hergestellt. Es wurden deswegen durch das ganze Kaiserthum auf Verordnung des Hofs dreytägige Freuden-Bezeugungen angestellt, und von allen Provinzen langten Deputirte an, die ihre Glückwünschungen bey dem Kaiser abstatteten.

Aus Persien hat man unterm 29 Mart. 1758. folgende Nachrichten bekommen:

Da Muhamed Chasen Chan noch vor seinem Aufbruche aus Carabag voraus gesehen, daß er bey seinem Ausrücken aus dieser Stadt einer Gefahr von den dasigen Einwohnern auf seinem Marsche gegen den Kerim Chan und Scheich Ali Chan ausgesetzt seyn würde: so erfuhr er solches auch in der That. Denn während der Zeit, da er die Wüsteney von Mugan passiren wollte, fielen verschiedene Parteyen von Corabagern und Schekinzern in sein Lager, wodurch ihm ein empfindlicher Schade zugefüget wurde. Bey dieser Gelegenheit kehrten alle, in seinen Diensten gestandene, Einwohner von den Provinzen von Schachsewen und Adir-Baidschan nach ihren Wohnungen zurücke. Mitlerweile fertigte er seinen Sohn, den Serdar, mit einem Commando nach Tevris ab und blieb mit weniger Mannschaft zurücke. Ohngeacht dessen gieng er doch gegen den Kerim Chan

Chan und Scheich Ali Chan zu Felde, welche dem Ansehen nach keine so große Anzahl Trouppen, als man vorher ausgebreitet, bey sich hatten. Sobald sie seine Annäherung in Erfahrung gebracht, verließen sie die Provincial-Stadt Cashan und die Haupt-Stadt Jspahan, und zogen, nachdem sie die Aeltesten von beyden Städten mit sich genommen, nach Schiras zurücke. Dieses gab dem Muhamed Chasen Chan einen großen Muth; allein nicht auf lange Zeit. Denn bey seiner Ankunft in gedachten Städten zeigte sich das Gegentheil, weil sowohl in denselben, als auch in den umliegenden Gegenden an Brod und andern, zum Unterhalt der Menschen nöthigen, Sachen ein großer Mangel war, so, daß bey seiner sämmtlichen Armee eine Hungers-Noth entstund, derentwegen viele die Flucht ergriffen. Wie solches der Serdar erfuhr, bedauerte er, daß er sich so weit begeben hatte, und wünschte zurücke zu kehren, wenn nicht der Winter schon vor der Thüre gewesen wäre. Er konnte sich auch nirgends, als nur nach Thorasan, Schiras und von Schemachie nach Derbent hinwenden, weil in seinen eigenen Städten und Provinzen, als in Astrabat, Misandron, Ghilan, Astaru, Chalchal, Arbebil und Tewris ein so großer Mangel am Brod herrschte, daß seine Trouppen nicht mit-gerechnet, täglich sowohl in der einen als andern Stadt zu 20 bis 30 Personen Hungers starben. Diesem zufolge theilte er seine Armee, damit nicht alle von ihm entweichen konnten, also ein: Den einen Theil von 4000 Mann behielte er bey sich; die andern aber schickte er nach den umliegenden Gegenden, um Proviant zu holen. Es wird ihm aber beschwerlich seyn, sie wieder zusammen zu bringen, besonders aber diejenigen, welche nach Schiras abgefertiget worden, weil sie, nachdem sie von dem Kerim Chan attaquirt worden, dessen Partey ergriffen haben. Nach der Zurückkunft des Pena Chans von Karabag aus dem Gebiethe des Serdar Muhamed Chasen Chans ergriff derselbe die Waffen wider den Schach Werdi-Chan von Genbschin, weil derselbe dem Serdar zu seiner Unterwerfung Hülfe geleistet. Nachdem er ihm einen nicht geringen Schaden zugefüget, gebrauchte er auch seine Waffen gegen die Schachsewenzer von der Muhanischen Wüsteney, und verfolgte sie nach Karabag, damit sie nicht bey dem Muhamed Chan, wenn er den Kerim Chan überwunden und darauf den Krieg gegen ihn und seine Nachbarn führen würde, Dienste nehmen könnten. Dem Gerüchte zufolge soll den Achmeth Schach von Candahar nicht nur am Leben, sondern auch schon in Harat angelangt seyn, und man hat ihn schon den 21 März, als am Persischen Neuen Jahre, in der Stadt Mesched erwartet.

V.

V.
Einige einzelne merkwürdige Begebenheiten vom Jahr 1758.

1. Die Rebellion in Corsica.

Von dieser hat man lange Zeit nichts gehöret. Die Mißvergnügten haben sich in den Gebürgen ganz stille gehalten, ohne die geringste Bewegung zu machen. Ihr Anführer Paoli versammlete zwar öfters ihre Häupter, man hat aber von dem, was abgehandelt worden, oder sonst unter ihnen vorgegangen, nichts in Erfahrung gebracht. Die Genuesischen und Französischen Trouppen halten sich indessen auf alle Fälle in guter Bereitschaft. Im Jul. wurde aus Corsica berichtet, daß der dasige Commendant der Französischen Trouppen Marquis von Voaux, nebst dem General-Cammissario der Republik Genua eine General-Amnestie für die Aufrührer öffentlich hätten verkündigen lassen. Allein es ist solches von schlechter Würkung gewesen. Denn es wurde den 20. Sept. aus Bastia folgendes berichtet:

Paoli, das Haupt der Rebellen, hat an der Spitze von 4000 Mann den Posten Regliana zu überfallen gesucht. Sein Unternehmen ist ihm zwar nicht gelungen; gleichwohl ist es uns theuer genug zu stehen gekommen, und es sind

2 Genuesische Soldaten dabey getödtet und 35 Mann nebst 2 Officiers gefangen worden.. Diese neue Feindseligkeit dürfte üble Folgen haben. Denn man glaubt schwerlich, daß es die Rebellen dabey bewenden lassen werden. Die hiesigen Einwohner und die zu St. Florenzo stehen besonders wegen ihrer, außer den Canonen bey der Pläße befindlichen, Felder in großen Sorgen. Sollte es den Rebellen einfallen, selbige zu verwüsten, so kann man es nicht hindern, man müßte denn Trouppen gegen sie auschicken, wodurch die Unruhen aufs neue angehen würden. Wir bauen inzwischen auf die Franzosen. Sie werden ihr Werk behaupten, und sie sind auch im Stande, es zu thun. In ihren Hospitälern sind anißo nicht halb so viel Kranke, als in den letzten Jahren, welches man der klugen Vorsicht ihres Generals zuzuschreiben hat.

2. Die Ehren-Säule des Lord Blakeney.

Wilhelm, Lord Blakeney, Königl. Großbritannischer General-Lieutenant, der die Festung St. Philipp bey Porto Mahon auf der Insel Minorca gegen die Franzosen im Jahr 1756. so tapfer vertheidiget und dadurch einen großen Ruhm erworben hat, kriegte zu seinem immerwährenden Andenken eine Ehren-Säule, die im Aug. zu Dublin durch den Herrn von

Noll

Moll in Erzt gegossen worden. Sie ist wohl gerathen und zu Dublin in der Straße Sackville aufgerichtet worden. Er ist aus Irrland gebürtig und begab sich zeitlich in Kriegs-Dienste. Sein Muth und seine Aufführung erhuben ihn von einer Stufe zur andern bis zum Obersten, welches er 1743. wurde. A. 1744. ward er Brigadier und commandirte einige Trouppen in Schottland. A. 1745. ward er General-Major und 1746. Gouverneur zu Plymouth, in welchem Jahre er auch das Commando über die Trouppen in Schottland erhielte. A. 1747. ward er General-Lieutenant und Vice-Gouverneur der Insel Minorca. A. 1753. ward er Gouverneur des Forts St. Philipp, welches er 1756. wider die Franzosen sehr tapfer vertheidiget hat. A. 1757. wurde er zum Baron und Pair von Irrland creirt. Er ist bereits ein Mann von mehr denn 80 Jahren.

3. Der Arrest des Grafens von Soltikow.

Der Graf von Soltikow, Russisch-Kaiserl. Cammerherr, ältester Bruder des Grafens von Soltikow, der sich als Minister der Kaiserin zu Hamburg befindet, ward den 22 März mit allen seinen Bedienten zu Petersburg in Arrest genommen, als er eben nach Moscau reisen wollte. Es geschahe darum, weil er sich vorgenommen, seine Gemahlin auf der Reise mit Gifte zu vergeben. Sie hatte solches Vorhaben in Zeiten entdeckt und die Kaiserin um Schutz angeflehet, auch Ihro Maj. eröffnet, daß dieses nicht das erstemal wäre, daß er ihr nach dem Leben getrachtet. Wie nahe diese beyden Brüder mit dem itzigen Chef der Russischen Armee, Graf Petro von Soltikow, verwandt sind, und ob dieser mit dem General, Grafen von Soltikow, der in der Schlacht bey Zorndorf in Preußische Kriegs-Gefangenschaft gefallen, für eine Person zu halten sey, wünscht man zu wissen.

4. Die gewaltsame Hinwegnehmung des Französischen Marquis von Fraigne aus Zerbst.

Dieser Marquis hielt sich seit einiger Zeit auf Gutbefinden des Französischen Hofs zu Zerbst auf. Diesen nun daselbst aufzuheben, langte in der Nacht zwischen den 18 und 19 Jan. ein Detaschement Preußischer Husaren unter dem Lieutenant Barowski in dieser Fürstl. Residenz-Stadt, und besonders in dem Gasthofe zum schwarzen Adler, an, wo sich der Französische Marquis aufhielte, um denselben auf ausdrückliche Ordre des Preußischen Husaren-Obristens von Seydlitz von dar hinweg zu nehmen. Es bahnte sich dieses Commando den Weg in die Stadt in einer zugemachten Kutsche und gab sich auf Befragen an den Thoren für Kauf-

leute

leute aus. Es besetzte alsbald die Zugänge des Gasthofs, brachte einige Bediente des Marquis in die, vor dem Hause haltende, Kutsche, wollte ein Gleiches mit dessen Secretair unternehmen und hiebe die Thüre des Zimmers, worinnen sich der Marquis befand, mit den Säbeln entzwey. Man verwundete ihn durch einen Hieb an der rechten Hand mit solcher Geschwindigkeit, daß er kaum so viel Zeit übrig hatte, seine bey sich gehabten Schriften zu verbrennen und nach den Pistolen zu greifen, durch deren eine er einen Husar am Kopfe leichte verwundete, die andere ihm aber versagte. Ueber den darüber entstandenen Lermen kam nicht nur die Fürstliche Wache von etliche 30 Mann unter einem Obrist-Wachtmeister herbey, sondern es erhub sich auch der Fürst in eigener Person dahin, welcher durch sein Ansehen und Ueberlegenheit den Lieutenant Barowski dahin vermochte, daß, nachdem er ein Attestat erhalten, wie der Marquis habe aufgehoben werden sollen, er unverrichteter Sache sich wieder aus der Stadt zu seinen übrigen, vor dem Thore gehaltenen, Husaren begab und mit ihnen zurücke marschirte. Der Fürst nahm darauf den Marquis um mehrerer Sicherheit willen mit sich in das Fürstliche Schloß. Alleine er hatte hier ebenfalls keinen sichern Aufenthalt. Denn es wurde im Febr. das Fürstliche Schloß von einem Preußischen Corpo berennet und, nachdem man Canonen gegen dasselbe aufgeführt, mit diesen Worten

ten aufgefodert: Woferne man den Marquis nicht binnen 24 Stunden ausliefern würde, würde man alsbald zu Extremitäten schreiten. Wollte nun der Fürst sich und seine Residenz nicht der Gefahr aussetzen und sich also selbst in Preußische Hände übergeben, mußte man den guten Marquis von Fraigne ausliefern, der hierauf nach Magdeburg geführt und alda sogleich in ein tiefes Gefängniß gelegt, bald darauf aber in ein Zimmer gebracht wurde, wo er in so scharfen Arreste gehalten worden, daß seine Leute nicht anders, als in Gegenwart eines Officiers von der Wache, zu ihm nahen dürfen.

5. Der Krieg in Paraguay.

Hiervon ist weiter nichts, als folgende Nachricht aus Madrit im Jun. bekannt gemacht worden:

Weil die Rebellen, welche den Absichten der Höfe zu Madrit und Lissabon in selbigen Gegenden zuwider sind, noch mehr angewachsen sind, so wird man sich von Seiten beyder Höfe zu Vollziehung des, zwischen ihnen geschlossenen Tractats sich endlich genöthiget sehen, mit äußerster Gewalt wider sie zu verfahren.

6. Die Einführung der Holländischen Heringe in Frankreich.

Hiervon hat der Französische Minister im Haag, Graf von Afry, Ihro Hochmögenden folgendes Memorial überreichet:

„Hoch-

„Hochmögende Herren!

„Auf die wiederholten Ansuchungen, welche
„der Herr von Berkenrode zu thun Befehl ge-
„habt, und diejenigen, so der Herr Rath-Pen-
„sionarius zu verschiedenen malen, und beson-
„ders noch letzthin gethan, daß es dem Könige,
„meinem Herrn, gefallen möchte, wegen Ein-
„führung der Holländischen Heringe in das Kö-
„nigreich eine Erlaubniß zu ertheilen, haben
„Sr. Majestät mich bevollmächtiget, Ew. Hoch-
„mögenden zu erklären, daß Höchstdieselben ge-
„neigt sind, den Holländischen Unterthanen diese
„Einführung zuzustehen, und daß man solche zu
„Paris nach der Instruction, welche Ew. Hoch-
„mögenden dem Herrn von Berkenrode über diese
„Sache zuzufertigen beliebt haben, unverzüglich
„reguliren werde. Der König, mein Herr, hat
„sich entschlossen, der Republik diesen Vortheil
„aus dem Triebe der freundschaftlichen Gesin-
„nung, welche er für sie hat, und wegen der
„Gewißheit zuzustehen, worinnen Se. Majestät
„sind, daß die Republik sich niemals von ihrem
„System der Billigkeit und der Neutralität, wel-
„che sie in Absicht auf den gegenwärtigen Krieg
„angenommen hat, entfernen werde. Haag
„den 25 Jul. 1758.„

Avertissement.

Es wird hierdurch bekannt gemacht, daß nunmehro der zweyte Band von Heinsii grossen Universal-Catalogo die Presse verlassen hat. Dieser Band hält die 1747. fortgesetzte bis Anfang 1760. herausgekommenen Bücher in sich. Die Besitzer des ersten Bandes von diesem Catalogo können den zweyten Band entweder in Johann Samuel Heinsii Erben Buchhandlung in Leipzig als Verlegern, oder in eines jeden Orts Buchhandlung für 16 gr. bekommen. Beyde Bände zusammen kosten 1 Thlr. 8 gr.

Auch ist in obgedachter Buchhandlung eine ganz neue bequeme Edition von Johann Arnds sämmtlichen Büchern vom wahren Christenthum in groß Octav für 16 gr. zu haben.

Verzeichniß einiger neuen Bücher,

welche

bey Johann Samuel Heinsii Erben
zu haben sind.

Scherze der lyrischen Muse, 8. Leipzig 1760. 4 gr.

Die Gunst und der Haß in der Liebe, oder Geschichte glücklicher, betrogener und unglückl. Liebenden, 3 Theile, 8. Leipzig 1760. 18 gr.

les Moeurs. 12. Lausanne 1760. 18 gr.

Halleri, (Alberti,) Disputationes chirurgicae selectae, V. Tomi compl. med. 4. Lausanne, 1755. 16 Thlr. 16 gr.

Gedanken über die Original-Werke in einem Schreiben D. Youngs an Herrn Richardson, aus dem Englischen, gr. 8. Leipzig 1760.

v. Justi, (Johann Heinrich Gottlob,) scherzhafte und satyrische Schriften, 2 Bände, 8. Berlin 1760. 1 Thlr. 8 gr.

Schabens, (J. E.) allernöthigste Fragen: Was fehlt mir noch? Was muß ich thun, daß ich selig werde? 8. Leipzig 1758. 10 gr.

Leben und Thaten des Grafen von Löwendahl, sowohl als derer Herzoge Noailles und Richelieu, 2te Auflage, bis an den Tod fortgesetzt, 8. Leipzig 1760. 10 gr.

Schrö-

Schröers, (Jac. Sam.) angerathene Fürsichtigkeit zum göttlichen Leben oder Evangelien Postill, 4. Leipzig 1756. 2 Thlr. 8 gr.

Ranftii, (M. Mich.) Corpus Doctrinae Euangelico Lutheranae, 2 partes, 8. Lipf. 1754-1755. 1 Thlr. 2 gr.

Gründliche Auszüge aus denen neuesten theologisch- philolog. und philosophischen Disputationen aufs Jahr 1759. 6 Stücke, 8. Leipzig 12 gr.

Capitaln, der vollkommene, 8. Leipzig 1730. 6 gr.

Ciangulo (Nicolo) della Diuina Comedia di Dante Alighieri quattro Canti. 8. Lipf. 1755. 16 gr.

— Tyrocinium, f. Grammatica Italiana, 8. Lipf. 1748. 4 gr.

Einleitung in die Geschichte des gesammten Ober- und Nieder-Schlesiens, 4. Leipz. 1755. 12 gr.

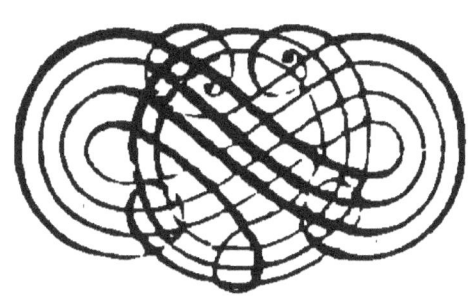

Neue Genealogisch-Historische Nachrichten

von den

Vornehmsten Begebenheiten,

welche sich an den

Europäischen Höfen

zutragen,

worinn zugleich

vieler Stands-Personen

Lebens-Beschreibungen

vorkommen.

Der 117 Theil.

Leipzig, 1760.

Bey Johann Samuel Heinsii sel. Erben.

Inhalt.

I. Von dem neuen Herzoge von Curland.

II. Die Hinrichtung der Portugiesischen Königs-Mörder.

III. Einige jüngst geschehene merkwürdige Avancements.

IV. Von dem merkwürdigen Concluso der Evangelischen Stände zu Regenspurg.

V. Allerhand merkwürdige Unglücks-Fälle im Jahr 1758.

I.
Von dem neuen Herzoge von Curland.

Dieses Herzogthum hat endlich wiederum einen eigenen Herzog bekommen, nachdem es über 18 Jahr im Namen des Königs und der Republik von Pohlen durch die so genannten 4 Ober-Räthe regieret worden. Es war zwar noch ein Herzog von Curland vorhanden, nämlich Ernst Johann von Biron, der als ein großer Favorit der Rußischen Kaiserin Anna den 13 Jul. 1737 darzu erwählet und den 20 Mart. 1739 zu Warschau von dem Könige mit diesem Herzogthum belehnet worden. Allein nach dem Tode der gedachten Kaiserin, wurde er den 20 Nov. 1740 aller seiner Ehren und Würde entsetzt und mit seiner ganzen Familie nach Siberien geschafft, daraus ihn zwar die itzige Kaiserin zurücke berufen, aber nicht weiter als bis Jaroslau in Rußland kommen lassen, wo er seitdem beständig sein Exilium gehabt.

Der Rußische Hof hat indessen das Herzogthum Curland in seiner Protection gehabt und ob er es gleich in seinen Freyheiten nicht gekränkt, so hat er doch auch nicht geschehen lassen, daß die Stände eine neue Wahl vornehmen dürfen, weil es geheißen, daß der Herzog noch am Leben sey, und seines Herzogthums noch nicht verlustig erkläret worden.

worden. In diesem Zustande würde Curland vielleicht noch viele Jahre geblieben seyn, wenn nicht der gegenwärtige Krieg Ihro Russische Kaiserl. Maj. bewogen hätte, dem Könige Auguste in seinen bedrängten Umständen durch die Beförderung eines von seinen qvalificirten Prinzen ein besonderes Vergnügen zu machen. Die Umstände, die davon der Welt bekannt gemacht worden, lauten also:

Mit der Curländischen Herzogs-Wahl ist es so weit gekommen, daß Ihro Russisch-Kaiserl. Maj. durch Dero in Mietau befindlichen Minister, den Herrn Simolin, den Ständen des Herzogthums zu erkennen gegeben haben, wie Höchstdieselben gerne sähen, daß sie den Prinzen Carl von Pohlen zu ihrem Herzoge erwählten. Zu gleicher Zeit zeigte der Pohlnische Kron-Groß-Canzler, Graf von Malachowski, gedachten Ständen schriftlich an, daß keine Hoffnung zur Befreyung des noch lebenden unglücklichen Herzogs von Biron und dessen Familie vorhanden sey, welche Anzeige auch der obgedachte Russisch-Kaiserl. Minister that. Die Curländer zogen diese Gesinnungen des Russisch-Kaiserl. Hofs und des Königs sammt der Republik von Pohlen um so vielmehr mit tiefer Verehrung in Betrachtung, als sie die hohen Eigenschaften des Prinzen Carls bey Sr. Königl. Hoheit Durchreise nach und von Petersburg näher kennen zu lernen, Gelegenheit hatte. Wie aber nach den Gesetzen nicht eher zu der Wahl eines neuen Herzogs geschritten werden konnte, als nachdem das Lehen für vacant erklärt worden, bis dahin

dahin auch die Stände nach ihren Pflichten mit der Fürbitte für ihren unglückseligen Herzog und dessen Familie fortfahren mußten: also ward von Seiten gedachter Stände ein Herr von Schöpping nach Warschau abgeordnet, der den 7 Oct. 1758 allda anlangte. Er brachte gewisse Verhaltungs-Befehle mit, die den 13 Sept. zu Mietau von den Ständen unterzeichnet worden.

Der Innhalt derselben bestund darinnen, daß er zuförderst den König und die Republik um die Befreyung des unglücklichen Herzog und dessen Familie zu bitten, hiernächst aber, wenn solche Befreyung nicht zu erhalten sey, und das Lehen der Herzogthümer Curland und Semigallien für vacant erklärt worden, die Neigungen der Stände zu eröffnen, nach welchen Dieselben für ihre größte Glückseligkeit schätzen würden, wenn des Prinzen Carls Königl. Hoheit sich zu der Augspurgischen Confession bekennen, und dadurch, wie durch eine vorgängige gewöhnliche Versicherung, daß dem Lande, zufolge der Auctorität der ersten und ewig zu dauernden Unterwerfungs-Pacten, eine der Augspurgischen Confession zugethane deutsche Obrigkeit zu lassen sey, sie, die Stände in den Stand setzen würden, alleruntertthänigst zu bitten, daß Sr. Königl. Hoheit die Herzogthümer zu Lehn gegeben würden, mithin die allergnädigsten gegenwärtigen Gesinnungen der großen und allerhuldreichsten Monarchin aller Reußen gegen Se. Königl. Hoheit mit der allerdemüthigsten Verehrung ohne dem allergeringsten Zeitverlust sich zu Nutze zu machen.

Dieses war ohngefehr der Innhalt der Instructionen, welche nicht nur von den 4 Ober-Räthen 1) **Christoph Friedrich von Sacken**, Land-Hofmeister, 2) **Otto Christoph von der Howen**, Cantzler, 3) **Heinrich Christian von Ossenberg**, Oberburggraf, und 4) **Frantz George Frank**, Land-Marschall, sondern auch von 27 Deputirten der Kirchspiele unterschrieben und besiegelt worden.

Den 8 Oct. legte der Herr von Schöpping bey verschiedenen Großen des Reichs seinen Besuch ab und den 11ten wurde er bey dem Könige zur öffentlichen Audienz gelassen. In der an Se. Maj. gehaltenen Anrede declarirte er sowohl die Gesinnungen seiner Committenten, als auch deren Absichten wegen eines zuerwählenden Herzogs von Curland, wobey er bezeugte, wie ihm der Auftrag geschehen sey, das unterthänigste Anliegen von gantz Curland vor den Thron Sr. Königl. Maj. zu bringen, daß Höchstdieselben geruhen möchten, dieses Herzogthum Sr. Königl. Hoheit, dem Prinzen Carl, zu übertragen. Der Cron-Groß-Cantzler beantwortete den Vortrag desselben im Namen des Königs und versicherte den Herrn Deputirten sowohl einer dauerhaften Fortsetzung der väterlichen Sorgfalt Sr. Maj. für das gesammte Volk von Curland und Semigallien, als auch Dero Achtsamkeit auf alle Mittel, welche zu Abstellung aller bisher erlittenen Drangsale tauglich seyn würden. Er fügte hinzu, daß es Sr. Maj. zum höchsten Vergnügen gereiche, wahrzunehmen, daß des Prinzen Carls Königl. Hoheit die Hertzen und

I. Von dem neuen Herz. von Curland.

Neigungen des vortrefflichen Adels von Curland zu gewinnen gewußt hätten, daher Sie sich auch das Verlangen, welches Sie in Absicht auf diesen Prinzen zu Tage gelegt hätten, zu besondern Wohlgefallen gereichen ließen.

Den 30 Oct. wurde ein Senatus-Consilium gehalten, dabey unter andern Berathschlagungs-Puncten auch einer das Herzogthum Curland anbetraf, um die Mittel ausfindig zu machen, den beständigen Klagen desselben abzuhelfen, indem dieser Staat wegen Abwesenheit seines Herzogs verschiedenem Unheil ausgesetzt sey; es habe über dieses der Russische Minister im Namen Ihro Kaiserl. Maj. declariret, wie Höchstdieselben aus Staats-Ursachen nimmermehr verstatten würden, daß der Herzog Biron nebst dessen männliche Nachkommen in Freyheit käme; der Abgeordnete der Curländischen Stände aber verlangte, daß die Herzogthümer Curland und Semigallien unter der Regierung eines Herzogs stehen möchten, welcher darinnen nach denen von den Ständen des Königreichs geschehenen, und durch die Constitution vom Jahr 1736 bestätigten Versprechungen seine beständige Residenz habe.

Hierauf wurde in Ansehung dieses Berathschlagungs-Puncts in dem gedachten Senatus-Consilio folgender Schluß abgefaßt:

Nachdem die Constitution vom Jahre 1736 in Sachen der Provinz Curland und Semigallien die Bitte des Adels dieser Herzogthümer entschieden hat, daß sie fernerhin durch einen Herzog nach den Pactis subjectionis und der Regierungsform sollen regieret werden, doch

doch mit dem Beding, daß derjenige, der damit belehnet werden sollte, die Herzoglichen Tafelgüter von den darauf haftenden Schulden befreyen, und selbige zum Nutzen und zur Aufnahme des Lehnes anwenden, auch die übrigen ihm durch vorbemeldete Regierungsform vorgeschriebene Bedingungen erfüllen solle; welches aber bis auf den heutigen Tag noch niemals geschehen ist; nebst diesem der Herzog Ernst seit seiner Investitur nicht in diesen Herzogthümern zum Vorscheine gekommen, weder um, nach Maaßgabe Curländischen Gesetze, Besitz von der Regierung zu ergreifen, noch die Huldigung von dem Adel einzunehmen, sondern statt dessen fortgefahren, die Aemter zu führen, mit denen er bey einer benachbarten Macht beladen gewesen, und sich in selbigen so aufgeführet, daß ohngeachtet Se. Maj. unser allergnädigster König, ihm zu Gunsten Dero gute Dienste bey dem Hofe zu Petersburg, zufolge des Resultats eines Senatus Consilii vom Jahre 1750 angewendet haben, er gleichwohl weder seine noch seiner männlichen Erben Loßlassung wegen verschiedener derselben entgegen stehenden Staats-Gründen erhalten können, folglich die Provinz Curland und Semigallien schon seit 18 Jahren vergeblich auf die Erfüllung der Constitution von 1736 gewartet, und unter der Last der Beschwerlichkeiten, die sie durch die Beraubung ihres Herzogs drücken, seufzen muß; daher auch fortfähret, ihr inständiges Flehen vor den König zu bringen, daß Se. Majestät Dero allerhöchsten Gnade zufolge geruhen möchten, ihr dasjenige, was im Jahre 1736 ihrenthalben durch die Stände des Reichs in Folge der Pactorum subjectionis et formæ regiminis fest gesetzet worden, verschaffen möchten, und die Rückkehr des Herzogs Ernst und dessen männlicher Erben unmöglich, folglich das Lehen für erlediget zu achten ist, der Adel von Curland und Semigallien auch dem Herrn von Schöpping, ihrem Deputirten, in dem vierten Artikel seiner Instruction aufgegeben, Sr. Maj. die Wünsche besagter Stände in Absicht auf Se. Königl. Hoheit, den Prinz Carl, zu eröffnen; anbey auch der Minister

des

I. Von dem neuen Herzoge von Curland.

des Petersburgischen Hofes, der zu Warschau residirt, ganz neuerlichst auf ausdrücklichen Befehl der Kaiserinn, seiner Beherrscherinn, declarirt, daß Allerhöchstdieselbe durch unwidersprechliche Staatsgründe bewogen, nimmermehr in die Loßlassung des Herzogs Ernst und seiner männlichen Nachkommenschaft willigen würden, und sich auch überdieß noch Prätendenten zu diesen Herzogthümern hervorthun, welche sich derselben zum Nachtheil der Lehnbarkeit bemächtigen möchten; Als haben Se. Maj. unser allergnädigster Herr, aus allen diesen Ursachen, und um allen ungegründeten Anforderungen vorzukommen, diese Proposition zur Berathschlagung dem Senat übergeben, und werden Se. Maj. bey völlig versicherter Unmöglichkeit der Wiederkehr Herzogs Ernst und seiner männlichen Erben und in Rücksicht auf die Erhaltung der Rechte und Freyheiten der Stände von Curland und Semigallien sowohl, als der Republik das Lehen für erledigt erklären. Da nun auch alle Wünsche und Stimmen der Senatoren zu Gunsten Sr. Königl. Hoheit, des Prinzen Carl, ausgefallen, so hoffen sie, daß Se. Maj. dieses Zeichen ihrer Ergebenheit für die Königl. Familie gütigst aufnehmen und zu verwilligen geruhen werden, Se. Königl. Hoheit als Herzogen von Curland und Semigallien nach Maaßgab der Constitution von 1736 einzusetzen und zu belehnen. In Folge derselben werden Se. Königl. Hoheit sich aufführen, als es einem Vasallen zukömmt, werden die Herzoglichen Tafelgüter befreyen, und zu besten Nutzen und Gedeyhen des Lehns verwenden, werden die Militair-Subsidien, die ein vor allemal zum Dienste der Republik fest gesetzt sind, fortsetzen, und alle Rechte, Freyheiten und Vorzüge des Curländisch- und Semigallischen Adels in allen sowohl geist- als weltlichen Angelegen- und Vorfallenheiten unverbrüchlich halten.

Diesem Schlusse zufolge versammleten sich die Senatoren und Staats-Ministri den 19 Nov. in dem Palaste des Königs, und überreichten Sr. Königl.

nigl. Hoheit, dem Prinzen Carl, das von dem Könige unterzeichnete und mit den beyden Siegeln sowohl des Reichs als des Großherzogthums Litthauen beurkundete vorläufige Diploma, vermittelst dessen gedachter Prinz zum Herzoge von Curland ernennet wurde, bey welcher Gelegenheit sie zugleich bey ihm ihre Glückwünsche zu dieser neuen Würde ablegten. Es wurde hierauf der wirkliche Geheime Rath und Staroste von Polangen, Baron von Mirbach, bevollmächtiget und nach Mietau abgesendet, um daselbst der auf den 5 Dec. angesetzten Versammlung der Curländischen Stände beyzuwohnen und sich mit denselben wegen der Artikel, die denen, von dem neuen Herzoge auszustellenden, Reversalien einverleibet werden sollten, gemeinschaftlich zu vergleichen. Es kam hierauf folgender Entwurf der Reversalien des neuen Herzogs zum Vorschein, der zwischen gedachtem Minister und den Curländischen Ständen verabredet worden, und Sr. Königl. Hoheit zur Ratification vorgelegt werden sollte.

Carl, von Gottes Gnaden Herzog von Curland und Semigallien ꝛc. Thun hierdurch kund: Demnach durch die Wirkung der göttlichen Rathschlüsse es Sr. Königl. Maj. von Pohlen, unserm allergnädigsten Herrn und Vater, gefallen hat, zufolge des Resultats des, zu Warschau gehaltenen, Senatus Consilii vom 30 Oct. 1758 vermittelst Dero vorläufigen Diplomatis vom 16 Nov. 1758 uns und unsern männlichen Erben die Herzogthümer Curland und Semigallien zu Lehn zu reichen, auch zu der feyerlichen Investitur den 8 Jan. des künftigen 1759sten Jahres zu bestimmen; und in dem erwähnten vorläufigen Diplomate uns aufgegeben worden, für die Sicherheit und Rechte und Privilegien

vilegien der ermeldeten Herzogthümer, besonders derer von Adel, sowohl im Geistlichen als Weltlichen, Vorsehung zu thun. So haben Wir nach dem Beyspiele der Herzoge, unserer Vorgänger, dienlich erachtet, den Ständen dieser Herzogthümer deßfalls hinlängliche Versicherungen zu ertheilen, und zu dem Ende den Herrn Baron von Mirbach, Sr. Königl. Pohln. Maj. würklichen Geheimen Rath und Starosten von Polangen ernannt, der, mit unserer Vollmacht versehen, sich nach Curland zu der, den 5 Dec. angestellten Versammlung der Stände begeben, um mit derselben wegen der Artickel überein zu kommen, welche den Reversalien einverleibt werden sollen, die Wir, in unserm Namen zu geben, ihm aufgetragen haben. Worüber die Regierungsräthe, der Adel und die Stände, nachdem sie unser Verlangen mit allerersinnlichsten Ehrerbietung vernommen, mit unserm bevollmächtigten Minister nachstehende Artickel verabredet haben.

Wir versprechen 1) als Glied des Königreichs Pohlen und des Großherzogthums Litthauen, in Gemeinschaft mit unsern Ständen, dem Könige und der Republik Pohlen beständig getreu zu bleiben, und uns nie von ihnen zu trennen.

Wir versprechen 2) unsere Stände und deren Einwohner bey allen Vorfällen nach unserm besten Vermögen zu beschützen und zu vertheidigen, und sie in ihren Widerwärtigkeiten nie zu verlassen.

Wir versprechen 3) aufs bündigste, unsere Stände und unsere Einwohner in der freyen Uebung des Augspurgischen Religions-Bekänntnisses, nach demjenigen zu erhalten, was deßfalls durch die Subjections-Pacten und durch die Conventionen unserer Vorgänger festgesetzt worden. Zufolge deren das, aus den Regierungs- und übrigen Räthen, Superintendenten und Pröbsten bestehende Consistorial-Gerichte, in welchem der Canzler präsidirt und präsidiren wird, künftig als die letzte Instanz und ohne weitere Appellation alles entscheiden soll, was zur Verwaltung der geistlichen Sachen gehöret. In allen Kirchen, wo das Patronat-Recht

nat Recht dem Herzoge allein, oder gemeinschaftlich mit andern zustehet, und in allen übrigen herzoglichen und adelichen Kirchen von der Augspurgischen Confession, es sey in der Stadt oder auf dem Lande, wollen Wir keine Veränderung machen, noch sonst einige Kirche, Oratorium oder Capelle Catholischer Religion bauen, noch zu bauen erlauben; und im Fall, da jemand das Gegentheil thäte, werden Wir auf die erste Anzeige unsere höchste Auctorität anwenden, um denselben daran zu verhindern. Wir wollen alle Kirchen und Kirchspiele bey dem Genusse ihrer Einkünfte, ihrer Bauern und Zubehörden erhalten; deren Amt durch Prediger und Schulmeister des Augspurgischen Bekänntnisses verrichten lassen, und denen, welche für ihre Bedienungen ihren Sold aus unsern Herzoglichen Einkünften vorher genossen haben, solche ihnen gleichfalls daraus bezahlen lassen. Wir wollen auch die Patrimonia der Kirchen und deren geistlichen Stiftungen, über deren sich unser Patronat-Recht erstreckt, in gutem Stande erhalten, und wenn es nöthig, die Kirchen ausbessern, die Eingefallenen aber wieder aufbauen lassen. Das Patronat Recht, so, wie es die Herzoge von Curland bisher ausgeübt haben, verbleibt uns ohne einigen Eingriff. Gleichwohl genehmigen Wir, daß, wenn es nöthig seyn sollte, unsere Regierungs-Räthe solches in unserm Namen ausüben, und, wenn Wir die zu Priestern tüchtigen Personen ernannt haben, sie ihnen ihre Pfarren ertheilen, sie einführen und über die Dispensationen und andre geistliche Angelegenheiten, welche vorher unter das Forum der Regierung gehöret, sprechen sollen. Zu dem Ende verbinden Wir uns besonders, bey der Besetzung der erledigten Bedienungen der Regierungs-Räthe, Superintendenten, Pröbste und des ganzen Consistorii nach der Convention, welche bißfalls durch den Herzog Friedrich Casimir 1684 gemacht, von dem Könige genehmiget, und von den Curländischen Ständen 1692 ratificirt ist, zu verfahren. Der Adel bleibt in dem Besitze des Patronat-Rechts bey den Kirchen, und es ist ihm erlaubt, solche ausbessern oder auch neu bauen zu lassen. Wir

I. Von dem neuen Herz. von Curland.

Wir gestatten auch denen, welche sich zu der Reformirten Religion bekennen, alle Sicherheit und die freye Uebung derselben, so, wie es von alten Zeiten her von den Königen und den Herzogen zugestanden worden. Und gleichwie das, durch den Herzog Gotthard, glorwürdigen Gedächtniß, errichtete geistliche Reglement nach dem Versprechen der Herzoge, seiner Erben, hat verbessert und den gegenwärtigen Umständen gemäß eingerichtet werden sollen; eine Sache, woran seit einiger Zeit gearbeitet worden, und worüber die Regierung im Jahr 1756 den Städten einen Entwurf übergeben: so versprechen Wir, daß, wenn man wegen dieses Reglements überein kommen kann, und sich sonsten nichts darinnen befindet, welches unserer höchsten Auctorität entgegen wäre, Wir gedachtes Reglement für alle die, welche sich zur Augspurgischen Confession bekennen, annehmen und gut heißen wollen. Im Fall aber dieses Reglement nicht zu Stande kommen sollte, so soll alles auf dem Fuße der alten Verordnungen und der geistlichen Observanz bleiben, wie es bisher gehalten worden. Zu besto mehrer Ueberzeugung unserer gegen die Stände, dem Adel und alle Einwohner dieses Herzogthums tragenden Gunst, wollen Wir auf keinerley Weise daran gedenken, die freye Uebung der protestantischen Religion weder zu ändern, noch zu beschweren. Wir wollen, daß alle die, welche Bedienungen haben, und der Verwaltung der geistlichen Geschäffte vorgesetzt sind, ohne Ausnahme dem Augspurgischen Bekänntnisse zugethan seyn, und wenn einer unter ihnen die Religion änderte, derselbe ipso facto seine Bedienung niederlegen solle. Ferner wollen Wir, den Gesetzen der Crone Pohlen gemäß, keine zu unsern Domainen gehörige Aemter an Geistliche verleyhen, noch zugeben, daß die Geistlichen sich in diesen Herzogthümern, es mag in der Stadt oder auf dem Lande seyn, liegende Güter erwerben können. Und im Fall, daß dergleichen Mißbrauch sich schon ereignet hätte, so behalten wir uns vor, bey der ersten Versammlung der Stände, welche gehalten werden soll, ehe die

Stände

Stände uns den Eyd der Treue leisten, nach den weitläuftigern Berichten, die man uns thun wird, unsere Willens-Meynung sowohl in dieser Hinsicht, als wegen der Väter der Gesellschaft Jesu, welche sich wider den Inhalt der öffentlichen Edicte in diesem Lande eingefunden haben, zu erklären. Schließlich wollen Wir nicht gestatten, daß eine Communität, Religiosen, Collegia und Gesellschaften sich in dem Umfange der Länder unsers Herzogthums niederlassen, noch wider die Vorschrift der Subjections-Pacten allda einen Bischöfl. Sitz errichten. Und wenn Wir in Unserm Residenz-Schlosse zu Mietau eine Capelle zum Römisch-Catholischen Gottesdienste errichten, so soll sie so fort wieder aufgehoben und vereiniget seyn, wenn uns ein Prinz von der Augspurgischen Confession folgt. Nach den Gesetzen und Gebräuchen dieser Herzogthümer wollen Wir nicht mehr zugeben, daß die Römisch-Catholischen Kirchen des Rechts der Freystäde genüßen, noch daß deren Priester außer ihren Kirchen öffentliche Processionen anstellen.

Wir versprechen 4) dem Adel und den Ständen, sie bey allen ihren Rechten, Privilegien und Vorzügen, welche ihnen durch öffentliche Urkunden zugestanden worden, zu erhalten; desgleichen verbinden Wir uns nicht weniger, alles das zu beobachten, was in den Versammlungen der Stände sowohl in Gegenwart der alten Herzoge, als in deren Abwesenheit, Namens des Fürstens und Sr. geheiligten Königl. Majestät beschlossen worden.

Wir versprechen 5) alle diejenigen nicht zu entsetzen, noch auf einige Weise zu beunruhigen, welche, es sey von den alten Zeiten der Deutsch-Ordens-Meister und der Könige und Herzoge, oder aus Gnade Sr. regierenden Königl. Majestät Erb-Lehn- und Allodial-Güter, unter welchem Titel es ist, besitzen.

Außer diesem versprechen Wir allen und jeden, ihre Bedienungen, Rang, Vorzüge und Würden zu erhalten. Und was diejenigen betrifft, welche wegen vor-

geschos-

geschossener Geldsummen an die alten Herzoge Hypotheken aus den Domainen-Gütern haben, so wollen wir solche auf keinerley Art dabey stören, bevor ihnen ihre Anleihen vergütet und sie nach denen, in ihren Contracten ausgedrückten, Bedingungen zufrieden gestellt worden. Wir wollen keine unserer Aemter, wenn wir sie verpachten, Niemanden anders, als Personen des Landes, überlassen, und es sollen solche, welche in einigen fremden Diensten stehen, davon ausgeschlossen seyn, so lange sie von ihrer desfalsigen Verbindlichkeit noch nicht frey sind. Wenn der Adel selbst auf das Einlösungs-Recht der adelichen Güter verzicht thäte, welche die alten Herzoge veräußert haben, so versprechen wir inzwischen doch demselbigen zu ewigen Zeiten das Erbrecht über alle einzulösende Herzoglichen Lehen zu lassen, welche im Besitze des Adels sind, es sey unter dem Titel von Unterpfand oder Tausch. Wir versichern für uns und unsere Erben, uns niemals adeliche Güter zu erwerben und einen jeden bey seinen Gerechtsamen und Titeln zu schützen. Dagegen hoffen wir zur Vergeltung, daß der Adel und die Stände sich gegen uns, als getreue Unterthanen gegen ihren Herrn, nach den Landes-Gesetzen und besonders nach dem Schlusse der Stände vom Jahr 1692. betragen werden. Wenn wir die Belehnung von Sr. Maj. dem Könige empfangen haben, sollen uns die besagten Stände zu der Zeit, die wir ihnen anzeigen werden, die Huldigung leisten. Wir geben dem unterthänigsten Begehren Beyfall, welches die Stände an uns haben gelangen lassen, in keine persönliche Verbindung mit einiger auswärtigen Macht zu treten, und wir versprechen ihnen, daß bey dem künftigen allgemeinen Frieden unter den Europäischen Höfen wir unsre Bemühungen bey denselben anwenden wollen; damit die Sicherheit unserer Herzogthümer sowohl im geistlichen, als weltlichen durch die intervenirende Mächte garantirt werden möge; zu welchem Ende wir unsere Stände vor der Eröffnung des Friedens-Congresses versammeln werden.

Im

Im Fall die Stände vor der Huldigung uns noch einige Bitten zu eröffnen hätten, wollen wir sie mit Vergnügen hören.

Zu desto mehrer Versicherung dessen, was mit unserm bevollmächtigten Minister hier verabredet worden, ist gegenwärtige Schrift nicht alleine von demselben in unsern Namen unterzeichnet worden, sondern wir verpflichten uns auch, alle unsere Verbindungen in dem Diplomate zu bestätigen, welches wir unsern Ständen behändigen werden. Wir versprechen ausserdem, keine, diese Herzogthümer betreffende, Sache ohne Theilnehmung unserer Stände abzuhandeln; und sobald wir von Sr. Pohlnischen Majestät die Belehnung und das gewöhnliche Diploma empfangen, so versprechen wir durch unsere eigene Unterschrift alle diese durch unsern bevollmächtigten Minister, den Baron von Mirbach, geschlossene Puncte der Reversalien zu ratificiren und die Bestätigung derselben von Sr. Majestät dem Könige auszuwürken, welche Ratification und Bestätigung wir vor dem Empfange der Huldigung den Ständen überliefern werden. So geschehen in der Versammlung der Stände zu Mietau den 16 Dec. 1758.

Den 8 Jan. 1759 geschahe zu Warschau die solenne Belehnung des neuen Herzogs von Curland, wobey die Pohlnische Nation ihren Eyfer und ihre Ergebenheit gegen den König und die Königliche Familie öffentlich an Tag legte. Man hat davon folgende Beschreibung bekannt gemacht.

Den Abend zuvor gab der Woywode von Lublin, ein prächtiges Abendmahl, welches Se. Königl. Hoheit mit Dero hohen Gegenwart beehrten und wozu die vornehmsten Herrschaften beyderley Geschlechts eigeladen waren. Nach dem Abendessen folgte ein Ball. Alle Masquen wurden

1. Von dem neuen Herz. von Curland.

wurden eingelassen, und die Fácade des Fürstl. Palasts war prächtig illuminirt, welches die ganze Nacht durch von einer großen Menge Zuschauer mit Vergnügen betrachtet wurde.

Am Tage der Lehnsnehmung begaben sich Se. Königl. Hoheit aus Dero Zimmer in des Kron-Groß-Stallmeisters, Grafens Wielopolski, Palast, und wurden dahin von verschiedenen Pohlnischen Herren begleitet. Der Fürst Lubomirski, Woywode von Lublin, und Graf Brühl von Platter, Woywode von Mscislau, wurden abgeschickt, um Sr. Königl Hoheit zu hinterbringen, daß sich solche in das Schloß begeben sollten. Dieses geschahe durch eine Rede, welche der Fürst in Pohlnischer Sprache hielte, wobey er zugleich seine Ehrfurcht und Ergebenheit gegen diesen Printzen zu erkennen gab. Se. Königl. Hoheit antworteten in eben der Sprache, und bedienten sich insonderheit, was die Pohlnische Nation und den Fürsten-Woywoden anlangte, der höflichsten Ausdrückungen.

Die Ordnung, in welcher der Marsch vor sich gienge, war folgende: Alle Kaufleute und Bürger der Stadt Warschau waren in Waffen, deren Anzahl sich ohngefehr biß auf 4000. erstreckte. Die Kaufleute machten ein besonderes Corps Cavallerie aus, und waren in einer sehr propren und wohlausgesuchten Uniform gekleidet. Die übrigen Bürger waren zu Fuße und hatten sich in verschiedene Compagnien eingetheilet; alle insgesammt aber hatten sich durch die gantze Cracauer

Vorstadt und in allen Gassen der Stadt, wo der Zug durchgieng, in zwo Reihen gestellet. Halb 10 Uhr wurde das Zeichen gegeben und die Kutschen der vornehmsten Pohlnischen und Litthauischen Herrschaften fiengen an, vorbey zu gehen. Sie waren alle mit prächtig geschirrten Pferden bespannet und jede Kutsche wurde von Heyducken und Bedienten, so alle Galla-Livrey hatten, begleitet. Alsdenn kamen ohngefehr 200 Bediente zu Pferde; ferner die Königl. Reitknechte in großer Anzahl und ein Detaschement von der Pohlnischen Garde zu Pferde. Eine große Anzahl Officiers, sowohl von der, auf Pohlnischen als Deutschen Fuß aufgerichteten, Armee, welche insgesammt auf kostbaren Pferden ritten. Alle junge große Herren und andere Cavaliers vom Stande ritten vor und auf beyden Seiten der Kutsche Sr. Königl. Hoheit, und machten einen Anblick, der, was den guten Geschmack, die Pracht der Kleider und die Schönheit der Pferde anlanget, nicht besser gewünscht werden konnte. Ein anderes Detaschement von der Garde zu Pferde folgte nach der Kutsche des Prinzen, und der Zug wurde durch 5 Königl. Kutschen, worinnen sich die vornehmsten des Curländischen Adels befanden, die sich hieher begeben, um dieser Ceremonie beyzuwohnen, beschlossen.

In dieser Ordnung gieng der Zug von dem Gräflich-Wielopolskischen Palaste durch die ganze Cracauische Vorstadt, von dar in die Stadt durch die Johannis-Gasse, um den Markt herum nach dem alten Königl. Schloße. Die Kron-Garde

I. Von dem neuen Herz. von Curland.

Garde zu Fuß paradirte in dem großen Schloß-Hofe auf allen 4 Seiten, und die neuen Sächsischen Trouppen waren gleichfalls in den 2 andern Schloß-Höfen rangirt. Beym Aussteigen aus der Kutsche wurde Se. Königl. Hoheit durch 4 hohe Reichs-Beamte von Pohlen und Litthauen empfangen; zwey Woywoden und 2 Castellane giengen Höchst Deroselben bis in das erste Zimmer entgegen, und führten solche an den Senatoren-Saal. Hierauf empfiengen die 3 Herren Marschalle, als der Kron-Groß-Marschall, Graf Bielinski, der Groß-Marschall von Litthauen, Graf Oginski, und der Hof-Marschall, Graf Mniszeck, Se. Königl. Hoheit, und führten Höchst Dieselben bis in die Mitten des Saals.

Der König saß auf dem Throne, und um ihn herum waren die Ministers und hohen Reichs-Beamten von Pohlen und Litthauen. Der Fürst Radzivil, Woywode von Wilda und Groß-Feldherr von Litthauen, trug die Krone auf einem Küßen von rothen Sammt. Der Graf Potocki, Woywode von Kiow, trug den Reichs-Apfel und das Scepter auf einem dergleichen Küßen. Der Fürst Radzivil, Groß-Fähndrich von Litthauen, trug die Fahne. Der Graf Wodzicki, Kron-Kantzler, hielt das Evangelium-Buch, die Schwerdter aber wurden von dem Fürsten Lubomirski, Kron-Groß-Schwerdtträger und dem Grafen Rzewuski, Unter-Truchses von Litthauen, getragen. Der König war bedeckt, wie auch alle Senatores und Ministri. Man hatte im Senatoren-Saal einen

einen Balcon angebracht, worauf sich die ausländischen Gesandten befanden. Der ganze Saal war übrigens von Adel und Personen vom höchsten Stande angefüllt.

Beym Eintritt in den Senatoren-Saal machten Se. Königl. Hoheit erstlich dem Könige einen Reverenz und grüßeten nachgehends die Senatores. Als Sie sich den Stufen des Throns näherten, knieten Sie auf ein sammtnes Küßen, redeten gewöhnlicher maßen Se. Königl. Maj. in lateinischer Sprache an, und baten Allerhöchstdieselben um das Lehn der Herzogthümer Curland und Semigallien. Die Rede selbst lautete also:

So groß die Freude und das Ergötzen ist, so Ew. Königl. Majestät, als mein Allerdurchlauchtigster König, Vater und gnädigster Herr, empfinden, wenn Allerhöchstdieselben mir, als Dero Sohne, eine Wohlthat erzeigen sollen; so groß, ja noch größer muß das Vergnügen seyn, so ich bey mir verspüre, wenn ich den besten Vater um eine Wohlthat bitten und ersuchen soll. Die Herzogthümer Curland und Semigallien in Liefland, die, wie bekannt, nach Erlöschung den Kettlerischen Familie keinen rechtmäßigen Prinzen haben, befinden sich nach dem Ausspruche und Anordnung der, von der sämmtlichen Republik durch den Pacifications-Reichstag errichteten, Constitution in Ew. Königl. Maj. Macht und Gewalt. Ich bitte also, nicht aber etwan aus Begierde zu diesen Ländern und zu dieser Würde, sondern vielmehr mit derjenigen Ehrfurcht, die ich meinem Könige und Vater schuldig bin, Ew. Königl. Maj. hiermit demüthigst und fußfällig, daß Allerhöchstdieselben mir bemeldte Herzogthümer zur Lehn gnädigst geben möchten. Wie nun niemals unter den Menschen eine größere Bereitwilligkeit und Emsigkeit eines, der

etwas

I. Vom dem neuen Herz. von Curland.

etwas zu ertheilen und zu vergeben hat, kan gesehen worden seyn, als diejenige, die Ew. Königl. Majestät als König und Vater bezeigen; also soll auch keine größere Erkenntlichkeit eines danckbaren Gemüths, als das meinige, der ich die Ehre habe, Ew. Königl. Maj. Sohn und Unterthan zu seyn, gefunden werden. Was übrigens die Pflicht und Treue eines Vasallen, womit ich nun dem Pohlnischen Throne und Reiche verbunden werde, und welches beydes von mir heilig gehalten werden soll, anlanget, soll mein gegen Ew. Königl. Maj. und hertzgeliebtesten Herrn Vater angebohrner Gehorsam, worinnen ich mir niemals von Kindern guter Art werde zuvor kommen lassen, und meine, gegen die Pohlnische und Litthauische Nation hegende, aufrichtige Liebe, das Wort sprechen und ein sattsamer Bürge seyn. Diese Liebe soll weit mehr als alle Denkmaale unsers Hauses, ja selbst als die Heiligkeit des Eydes, den ich in Ew. Königl. Maj. Oberherrschaft abzulegen bereit bin, bezeugen, daß sich solche mit dem Blute ihrer vorigen Könige in uns ergossen und mit solchem fortgepflantzt worden sey.

Der Kron-Groß-Kantzler, Graf Malachowski, antwortete Sr. Königl. Hoheit im Namen des Königs in eben der Sprache. Hierauf naheten sich Höchst Dieselben dem Könige, nahmen die Fahne in die Hand und legten den Eyd der Treue nach dem, bey dergleichen Vorfällen für die Hertzoge von Curland vorgeschriebenen, Formular als Vasall von Pohlen in die Hände des Königs ab. Als diese Ceremonie vorbey, so ersuchte der Kron-Groß-Marschall, Graf Bielinski, den neuen Hertzog, sich auf ein Tabouret, so zur lincken des Königs stund, zu setzen.

Nachdem Se. Königl. Hoheit einige Augenblicke gesessen, traten Höchst Dieselben vor den Thron,

Thron, und dankten Sr. Königl. Maj. stehend in folgender Rede:

Allerdurchlauchtigster König und Vater! Allergnädigster König und Herr!

Ich bin vollkommen überzeugt, daß Ew. Königl. Maj. meine Worte und Rede nicht bedürfen, noch von mir eine weitläuftige Danksagung erwarten, da Allerhöchst Denenselben die Gesinnung meines Gemüths, und das Innerste meines Herzens schon bekannt ist. Man erwege auch wie man will, auf was für Art ein durch so eine Wohlthat zur Dankbarkeit verbundener Sohn, seinem geliebtesten Vater, Könige und Herrn, sein dankbares Gemüthe zu bezeigen schuldig; so achte ich mich zu allem, was nur ausgedacht werden kann, verbunden, und bekenne zugleich, daß keine Art des Dankes und der Erkänntlichkeit, wie solche auch Menschen erdenken möchten, mir hierinne ein Genüge leisten könne. Denn ob ich gleich heute als ein Gott schuldiges Opfer Dir, meinem Könige und Vater, mein Leben und Blut dargeboten habe, so ist doch beydes Dein, und ich habe es von Dir bekommen. Ich werde also weit besser thun, wenn ich Ew. Königl. Maj. gnädiges Wohlwollen gegen mich mit einem ehrfurchtsvollen Stillschweigen verehre, folgends aber in der That und durch meine Pflicht und Gehorsam lebenslang bezeuge, wie viel ich Ew. Königl. Maj. zu danken habe. Auch werde ich es mir allezeit eine Schuldigkeit seyn lassen, mich außer derjenigen Pflicht und Treue, die ich als Vasall dem Könige und Reiche schuldig, bey der Durchl. Republik wegen einer so einmüthigen Zuneigung und Verlangen, welches sowohl die Pohlnische als Litthauische Nation zu mir gehabt, bestens verdient zu machen. Die Curländer aber, die ich aus Ew. Königl. Maj. und der Durchl. Republik besondern Güte, schon als die Meinigen betrachte, stelle ich vollkommen in Sicherheit, dergestalt, daß sie erfahren sollen, wie das Jagellonische Blut, dessen letzter

König

König in Pohlen dieses Herzogthum errichtet, das Wohl von Curland und Semigallien allezeit befördert haben, und künftig befördern werde. Gott wolle also alles glücklich von statten gehen lassen! Ich flehe solchen deßwegen an, und küsse Ew. Königl. Maj. für Dero so reichlich mir erwiesene Gnade und Wohlthat fußfällig und mit größter Zärtlichkeit die Königl. und väterliche Hand.

Der Kron-Groß-Kanzler, Graf Malachowski, antwortete darauf in eben der Sprache. Als die Ceremonie vorbey, so begleiteten die Herren Marschälle und andere hohe Reichs-Beamte der Krone und des Großherzogthums Litthauen Se. Königl. Hoheit, den neuen Herzog, aus dem Senatoren-Saal bis an die Kutsche. Sie kehrten aus dem Schlosse auf eben die Art, wie solche angekommen, in des Grafen Wielopolski Pallast zurück. Der Graf von Brühl, Staroste von Warschau, trug vor der Kutsche Sr. Königl. Hoheit die Curländische Fahne. Der Zug wurde endlich durch das Corps Cavallerie der Kaufmannschaft, so Se. Königl. Hoheit bis an das Wielopolskische Palais begleitete, beschlossen.

Der neue Herzog begab sich hierauf zu dem Fürsten Primas, der ein prächtiges Mittagsmahl zubereiten lassen, wo auch zugleich die meisten Herrschaften eingeladen waren. Abends gab der Kron-Groß-Marschall ein prächtiges Abendmahl, wozu die größten Herrschaften ebenfalls eingeladen waren. Se. Königl. Hoheit beehrten diese zahlreiche Versammlung mit Dero hohen Gegenwart, und sahen mit größtem Vergnügen, wie das Vorhauß des Pallasts auf eine sehr wohl ausgesonnene Art erleuchtet, und mit Sinnbildern und sinnreichen Ueberschriften, die sich zu der wichtigen Begebenheit schickten, ausgezieret war.

Den andern Tag, als den 9ten, speiseten Se. Hoheit zu Mittage bey dem Kron-Groß-Canzler, Grafen Malachowski, Abends aber bey dem Fürsten-Bischof von Cracau, Soltyk, wobey sich sowohl eine große Pracht als Delicatesse zeigte. Die Mahlzeit wurde mit einem Ball beschlossen. Dieses geschahe auch den 10ten bey dem Kron-Hof-Marschall, Grafen von Mniszeck.

Den 12ten beehrte der neue Herzog von Curland das Collegium der P. P. Piarum Scholarum, worinnen der Pohlnische Adel erzogen wird, mit seiner hohen Gegenwart. Der junge Graf Mniszeck, ein Sohn des litthauischen Groß-Kammerherrn, stattete höchst Deroselben im Namen der zahlreichen jungen Noblesse, die sich in diesem Collegio befindet, einen unterthänigen Glückwunsch in lateinischer Sprache ab, der zugleich Ihro Königl. Hoheit gedruckt überreicht wurde. Die Rede erlangte den Beyfall aller anwesenden hohen Herrschaften, die insgesammt denen Lobes-Erhebungen einstimmig beypflichteten, die diesem großen Prinzen beygelegt wurden.

Bey der Audienz, zu welcher die Abgeordneten der Herzogthümer Curland und Semigallien bey dem Könige gelassen wurden, hielte einer derselben folgende Rede an Se. Majestät:

Sire!

I. Von dem neuen Herz. von Curland.

Sire!

Die Curländer, welche von den Gesinnungen der allervollkommensten Ehrerbietung gegen Ew. Königl. eingenommen sind, würden es nicht gewagt haben, ein so großes Merkmaal von Höchst Deroselben Königl. Schuße und Gnade zu erwarten, und Ew. Königl. Maj. hätten ihnen in der That keinen ausnehmendern Beweis davon geben können, als derjenige ist, für welchen wir gegenwärtig unsern allerunterthänigsten Dank abstatten. Der Adel von Curland und Semigallien hatte Ew. Königl. Maj. angeflehet, ihn wieder in den Stand zu setzen, der schätzbaren Früchte der Freyheit und Privilegien, die derselbe Ew. Königl. Maj. Güte zu verdanken hat, in Sicherheit genießen zu können. Diese allerunterthänigste Bitte haben Höchst Dieselben nicht nur gnädigst anzunehmen geruhet, sondern Ew. Königl. Maj. haben uns auch mit dem allersichersten Unterpfande der bevorstehenden Glückseligkeit der Staaten von Curland und Semigallien begnadiget, indem Sie des Prinzen Carls Königl. Hoheit, einen Herrn, welcher das Vergnügen des menschlichen Geschlechts genennt zu werden verdienet, zum Herzog eingesetzet haben. Die Curländer könnten sich keine glücklichere Gelegenheit wünschen, die Versicherungen der Treue und des Gehorsams, so sie Ew. Königl. Maj. und der Durchl. Republik gewidmet haben, zu erneuern, als diejenige ist, welche ihnen die Erlaubniß giebt, Ew. Königl. Maj. die ehrfurchtsvolle Erkänntlichkeit, von welcher sie durchdrungen sind, zu bezeugen; eine Erkänntlichkeit, welche als eine heilige und unverletzte Pflicht, sich bis auf ihre Nachkommen fortpflanzen wird. Uebrigens nehmen Wir uns die Freyheit, den Adel der Herzogthümer von Curland und Semigallien sowohl als uns selbst, zu Ew. Königl. Maj. hohen Schuße und väterlicher Huld allerunterthänigst zu empfehlen.

Die von dem Kron-Vice-Kanzler, Herrn Wodzicki, im Namen des Königs darauf ertheilte Antwort lautete also:

Se.

I. Von dem neuen Herz. von Curland.

Se. Königl. Maj. nehmen die Bezeugungen der Unterthänigkeit des Adels, der Herzogthümer Curland und Semigallien sowohl, als die in Absicht des Prinzen Carls Königl. Hoheit, abgelassene Bitte mit vielem Vergnügen an. Höchst Dieselben versprechen im Namen des Prinzen, die Aufrechthaltung der Rechte und Privilegien gedachter Herzogthümer, so, wie solches denen Verträgen der Unterwerfung, und der vorgeschriebenen Regierungsform gemäß ist; und versichern übrigens die Staaten von Curland und Semigallien Ihres Königl. Schutzes.

Den 12 Mart. trat der neue Herzog die Reise nach Mietau an. Er hielte sich unter Wegens einige Tage zu Bialystock in Litthauen, bey dem Kron-Groß-Feldherrn, Grafen Branicki auf, wo er auf das vortrefflichste bewirthet worden. Den 20 Mart. reisete er von dar wieder ab, und langte den 29sten zu Mietau an. Er wurde daselbst von den sämmtlichen Ober- und Regierungs-Räthen, dem Adel und dem Magistrat derer vornehmsten Städte, die ihm eine Viertel Meile von Mietau entgegen gegangen waren, bewillkommet. Bey seinem Einzuge, welcher überaus prächtig war, hatte man Ehren-Pforten errichtet. Die gesammte Bürgerschaft machte einen feyerlichen Aufzug, und die Kaufmannschaft, welche in einer schönen Uniform erschien, formirte eine Escadron zu Pferde, und einige Compagnien zu Fuß. In allen Kirchen wurden die Glocken geläutet. Man feuerte die Canonen ab, und das Frohlocken des Volks war nicht zu beschreiben. Nachdem er seinen Einzug gehalten hatte, so stieg er bey dem Cantzler von Howen ab, wo er die Glückwünsche der Staats-Räthe und Magistrats-Perso-

I. Von dem neuen Herz. von Curland. 689

Personen annahm, hernach aber den anwesenden Adel zum Handkuß ließ. Des Abends nahm der Herzog die zu seinem Ehren in der Stadt angestellte Illumination in Augenschein. Ueberhaupt legten die sämmtlichen Einwohner drey Tage lang ihr Vergnügen über ihren neuen Herzog durch die größten Freudensbezeugungen an den Tag.

Nachdem er sich darauf einige Zeit mit den Regierungs-Angelegenheiten beschäfftiget hatte, erhub er sich in Begleitung eines zahlreichen Gefolges von Cavaliers von Mietau nach Petersburg, wo er den 29 April anlangte, und daselbst den 1 May bey der Russischen Kayserinn, wie auch dem Groß-Fürsten und der Groß-Fürstinn die erste Audienz erhielte. Mit der Ratification der entworfenen Reversalien hat sich eine geraume Zeit verzogen, daher auch die Einnehmung der Huldigung so lange ausgesetzt geblieben.

Es ist aber dieser neue Herzog vor Curland der mittelste Prinz des jetztregierenden Königs Augusti III. von Pohlen und Churfürstens zu Sachsen. Er heißt Carolus Christianus, und hat den 13 Jul. 1733 das Licht der Welt erblickt. Er ist anjetzo ein Herr von 26 Jahren.

* * * * * * * * * * * * * * * * * * * *

II.
Die Hinrichtung der Portugiesischen Königs-Mörder.

Außer dem umständlichen Urtheil, das über die 11 Haupt-Verbrecher der beleidigten Majestät

jestät abgefaßt worden, kam auch eine de-Natu-
ralisations- und Dégradations-Sentenz zum
Vorschein, welche von eben denselben Staats-
Secretarien und Ministern, die das Haupt-Ur-
theil unterzeichnet hatten, unterschrieben war. Es
lautete dieselbe also:

Nachdem der Richter der Stadt Lissabon wegen
des den 3 Sept. vorigen Jahrs wider die geheiligte
Person Sr. Maj. vorgehabten abscheulichen, gottesver-
gessenen und in den Jahrbüchern unerhörten Meuchel-
Mords inständigst angehalten und gebeten, von der
bürgerlichen Gesellschaft diejenigen abzusondern und zu
verbannen, welche vorher Königl. Vasallen und Unterthanen gewesen und einer so greulichen Freveltat überführt werden würden; und da er zugleich gebeten, daß
vor Abfassung eines End-Urtheils, besagte Verbrecher,
sie möchten seyn, wer sie wollten, für fremde Land-
streicher und nicht von einem so getreuen und löblichen
Volke, als die Stadt Lissabon jederzeit gewesen, welche
keinen größern Trost haben könnte, als daß sie Portugiesen wären, die sich gegen den König, ihren Herrn,
stäts unterwürfig und treu bezeugt, erklärt werden
möchten; so hätten Se. Maj. in Betrachtung dessen
sothane Verbrecher für fremde Vagabunden, zu keiner
bürgerlichen Gesellschaft gehörige, aller Naturalisa-
tions-Rechte und der Benennung von Portugiesen sowohl, als aller Privilegien und Ehren, die sie unwür-
diger Weise als Eingebohrne des Königreichs genossen,
verlustig erkannt; befohlen auch, eine beglaubte Abschrift von solcher Sentenz dem Senate zu Lissabon
zuzustellen, damit sie gesetzmäßig registrirt und nicht
allein in dieser Hauptstadt, sondern auch in allen Orten Dero Reiche und Domainen publicirt werden
möchte.

Das Urtheil des gewesenen Herzogs von
Aveiro war also abgefaßt: Der beklagte Joseph
Masta-

Maskarenhas, welcher bereits entnaturalisiret und seiner Ehren, Würden und Privilegien als ein Portugiesischer Vasall und Königl. Diener entsetzet, von dem Orden St. Jacob, wovon er Commandeur gewesen, degradirt und dem weltlichen Gerichte übergeben worden, soll als einer von den drey vornehmsten Häuptern der Zusammenverschwörung mit einem Stricke und öffentlichen Ausrufe auf den Platz der Kay in Belem genannt, geführet und allda auf ein hohes Schavot gebracht werden; allwo er, nachdem er lebendig gerädert und die 8 Röhren an den Beinen und Armen zerbrochen worden, auf ein Rad *) gelegt, und alsdenn noch lebendig sammt dem Schavot, worauf er gerichtet worden, zu Asche verbrannt, die sämmtliche Asche aber ins Meer geworfen werden. Um auch sein Andenken auszutilgen, sollen seine Wappen und Schilder, an was für Oertern sie immer gefunden werden, abgenommen und zerhackt, auch die Häuser und Gebäude seiner Wohnung niedergerissen und geschleift, die Stäten aber zu einem Felde gemacht und mit Salze bestreuet, hiernächst alle seine Güter und gesammtes Vermögen confiscirt werden.

Eben dieses Urtheil empfieng auch der gewesene Marquis Franciscus d' Assis von Tavora, wobey zugleich der Königl. Ausspruch geschahe, daß da nicht nur er selbst, sondern fast die ganze

---

*) Hierunter wird vermuthlich das Kreuz verstanden, darauf er hingerichtet worden.

ganze Familie durch seine Ehefrau zu der abscheulichen Zusammenverschwörung verleitet worden, künftig keine einzige Person, von was für Stande und Condition sie sey, sich von dem Tage dieser Publication an des Zunamens de Tavora bedienen solle, bey Strafe des Verlusts aller seiner Güter und Entnaturalisirung in dem Reiche und Herrschaften von Portugall, auch Verliehrung aller Privilegien, die sie als deren Eingebohrne zu genießen hätten.

Das Urtheil des Anton Alvarez Ferreira und des Joseph Policarpo de Azevedo, welche die ruchlose Schüsse gethan, bestund darinnen, daß Dieselben mit Stricken und öffentlichen Ausrufen auf eben denselben Platz geführet, und, wenn sie allda an 2 hohe Pfähle in die Höhe gebunden worden, Feuer um sie herum gemacht und sie also lebendig verbrannt, die Asche aber ins Meer geworfen, auch alle ihre Güter confiscirt, die Häuser aber, worinnen sie gewohnt, wenn es ihre eigenen sind, niedergerissen, geschleift und die Stellen mit Salze bestreuet werden sollen. Weil auch der Joseph Policarpo de Azevedo entwichen, so soll er durch Steck-Briefe überall verfolget, und wenn man ihn ergriffen, an den Criminal-Richter eingeliefert, seine Ergreifung aber, wenn sie im Reiche geschicht, mit 10000 Cruzaden, und so es außerhalb dem Reiche geschicht, mit 20000 Cruzaden belohnt werden, immittelst aber für vogelfrey geachtet seyn.

Die beyden Söhne des alten Marquis von Tavora, wie auch der gewesene Graf von Atouguia,

guia, der Bras Joseph Romeiro, der Juan Miguel und der Emanuel Alvarez Ferreira wurden dahin verurtheilt, daß sie ebenfalls mit Stricken und öffentlichen Ausrufen auf das Chavot gebracht und allda erwürget, alsdenn aber ihnen die Röhren der Arme und Beine zerbrochen und auf Räder gelegt, alsdenn ihre Leiber zu Asche verbrannt und diese Asche ins Meer geworfen, hiernächst ihre Güter und Vermögen confiscirt, ihre Häuser, worinnen sie gewohnt, niedergerissen, geschleift und mit Salze bestreuet, auch ihre Wappen und Schilder allenthalben abgerissen und zertrümmert werden sollten.

Die alte Marquisin von Tavora sollte aus gewissen Betrachtungen mit den wohlverdienten größern Strafen verschont bleiben und nur dahin verurtheilt seyn, daß sie mit einem Stricke und öffentlichen Ausrufe auf das Schavot gebracht und ihr daselbst durch das Schwerdt das Haupt vom Leibe getrennet, der Leib aber alsdenn verbrannt und die Asche ins Meer geworfen werden sollte.

Den 13 Jan. 1759 geschahe diese jämmerliche Hinrichtung. Dieses schreckliche Schauspiel nahm des Morgens um 8 Uhr den Anfang, und währte bis Nachmittags um 3 Uhr. Man hatte zu dem Ende ein viereckigtes Gerüste, ohngefähr 18 Fuß hoch, an der Anfuhrt von Belem am Tajo, gerade vor dem Königl. Palaste über, erbauet, welches von vier Regimentern zu Pferde und zu Fuß umgeben wurde. Der König selbst wollte diesen kläglichen Auftritt, der bey seinem Schlosse vorgieng,

II. Die Hinrichtung

gieng, nicht mit ansehen, sondern verfügte sich mit seiner Hofstatt auf das Land. In der Nacht zuvor begaben sich 12 Geistliche zu denen Verurtheilten, um sie zum Tode vorzubereiten und ihnen die Sacramente zu reichen.

Zuerst betrat die alte Marquisin von Tavora das Chavot, wohin man sie in einem Tragsessel brachte. Sie erschien mit einer freyen und gesetzten Mine, die man für die Würkung einer fanatischen Einbildung hielte, nach welcher sie vielleicht wegen des ausgeübten verdienstlichen Werks den Weg nach der Blut-Bühne für den geraden Weg zum Paradiese ansahe. Sie hielte folgende kurze Rede *):

Edle Portugiesen!

Weder meine Geburt, noch mein Stand, weder das Glücke, noch meine Ehren-Vorzüge können mich von dem Schwerdte des Todes erretten. Der Grimm des Schicksaals verfolget mich. Man spricht: Die Gesetze des Staats fodern meinen Tod. Ja! mein Tod soll das Leben des Königs verlängern und den Thron der Monarchie auf die Sicherheit gründen. Die Welt, selbst die Nachwelt und das ganze Königreich Portugall soll über meine Hinrichtung ein unbestochenes und gerechtes Urtheil fällen. Ich sterbe. Ich bezeuge heute durch mein jammervolles Beyspiel, daß die menschliche Glückseligkeit nicht von der Klugheit unserer Rathschlüsse, sondern von der Zeit und dem Schicksaale abhange.

Hierauf

---

*) Diese und die andern beyden Reden finden sich in den geheimen Briefen des Herrn Francesco Rodriquez de Lobo an den Herrn le Grand zu Paris. Siehe die Beyträge zur Kriegs-Geschichte T. VII. p. 131. sq.

Hierauf wandte sie sich zu dem Scharfrichter und sprach: Höre, Nachrichter, vollziehe nun dein Amt mit Muth! Worauf sie sich mit wenig Umständen auf den Stuhl setzte. Der Scharfrichter schlug ihr mit einem Hiebe den Kopf ab; nur blieb etwas von der Haut am Halse hangen, welches verursachte, daß ihr der Kopf in den Schoß fiel. Ihr Körper und Kopf wurden sogleich auf ein Bret mitten auf das Gerüste gelegt und mit Seegeltuch bedeckt.

Man brachte hierauf ihren jüngsten Sohn, Joseph Maria von Tavora, zum Schavott, welches ein, dem Ansehen nach, liebenswürdiger junger Herr war. So bald er das Blutgerüste bestiegen hatte, verlangte er den Körper seiner Mutter zu sehen. Er hielte eine Rede, welche so rührend war, daß sie alle Zuschauer, ohngeacht der mit Abscheu erfüllten Gemüther, zu Thränen zwang. Sie lautete also:

Ach! unglückliche Mutter eines unglücklichen Kindes! Die Wehmuth der Zärtlichkeit und die Treue deines Sohnes müssen nun über die Pein deines Jammers winseln. Dein Tod entseelet mich. Als ein Sohn muß ich dich zwar beweinen; jedoch als ein Mensch muß ich dich wegen der Verführung meines blinden Gehorsams vor Gottes Richterstuhle verklagen. Der Frühling meiner Jugend, mein Stand, meine Ehre! o! mein Glücke! ach! meine Hoffnung! alles, ach! alles ist leider! auf ewig dahin. Anstatt des älterlichen Segens donnert ihr Fluch auf ewig; er zerschmettert mich mit ihnen zugleich. O! grausamste Mutter! Nein! Das Blutopfer deines Todes hat dich mit der beleidigten Majestät; hat dich mit dem Königreiche Portugall ausgesöhnet. Fliehet, verschwindet ihr Klagen! Ihr Augen, beströmet hier die Leiche der liebsten Mutter mit Thränen! Auf! ermuntere dich mein Geist! Jene Hoffnung, in dem Reiche derer von allen Uebeln dieser Zeit gereinigten Seelen euch, ihr Aeltern, zu erblicken, versüßet mir die Bitterkeit des Todes. Edelmüthige Portugiesen! woferne ihr euch an die Schandthaten meiner unglückseligen Jugend erinnert, so erinnert euch zugleich an meine Buße. Würdiget meine Todes=Noth eines Seegens. Der letzte Kampf mit der Natur werde mir durch eure Vorbitte ein Sieg über die Eitelkeit der Welt. Fürchtet die Gottheit! wünschet mit mir: Gott segne den König!

Nach dieser Rede wurde er auf einem Creuze, welches die Portugiesen Aspu nennen und einem Andreas-Creuze ähnlich ist, ausgestrecket. Indem ihn der Scharfrichter erwürgte, wurden ihm von zwey andern die Beine und Arme mit eisernen Keulen zerbrochen. Man nahm sodann seinen Körper von dem Creuze ab und legte ihn auf ein Bret, welches an einer Pfosten des Gerüsts befestiget war, und bedeckte ihn ebenfalls mit Seegeltuch.

Nunmehro traf die Reihe den Grafen von Arouguia und den jungen Marquis von Tavora, ältesten Sohn des alten Marquis dieses Namens, die auf eben diese Art vom Leben zum Tode gebracht wurden.

Hierauf erfolgte mit gleichen Umständen die Hinrichtung des Braz Joseph Romeiro, des Juan Miguel und des Emanuel Alvarez Ferreira, davon der erste in des Marquis von Tavora und die letztern beyden in des Herzogs von Aveiro Diensten gestanden.

Nach

Nach ihnen führte man den alten Marquis von Tavora herbey. Er wurde zwar lebendig gerädert; jedoch nachdem man ihm den rechten Arm und das rechte Bein nebst dem rechten Schenkel mit 4 Stößen zerbrochen hatte, gab man ihm 2 Stöße auf die Brust, die ihn vermuthlich gleich tödteten, weil man ihn hernach nicht weiter schreyen hörte. Er wurde alsdann auch auf der linken Seite gerädert. Man nahm darauf seinen Körper ab, und brachte ihn auf eben die Art, wie die vorigen, auf die Seite. Bey seiner Hinrichtung kehrten die um das Gerüste gestellten derben Cavallerie-Regimenter, deren Chef er gewesen war, zum Zeichen ihrer Verachtung gegen ihn, dem Schavotte den Rücken zu.

Endlich erschien der gewesene Herzog von Aveiro, den man, um ihn desto mehr zu beschimpfen, mit entblößtem Haupte herbeyführte. Er hielte eine Rede, darinnen er seinen übertriebenen Stolz, seine zügellose Herrschsucht und eine gänzliche Verzweifelung zu erkennen gab. Sie lautete also:

Erblicket, tapfere und großmüthige Männer von Portugall! Erblicket hier, o Landsleute! einen Herzog, welcher von der gütigen Natur zu der Portugiesischen Krone gebohren worden, von dem stiefmütterlichen Glücke aber und dem blinden Ohngefähr auf diesen Henkers-Platz verbannet worden ist. Ich habe dort mein Recht gesucht, aber hier meinen Tod gefunden. Anstatt auf dem angeerbten Throne meiner Vorältern zu prangen, zwinget mich nun die Ungerechtigkeit, das Rad zu besteigen. Anstatt euch durch meine Freyheit mit der Tapferkeit und Großmuth zu beglücken, muß
ich

II. Die Hinrichtung

ich nun unter dem eisernen Joche dieser Fesseln vor euch kriechen. Edle Männer! das Heil ganzer Königreiche durch Grausamkeit, List und Macht in die Meere des Unglücks zu stürzen; Millionen von unschuldigen Menschen, als Viehe, der Mordbegierde abzuschlachten und der Herrschaft aufzuopfern; Länder zu verheeren und Städte zu verwüsten, bleiben die Eigenthumsvorzüge der Mörder des menschlichen Geschlechts, dieser Feinde der Welt; hier prangen sie in den Lorberkränzen der Helden, der Sieger und der Eroberer. Aber die Gerechtigkeit, die Freyheit, die Glückseligkeit der Welt zu befördern, und die Ungerechtigkeit der Könige in Gränzen einzuschließen, um dadurch die Reichthümer der Wollust unter dem Geschlechte der Menschen zu verbreiten: dieses nennen die Monarchen des Erdbodens einen Staatsverrath der Rebellen, woferne die Absichten dieses preiswürdigsten Eifers mißlingen. Gerathen aber diese Handlungen, so preiset, so vergöttert man uns, als Erlöser der Welt und als Väter des Vaterlandes. Bestürmet eher den Sitz der Gottheit, als den Thron eines Monarchen! Dort thronet die große Barmherzigkeit, hier aber raset die grausamste Rachsucht. Ich habe auch die schlüpfrige, die weitläuftige Bahn betreten, welche andern Menschen ehedessen der glückliche Weg zu dem Königsthrone gewesen ist, die mir aber durch die Ungerechtigkeit des Schicksals ein verfluchter Pfad zu der Ehrlosigkeit, zu der Verdammung und zu dem Tode werden mußte. Auf! ihr Henkersknechte, auf! zerquetschet, zermalmet, rädert, zerfleischet, zerstücket, martert, peiniget! Auf! tödtet mich! ja, raubet mir selbst meine unsterbliche Seele! Ich bin überzeugt, daß die Gerechtigkeit Gottes, daß die Rache der Welt = = =

Bey diesen Worten wurde der Herzog, dessen heftige Ausdrücke vermuthlich eine Empörung unter dem Volke anstiften sollten, plötzlich auf Befehl des Ober-Aufsehers der Hinrichtung durch den

den Nachrichter unterbrochen, welcher ihn angreifen und auf das Creuz niederwerfen mußte. Er wurde gleichfalls gerädert und mußte 8 Stöße aushalten, ehe er den Gnadenstoß bekam. Er ließ bey jedem Schlage das fürchterlichste Angstgeschrey hören und rief aus allen Kräften: O Gott! ich sterbe! Mit seinem Leichnam verfuhr man eben so, wie mit den vorigen.

Nachdem alle diese Missethäter ihre Strafe gelitten hatten, wurden zwey Pfähle von den Zimmerleuten auf dem Gerüste eingeschlagen und Sitze darauf errichtet. Man führte sodann den einen Bedienten des Herzogs von Aveiro, Namens Anton Alvarez Ferreira, herbey, wie auch das Bildniß des andern, Namens Joseph Polycarp von Azevedo, welcher die Flucht ergriffen, und dessen man sich noch nicht hatte bemächtigen können, ob man gleich eine Belohnung von mehr denn 6000 Thalern für denjenigen, der ihn todt oder lebendig liefern würde, ausgesetzt hatte. Diese beyde waren es gewesen, welche in Begleitung ihres Herrn den König angefallen und auf ihn geschossen hatten. Nachdem man den erstern harte an den einen Pfahl mit Ketten angeschlossen und das Bildniß des andern an dem zweyten Pfahle befestiget hatte, so wurden alle todte Körper der Verbrecher aufgedeckt, worauf man den Antonium Alvarez Ferreira fragte, wem selbige zugehörten, da er denn einen nach dem andern nennen mußte. Alsdann wurde ein Scheiterhaufen um ihn herum gemacht und angezündet, darinnen er verbrennen mußte, wobey zugleich die Leichname der übrigen Hingerichteten

richteten nebst dem Schavott und allem, was man bey der Execution gebraucht hatte, durch die Flammen verzehrt wurden. Die Asche davon wurde alsdann, dem Urtheile gemäß, in die See geworfen. Nach eben diesem Urtheile wurden auch die Güter der Verbrecher confisciret und ihre Häuser der Erde gleich gemacht.

Den 15 Jan. ward in allen Kirchen und Capellen des Königreichs wegen der Genesung des Königs mit Absingung des Te Deum laudamus ein solennes Dankfest begangen. Der König selbst verrichtete an diesem Tage seine Andacht nicht nur in dreyen, weit von einander entlegenen, Kirchen, worinnen sich wunderthätige Marienbilder befanden, sondern auch in der Kirche der Einsiedeley des heil. Marci, wo er durch die Schenkung eines massiven goldenen Arms an den itzterwähnten Heiligen seine Gelübde vollzoge. Allen diesen Feyerlichkeiten wohnte eine unbeschreibliche Menge von Menschen bey, welche die Luft mit ihrem Freudengeschrey über die Wiederherstellung ihres geliebten Königs erfüllten; und dieser Monarche schwenkte dabey öfters sein Schnupftuch bald mit der einen, bald mit der andern Hand, um seinen Unterthanen zu zeigen, daß er beyde Arme und Hände brauchen könnte.

Den 16 Jan. wurde der am 13 Dec. auf alle Schiffe gelegte Embargo wieder aufgehoben.

Von der Strafe der Jesuiten, die die Urheber von der gräulichen Zusammenverschwörung wider den König gewesen sind, soll künftig gehandelt werden. Itzt wollen wir nur noch einige Lebensumstände

stände von den vornehmsten Hingerichteten anführen und damit diesen Artikel beschließen.

I. Joseph Mascaregnas, Herzog von Aveiro, stammte aus einem alten Portugiesischen Geschlechte her, das sich zu Königs Johannis I. Zeiten hervor gethan und unter andern den Gräfl. Titel von St. Cruz an sich gebracht. Sein Aelter-Vater, Martinus Mascaregnas, Graf von St. Cruz, heyrathete Julianam, des Don Manrique de Silva, Grafens von Portalegre und Marquis von Gouvea, Tochter, durch welche, weil ihr Bruder, Juan de Silva, ohne Erben starb, der Titel von Gouvea an sein Haus gebracht wurde. Dessen Sohn, Juan Mascaregnas, Marquis von Gouvea und Graf von St. Cruz, starb den 12 Aug. 1691, und hinterließ unter andern zwey Söhne, Martinum Mascarenhas, Marquis von Gouvea und Grafen von St. Cruz, und Caspar Mascarenhas, der den geistlichen Stand erwählte, und nachdem er verschiedene ansehnliche geistliche Aemter bekleidet, sie auf einmal niederlegte, und unter dem Namen P. Gaspard de l'Incarnation ein Franciscaner-Mönch zu Lissabon wurde. Jedoch der verstorbene König Johannes V. zog ihn 1742 an seinen Hof, und machte ihn zum Premier-Minister, welches er auch bis an dessen Ende geblieben ist. Und eben dieser hat den Grund zu der Hoheit seines Vetters gelegt, der noch vor Absterben dieses Monarchens seinem verstorbenen Vater in den Titeln eines Marquis von Gouvea und Grafens von St. Cruz succedirte, und durch Vorschub seines vielgeltenden Oncle zu den höchsten Chargen bey

Hofe gelangte. Den 26 Jun. 1745 starb Don Gabriel Ponce de Leon, Herzog von Aveiro, ohne Erben, der durch seine Mutter, Maria de Alencastro, letzte Erbinn des Herzogthums Aveiro, welches König Johannes II. für seinen natürlichen Sohn Georgium d'Alencastro errichtet hatte, zu dem Besitz dieses Portugiesischen Herzogthums, das jährlich 50000 Ducaten eintragen soll, gelanget war. Es entstunde darauf ein Streit, wer solches Herzogthum nunmehro erben sollte. Der Spanische Herzog, Anton von Arcos und Maqueda, war der nächste dazu, weil er ein Brudersohn des letztverstorbenen Herzogs gewesen. Da ihm aber der Henraths-Contract seiner Großmutter, Maria, Erbherzoginn von Aveiro, welcher den 17 Aug. 1665 geschlossen worden, im Wege war, weil in solchem verordnet worden, daß dieses Portugiesische Herzogthum niemals mit dem Spanischen Herzogthume Arcos vereiniget werden sollte, so wußte es der P. Gaspard, der alles bey dem Könige galt, gar leichte dahin zu bringen, daß seinem Vetter, dem Marquis von Gouvea, der damals am Hofe die Stelle eines Ober-Cämmerers bekleidete, und ein Anverwandter des Herzogl. Hauses Aveiro war, im Aug. 1749 dieses Herzogthum zugesprochen wurde, der auch darauf den Titel eines Herzogs von Aveiro annahm. Als der König den 31 Jul. 1750 starb, mußte zwar der P. Gaspard den Hof verlassen, der neue Herzog aber hatte sich schon bey dem neuen Könige in solches Ansehen gesetzet, daß er nicht nur zum Ober-Hofmeister des Königl. Hauses erhoben, sondern ihm auch den

25 Jul.

der Portugieſiſchen Königs-Mörder. 703

25 Jul. 1752 von neuem der Beſitz des Herzogthums Aveiro zugeſprochen wurde. Er hätte gern geſehen, wenn er das Herzogthum Cadaval hätte an ſein Haus bringen können. Der alte Herzog von Cadaval ſtarb den 31 May 1749, und hinterließ einen Sohn und eine Tochter, die beyde unmündig und der erſte zugleich mit beſondern Schwachheiten behaftet war. Der Herzog von Aveiro ſuchte darauf zwiſchen ſeinem Sohne, dem Marquis von Gouvea, und des jungen Herzogs von Cadaval Schweſter, Margaretha, eine Heyrath zu treffen, um dadurch die reichen Güter dieſes Hauſes an ſein Haus zu bringen, den jungen Herzog ſelbſten aber durch allerhand Intriquen an der Vermählung zu hindern. Allein der König wollte ſeine Einwilligung nicht zu dieſer Vermählung geben, welches vielleicht der Grund zu dem Groll war, den er auf den König geworfen. Ohngeacht er nun ſein eigennütziges und ehrgeiziges Gemüthe auf allerhand Art ſpüren ließ, ſo hörte doch der König nicht auf, ihn mit Wohlthaten zu überhäufen. Dieſes geſchahe ſonderlich im Febr. 1756, da ihm der König ein Stücke Landes ſchenkte, das über 200000 Cruſaden am Werthe geſchätzt wurde. Es ſollte dieſes zugleich einiger Erſatz für ſeinen Verluſt ſeyn, den er durch das Erdbeben erlitten, da ſein Palaſt zu Liſſabon eingeſtürzt, und faſt alle Effecten in demſelben unter dem Schutte begraben worden. Er genoß über dieſes jährlich als Königl. Obriſt-Hofmeiſter 240000 Cruſaden, welches mehr als 100000 Thaler beträgt, und als Präſident von Dezembargo

II. Die Hinrichtung

de Paſſo hatte er 8000 Cruſaden zu genießen. Nichts deſto weniger heißt es in dem publicirten Urtheile unter andern von ihm alſo: „Es iſt öf„fentlich bekannt, daß vor dem Tode des Königs „Johannis V. während der Zeit, da dieſer Durchl. „Monarch in den letzten Zügen gelegen, und gleich „nach ſeinem tödtlichen Hintritte, und von da an „bis jetzo her derſelbige unzählige Intriquen und „Cabalen angeſponnen habe, womit er den Hof „des Königs beſchweret, um die Reſolutionen Sr. „Maj. ſowohl bey den Gerichtshöfen als im Ca„binet durch die Miniſters und Perſonen von der „Partey ſeines Oncle, P. Gaſpard del' Incar„nation, und von ſeiner Partey ſelbſt, auf- und „gleichſam bloquirt zu halten, ſo, daß weder die „Wahrheit vor den Königl. Thron dieſes Herrn „kommen, noch einige Reſolution erhalten werden „können, die nicht durch falſche und betrügliche In„formation erhalten worden wäre.„ Es würde aber ſein boshafter Character der Welt nicht ſo bekannt geworden ſeyn, wenn er nicht endlich die abſcheuliche Zuſammenverſchwörung wider des Königs Leben angeſponnen hätte. Als er des Königs Geneſung vernahm, verwandelte ſich ſein ganzer Stolz und Hochmuth in die allergrößte Verzagtheit, ſo, daß er keinen Muth mehr hatte, bey Hofe zu erſcheinen, ſondern voller Furcht und Confuſion denſelben flohe, und ſich auf ſein Land-Gut zu Azeiton begab, allwo er gefangen genommen wurde, nachdem er ſich mit der Flucht retten wollen, aber, da man ihn ergriffen, ſtark gewehret hatte. Er ſtund während der Tortur alle mögliche

liche Marter aus, ohne daß man ihn dadurch zum Bekänntniß bringen konnte; jedoch bey der Confrontation wurde er überzeugt und gestund alles. Von seiner Familie ist mir nichts weiter bekannt, als daß er eine Gemahlinn, etliche Töchter und einen Sohn von 15 Jahren hinterlassen. Aus was für einem Hause die Gemahlinn sey, ist mir nicht bekannt, so viel aber ist gewiß, daß sie mit ihren Kindern keinen Antheil an der Zusammenverschwörung gehabt. Daher zwar der Sohn, welcher den Titel Marquis von Gouvea führt, in Verhafft genommen, und hernach in das Cartheuser-Kloster zu Evora gesteckt, die Herzoginn aber mit ihren Töchtern nach dem Kloster de la Madre de Deos gebracht, jedoch wider sie weiter nichts vorgenommen, so, daß auch ihrer nicht einmal bey dem Proceß oder in dem publicirten weitläuftigen Urtheile gedacht worden; doch haben sie ohne Zweifel ihre Titel verloren, und müssen bloß von einem Königl. Gnaden-Gelde, und zwar vielleicht in ewiger Gefangenschaft leben. Er hat sein Alter ohngefähr auf etliche 50 Jahr gebracht. Seine Mutter hatte sich vor einigen Jahren in ein Nonnen-Kloster begeben, und ihre Gelübde daselbst gethan. Als ihr nun das Unglück, das ihr Sohn sich zugezogen, zu Ohren gekommen, ist sie darüber dergestalt erschrocken, daß sie den 10 Jan. 1759, und also kurz vor seiner Hinrichtung, gestorben.

II. Franciscus d'Aßis, Marquis von Tavora, stammte aus einem alten Geschlechte her, das unter König Petro II. in den Marquisen-Stand erhoben worden. Er ward den 7 Oct. 1703 gebohr-

II. Die Hinrichtung

gebohren, und vermählte sich sehr jung mit seiner Gemahlinn, da er noch nicht 15 Jahr alt war. Er fand nahen Zutritt bey Hofe und gelangte bey der Armee frühzeitig zu der Stelle eines Generals. Sonderlich bekam er an dem vielgeltenden P. Gaspard einen großen Patron, durch dessen Vorschub er 1749 zu der wichtigen Stelle eines Vice-Königs zu Goa in Ost-Indien gelangte, wohin er im Mart. 1750 nebst seiner Gemahlinn mit drey Kriegs-Schiffen von Lissabon abreisete: Er ließ hierauf dem Indianischen Könige von Sunda, der die, mit den vorigen Vice-Königen errichteten, Verträge vielfältig übertreten, den Krieg ankündigen, worauf er den 3 Nov. 1752 mit einer kleinen Escadre von Goa auslief, sich nach der Küste von Sunda wendete und seine Mannschaft bey der Festung Piro landen ließ. Dieser Platz wurde alsdann mit Sturm angegriffen, und ob er gleich tapfern Widerstand that, mußte er sich doch an die Portugiesen ergeben. Es wurde zugleich währender Attaque das Fort Pimpim, das die Einfahrt in den Haven von Piro bedeckte, von den Schiffen stark beschossen, welches sich nebst dem Fort Connin, so auf einer kleinen Insel in eben diesem Haven liegt, ebenfalls und zwar mit Accord ergab, sobald Piro erobert worden. Man fand an diesem Orte große Schätze, die der Marquis von Tavora meistens unter seine Soldaten austheilen ließ. Nachdem er den eroberten Platz mit allen Nothwendigkeiten versehen hatte, kehrte er im Triumph wieder nach Goa. Er brachte verschiedene eroberte Schiffe mit zurücke, wie auch 120

Canonen. Es war die Eroberung von Piro von großer Wichtigkeit, weil der König von Sunba in diesem Haven seine Niederlage hatte. Er bekam dadurch die Erfordernisse seines Reichs, welches nunmehro nicht anders geschehen konnte, als daß er den Portugiesen davon einen Zoll entrichten mußte. Als der Hof von dieser Eroberung Nachricht kriegte, gab er Befehl, etliche 1000 Mann nach Goa zu schicken, um nicht nur die Besatzungen in den neueroberten Plätzen zu verstärken, sondern auch den Vice-König in den Stand zu setzen, noch mehr zu unternehmen, so aber nicht erfolgt ist. Dieser hielte vielmehr um seine Zurückberufung an, die ihm auch zugestanden wurde. Er reisete den 26 Dec. 1754 von Goa ab, und langte den 1 Mart. 1755 in der Bahia de todos los Santos in Brasilien an, von dar er mit der Silber-Flotte den 19 Sept. a. e. glücklich nach Lissabon zurück kam. Er wäre hierauf gern in den Herzogs-Stand erhoben worden, weshalben er nebst seiner herrschsüchtigen Gemahlinn den König selbst darum ansprach; welches ihm aber als eine Sache, um die er sich noch nicht genug verdient gemacht, nicht gewähret werden konnte. Sie hörten aber doch nicht auf, den Staats-Secretair von den innerlichen Reichs-Angelegenheiten stets zu überlaufen, und es gleichsam als eine schuldige Gerechtigkeit zu fordern, wodurch gedachter Staats-Secretair endlich gezwungen wurde, um des hitzigen Anlaufens loß zu werden, deutlich zu bezeugen, daß kein Exempel vorhanden wäre, welches bey dieser Prätension zu des Marquis

quis Behuf dienen könnte. Dieses nun war die Ursache zu der Verbitterung gegen den König. Immittelst ließen sichs weder der Marquis, noch dessen Gemahlinn merken, sondern erschienen seitdem als unverdächtige Personen desto fleißiger bey Hofe. Im Jan. 1757 ward er zum General-Intendanten des Kriegs-Departements, und im April a. e. zum Mitgliede des hohen Krieges-Raths und General-Director, auch commandirenden General der gesammten Cavallerie ernennet. Als man ihn zum Verhafft gebracht hatte, erkannte man an ihm nebst der Scham, sich den thörichten Eingebungen des Herzogs überlassen zu haben, eine wahrhaftige Reue, und erwartete mit Unterwerfung in die göttliche Vorsehung in Gelassenheit die Strafe, die er verdient hatte. Er hat mit seiner Gemahlinn viele Kinder gezeugt, davon eine Tochter mit dem Grafen von Atouguia und eine andere mit dem Marquis von Alorna vermählet worden, die beyden Söhne aber mit dem Vater, als Complices seines Verbrechens, hingerichtet worden. Er hat sein Alter auf 55 Jahr und etliche Monate gebracht.

III. Eleonora, Marquisin von Tavora, des vorigen Gemahlin, war eine Tochter und Erbin Ludwig Bernhards Alvares, Marquis von Tavora, und wurde den 15 Mart. 1700 gebohren. Den 21 Febr. 1718 wurde sie mit ihren Vetter, dem obgedachten Marquis von Tavora, vermählt, dem sie viele Kinder gebohren. Sie begleitete ihn 1750 nach Goa, als er als Vice-König dahin gienge, kam auch 1755 glücklich mit ihm wieder

zurücke

zurücke und gedachte nunmehro zu dem Range einer Herzogin zu gelangen, welches ihr aber fehlschlug, und sie sehr erbitterte. Sie hatte alle Gewalt in ihrem Hause und wußte ihren Gemahl und die ganze Familie nach ihrem Willen zu lenken. Ihr Character wird in dem publicirten Urtheil mit folgenden Worten abgebildet: Ihr Geist war von einem teuflischen Stolze, von einem unersättlichen Ehrgeize und von einem verwägenen und unerschrockenen Hochmuthe, dergleichen man bis hieher bey keiner Person ihres Geschlechts wahrgenommen hat, besessen. Sie hat ihr Alter fast auf 59 Jahr gebracht.

IV. Ludwig Bernhard, Marquis von Tavora, der itztgedachten Marquisin von Tavora ältester Sohn, hat bey Hofe jederzeit in gutem Ansehen gestanden, ob man gleich nicht gehöret, daß er eine gewisse Bedienung bekleidet. A. 1742 hieß es, er sey zum Grafen von Alvor erhoben worden. Er hatte eine liebenswürdige Gemahlin, die bey seiner Gefangennehmung in das prächtige Kloster dos Santos gebracht worden. Vermuthlich hat sie keinen Theil an der Zusammenverschwörung gehabt, daher man auch nichts von ihrer Bestrafung vernommen.

V. Hieronymus d'Ataide, Graf von Atouguia, stammte aus dem alten Geschlechte von Ataide her, dessen Anherr aus Gasconien hergestammt. König Alphonsus V. machte Alvarum Gonsalvum d'Ataide zum ersten Grafen von Atouguia, und da seine Nachkommen diesen Titel wieder verloren, hat König Sebastian vom neuen Ludwigen

gen d'Ataide zum Grafen von Atouguia gemacht, bey dessen Nachkommen diese Gräfliche Würde bis auf die jetzige Zeit geblieben. In der letztern Revolution machte sich Hieronymus d'Ataide, Graf von Atouguia, bekannt. Er war Gouverneur von Alentejo, und hielt sich gegen die Spanier sehr tapfer. Von diesem stammte in gerader Linie derjenige her, der diesem Geschlechte den grösten Schandfleck angehängt hat. Ludwig Peregrinus d'Ataide, Graf von Atouguia, war unstreitig sein Vater, welcher sich verschiedene Jahre als Vice-König in Brasilien befunden und den 16 Oct. 1754, da er eben 54 Jahr alt gewesen, nach Lissabon zurück gekommen. Er ist bald darauf gestorben, und hat seinem Sohne seine Güter und Titel hinterlassen. Ein Unglück für diesen jungen Herrn war es, daß er des obgedachten Marquis von Tavora Tochter geheyrathet. Denn hierdurch ist er in die gräuliche Zusammenverschwörung wider den König verwickelt worden, welche ihn um Leib, Leben, Ehre, Haab und Gut gebracht. Seine Gemahlinn und Kinder wurden den 4 Jan. 1759 in ein Kloster gebracht.

III.
Einige jüngstgeschehene merkwürdige Avancements.

I. Am Kayserl. und Ungarischen Hofe:

Im Dec. 1758. wurden zu Generals der Cavallerie erklärt:
 1. Joseph, Graf von Bournonville, und
 2. Andreas von Haddick.

Zu General-Feld-Marschall-Lieutenants wurden zu gleicher Zeit ernennt:
 1. Joseph, Graf Esterhasy,
 2. Anton, Graf Sceczeni, und
 3. Carl, Baron von Moltke.

General-Wachtmeisters wurden:
 1. Anton Joh. Nep. Graf von Hamilton und
 2. Franz Aloysius, Baron von Hager.

Der Obrist-Lieutenant, Graf von Galler, ward zu eben dieser Zeit Obrister.

Im Febr. 1759. wurden zu General-Feld-Marschall-Lieutenants erklärt:
 1. Der Vice-Commendante zu Wien, von Holzen,
 2. Der Baron von Plonquet,
 3. Joh. Reichard, Baron von Wolffersdorf,

4. Renaud, Baron von Gemmingen, und
5. Friedrich, Graf von Mayern.

Zu General-Wachtmeisters wurden zu gleicher Zeit die Obristen von Steinville, Lassellt, Biela, Elrichshausen und Seckendorf, und zum Obristen bey dem Lignischen Regimente, der Obrist-Lieutenant, Fürst von Ligne, ernennet.

Wir holen nach, daß im Jun. 1755. Cajetan Augustin, Graf von Wildenstein, Kayserl. Königl. würklicher Geheimer-Rath und im Sept. a. e. der Prinz August von Lobkowitz, Obrist-Lieutenant bey Colloredo, den 4 Oct. a. e. aber der Obrist der Bannalisten, Baron Levin von Beck, General-Wachtmeister, und die Obrist-Lieutenants, Carl, Graf Caramelli, Anton, Baron von Tillier und der Baron von Rodt zu Obristen bey Pallavicini, Porporati und Trautmannsdorf, der Graf von Hamilton aber zum aggregirten Obristen bey dem letztern Regimente ernennet worden.

Den 15 Oct. 1755. wurde Francisca Gabriele Josepha, verwitwete Gräfin von Heister, gebohrne Gräfin von Kaunitz, zur Aya bey den jungen Erzherzoginnen vorgestellt, der Obrist-Erb-Postmeister aber, Graf Wenceslaus Joseph von Paar, und die Bischöffe von Szonad und Sirmien, Franz Anton und Siegmund Anton, legten den Eyd als würkliche Geheime Räthe ab.

II. Am Rußisch-Kayserl. Hofe:

Den 23 Febr. 1759. trug die Käyserin das Directorium des adelichen Cadeten-Corps zu Petersburg, welches bisher von dem würkl. Geheimen Rathe, Senator und Ritter, Fürsten Jusupow, mit vielen Ruhme geführet worden, dem Groß-Fürsten auf, mit der freyen Macht, die jetzigen Einrichtungen nach Gutbefinden beyzubehalten oder zu ändern. Den 26. erhub sich der Großfürst zu diesem Cadeten-Corps und übernahm es von dem Fürsten Jusupow. Nachdem er solches einige Exercitia machen lassen, dabey er selbst commandirte, bis er es wegen eingefallener starken Kälte auseinander gehen, worauf er Officiers und Cadets in dem Zimmer des Brigadiers Melgunow, bey welchem er das Mittagsmahl einnahm, zum Handkuße ließ.

Den 12 Febr. a. e. wurden zu General-Lieutenants erklärt:

1. Jacob Mordwinow,
2. Peter Olitz,
3. Der Fürst Lubomirski,
4. Peter Panin,
5. Nicolaus Leontiew,
6. Jacob Fast,
7. Cornelius Borosdin,
8. Peter Holmer,
9. Der Herr von Demikow,
10. Stephan Jesikow, welcher zugleich der Felddienste in Gnaden erlassen worden.

Zu General-Majors aber wurden ernennet:
1. Johann von Treyden,
2. Johann von Nummers,
3. Gustav von Berg,
4. Carl von Gaugreven,
5. Födor Rokotschkin,
6. Iwan Leoeriew,
7. Peter Jeropkin,
8. Födor, Fürst Dolgoruki,
9. Carl von Rosen und
10. Peter Jakowlew.

A. 1755. den 25 Apr. erhielte der Graf Peter von Schuwalow die importante Stelle eines Oberrichters der Grenz-Streitigkeiten in allen adel. Lehn-Gütern, welche Stelle erst neu errichtet worden.

Im Jan. a. e. erhielte der Cammerherr, Sergius, Graf von Soltikow, Brigadiers-Rang worauf er im Jun. als Gesandter nach dem Nieder-Sächsischen Kreyse abgienge.

Im Febr. a. e. ward der Graf Johann von Woronzow, Hauptmann bey der Preobrazinskischen Leib-Garde und Graf Sergius Jagowsinski würckl. Cammerherr.

III. Am Französischen Hofe.

Den 1 Jan. 1759. wurde der Cardinal von Lusnes als Commandeur des heil. Geistes-Ordens installirt, folgende Herren aber zu Rittern dieses Ordens creirt:
1. Der Herzog von Chevreuse,
2. Der Marschall von Contades,

3. Der

3. Der Prinz von Croy,
4. Der Graf von Rochechouart,
5. Der Graf von Graville,
6. Der Graf von Lannion,
7. Der Herzog von Broglio und
8. Der Graf von Guerchy.

Der Chef d' Escabre Marquis du Quesne ward im Jan. a. e. Commandeur des Königl. Militair-Ordens von St. Ludwig mit einer Pension von 3000 Livres; der Marquis von Castries ward General-Lieutenant der Königl. Armeen und der Graf vor Ayen bekam die Anwartschaft auf die Stelle eines Königl. Leib-Garde-Hauptmanns, die sein Vater, der Herzog von Ayen, bekleidet.

Den 11 Jan. a. e. haben, als Herzoge und Pairs in dem Parlamente zu Paris Sitz genommen:
1. Der Herzog von Chevreuse, *)
2. Der Herzog von la Vauguyon und
3. Der Herzog von Broglio.

Den 7 Jan. a. e. empfiengen der Prinz von Conde, der Graf de la Marche, die Herzoge von Montmorancy und Mazarin, der Fürst von Chimay, die Grafen von Gace und Valbelle, die Marquisen von Morbecq, Vastan, Chaumont-Bernage, Balincourt,

Fff 3 Cam-

---

*) Er hat diesen Titel behalten, ob er gleich des verstorbenen Herzogs von Luynes ältester Sohn ist.

Cambout-Coaslin, Beuvron, Danois und Marboeuf und der Ritter von St. Aignon den Ritter-Orden St. Michaelis.

Im Jan. a. e. wurden zu General-Lieutenants der Königl. Armeen der Marquis von Montcalm, der Graf von Vogue, der Marquis von Saone und der Herr du Barail ernennet. Der Graf von Haußonville bekam das Regiment Royal Roußillon und der Graf von Montazet, der sich bey Hochkirchen sehr tapfer gehalten und bleßirt worden, ward Groß-Creutz des St. Ludwigs-Ordens, der Graf von Albert aber, Sohn des Herzogs von Chevreuse, kriegte Erlaubniß, den Titel eines Herzogs von Luynes anzunehmen.

Den 25 Jan. a. e. nahm der Herzog von Choiseul als Pair im Parlamente Sitz, wobey 5 Prinzen vom Geblüte und 18 andere Pairs zugegen waren.

Den 2 Febr. a. e. wurden der Cardinal von Gesvres, der Marschall von Contades, die Grafen von Graville, Rochechouart, und Guerchi, der Prinz von Croy und der Graf von Lannion als Ritter des heil. Geistes installirt.

Nachdem der Staats-Rath, Herr von Montmartel, ehmaliger Bewahrer des Königl. Schatzes, welcher viele Jahre hinter einander die Functiones als Banquier des Hofs versehen, hohen Alters und Schwachheit halben von dem Könige einen Nachfolger verlanget hatte, ward der Königl. Secretair, Herr de la Borde, darzu ernennet.

Den

Den 4 Febr. a. e. legte der Bischof von Poitiers als erster Almoſenierer bey der Mabame de France, des Königs älteſten Tochter, den Eyd ab. Er ward kurz darauf zum Biſchof von Meaux ernennt, an deſſen Stelle aber kam der Groß-Vicarius zu Rouen, Abt Beaupoil von St. Aulaire.

Den 18. Febr. a. e. ward der Marſchall, Prinz von Soubiſe, zum Staats-Miniſter ernennet, in welcher Qualität er in dem Königl. Conſeil Siz nahm.

In dieſem Monate ward auch der Marſchall de Camp von Caſtella, der zu Weſel commandirt, General-Inſpector der Schweizer-Regimenter. Den 10 Febr. a. e. wurde eine zahlreiche Militair-Promotion vorgenommen, wobey der General-Inſpector der Infanterie, Herr von Monteynard, General-Lieutenant der Königl. Armeen wurde.

Zu Marſchallen de Camp wurden folgende ernennet:

1. Bey der Infanterie:

1. Der Herr von Viſe, Capitain bey der Franzöſiſchen Garde,
2. Der Herr von Voiſenon, Capitain bey eben dieſer Garde und Commandant von einem Bataillon,
3. Der Herr Settiez, Major bey dem Schweizer-Garde-Regimente.
4. Der Baron von Travers, Capitain bey eben dieſer Garde.

5. Der

5. Der Ritter von la Marck, Obrist-Lieutenant bey dem Regimente la Marck,
6. Der Baron von Tunderfeld, Obrist-Lieutenant bey eben diesem Regimente,
7. Der Herr Rooth, ein Irländer,
8. Der Graf von Cusaques, Obrist-Lieutenant bey dem Regimente von Rovergue,
9. Der Herr von Courbuisson, Obrist-Lieutenant von dem Regimente von Eu,
10. Der Marquis von Fenelon, Obrister von dem Regimente de la Ferre,
11. Der Graf von Hamilton, Commendant von dem Bataillon de la Mark,
12. Der Graf von Bethune, Obrist-Lieutenant von des Königs Regimente,
13. Der Herr von la Morliere, Obrister des Regiments Volontaires von Flandern,
14. Der Baron du Blaisel, Obrist-Lieutenant der Volontairs des Prinzens von Clermont,
15. Der Marquis von Gouy, Obrister des Regiments der Königin,
16. Der Marquis von Mailly,
17. Der Graf von Choiseul Beaupré, Obrister bey den Grenadiers de France und General-Inspector der Infanterie,
18. Der Herr von Bergeres, Obrister von einem Regimente Königl. Grenadiers,
19. Der Herr Gayon, Colonel Reforme,
20. Der Herr von Bruslart, Obrister von einem Regimente Königl. Grenadiers,
21. Der Marquis von Bassompierre, Obrister des Regiments Royal Barrois,

22. Der

22. Der Prinz von Robecq, Obrister des Regiments Limosin,
23. Der Marquis von Lemps, Commendant in Blvarois,
24. Der Herr von Chatillon, Obrister von einem Regiment Königl. Grenadiers,
25. Der Herr Guyol von Guiran, Director von der Artillerie,
26. Der Herr von Bourcet und
27. Der Herr von Filley, Directeurs von den Ingenieurs.
28. Der Ritter von St. Sauveur,
29. Der Marquis von Sept-Maisons,
30. Der Herr von Voreilles und
31. Der Herr von Champignelles, alle viere Fähnbrichs bey der Königl. Leib-Garde.

  2. Bey der Cavallerie:

1. Der Vicomte von Segur, erster Fähnbrich bey den Gendarmes der Garde,
2. Der Herr Filz von Cosse, erster Quartiermeister und Aide-Major bey eben diesen Gendarmes der Garde,
3. Der Herr von Vezanne, erster Quartiern. und Aidemajor der Chevaur legers der Garde,
4. Der Marquis von la Cheze, Sou-lieutenant bey den Granb-Mousquetairs,
5. Der Marquis von Baqueville, Sou-lieutenant von den Gendarmes von Orleans,
6. Der Herr von Folleville, Sou-lieutenant von den Chevaur legers der Königin,
7. Der Herr von l'Esperoux, Capitain-lieutenant von den Gendarmes von Flandern,

8. Der

8. Der Graf von Montecler, Sou-lieutenant der Gendarmes Ecossois,
9. Der Herr von Resie, Obrist-Lieutenant des Regiments Talleyrand,
10. Der Herr von Moulins, Obrist-Lieutenant des Regiments Moutier,
11. Der Herr von Obenheim, Obrist-Lieutenant des Regiments Royal-Allemand,
12. Der Herr von Cormainville, Obrist-Lieutenant des Regiments Mestre de Camp-General,
13. Der Marquis von Goyecourt, Mestre de Camp-Lieutenant des Regiments Dauphin Etranger,
14. Der Herr von Saluces, Mestre de Camp des Regiments Saluces,
15. Der Herr von la Rochefoucault-Langheac, Mestre de Camp des Regiments dieses Namens,
16. Der Graf von Galiffet, Mestre de Camp des Regiments der Königin und General-Inspector der Cavallerie und der Dragoner,
17. Der Marquis von Esqvevilly, Mestre de Camp des Regiments Royal,
18. Der Graf von Vienne, Mestre de Camp-Lieutenant des Regiments Prinz Clermont,
19. Der Marquis von la Vicfville, Mestre de Camp des Regiments dieses Namens,
20. Der Graf von Bissy, Mestre de Camp-Reforme bey dem Regiment des General-Commissarii,
21. Der Graf von Grammont, Mestre de Camp des Regiments Grammont,

22. Der

22. Der Graf von Espies, Capitain des Regiments Crüßol und

  Bey den Dragonern:
23. Der Ritter von Mezieres, Capitain bey dem Regiment Beaufremont.

Zu Brigadiers sind zu gleicher Zeit ernennet worden,

  1. Bey der Infanterie:
1. Der Marquis von Bouville,
2. Der Ritter von Champignelles,
3. Der Graf von Anteroches,
4. Der Graf von Lautrec,
5. Gabriel Joseph Reynold,
6. Stephan Castellaz,
7. Der Marquis von St. Herem,
8. Der Ritter von Ailly,
9. Der Marquis von Contades,
10. Der Graf von Castellane,
11. Der Ritter von Chabrillan,
12. Der Herr von la Tresne,
13. Der Herr Warren,
14. Der Marquis von Montpouillant,
15. Der Lord Ogilvy,
16. Der Marquis von Vaubecourt,
17. Der Herr Roscommon,
18. Der Baron von Zuckmantel,
19. Der Graf von Beaujeu,
20. Der Graf von Vienne,
21. Der Graf von Esparbes,
22. Der Marquis von Perüße d' Ecars,
23. Der Baron von Rey,

24. Der

24. Der Ritter von Valence,
25. Der Marquis von Juigne,
26. Der Herr Jenner,
27. Der Herr von Bülow,
28. Der Herr von Bousquet,
29. Der Bellbor,
30. Der Herr du Portal,
31. Der Ritter von Lambert,
32. Der Herr von Florissac,
33. Der Herr von Cherisen,
34. Der Marquis von la Billarberie,
35. Der Herr von Cassini,
36. Der Herr von Morialles, und
37. Der Ritter von Amfreville,

2. Bey der Cavallerie:

1. Der Herr von Bonnaire,
2. Der Marquis des Quebecq,
3. Der Herr von Bulstrode,
4. Der Vicomte von Sabran,
5. Der Graf von Esclignac,
6. Der Graf von Bouffiers,
7. Der Graf von Clermont-Montoison,
8. Der Marquis von Crußol d'Ambolse,
9. Der Graf von Valentinois,
10. Der Rheingraf Ludwig,
11. Der Prinz von Holstein-Beck,
12. Der Ritter von Marcieu,
13. Der Marquis von Moutler,
14. Der Graf von Poly,
15. Der Herr von St. Andre,
16. Der Herr von Prabel,

17. Der

17. Der Prinz von Anhalt-Cöthen,
18. Der Ritter von Nanclas,
19. Der Herr Nordmann,
20. Der Herr von la Roqve, und
21. Der Herr von Monciel.

3. Bey den Dragonern:
1. Der Herr von la Babie, und
2. Der Herr von la Porterie.

Wir holen hier nach, daß im Dec. 1754. der Graf von Ayen, Enkel des Marschalls von Noailles, die Anwartschaft auf das Gouvernement von St. Germain erhalten, und der Abt de la Ville die Bedienung bey dem Departement der auswärtigen Affairen wieder angetreten.

Im Oct. 1755. kriegte der Herzog von la Tremouille das Cavallerie-Regiment von Aquitanien, und der Graf von Teße, Ober-Stallmeister der Königin, das Cavallerie-Regiment Cravattes. Die Obristen Stellen unter den Grenadiers de France kriegten an beyder Statt der Marquis von Visieux und der Graf von Avaray. Die neuvermählte Marquisin von Teße ward im Aug. vorher Gesellschafts-Dame bey der Dauphine.

IV. Am Großbritannischen Hofe:

Im Jan. 1759. ward der Graf von Westmorland Cantzler der Universität Oxford.

Folgende Capitains wurden zu gleicher Zeit zu Contre-Admirals erklärt: Elliot, Smith, Cornish, Geary und Smith-Callis.

III. Einige jüngstgeschehene

Den 2 Febr. a. e. legte der Admiral der blauen Flagge, Eduard Boscawen, den Eyd als ein Mitglied des Königl. geheimen Raths ab, und nahm Siz in diesem hohen Collegio.

In eben diesem Monathe wurden folgende General-Majors zu General-Lieutenants erhoben:
1. Wilhelm Shirley,
2. Der Ritter Wilhelm Peperell,
3. Der Herzog von Bedford,
4. Cutbert Ellison,
5. Der Herzog von Ancaster,
6. Der Herzog von Kingston,
7. Der Marquis Johann von Granby,
8. Der Graf George von Cholmondley,
9. Der Graf George von Hallifax,
10. Der Graf Simon von Harcourt,
11. Der Graf Arthur von Powis,
12. Obrien Dilkew,
13. Der Graf Johann von Sandwich und
14. Der Graf Wilhelm von Hume.

Wir holen nach, daß im Jan. 1755 Wilhelm Lyttleton, zum Gouverneur von Nord-Carolina, und im Febr. a. e. der Lord Ducie von Moreton, zum Gouverneur der Grafschaft Glocester, im Mart. aber der Lord Cathcart, zum Königl. Commissario der Kirchen-Angelegenheiten in Schottland ernennet worden.

Nachdem auch im Mart. 1755 der Graf von Rocheford, Ober-Cämmerer, und zugleich nebst dem Vicomte von Barrington, ein Mitglied des geheimen Raths worden, der Graf von Pow-

let

let aber die Cammerherrn-Stelle resignirt hatte, wurden der Herzog von Ancaster und die Grafen von Essex und Orford, zu Königl. Cammerherren ernennet.

V. Am Königl. Preußischen Hofe:

Im Jan. 1759 ward der General-Lieutenant von der Infanterie, und Chef eines Regiments zu Fuß, Johann Christoph von Brandis, wegen seines hohen Alters seiner Dienste mit einer Pension erlassen, dessen erledigtes Regiment der General-Major, Carl Anton Leopold von Zastrow, bekommen. Es erhielte auch der Obrist Christian Siegmund von Horn, das Curassier-Regiment des verstorbenen Generals von Driesen, welches er bisher commandirt hatte, wobey er zugleich zum General-Major ernennet wurde.

In diesem Monathe erhielte auch der General-Major von Czettritz, die erledigte Wiesenhaverische Präbende, bey dem St. Nicolai-Stifte zu Magdeburg, der Obriste von Dierke aber ward General-Major, und Chef von dem Pionnier-Regimente, das sonst der General-Major von Sers gehabt.

Zu Obersten wurden in diesem Monathe ernennet, der Major und Commendant zu Colberg, Herr von Heyden, der Obrist-Lieutenant von Schmehling, und der Obrist-Lieutenannt bey dem Ingenieur-Corps von Wrecde. Der erste bekam zugleich den Orden pour les merites. Die Majors bey dem Schönaichischen Curassier-Regi-
nnente

mente von Scheelen und von Wuthenau, der Major bey dem Ingenieur-Corps von Embers, und der Vice-Commendant zu Glaß, von C. wurden Obrist-Lieutenants.

Im Febr. a. e. wurde der General-Major und Commandeur des Holsteinischen Dragoner-Regiments, Joachim Christian von Brandemer, Commandeur des Leib-Carabinier-Regiments.

Der General-Lieutenant, Heinrich von Manteufel, bekam im Febr. a. e. den Ritter-Orden des schwarzen Adlers, und der General-Lieutenant, Leopold Alexander, Graf von Wartensleben, ward zum Senior des Johanniter-Ordens erwählet.

Es wurde auch in eben diesem Monathe folgende Militair-Promotion vorgenommen:

Generals von der Infanterie:
1. August Wilhelm, Herzog von Braunschweig-Bevern.
2. Heinrich August, Baron de la Motte-Fouquet, und
3. Friedrich, Erb-Prinz von Hessen-Cassel.

General-Lieutenants:
1. Carl Heinrich von Wedel, und
2. Friedrich von Fink.

General-Majors:
1. Johann Heinrich von Stutterheim,
2. Franz Adolph, Prinz von Anhalt-Bernburg, und
3. Friedrich Ehrenreich von Rammin.

Obri-

merkwürdige Avancements.

Obristen:

1. Der Herr von Marwitz, bey Prinz Ferdinand.
2. Der Herr von Jagow, bey Treskow.
3. Der Herr von Schenkendorf, bey Münchow.
4. Der Herr von Götz, bey Bülow.
5. Heinrich Wilhelm von Kleist, bey Marggraf Heinrich.
6. Johann Gottfried von Kikol, bey Puttkammer.
7. Der Herr von Rose, bey Fouquet.
8. Der Herr von Böhme, bey Neuwied.
9. Aug. Friedr. von Marschall, bey Ferd. Braunschweig.
10. Der Herr von Thadden, bey Dierke.
11. Johann Friedrich von Birkhahn, bey Bevern.
12. Bernhard Gustav, Graf von Mellin, bey Queiß.
13. Der Herr von Billerbeck, bey der Garde.
14. Peter Heinrich von Stojentin, bey Franz Braunschweig.
15. Christian Friedrich von Renzel, bey Lattorf.
16. Der Herr von Rath, bey den Königsbergl. schen Grenadiers.
17. Joh. Friedr. von der Aßeburg, bey Münchow.
18. Otto Friedrich von Lossow, bey den Grenadiers.

19. Leo-

19. Leopold von Kleist bey Knoblauch, und

20. Joh. Heinrich von Holzmann bey der Artillerie.

Das Alt-Krockowische Cürassier-Regiment, kriegte in eben diesem Monathe der bißherige Commandeur des Alt-Platenischen Dragoner-Regiments, Gustav Adolph von Schlaberndorf, der zugleich zum General-Major erklärt wurde.

Es erhielte auch der General-Major, Julius Dietrich von Queiß, das Geistische, und der Obrist, Friedrich Magnus von Horn, das Wiedersheimische Infanterie-Regiment, welcher letztere zugleich General-Major wurde.

Es wurden auch die Capitains von Düring und von Kalben bey Prinz Ferdinand Majors, und der Czetterische Major von Pabstein ward Obrist-Lieutenant, die Capitains von Schack und von Bornstädt aber, bey eben diesem Regimente Majors.

Der Commandeur bey Prinz Franz, Rudolph von Hofmann, erhielte in eben diesem Monathe das Jungkische Regiment, und ward General-Major.

Der General-Lieutenant von Ryow, bekam mit einer Pension von 1000. Thalern, die er zu Stettin verzehren sollte, seine Erlassung. Er hat sich zugleich anheischig machen müssen, keiner andern Nation zu dienen. Es ist auch der General-Lieutenant, Conrad Lebrecht Marschall von

von Bieberstein 1759 in Berlin in Gnaden die Erlassung seiner Dienste bekommen haben.

VI. Am Königl. Portugiesischen Hofe:

Im Jan. 1759 wurden durch eine Königl. Verordnung, die würkl. Cammerherren und General-Lieutenants mit dem Tittel Ercellenz, und die General-Majors, nebst allen, die das Patent als Königl. Räthe haben, mit dem Tittel la Senhoria oder Ihre Herrlichkeit beehrt.

Den 13 Mart. 1758 ward Caspar de Braganza, geb. 13 Oct. 1716 zum Erzbischof von Braga, und der Dominicaner, P. Alexius Henriquez, geb. 12 Aug. 1692 zum Bischof von Miranda ernennet.

Don Francisco Miguel de Tavora, Erzbischof von Evora, und sein Bruder, Don Antonio de Tavora, Bischof zu Oporto, haben den Namen von Sousa angenommen.

VII. Am Schwedischen Hofe:

Im Jan. 1759 ward der General-Major und Commandeur des Schwerdt-Ordens, August Ehrenschwerdt, zum General-Lieutenant erklärt, der General Graf Hamilton aber kam den 5ten dieses aus Pommern zu Ystedt an.

Es ward auch in diesem Monathe der Reichsrath und Commandeur des Nordstern-Ordens, Carl Lagerberg, in den Freyherrn-Stand erhoben.

Im Februar wurde der Obrist-Lieutenant Virgin, Obrister bey der Fortification zu Stralsund.

VIII. In

VIII. In Hannover:

Im Jan. 1759 haben die General-Majors von Grote und von Druchtleben die gebetene Erlassung ihrer Dienste erhalten, deren Regimenter die Obristen von Laffert und Schulenburg bekommen.

Bey der 1758 eingezogenen Parforce-Jagd gestandene Jagd-Junker von Beaulieu, ward im Febr. 1759 mit gleichem Character und mit Beybehaltung seiner vorigen Anciennität bey der deutschen Jagd zu Celle hinwiederum bestellet.

IX. Am Päbstlichen Hofe:

Im Jan. 1759 ward der Cardinal Torreggiani Praefectus der Congregation des Concilii, und der Patriarche und Vice-Gerente Rossi ward Pro-Datarius, welches bisher der Cardinal Cavalchini gewesen.

Den 12 Febr. hielte der Pabst geheimes Consistorium, darinnen der Cardinal Borghese, als Vice-Decanus des heiligen Collegii das Bißthum Porto, und der Cardinal Cavalchini, der in den Orden der Cardinal-Bischöffe trat, das Bißthum Albano kriegte. Der Cardinal Joh. Franz Albani trat in den Priester-Orden, und erhielte den Titel von St. Clemens, der Cardinal Spinelli aber ward Protector des Augustiner-Ordens.

Den 12 May 1755 ward der Erzbischof von Sorrento, Ludwig Agnellus Anastasi, Patriarche von Alexandrien, und Paulus Graf von Canale, bekam die Anwartschaft auf die Stelle eines

merkwürdige Avancements.

nes Generals des Kirchenstaats, die vorietzo der Bailli Antenori bekleidet.

Im Jahr 1756 wurden unter die Auditores Rotä aufgenommen: 1) Bartholomäus Olivazzi, ein Meyländer, 2) Petrus Frangipani, ein Römer, geb. 1718, und 3) Josephus Herreros, ein Spanier; 1757 aber 4) Alexander Ratta, ein Bologneser, geb. 1708. 5) Alexander Baldeschi von Perugia, geb. 30 Oct. 1691. und 1758 6) Johann Cornaro, ein Venetianer, und 7) Thomas Alputu, ein Spanier, geb. 17 Sept. 1703.

Im Jahr 1758 wurden zu Cammer-Clericis ernennet: 1) Carolus Petrus Albani, und 2) Paulus Mattei.

Es wurden auch den 22 Nov. 1758, folgende Erzbischöffe von dem Pabste ernennet:

1. Zu Acerenza und Matera Erzbischof: Seraphinus Filingeri, ein Benedictiner, geb. 24 Apr. 1713.

2. Zu Amalfi Erzbischof: Anton Puoti, geb. 21 Apr. 1716.

3. Zu Aqvapendente Bischof: Johannes Dominicus Santucci, geb. 11 Jun. 1698.

4. Zu Comacchio Bischof: Johannes Rondinelli, geb. 11 Jun. 1717.

An eben diesem Tage kriegte auch der Cardinal Paolucci das Bißthum Frascati.

Den 13 Mart. 1758 sind ernennet worden:

5. Zu Sorrento Erzbischof: Joseph Sersale, geb. 25 Jul. 1708.

6. Zu

6. Zu Terracina Bischof: Franctscus Alexander Odoardi, geb. 12 Dec. 1690.
7. Zu Tivoli Bischof: Franciscus Castellini, geb. 21 Mart. 1707.

IV.
Von dem merkwürdigen Concluso der Evangelischen Stände zu Regenspurg.

Das Corpus Evangelicorum auf dem Reichs-Tage zu Regenspurg hat in Geheim den 29 Nov. 1758 ein *Conclusum* abgefaßt, dadurch es sich in Ansehung der vorseyenden Reichs-Achts-Sache dahin verbunden, daß es nicht zugeben würde, daß diese, von Kaiserl. Erkänntniß nicht abhangende, Sache anders, als nach den Reichs-Gesetzen und der Kaiserl. Wahl-Capitulation Art. XX. vollzogen würde. Die Instructiones zu dieser wichtigen Handlung sind in höchster Geheim denen Gesandten von ihren Höfen zugefertiget worden, und der Anspachische, der sonst allezeit vor seine Person auf der Gegen-Parten gehangen, empfieng die seinige nur eine Stunde vorher. Es waren Vota eminentissime majora verhanden, indem Niemand widersprochen, als der Würtembergische und der Mecklenburgische Gesandte, welcher letztere es ad referendum angenommen. Der Chur-Sächsische Gesandte hat sich sogar genö-

der Evang. Stände zu Regenspurg.

genöthiget gesehen, das Conclusum zu dictiren, weil man ihm gedrohet, daß sonst der folgende Evangelische Gesandte sich des Directorii annehmen würde. Die Catholischen Gesandtschaften haben nicht ein Wort davon erfahren, bis das Conclusum abgefaßt gewesen.

Den 17 Jan. 1759 wurde in einer gehaltenen Evangelischen Conferenz das Brandenburg-Culmbachische Votum zu diesem Concluso durch den Hochfürstl. Braunschweigischen Gesandten, Herrn von Kniestädt, nachgetragen, welches eben dieser Gesandte in der Conferenz am 31sten vermöge eines erhaltenen Fürstl. Bernburgischen Schreibens, in Ansehung der Stimme des gesammten Fürstl. Hauses Anhalt, bewerkstelligte. Der Innhalt des gedachten Schreibens gieng dahin, daß das Hochfürstl. Haus Anhalt um so weniger Bedenken finde, seine Stimme nachzutragen und dessen Beytritt zu dem Concluso Corporis vom 29 Nov. vorigen Jahr declariren zu lassen, da dasselbe der Kaiserl. allerhöchsten Versicherung und dem klaren Wortlaute der Reichs-Gesetze aufs genaueste angemessen; zu dem Ende des Herrn Fürsten zu Anhalt-Bernburg Durchl. als Senior, obbenannten Herrn Gesandten ersuchten, im Namen und von wegen des Fürstl. Gesammt-Hauses Anhalt den Beytritt zu so thanem Concluso Corporis bey der Evangelischen Conferenz, wie es am füglichsten geschehen könnte, zu declariren.

Dieses Conclusum setzte den Wienerischen Hof und dessen Comitial-Gesandschaft in große Bewegung. Man hielte dafür, daß das beste Mittel,

Ggg 4   solches

IV. Von dem Concluso

solches zu untergraben, sey, durch besondere Negotiationes es dahin zu leiten, daß sich einige Stände von dem Concluso losfagen möchten. Der erste Versuch und Anfall geschahe auf die Reichs-Städte, die mehrentheils protestantisch sind. Man ließ ihnen zu dem Ende durch den Agenten-König zu Wien auf eine bedrohliche Weise anrathen, von dem Concluso abzugehen. Die Städtische Deputirte aber, so bis auf ein einziges Glied aus lauter Regenspurgischen Magistrats-Personen bestunden, hielten darüber eine, etliche Stunden lang dauernde, Conferenz, und gaben darauf den Agenten zur Antwort, daß sie unmöglich von dem Concluso abgehen könnten, weil man sie alsdenn nicht nur von allen, das Corpus angehenden, Handlungen ausschließen, sondern sie sich auch dadurch alles Beystandes so vieler vornehmen und mächtigen Stände berauben würden. Hierbey ließ es der Wienerische Hof nicht bewenden, sondern es mußten auch einigen altweltfürstl. Häusern von denen Französischen Ministers deshalben sehr ernstliche Vorstellungen, welche von Drohungen wenig unterschieden, gethan werden; es haben aber diese patriotisch gesinnte Höfe dergleichen Antrag auf eine geschickte Art von sich abzuweisen gewußt.

Den 5 Febr. 1758 langte mit einer Staffette von Wien ein Kaiserl. Decret an die gesammte Reichs-Versammlung über das obgedachte Conclusum des Evangelischen Corporis zu Regenspurg an. Nachdem dasselbe von der Kaiserl. Principal-Commission in die gewöhnliche Form eingekleidet

der Evang. Stände zu Regenspurg. 735

Kleidet und dem Cur-Mayntzischen Reichs-Directorio übergeben worden, ward solches gleich den folgenden Tag zur öffentlichen Dictatur gebracht. Der eigentliche Innhalt dieses Decrets war dieser:

Es sey Sr. Kaiserl. Maj. einberichtet worden, was maßen die auf dem Reichs-Tage noch anwesenden Gesandten der beyden, in der Empörung befangenen, Herren Churfürsten zu Brandenburg und zu Braunschweig-Lüneburg, wie auch die Gesandten derer, vorbaner Empörung weiter nachhangenden, Herren Herzoge zu Sachsen-Gotha und zu Braunschweig-Wolfenbüttel, dann des Herrn Landgrafen zu Hessen-Cassel unternommen hätten, bey einer am 29 Nov. jüngst abgelaufenen Jahrs obgewesenen Zusammentretung einiger Comitial-Gesandten Augspurgischer Confession die Frage wegen der, bey einem Achts-Processe zu beobachtenden, Gebühr aufzuwerfen, und dabey die Besorgniß zu äußern, ob dürfen Se. Kaiserl. Maj. Dero geschehenen Erklärung und Zusicherung ungeachtet in den Reichs-Angelegenheiten über die Anordnung der Reichs-Satzungen hinausgeben. Diese Gesandten hätten darauf unter der Begünstigung fünf anderer Fürstlichen, drey Gräflichen und einiger Städtischen Stimmen, deren letzteren Vertreter jedoch, gleichwie ein Gräfliches Votum, nicht einmal instruirt gewesen wären, auf dem angeblichen Namen der gesammten Stände A. C. und unter dem weitern Angeben, daß die Verfassung des Deutschen Reichs hierdurch in besondere Gefahr gesetzt werden möchte und für die Sicherheit aller und jeder, insonderheit aber die Stände A. C. zu sorgen seyn wolle, ein, gegenwärtigem Commissions-Decret mit einverleibtes, Conclusum zu erreichten vermehret. S. Kaiserl. Majestät befremde es keineswegs, daß die Gesandtschaften derer, in der Empörung befangenen, Churfürsten und derselben nachhangenden Fürsten alle, auch nur von weiten scheinbare, Verblendungen hervor suchten, als ob noch einiges Bedenken

Ggg 5 vor-

IV. Von dem Concluso.

vorwalten könnte; in was Art gegen ihre hohe Herren Principalen mit der Erklärung in die Acht vorzugehen sey. Es gebe zwar dieses ihr Vornehmen offenbar zu erkennen, daß ihre Principalen selbst überzeugt wären, daß sie in diese Strafe verfallen, und wie viel Ursache sie hätten, alles zu versuchen, um der wirklichen Verurtheilung zu entgehen. Dieses aber befremde Se. Kaiserl. Maj. daß noch einige Stände, so geringe auch ihre Zahl sey, dergleichen offenbare Ausflüchte hätten begünstigen, und ihren Rath und That mit denen, des Land-Friedbruchs halber Angeschuldigten, vereinbaren mögen, um diesen damit, so viel an ihnen sey, zu statten zu kommen und den Vollzug der heilsamen Reichs-Gesetze, wo es ihnen möglich wäre, zu hintertreiben. Se. Kaiserl. Maj. hätten bekanntlich in allen Ihren Verfügungen während dieser leidigen Empörung die Reichs-Gesetze auf das genaueste in Acht genommen. Das gesammte Reich habe solches anerkennet und mit tiefster Verdankung des beschehenen Sie um das gleichförmige weitere Verfahren in dem Reichs-Gutachten vom 17 Jan. 1757 belanget. Nach diesem Vorgange und nach der von Sr. Kaiserl. Maj. weiter ertheilten Versicherung, auch allenthalben bewahrten Erfolg könnte keine Besorgniß eines anderweitigen Verfahrens entstehen. Die Verfassung des Reichs und die Sicherheit aller und jeder Stände, ohne Unterschied der Religion, gründe sich aber vorzüglich auf die Handhabung des Land-Friedens, und dieses könne ohne dem Vollzug derer, auf dessen Uebertretung gesetzten, Strafen nicht bestehen. In den jüngern Kaiserl. Wahl-Capitulationen würde die Erkanntniß hierüber nicht einem Religionstheil und noch weniger einigen einzelnen Ständen, sondern dem ganzen Reiche ausbedungen, und die des Verbrechens Beschuldigte könnten dabey, als in ihrer eigenen Sache auf keine Weise concurriren; gleichwie denn auch die Bestrafung eines Land-Friedbruchs keines weges für eine Religions-Sache könne geachtet werden, noch in den Reichs-Gesetzen jemals dafür sey angegeben worden. Se. Kaiserl. Maj. könnten demnach

der Evang. Stände zu Regenspurg. 737

nach alles dasjenige, was von obbemerkten Gesandten, als in ihrer Principalen eigenen Sache, geschehen und von einigen wenigen Gesandten anderer Stände, jenen zur Begünstigung, mit angegangen worden sey, und nunmehro auf den Namen sämmtlicher Stände Augspurgischer Confession anmaßlich angegeben werden wolle, nicht anders ansehen, als abseiten derer, des Land-Friedbruchs beschuldigten, Theile für eine an sich unkräfftige Ausflucht, und abseiten der Stände, welche diese Ausflucht zu begünstigen betrachtet, und zu dem Ende ihren Rath und That mit jenen vereinbaret hätten, als eine dem Gesetze des Landfriedens offenbar zuwider laufende Handlung. Indem nun Se. Kaiserl. Maj. nicht zweifelten, daß die Stände dieses in gleicher Maase für unkräfftig und ungültig halten, auch allerdings mißbilligen würden, daß einige wenige mit den beschuldigten Theilen sich hätten zusammen schlagen und eines Theils dem gesammten Reiche in seiner Bekenntniß vorgreifen, andern Theils den Namen sämmtlicher Stände Augspurgischer Confession mißbrauchen, auf solchen eine, in allem Betracht offenbar Reichssatzungswidrige, That angeben, und ihre Mitstände ihres Stimmrechts mit anmaßlicher, obwohl unkräfftiger, That berauben, so mit der ganzen Reichs-Verfassung einen allerdings unleidlichen Eingriff zubringen wollen, so ließen Allerhöchst dieselben dieses hiermit zu des gesammten Reichs allgemeiner Wissenschaft bringen, insonderheit aber vorgedachtes, Dero in Churfürsten, Fürsten und Stände setzende, Zutrauen an den Tag legen.

Im März 1759 declarirte der Anspachsche Gesandte, Herr von Seefried, welcher zugleich das Würtembergische Votum vertritt, dem Chur-Braunschweigischen Gesandten, Herrn von Gemmingen, im Namen des Herzogs von Württemberg, daß Se. Durchlaucht keinen Antheil an dem Concluso des Corporis Evangelicorum

corum nähmen; worauf der Herr von Gemmingen fragte: Ob der Herr Gesandte von Sr. Herzogl. Durchlauchtigkeit oder von den Würtembergischen Land-Ständen zu solcher Erklärung instruirt worden? Da nun der Herr von Seefried antwortete: von ersterem; so erwiederte der Hannöverische Gesandte: bey solchen Umständen könne er die Declaration nicht annehmen, weil des Herzogs Durchl. an Dero Land-Stände Reversalien ausgestellt, nichts in Religions-Sachen zu unternehmen.

Immittelst ließ das Chur-Hannöverische Ministerium eine Staats-Schrift von 10 Bogen in Quart durch den Druck bekannt machen, welche durch die, bey dem Reichs-Tage vorgegangene, wichtige Sache veranlasset worden, und auf welche nächstens ein Pro Memoria folgen sollte. Diese Schrift führte den Titel: *Beweis*, *daß das Ius eundi in partes auch in causis politicis statt habe*. Es wird darinnen erwiesen, einmal, daß es keine neue, itzo erst ausgedachte, Anmaßung sey, daß das Corpus Evangelicorum auch in politischen Angelegenheiten in partes gehen und über seine gemeinschaftliche Verabredungen Conclusa formiren könne; ferner, daß die Evangelischen von diesem Principio unmöglich abweichen können, ohne die vornehmste Grund-Säule der Evangelischen Freyheit in die Schanze zu schlagen. Es hat diese Schrift den Ruhm erlangt, daß sie unter allen Schriften, die zu Regenspurg zum Vorschein gekommen, diesen Vorzug habe, daß man darinnen alles, was man aus großen Werken ten und weitläuftigen Acten zusammen lesen müßte, in einer angenehmen Kürze beysammen finde.

Es kam bald hernach auch das obgemeldete *Pro Memoria* der Hannövrischen Comitial-Gesandtschaft ans Licht. Es bestund aus 4 Quart-Bogen, und war eigentlich wider das Kaiserliche Commissions-Decret vom 5 Febr. gerichtet, welches dem bekannten Conclufo des Corporis Evangelici entgegen gesetzt worden. Es hieß in diesem Pro Memoria, daß unter der gedroheten Achts-Erklärung gegen Se. Großbritannische Majestät, als Churfürsten, und Dero Alliirte man nicht sowohl auf die Ausführung derselben, als vielmehr auf die Einflechtung mehrerer Reichs-Stände in den Oesterreichischen Haus-Krieg und auf die Vermehrung der Verbitterung zwischen beyden Religions-Theilen seine Absicht gerichtet zu haben schiene. Nachdem die Achts-Sache auf den Reichstag gebracht worden, so habe der gesuchte Zweck unmöglich erreicht werden können, so lange man der Vorschrift des 20sten Artikels der Kaiserl. Wahl-Capitulation hätte nachgehen wollen. Ob nun gleich das Conclusum vom 29 Nov. vorig-es Jahrs weiter nichts, als eine wörtliche Wiederholung einer Stelle der Kaiserl. Wahl-Capitulation sey, so habe man solches dennoch in dem darauf erfolgten Kaiserl. Commissions-Decrete vom 5ten Febr. a. c. als ungültig und unkräftig angesehen, übrigens aber, anstatt sich in die Haupt-Frage (welche diese sey: Ob Se. Preußische Maj.
ihre

ihre Vertheidigung auf eine andere Art, als durch die Waffen, hätten bewirken können?) auf eine bestimmte und deutliche Art einzulassen, zum Theil bloß Se. Maj. den König von Großbritannien, als Churfürsten, und derer Herzoge von Sachsen-Gotha und Braunschweig-Wolfenbüttel, wie auch des Landgrafens von Hessen-Cassel Durchlauchtigkeiten betreffende Vorwürfe berühret, zum Theil aber das Conclusum selbst und die demselben beygetretene Evangelische Stände beschuldiget.

Die vornehmsten Vorwürfe, die in dem Pro Memoria beantwortet wurden, waren diese: „Das Conclusum sey nur durch wenige Gesandte „und Stimm-Vertreter, wovon einige sogar nicht „instruirt gewesen, begünstiget worden, und be-„treffe überhaupt einen Gegenstand, der für das „ganze Reich gehöre, und für eine Religions-Sa-„che nicht geachtet werden müsse.„

Es hat das obgedachte Conclusum sonderlich die Wirkung gehabt, daß seitdem nichts weiter von einer Achts-Erklärung zu Regenspurg gehöret worden.

V.

V.
Allerhand merkwürdige Unglücks-Fälle im Jahre 1758.

I.

Den 11 Apr. in der Nacht zwischen 10 und 11 Uhr sahe man die bisherige hölzerne Brücke zu London, welche während der Zeit gebraucht worden, da man an der Verbesserung und Erweiterung der Haupt-Brücke zu London gearbeitet, im Feuer, und sie brannte bis zum Mittage des andern Tages. Das Feuer verzehrte diese Brücke nebst der daran befindlichen Schiff-Brücke ganz und gar. Die Nachtwachen an der Wasser-Seite des Zollhauses bemerkten um 10 Uhr des Abends einen Menschen in einem kleinen Fahrzeuge mit einer brennenden Laterne, der sich unter der Brücke aufhielt. Zuletzt löschte er sein Licht aus, und man sah das Fahrzeug sich schleunig entfernen. Einige Minuten hernach stund die Brücke im Feuer, und die Flammen griffen so geschwinde um sich, daß es nicht möglich war, das geringste davon zu retten. Dieser Zufall hemmte zum Theil allen Handel und Wandel mit Southwark und der Stadt London; und die Gemeinschaft mit den jenseit der Themse gelegenen Provinzen war nur noch über die baufällige Brücke von Westmünster offen. Als die Brücke früh mit so vieler Heftigkeit brannte,

daß

daß keine Hoffnung zum Löschen mehr war, ließ der Lord-Maire die Bürgerschaft in Guildhall versammlen, um in dieser Noth Maaßregeln zu nehmen. Man berief die Baumeister, welche die Brücke errichtet hatten, und diese gaben ihre Meinung dahin, daß die alte Londner-Brücke zur Passage in 14 Tagen tüchtig gemacht werden könnte, woran auch hernach gearbeitet wurde. Herr Pitt ließ noch an diesem Tage eine Proclamation an allen Ecken der Stadt anschlagen, durch welche demjenigen 200 Pf. Sterlinge versprochen wurden, der den Urheber dieser abscheulichen That angäbe, und wenn es ein Mitschuldiger sey, sollte er begnadiget werden.

II. Den 9 May früh kam in den Buden auf dem so genannten Bunten-Hofe im Haag, welche wegen des damaligen Jahrmarkts aufgeschlagen waren, Feuer aus, und in weniger als einer Stunde lagen sie fast alle in der Asche. Der Verlust, den die Kaufleute hierdurch erlitten haben, ward beynahe auf 300000 Gulden geschätzt. Weil hierdurch viele Kaufleute ruinirt worden, ward einige Tage darauf auf Verordnung der Erb-Statthalterinn eine allgemeine Collecte in den vornehmsten Städten gesammlet. Im Haag allein sind, außer den 1000 Ducaten, die die Erb-Statthalterin gegeben, und was der Herzog Ludwig von Braunschweig und der Fürst von Weilburg beygetragen, über 19000 Gulden eingekommen.

III. Den 13 May Vormittags kam zu Groß-Glogau in Schlesien in dem Jesuiter-Collegio Feuer

Feuer aus, durch welches in kurzer Zeit, weil sich eben ein starker Wind erhoben, nicht nur dieses schöne Gebäude, sondern auch die Evangelische Kirche nebst den Prediger- und Schul-Gebäuden, die Catholische Pfarr-Kirche und 172 Privat-Häuser völlig in die Asche gelegt worden. Durch das Flug-Feuer gerieth zu gleicher Zeit das unweit der Stadt liegende Dorf Breslau in Flammen, und brannte gänzlich ab.

IV. Die Schwedische Stadt Gothenburg betraf im Junio ein gedoppeltes Unglück. Den 8ten flog das dasige Artillerie-Laboratorium mit einem entsetzlichen Krachen in die Luft. Weil der Keller desselben mit gefüllten Bomben und Granaten voll und aufgepfropft war, welche nach einander crepirten, so durfte sich niemand nähern. Zum Glücke stuhnde dieses Laboratorium an einem entlegenen Orte auf dem Walle. Indessen sind doch 10 Menschen elendiglich dabey ums Leben gekommen und etliche andere beschädiget worden. Den 26sten darauf zur Mitternacht kam in der Stadt selbst in einem Hause auf Torgaten ein so unglückliches Feuer aus, daß bis früh um 8 Uhr 105 Häuser in die Asche gelegt wurden. Ein starker Sud-Wind breitete diese Flamme so sehr aus, daß man derselben mit allem möglichen Fleiße nicht wehren konnte. Die deutsche Kirche, das Rathhaus und das Zeughaus sind noch gerettet worden. Der verunglückte Theil der Stadt ist eben derjenige, welcher 1746 abbrannte, und anjetzo mehrentheils wieder aufgebauet war. Mit genauer Noth hat man durch Seegeltücher und Sprißen verhindert, daß das Feuer nicht nach der andern Seite des Havens übergeschlagen, wodurch die allda stehenden Häuser noch glücklich erhalten worden.

V. Den 23 Jun. kam zu Klattaw, einer Stadt in Böhmen, ein unvermuthetes Feuer aus, welches bey einem heftigen Winde, und da ohnedem die meisten mit Schindeln gedeckte Dächer durch die anhaltende Dürre, wie das Stroh, feuerfangend gewesen, sich in der ganzen Stadt so geschwinde ausbreitete, daß die Einwohner mit größter Gefahr durch die Flucht aus der Stadt hinaus ihr Leben retten mußten, und der größte Theil der Stadt sammt der Pfarr-Kirche, dem Jesuiter-Collegio, Dominicaner-Kloster und Kirchen völlig abbrannten, auch viele Menschen ums Leben kamen.

VI. Den 23 Jun. kam eine Algierische Escadre, von der etliche Schiffe sich unter die Englische Flagge versteckt hatte, vor Piombino in dem Stato Degli Presidii an, und warf eine außerordentliche Menge Bomben in den Ort. Weil aber die Besatzung sich aufs beste wehrte, und alles in der Stadt sich anschickte, ein gleiches zu thun, konnte diese Escabre nichts ausrichten, sondern mußte sich eilig wieder hinweg begeben.

VII. Im

VII. Im Julio war bey Mannheim eine sehr große Wasserfluth. Ein Schreiben von daher unterm 27 Jul. giebt davon folgenden Bericht:

„Wir sind hier so mit Waſſer umgeben, daß es
„nicht anders zu vergleichen iſt, als wenn man
„ſich auf der offenbaren See befände, wo man
„rings umher nichts als dieſes Element zu ſehen
„bekömmt; und deswegen iſt auch kein Schiff-
„mann im Stande, von hier wegzufahren, bis der
„Rhein und Neckar wieder in ihren Schranken
„ſind. Der Schade, den dieſe Ueberſchwem-
„mung verurſachet, iſt unbeſchreiblich. Die lie-
„ben Früchte am Rhein und am Neckar ſind, außer
„dem wenigen, was zu Hauſe iſt, alle dahin; des
„andern Verluſts nicht einmal zu gedenken. Es
„ſind erwachſene Leute, und beſonders Kinder auf
„dem Waſſer in den Wiegen daher geſchwom-
„men gekommen, die zum Theil nicht errettet
„werden konnten. Unter andern war erbärmlich
„anzuſehen, als ein Kind auf dem Rheine in der
„Wiege herunter kam, welches die Hände aus
„dem Bette ſtreckte, und dadurch um Hülfe zu
„flehen ſchiene. Allein es war wegen des ſtarken
„Stroms nicht möglich, ihm zu Hülfe zu eilen.
„Hirſche und wilde Schweine ſind geſtern nahe am
„Wall geſchoſſen worden, und an Haſen, Fiſchen
„und Feldhühnern ꝛc. kommen auf den Frucht-
„Garben die Menge den Rhein und Neckar her-
„unter. Seit geſtern iſt das Waſſer 2 Zoll ge-
„fallen; man ſiehet aber dem ohngeachtet außer
„den

„den Gebirgen in ganz Mannheim noch nichts „als Himmel und Wasser."

VIII. Den 5 Aug. Nachmittags zwischen 3 und 4 Uhr war zu Rheims in Frankreich ein abscheuliches Wetter. Es fiel dabey ein so häufiger Regen, daß das Wasser, weil es die Straßen nicht fassen konnten, in die Gewölber und Speise-Gewölber drunge, welche dergestalt angefüllt wurden, daß eine große Anzahl Häuser stark beschädiget worden. Sechs andere sind völlig eingestürzt und die Caplan=Gasse hat sich geöffnet und in 2 Theile getheilet. Man schätzt den Verlust, den diese Stadt erlitten hat, über 600000 livres.

IX. Den 25 Jul. Vormittage um 10 Uhr fiel der große steinerne Thurm von der Himmelfahrts-Kirche zu Petersburg, welcher dieses Jahr 40 Faden hoch geführet worden war, und woran nichts mehr als die Spitze fehlte; bis auf den Grund ein, ohne daß jemand das Leben dabey einbüßete; wie denn auch die Werkleute, die daran gearbeitet, länger als drey Stunden zuvor es gemerket, daß es geschehen würde, und daher glücklich sich gerettet haben.

X. Wie groß die Wasserfluth zu Ende des Julii in Tyrol gewesen, erhellet aus einem Schreiben aus Brixen vom 3 Aug. das also lautet:

„Neues aus Tyrol ist nichts gutes, wohl aber lau„ter Jammer, Elend und Trübsal zu melden, wel„ches uns das Gewässer vor einem Jahre, und
„heuer

„heuer in voriger Woche schon wiederum ange-
„richtet hat. Wenn jemand Brixen, Clausen
„und Botzen anjetzo sehen sollte, so würde er sa-
„gen, es wären diese Orte es nicht mehr, weil
„alles vom Wasser verwüstet ist. Die Brücke,
„die das Wasser vor einem Jahre hingerissen, und
„die mit vielen Unkosten im vergangenen Winter
„und Frühjahre hergestellt worden, hat es heuer
„abermals fast gänzlich weggerissen. Desgleichen
„hat es die verschütteten Aecker, Wiesen, Wein-
„berge und Güter, die man seit vorigem Jahre so
„gut, als man gekonnt, wieder hergestellt, alle
„aufs neue entweder gar weg- oder völlig über-
„schwemmet und eingesenket, welches viele Mil-
„lionen Schaden beträgt, indem es an theils Or-
„ten gar nicht mehr in tüchtigen Stand gesetzt
„werden kann. Hiesige Stadt ist in Gefahr,
„völlig zu versinken. Alle Häuser stehen im
„Wasser. Alle Keller sind tief damit angefüllt.
„Die Kloster-Frauen und das Capuciner-Kloster
„leiden am meisten, wie auch die Rungath. Die
„Ursache ist, weil der hiesige Fluß vor einem Jahre
„alles angefüllt und das Fluß-Bette höher als
„die Stadt ist. Denn sobald es nur ein wenig
„regnet, läuft alles in die Stadt herein. Mit
„einem Worte, es wäre nöthig, daß die Stadt
„und Gassen in die Höhe geschraubet würden, da-
„mit der Fluß nicht darüber hingienge. Botzen
„ist noch elender; dort ist der ganze Boden hin,
„und durch die Stadt ist in voriger Woche die
„Talfer eingebrochen und hat alles überströmet.

„Wie

„Wie es gegen Trient aussiehet, weiß man „noch nicht."

XI. Den 25 Aug. Nachmittags um 2 Uhr entstund zu Troppau in Schlesien eine so heftige Feuersbrunst, daß binnen etlichen Stunden mehr als 3 Viertel von dieser schönen Stadt in völligen Flammen stunden. Wegen der langwierigen Dürre war das Holzwerk an den Häusern wie Zunder, und die Flamme gieng gleich einem Lauf-Feuer fort. Das Feuer währte bis den folgenden hellen Tag, da sichs in etwas legte, jedoch bis Abends fortglimmte. Es gieng an 3 verschiedenen Orten binnen einer Viertel-Stunde auf einmal auf. Es verursachte dieses ein unsägliches Elend, weil man nicht wußte, wo man Hülfe zu leisten hatte, und daher gerieth auch alles in die größte Unordnung. Die Noth war überhaupt sehr groß, und die meisten mußten aus ihren Häusern fliehen, wie sie giengen und stunden. In der Stadt blieben 98 Häuser stehen, 304 aber giengen im Rauche auf; hiernächst sind auch die schöne Pfarr-Kirche und die deutsche Ordens-Commende, sammt noch 4 andern, wie auch das Dominicaner- und Franciscaner-Kloster sammt ihren Kirchen in die Asche gelegt worden. In der letztern drunge die wütende Flamme auch in die Gruft, und verzehrte sogar die Todten. Daß dieses Feuer angelegt gewesen, kann niemand in Abrede seyn. Zum Unglück brannte bey Anfange des Feuers auch der Thurm vor der Stadt ab, wodurch das Wasser

hinein

hinein geleitet wird, so, daß es auch hieran zu gebrechen anfieng und das Wasser langsam aus der Stadt herbey gebracht werden konnte. Man vermisset viele Personen.

XII. Den 9 Sept. Abends um 9 Uhr entstund zu Helsingör in Dännemark plötzlich ein sehr hellscheinender Blitz am Horizont, welcher die ganze Stadt nebst allen umliegenden Gegenden so helle erleuchtete, als der klärste Tag, und eine gute Minute dauerte. Etwas hernach hörte man ein langsames Getöse, gleichsam als ein weit entferntes Donner-Wetter. Man konnte damals nicht begreifen, was es eigentlich bedeuten möchte; nachher aber erfuhr man, daß ein Russisches Kriegs-Schiff von 60 Canonen, das zwischen Moen und Falster vor Anker gelegen, das Unglück gehabt, in die Luft zu fliegen, nachdem zuvor durch Unvorsichtigkeit in dessen Pulver-Cammer Feuer gerathen. Beklagenswürdig ist, daß keine einzige Seele von der Equipage gerettet worden.

XIII. Der Berg Vesuvius hat im August Monathe stark zu wüten angefangen. Der Gipfel desselben ist plötzlich abgerissen, und in den Abgrund herunter gestürzt, wodurch eine Oeffnung worden, die einer Höhle ähnlich gewesen. Der Berg hat hierauf einen, mit Flammen vermischten, dicken Rauch ausgestoßen, brennende Steine von sich geworfen und viel Asche weit um sich herum getrieben, wodurch die Ebene von la

Wet-

Veterana ganz bedeckt worden. Nachdem er endlich verschiedene feurige Bäche bis gegen St. Salvator und Resina ausgegossen, hat er keine Flammen mehr ausgeworfen, als nur diejenigen, welche aus der neuen Oeffnung hervor gekommen, die sich in gerader Linie, der alten gegen über, an den Orte Atrio del Cavallo genannt, gezeiget. Er hat nachgehends zwar aufgehöret, Flammen auszuwerfen, aber, doch noch bis in October viel Rauch und Dampf von sich gegeben. Der Schade, der den Häusern, Weingärten, Plantagen und Maulbeer-Bäumen zugefügt worden, beläuft sich auf viele tausend Piastres; auch sind einige Ländereyen dergestalt mit Asche und Steinen überdeckt worden, daß sie fast völlig unbrauchbar sind, indem an manchen Orten Steine und Asche auf 10 Fuß hoch liegen.

Neue
Genealogisch-Historische
Nachrichten
von den
Vornehmsten Begebenheiten,
welche sich an den
Europäischen Höfen
zutragen,
worinn zugleich
vieler Stands-Personen
Lebens-Beschreibungen
vorkommen.
Der 118 Theil.

Leipzig, 1760.

Bey Johann Samuel Heinsii sel. Erben.

Inhalt.

I. Leben des jüngstverstorbenen Bischofs Andreä Zaluski von Cracau.

II. Fortsetzung der Preußischen Kriegs-Operationen gegen die Schweden in Pommern.

III. Einige jüngstgeschehene merkwürdige Todes-Fälle.

IV. Einige jüngstgeschehene merkwürdige Vermählungen und Geburten.

V. Leben des jüngstverstorbenen Cardinals von Alsace.

VI. Nachricht von dem Leben und Thaten des verstorbenen Preußischen Generals von Winterfeld.

VII. Verbesserungen und Zusätze zu den vorigen Theilen dieser Nachrichten.

I.
Leben des jüngstverstorbenen Bischofs Andreä Zaluski von Cracau.

Andreas Stanislaus Zaluski, Bischof von Cracau, Herzog von Severien, Senator des Königreichs Pohlen, Ritter des weißen Adlers und beständiger Kanzler der Universität zu Cracau, stammte aus einem sehr alten und berühmten Geschlechte her, das seinen Ursprung aus Gothischem Königl. Geblüte und von dem, mit Lecho in das Sarmatische Reich gekommenen Ritter Junosz herleitet. Es hat sich solches sonderlich in Masovien feste gesetzt, und ist zur Zeit derer eigenen Herzoge dieses Landes unten die blühenden vier Haupt-Familien gezehlt, auch ihm schon längst der Gräfliche Titel beygeleget worden. Sein Groß-Vater war Alexander Zaluski, Woywode von Rawa und Marschall der Kron-Tribunale zu Peterkau und Lublin, die Mutter aber Catharina Olszowska, des Erzbischofs zu Gnesen und Reichs-Primatis,

---

*) Ich habe hierbey Herrn Janozki Lexicon der itztlebenden Gelehrten in Pohlen, P. II. p. 3. sq. zum Grunde geleget, bedaure aber, daß ich den eigentlichen Geburts-Tag dieses großen Prälatens nicht habe in Erfahrung bringen können.

I. Leben des jüngstverstorb. Bischofs

Andreä Olszowski, Schwester. Er hinterließ 6 Söhne, die alle zu hohen Chargen im Reiche befördert worden sind.

Der älteste davon war der berühmte Kron-Groß-Kanzler, Andreas Chrysostomus Zaluski, Bischof zu Ermeland, der sich durch seine Epistolas Historico-Familiares bekannt gemacht hat; der andere Alexander Joseph Zaluski, der als Woywode zu Rawa gestorben; der dritte Martinus Zaluski, gewesener Probst zu Ploßko und Herzog von Sielun; der vierte Hironymus Zaluski, Castellan zu Rawa; der fünfte, Ludwig Bartholomäus Zaluski, Bischof zu Ploßko und ernennter Erzbischof zu Gnesen und Primas des Reichs; und der sechste, Franciscus Zaluski, ein Favorit Königs August II. der aus der Woywodschaft Czernikovien in die von Ploßko versetzt worden.

Unter diesen 6 Söhnen war der zweyte, Alexander Joseph Zaluski, Woywode von Rawa, unsers Bischofs Vater, der ihn mit Theresia Potkanska, einer Tochter Johannis Potkanski, Jägermeisters zu Sandomir und Starostens von Inowladislau, gezeuget hat. Er war der älteste unter seinem Brüdern und genoß von der zartesten Kindheit an die vortreflichste Erziehung. Sein Vetter, der obgedachte Groß-Kanzler, Bischof zu Ermeland, nahm ihn unter seine Aufsicht und er muste ihn von dem 9ten Jahre seines Alters an zu allen Reichs-Tagen begleiten. Als er kaum das 13te Jahr erreicht, gelangte er zu einer Domherrn-Stelle in dem hohen Stifte zu Cracau, und

und bald hernach ward er von seinem andern Vetter, Bischofe zu Plotzko, zum Decano in dem ihm untergebenen, ansehnl. Collegiat-Stifte Pultusk ernennet. Nach 3 Jahren ertheilte ihm der König Augustus II. die gefürstete Probstey im hohen Stifte Plotzko, die durch den Tod seines obgedachten Vetters Martini, verlediget worden.

Die nachmahligen schweren Kriegs-Troublen nöthigten ihn, eine Zeitlang seinen Aufenthalt zu Dantzig zu nehmen, da er sich denn von dem berühmten Paulo Patre in den Mathematischen Wissenschaften unterrichten ließ. Er that alsdenn mit seinem jüngsten Bruder, dem gelehrten Cron-Groß-Referendario, Josepho Andrea Zaluski, eine Reise nach Deutschland, Holland, Franckreich und Italien. Sie wurden beyde insonderheit zu München von dem damaligen Churfürsten Maximilian Emanuel und dessen Gemahlin, einer gebohrnen Königl. Pohlnischen Prinzeßin, sehr huld- und liebreich aufgenommen. Zu Wien gelangten sie bey Kayser Carolo VI. zu einer geheimen und sehr gnädigen Audienz. Zu Paris wurden sie durch den Cardinal von Polignac, der sonst Königl. Gesandter in Pohlen gewesen, so wohl dem jungen Könige, Ludwig XV. als dem damaligen Regenten, Herzoge von Orleans, vorgestellt und mit vielen Ehren-Bezeugungen empfangen. Zu Rom nahm sie Clemens XI. mit vielen Merckmaalen einer besondern Liebe und Hochachtung auf, welches auch an dem Turinischen, Florentinischen, Modenesischen und andern

Italiänischen Höfen geschahe, wo sie überall ihre Aufwartung machten.

Zu Rom besuchte unser Andreas fleißig die dasigen Bibliotheken, und besonders die Vaticanische, freqventirte auch das Archi-Gymnasium Sapientiä, worinnen er eine, von ihm selbst entworfene Disputation von den Vorrechten des Römischen Pabsts vertheidigte, worauf ihm in Gegenwart verschiedener Cardinäle und anderer vornehmen Prälaten mit den prächtigsten Ceremonien der Doctor-Hut aufgesetzt wurde. Nach seiner Zurückkunft nach Pohlen übte er sich zu Warschau unter Anführung derer Secular-Priester der heil. Mißion und besonders des gelehrten Herrn Sliwicki ein ganzes Jahr in den Kirchen-Gebräuchen und in der Kunst zu predigen, davon er hernach zu Petrikow und Lublin, wenn er im Nahmen des Cracauischen Dom-Capitals den dasigen Kron-Tribunallen beywohnte, rühmliche Proben ablegte und wegen seines anmuthigen und beweglichen Vortrags großen Beyfall fand.

Als man von Seiten der Kron-Tribunale einige Abgeordnete an den König August II. zuschicken für gut befand, ward er vor andern darzu erwählet. Da er denn diesen großen Kenner edler Gemüther durch seinen sowohl bescheidenen und demüthigen, als lebhaften und nachdrücklichen Vortrag so einnahm, daß er ihn mit den allergnädigsten Ausdrückungen seiner Zufriedenheit und einer gewissen Beförderung zu den höchsten Ehrenstellen versicherte. Nicht lange darauf wurde

Andreas Zaluski von Cracau. 757

wurde sowohl das Bißthum Plotzko, als die Reichs-Vice-Kantzler-Stelle ledig, da ihm denn der König die freye Wahl unter beyden gleich ansehnlichen Stellen überließ. Er erwählte das Bißthum zu Plotzko und erhielte wegen der noch fehlende Jahre, die die canonischen Rechte erfordern, durch des Königs Vorsprach bey dem Pabste Dispensation. Er empfieng die Bischöfl. Weyhe von dem damaligen Bischoffe Szaniawski von Cracau in dem berühmten Kloster Czenstochow in Gegenwart vieler vornehmen Prälaten und Standes-Personen.

Gleich nach Antritt seines Bischöfl. Amts ward er von dem Könige zum Präsidenten der Kron-Schatz-Commißion zu Radom und von den Reichs-Ständen zum Präsidenten der zur Untersuchung und Verbesserung derer Tribunals-Gerichte angeordneten Commißion ernennet. Er führte auch bey derjenigen Commißion, die wegen Wiederherstellung derer Königlichen Tafel-Güter angeordnet worden, das Präsidium. Nach dem Tode des Kron-Groß-Cantzlers, Johann Szembek, gelangte er zu dieser ansehnlichen Stelle, mußte aber hargegen das Bißthum zu Plotzko mit dem zu Luckow oder Luccorien vertauschen. Jedoch ehe die würkl. Bestätigung dieser wichtigen Beförderung erfolgte, starb der König Augustus II. den 1 Febr. 1733. wodurch das Reich in ziemliche Unruhe gesetzt wurde.

Ein großer Theil des Reichs war gut Stanislaisch gesinnet; besonders der damalige Primas Regni, Theodor Potocki, der es auch auf
dem

dem Convocations-Reichs-Tage dahin brachte, daß alle Magnaten endlich sich verbinden mußten, keinen andern König zu erwählen, als der aus Pohlnischem Geblüte gezeugt worden. Hierdurch wurde der Sohn des verstorbenen Königs, Churfürst von Sachsen, von der Wahl ausgeschlossen und dem Schwieger-Vater des Königs in Franckreich, Stanislao Lesczinski, der Weg zum Throne gebahnet. Weil die wenigsten Magnaten an den Qvalitäten dieses letztern Herrn der zugleich ihr Landsmann war, etwas auszusetzen hatten, so war auch unser Zaluski dieser Wahl nicht zuwider, sondern stimmte derselben bey, als solche den 12. Sept. auf dem Wahlfelde bey Warschau vollzogen wurde.

König Stanislaus fand sich selbst auf dem Wahl-Felde ein, und wurde von allen Großen seiner Parthey ehrerbietig empfangen, konnte aber die Spaltung, die sich unter den Magnaten ereignete, nicht verhindern. Denn ein Theil derselben zog sich auf die andere Seite der Weixel nach Prag, und erwählte daselbst den 5. Octob. den Churfürsten von Sachsen unter dem Namen Augusti III. Es geschahe solches unter der Bedeckung einer Rußischen Armee, die in der Nähe stunde und Stanislaum mit allen seinen Anhängern nöthigte, sich nach Danzig zu retiriren. Unser Zaluski war außer dem Primas der einzige geistliche Senator, der diesem Herrn dahin folgte. Allein es währte nicht lange, so wurde diese Stadt von der Rußischen Armee eingeschlossen und aufs schärffste schärffte belagert. Allein man hoffte starf auf einen Französischen Entsaß, und wehrte sich daher aufs äußerste. Da aber solcher außen blieb und man in Gefahr war, sich den Russen auf Discretion ergeben zu müssen, practicirte man den 27. Jun. 1734. den Stanislaum in verstellter Kleidung aus der Stadt und begehrte zu capituliren. So schwer nun der commandirende General, Graf von Münnich, wegen des entwischten Stanislai daran gienge, so erfolgte doch den 7. Jul. die Uebergabe der Stadt mit Accord, nachdem die Magnaten, die sich bey dem König Stanislao in Danzig befunden, den 29. Jun. eine vorgelegte Submissions-Acta unterschrieben hatten, durch die sie dem Stanislao entsagen, und dargegen Augustum vor ihren rechtmäßigen König erkennen mußten. Sie blieben so lange in der Stadt, bis der neue König in Person vor Danzig anlangte, welches den 29. Jul. geschahe, darauf sie den 26. dieses in dem Kloster Oliva in dessen Hände den erforderten Submissions-Eyd ablegten, und solchergestalt von ihm völlig pardonirt wurden.

Unser Zaluski befand sich auch unter diesen Magnaten. Seine Unterwerfung war so aufrichtig, daß er von dieser Zeit an dem Könige bis an sein Ende mit unverbrüchlicher Treue angehangen, wodurch er sich auch bey demselben in solcher Hochachtung gesetzet, daß man ihn unter dessen Favoriten gezählt. Er begleitete alsbald den König nach Sachsen, und von dar wieder nach Pohlen, wo er ihm wenig von der Seite kam

kam, auch von ihm in allen Fällen fleißig zu Rathe gezogen wurde. A. 1735. wohnte er dem Pacifications-Reichstage bey, der den 8. Nov. glücklich geendiget wurde. Er hatte den Tag hernach die Ehre, daß er zum Kron-Groß-Cantzler ernennet wurde. Er mußte deshalben das Bißthum zu Plozko völlig quittiren und dargegen mit dem Bißthum zu Lußko vorlieb nehmen, darzu ihn schon der verstorbene König ernennet hatte. Den 3. Aug. 1738. bekam er den Ritter Orden des weissen Adlers, nachdem er mit den Einkünften der reichen Stifter Paradies in Groß-Pohlen, und Czerwien in Masovien versehen worden.

Im Febr. 1739. kriegte er das Bißthum zu Culm, und im April 1746. das Bißthum zu Cracau, das durch den Tod des Cardinals Lipski erlediget worden. Weil mit dem letztern die Cron-Groß-Cantzler-Würde nicht vereiniget seyn kann, mußte er dargegen diese letztere Stelle niederlegen, die darauf den 1. Oct. a. e. dem bisherigen Unter-Cantzler Malachowski zu Theile wurde. Er hat diese höchstansehnliche Stelle zehen Jahr bekleidet, und während der Zeit der Cron Pohlen die vortrefflichsten Dienste geleistet. In denen Danksagungen, so ihm hernach die ansehnlichsten Reichs-Senatores, bey der Niederlegung der Groß-Cantzler-Würde für die sorgfältige Erhaltung und unpartheyische Ausübung der Gesetze abstatteten, führte man zu seinem sonderbaren Ruhme an, daß er alle Schreiben an auswärtige Könige, Fürsten und Staaten selbst aufgesetzet, und nicht die geringste

geringste Ausfertigung ohne vorherige Durchlesung unterschrieben, auch sich des Cron-Siegels niemals zu seinem eigenen, oder seiner Verwandschaft Nutzen bedienet habe.

Weil er als ernennter Bischof von Cracau noch eine Zeitlang das Groß-Cantzler-Amt verwalten und indessen von seiner Diöces entfernet bleiben mußte, ließ er eine in der zierlichsten und beweglichsten Schreibart abgefaßte Pastoral-Epistel an die Cracauische Diöces ergehen, darinnen er der gesamten Cracauischen Clerisey den weiten Umfang des Cracauischen Bißthums, die außerordentliche Menge derer darinnen sich befindenden Seelen und die ansehnliche Anzahl der auserlesensten Prälaten, die demselben ehedessen vorgestanden, vor Augen stellte, und hieraus zugleich die mit der sonst in Pohlen höchstbeträchtlichen Würde eines Bischofs von Cracau verknüpften Beschwerungen erwies, auch weil er sich die zur Verwaltung eines so großen Bißthums erforderlichen Kräfte selber nicht zutraute, seine neue Gemeinde ermahnte, ihm mit ihrem Gebethe beyzustehen, und sein schweres Hirten-Amt nach Art stiller und folgsamer Schaafe mit schuldigem Gehorsam zu erleichtern. Nachdem er die bischöfliche Regierung würcklich angetreten, ließ er die Abschaffung derer unter der Geistlichkeit eingerissenen Mißbräuche, und die Wiederherstellung der Kirchen-Zucht seine ernstlichste und eyfrigste Bemühung seyn. Es wurden ihm zwar hierbey von einigen Stiffs-Prälaten und Ordens-Häuptern große Hindernisse gemacht, die er aber nach der ihm beywohnenden großen Klugheit glücklich aus dem

dem Wege zu räumen mußte. Als 1753. die bisherigen Klagen des Adels wider die Geistlichkeit vor den Thron des Königs gebracht wurden, legte man in der desfalls abgefaßten Klag-Schrift sonderlich folgendes unserm Bischofe zur Last, daß er wider die Constitution von 1635. durch seine Consistoria alle alten Vergleiche, Contracte und Quittungen des Adels seiner Diöces wegen derer Zehenden in baarem Gelde willkührlich caßiren und vernichten lassen, dargegen verlanget, daß solcher an Korne in Natur gegeben würde. *)

Als über die Güther der streitigen Ostrogischen Ordination im Jahr 1754. eine Königl. Administration niedergesetzt wurde, hatte er die Ehre, der erste und vornehmste unter denen 10 Commissarien zu seyn, die darzu verordnet wurden, welche Administration bis gegen das Ende des Lebens unsers Zaluski gewähret, da sie wieder aufgehoben worden.

Ungeachtet seiner vielen und wichtigen Staats-Geschäffte hat er doch seinen bischöflichen Pflichten jederzeit ein Genüge geleistet. Er hat die beschwerlichsten Kirchen-Visitationes in eigener Person verrichtet, und in denen Plozkischen und Culmischen Bisthümern allgemeine Synodos angestellt, in welchen er mit Zuziehung derer verständigsten und erfahrensten Prälaten die zu Ausbreitung des römisch-catholischen Glaubens und Beförderung guter Sitten und nützlicher Wissenschaften

---

*) Siehe die neuen Nachr. T. IV. p. 850.

ten, die dienlichsten Gesetze abgefasset, die er sodenn auf seine eigene Kosten drucken, und unter die sämmtlichen, ihm untergebenen, Geistlichen ohne Entgeld austheilen lassen.

Als Bischof von Plozko hat er in der Jesuiter-Kirche zu Warschau, die, von Benedicto XIII. geschehene, Canonisation des heil. Stanislai Kostka in Gegenwart des Königs Augusti II. und des damaligen Königl. Prinzens und jetzt regierenden Königs Augusti III. wie auch aller Großen des Reichs, mit den gewöhnlichen Ceremonien kund gemacht. Er hat auch in dieser Qualität bey der Abführung der Leiche des letztverstorbenen Königs und dessen Vorfahrers Johannis III. von Warschau nach Cracau eine Lobrede in seiner Muttersprache gehalten, auch nachgehends die Königl. Leichen in einer ansehnlichen Procession bis an das Ende der Stadt begleitet.

Als Bischof von Lutzko hat er den Königl. Prinzen, Jacob Ludwig Sobieski, der ihn wegen seiner nahen Anverwandschaft und großen Gaben, auch herrliche Verdienste ganz besonders geliebet und hochgehalten, in seiner Todes-Stunde mit Gebet und Troste beygestanden. Es ist ihm auch sowohl von diesem Prinzen, als von seiner ihm, in die Ewigkeit bald nachgefolgten, Tochter Carolina, Herzogin von Bouillon, die Vollziehung ihres letzten Willens aufgetragen und zum immerwährenden Andenken, der gegen ihr gehegten Hochachtung und Freundschaft die schöne höchstschätzbare Bibliothec des Königl. Sobieskischen Hauses

ses vermacht worden. Als Bischof von Łuzko hat er auch dem, um diese Zeit gebohrnen, Königl. Pohln. und Churfürstl. Sächsischen Prinzen, Albert Casimir, die heil. Taufe ertheilet; auch zu Dreßden dem Nuncio Paolucci, da er die Vermählungs-Ceremonien der Königl. Prinzeßin Maria Amalia mit dem Könige bey der Sicilien verrichtet, beygestanden.

Als Bischof von Culm hat er bey dem, in Beyseyn aller Magnaten dem verstorbenen littauischen Groß-Feldherrn, Michael, Fürsten Wisniowiecki, eines Enkels des aus diesem Hause erwählten Königs Michaelis, zu Ehren gehaltenen Leichen-Begängnisse die heiligen Handlungen verrichtet.

Als Bischof von Cracau hat er gleich bey der Besitznehmung der dasigen Stifts-Kirche, eine von dem jetzigen Erz-Bischoffe zu Prag erhaltene, Reliquie des heil. Wenceslai, eines Beschützers des Cracauischen Bisthums, mit einer ganz ausserordentlich zahlreichen und prächtigen Procession eingeführt, wobey ihm der Pr. Zemislaer, Bischof Sirakowski die heil. Reliquie, in einem güldenen Behältnisse vorgetragen. Er hat auch in solcher Würde, bey der Vermählung der Königl. Pohln. und Churfürstl. Sächs. Prinzeßin Maria Anna, mit dem Churfürsten von Bayern, die Trauungs-Ceremonien verrichtet, ingleichen den vormaligen Cracauischen Dom-Probst, und jetzigen Reichs-Primas Komorowski zum Erz-Bischof zu Gnesen geweyhet.

Er

Er hat auch als Bischof von Cracau bey der allgemeinen Jubel-Freude der römisch-catholischen Christen die, von dem Pabste an ihn übersendete, Jubel-Bulle, der gesammten pöhlnischen Nation bekannt gemacht, auch die Feyerung des Jubiläi zween Monate eher, als die andern Erz-Bischöfe und Bischöfe dieses Königreichs, angefangen. Bey dieser Feyerung hat er selbst vielen tausend Personen Beichte gehöret, und das heilige Abendmahl gereichet, auch an denen damals sich zu Cracau in unzähliger Menge einfindenden Armen eine so große Freygebigkeit ausgeübet, daß man die auf seine Kosten täglich veranstaltete öffentliche Speisung derselben zum steten Gedächtniß abzeichnen und in Kupfer stechen lassen. Er feyerte auch 1753. dem, vor 500 Jahren von Innocentio IV. in die Zahl der Heiligen aufgenommenen, Cracauischen Bischoffe und Märtyrer, Stanislao Sczepanowski, zu Ehren ein besonderes Jubiläum.

Wie er von Jugend auf allen guten Künsten und Wissenschaften ganz ungemein ergeben gewesen, hat er auch, da er durch Hülfe der Musen, die höchsten Ehrenstufen bestiegen, die zärtlichste Achtung gegen sie bezeuget, und alles mögliche zur Aufnahme derselben in seinem Vaterlande beygetragen. Er hat schon als Bischof von Plozko die Gelehrsamkeit auf mancherley Art und Weise zu befördern gesucht, und in dieser Absicht sonderlich in seiner bischöflichen Residenz zu Pultuskein ansehnliches Seminarium für die, denen theologischen Studien sich widmende, Jugend errichtet,

auch

auch alle in seiner Diöces erledigte Stellen mit lauter klugen und gelehrten Leuten besetzt.

Als Groß-Canzler hat er seine Liebe zur Gelehrsamkeit noch deutlicher an den Tag gelegt. Er war willens, eine Ritter-Academie zu Warschau anzulegen, worzu er den, ihm von dem Sobieskischen Hause überlassenen, sehr weitläuftigen Pallast Marleville bestimmet. Da aber die Ausführung dieses Werks durch vielerley Hindernisse hintertrieben worden, hat er bey den Piaristen und Theatinern zu Warschau ein Collegium vor junge Edelleute zu Stande bringen helfen. Da er Bischof zu Cracau wurde, eröffnete er nebst seinem gelehrten Bruder, dem Cron-Groß-Referendario, die von ihnen beyderseits gesammlete und aus mehr denn 200000 Bänden bestehende Bibliothek allen Liebhabern zum täglichen Gebrauche und stiftete ansehnliche Preiße für diejenigen, welche über die aufgegebenen Materien die besten Stücke in der Poesie und Beredsamkeit ausarbeiten würden. Sonderlich hat er sich das Aufnehmen der ihm untergebenen Cracauischen Universität mit besonderen Eifer angelegen seyn lassen. Er hat die akademischen Zusammenkünfte bey öffentlichen Reden und Disputationen mit seiner hohen Gegenwart beehret; und bey denen Doctor-Promotionen denen würdigsten Candidaten den Doctor-Hut selbst aufgesetzt, auch denen Examinibus derer, zur Professor-Würde, bestimmten Akademicorum persönlich beygewohnet, und die fähigsten derselben mit großen Kosten auf auswärtige Universitäten geschickt.

Er

Er stunde mit vielen gelehrten Leuten ohne Ansehen der Religion im Briefwechsel, verstattete denselben gnädigen Zutritt, und unterredte sich mit ihnen über allerhand gelehrten Dingen. Zu Dresden hatte sonderlich der Königl. Ober-Bibliothecarius, Abt Götze, einen freyen Zutritt bey ihm, und wenn er mit der höchsten Landesherrschaft auf die Leipziger Messen kam, hörte er nicht nur mit den Königl. Prinzen die auf dem Universitäts-Bücher-Saale gehaltenen Reden mit Vergnügen an, sondern würdigte auch verschiedene vornehme Gelehrte daselbst eines gnädigen Besuchs in ihren Wohnungen. Er wurde daher sowohl von seinen Landsleuten, als denen Ausländern in ihren gelehrten Tagebüchern, und Monats-Schriften aufs höchste gepriesen, ihm auch manches Buch zugeschrieben. Er wurde auch in die zu Olmütz gestiftete Societät der Wissenschaften aufgenommen.

So eifrig aber unser Zaluski das Aufnehmen der Gelehrsamkeit, als ein großer Kenner derselben, zu befördern suchte, so ernstlich ließ er sich auch das Beste des gemeinen Wesens angelegen seyn. Er war kein Freund von den Juden, und sahe sie für ein Volk an, das einem christlichen Staate sehr schädlich wäre. Er gab daher eine kleine Schrift in seiner Muttersprache heraus, darinnen er die, von der allzugroßen Gewalt des Jüdischen Volks für die Republik zu besorgende, schädlichen Folgen ganz deutlich erwiesen. Wegen Abhelfung der Münzgebrechen und Wiederan-

G. H. Nachr. 118 Th. Kkk bau-

bauung der Bergwerke hat er es an guten Vorschlägen auf den Reichstagen niemals ermangeln lassen, ist auch um das Kriegswesen jederzeit besorgt gewesen, und hat in dieser Absicht des berühmten Kaiserl. Generals, Grafens von Khevenhüller, Observations-Puncte ins Pohlnische übersetzen und unter die Miliz austheilen lassen.

Ein so großer und hochverdienter Prälate mußte allerdings sehr bedauert werden, da er den 16 Dec. 1758 in seiner Bischöfl. Residenz Todes verblichen, nachdem er sein Alter nur auf etliche 60 Jahr gebracht. Man hat von seinen letzten Lebens-Umständen nichts vernommen. So viel wird nur versichert, daß er in seinem Testamente unter andern 45000 Gulden und zwey ansehnliche Paläste der Universitäts-Bibliothek zu Warschau vermacht habe *). Er hat es daher gar wohl verdient, daß ihm von dem gelehrten und berühmten Professor Gottsched zu Leipzig sowohl eine Lobschrift als auch folgende Grabschrift gemacht worden:

Quem pietas et sanctus amor justique bonique,
Quem Rex, quem Populus, Patrum et dignissimus Ordo,
Et Zaluskiadum Domus, alto e sanguine Divûm,
Andream ereptum tristi sibi funere lugent:
Hunc et Pierides, doctâ cum Pallade, magno
Attonitæ casu, et passæ tot vulnera, plangunt.

Hic

---

*) Siehe das Neueste aus der anmuthigen Gelehrsamkeit A. 1759. S. 472.

Hic est, qui meritis et Relligionis amore,
Et clarus studiis, summo famam æquat olympo:
Auspicio cujus Musis stant aurea Templa,
Sarmatici Decus Imperii, Gentisque voluptas.
Parcite, Castalides, lacrumis! Non deficit alter,
Gloria Sarmatiæ, nostræ et pars magna Camenæ;
Josephus *), virtute puri, famaque verendus!

* * * * * * * * * * * * * * * * * *

II.
Fortsetzung der Preußischen Krieges-Operationen gegen die Schweden in Pommern.

Zu Ende des Decembers 1758 langte der Preußische General-Lieutenant, Graf von Dohna, mit seinen unterhabenden Trouppen wieder aus Sachsen unweit Demmin in Pommern an. Anstatt aber sich mit der Belagerung von Demmin und Anclam und mit Passiring des Peene-Stroms aufzuhalten, nahm er einen kleinen Umweg, und richtete seinen Marsch auf das, 2 Stunden von Stralsund gelegene, Städtchen Damgarten. Den 1 Jan. 1759 wurde der Schwedische Commendante dieser Stadt und der

---

*) Dieses ist der gelehrte Kron-Groß-Referendarius, Josephus Andreas Saluski, jetziger Bischof von Kiow, des Verstorbenen jüngster Bruder.

vorliegenden Schanze aufgefordert und bey erfolgter Weigerung angefangen, von denen in vorhergehender Nacht angelegten Batterien den Ort zu beschließen. Nach einigem Widerstande wurde Stadt und Schanze den Preußischen Trouppen mit allen darinnen befindlichen Canonen und Munition, sammt darzu gehörigen Wagen und Pferden, nebst allem, was sonst der Kron Schweden gehörte, übergeben, die Schwedische Besatzung aber erhielt einen freyen Abzug, unter der Bedingung, in Jahr und Tag wider Se. Königl. Majestät von Preußen und Dero Alliirte nicht zu dienen.

Den 2. Jan. wurden die Schwedischen Trouppen durch die aus Stettin auf Usedom abgeschickten Detaschements aus Wolgast vertrieben, wobey sie 2 dreypfündige Kanonen, einen Magazin-Vorrath und verschiedene Schiffsgeräthschaft ohne Verlust eines Mannes erbeuteten. Da auch die Flüsse die Desertion der Schweden nicht mehr hinderten, nahm solche dergestalt zu, daß den 1 Jan. allein 40 Husaren und 20 Musquetiers bey den Preußen anlangten.

Nach Eroberung des Städtchens Damgarten setzte der General von Dohna mit der Armee seinen Marsch weiter fort. Die Besatzung zu Triebsee und der für Damgarten bestimmte Succurs zog sich eiligst zurücke; gleichwohl machte man noch 11 Officiers und 300 Gemeine, worunter sich 50 Reuter befanden, von den Schweden zu Kriegs-Gefangenen. Die Preußische Armee rückte beständig

ständig mit starken Schritten vorwärts und machte sich von den Städten Richtenberg, Grimm und Greifswalde Meister; jedoch konnte sie ohngeachtet ihrer Geschwindigkeit die Schwedische Armee nicht einholen. Sie zog sich anfangs hinter einen Arm der Trevel, ingleichen hinter die vor Stralsund liegende Defileen und faßte in den Dörfern, Brandshagen und Elmenhorst, Posto. Als man sie aber dort anzugreifen Anstalt machte, zog sie sich noch weiter unter die Canonen von Stralsund zurück.

Indem der Graf von Dohna solchergestalt von der Seite der Recknitz vorrückte, gieng der General-Lieutenant von Manteufel gleichfalls bey Stolpe über die Peene und machte bey dieser Gelegenheit einen Officier, 2 Unter-Officiers und 34 Gemeine zu Gefangenen. Auch nahm der General-Major von Platen einen Capitain, 5 Officiers und 50 Dragoner bey Schlatkow gefangen, welches alles ohne dem geringsten Verlust auf Preußischer Seite abgieng. Zu Greifswalde und Grimme traf man sehr beträchtliche Magazine an, und die Besatzungen von Anclam und Demmin waren durch diese Preußischen Progressen von den übrigen Schwedischen Trouppen gänzlich abgeschnitten. Den 10 Jan. wurden 9 Unter-Officiers, 11 Husaren, 129 Dragoner und 23 Musquetiers von den Preußen zu Kriegs-Gefangenen gemacht, wobey die Desertion bey den Schweden so stark war, daß im Kurzen 52 Husaren, 2 Canoniers und 25 Grenadiers und Musquetiers zu den Preußen übergiengen.

Nunmehro gieng man auf die Städte Demmin und Anclam loß. Der Graf von Dohna gedachte sie in der Güte zu kriegen. Er schrieb deßhalben den 12 Jan. an den Schwedischen General, Herrn von Lantinghausen, der jetzt das Ober-Commando führte, und stellte vor, daß weil diese Oerter von der Schwedischen Armee gänzlich abgeschnitten wären, so würde es ein Eigensinn ohne Nutzen seyn, wenn man die Uebergabe verweigerte; vielmehr wäre es eine Zunöthigung, diese Oerter nicht zu schonen, sondern sie ausplündern und einäschern zu lassen. Es beruhe auf Se. Excellenz, dieses Uebel abzuwenden, welches zu verhängen ihm eben so nahe gehen würde, als richtig es sey, daß Preußischer Seits man zu dem Kriege in diesen Gegenden keine Veranlassung gegeben.

Der Schwedische General antwortete unter andern also darauf: Es wären den Officiers zu Anclam und Demmin nach übertragenen Commando Verhaltungs-Befehle gegeben worden, welche im geringsten zu ändern mich so wenig der drohende Innhalt von Se. Excellenz Schreiben veranlassen kann, als mir darüber zu urtheilen gebühren möchte, wer in diesen Gegenden zum Kriege Anlaß gegeben; Se. Excellenz würden selbst ermessen, daß dergleichen Urtheile und Bewegungsgründe die Entschließung eines Befehlshabers nicht bestimmen könnten; und da er von der seinigen bereits Nachricht gegeben, so würde die gegenseitige ihn zu allen denjenigen Maasregeln lenken, die durch den Kriegs-Gebrauch und das Repressalien-Recht gebilliget werden.

Solchem

Solchemnach mußten die Preußen die Gewalt der Waffen brauchen. Den 15 Jan. machten sie den Anfang, die Stadt Demmin von 4 Batterien zu beschießen. Sie formirten zwey Attaqven, davon eine der General-Lieutenant von Manteufel, die andere aber der General-Major von Platen dirigirte. Die Schweden antworteten mit ohngefehr 6 zwölfpfündigen Canonen, davon 4 auf die Seite des Generals von Manteufel, und 2 auf die Seite des Generals von Platen, jedoch ohne sonderlichen Schaden, gerichtet waren. Abends wurden die Schweden auf des Generals von Platen Seite, aus einem Posten an der Brücke vertrieben, der aus 1 Unter-Officier und 12 Mann bestunde. Die Flesche war aber zu feste und zu niedrig, so, daß die kleinen Canonen keine Würkung thaten. Die Schweden brennten in der Nacht die Zugbrücke ab, da indessen die Preußen die kleinen Feldstücke an dieselbe postirten. Der General von Platen ließ noch eine neue Batterie an der Peene aufrichteten, um mit der Hälfte seiner Artillerie auch dasjenige Bastion, so von dem General von Manteufel beschossen wurde, zu bestreichen. Die Schweden nahmen von allen diesen Werken nichts wahr. Die Nacht über wurde wenig geschossen. Den 16 frühe aber gieng das Feuer von allen Seiten wieder an. Gegen 10 Uhr war eine Unterredung, da hauptsächlich die Bürgerschaft wegen Verschonung der Stadt Vorstellung that, aber an ihren Commendanten gewiesen wurde. Von Seiten der Stadt wurde wenig geschossen.

Gegen 11 Uhr Abends, ließ der General-Major von Platen 20 Freywillige, unter dem Lieutenant von Mannstein, auf Kähnen über die Peene setzen, die durch einen Umweg der feindlichen Flesche in den Rücken kamen. Dieser Posten war unvermuthet bis auf 20 Mann verstärkt worden, wovon 17 getödtet und 4 zu Gefangenen gemacht wurden. Preußischer Seits blieben 3 Mann, und einer wurde bleßirt. Hierauf schlug man in der Stadt Lerm, gegen 12 Uhr des Nachts aber Chamade. Der Commendant, Obrist von Lilienberg, ließ seine Garnison zu Kriegs-Gefangenen anbieten. Den 17ten wurde der ganze Tag mit den Capitulations-Puncten zugebracht. Die Besatzung durfte mit Gewehr, Spiel und fliegenden Fahnen ausziehen, mußte aber hernach das Gewehr strecken. Die Officiers sollten ihre Degen behalten, und gegen einen Revers, daß sie bis zu ihrer Ranzionirung Kriegs-Gefangene wären, sich hinwenden, wohin sie wollten. Die Artillerie, Munition, Proviant und Fourage, welches alles ziemlich beträchtlich war, wurde den Preußen ausgeantwortet. Die ganze Besatzung bestund aus 1275 Mann, die Artillerie aus 24 Canonen, und das Magazin 500 Scheffel Mehl, 3224 Scheffel Gerste, 1800 Scheffel Haber, 500 Centner Heu, 1190 Scheffel Hexel, 80 Tonnen gesalzen Fleisch, und 56 Seiten Speck.

Die Stadt Anclam that noch weniger Wiberstand. Den 21 Jan. ergab sich die ganze Besatzung, mit allen, was darinnen sich befand, zu Kriegs-Gefangenen, jedoch wurde derselben erlaubt,

laubt, nach Schweden zurücke zu kehren, untern Versprechen, gegen Se. Königl. Maj. von Preußen und Dero Alliirte nicht zu dienen, bis sie ausgewechselt oder ranzionirt würde. Es bestunde diese Besatzung aus 1421 Köpfen, die von dem Obrist-Lieutenant, Grafen Johann Sparre, commandirt wurde. Außerdem fanden die Preußen darinnen 238 Pferde, 6 Fahnen, 36 Canonen, Mörser und Haubitzen, nebst einem Magazin von 2000 Centner Brod, 300 Centner Pöckelfleisch, 2000 Centner Heeringen, 200 Centner Salz, 1200 Centner Roggen-Mehl, 5 Scheffel Gersten-Grütze, 4 Scheffel Roggen, 400 Scheffel Gerste, 1300 Scheffel Haber, 8000 Scheffel Hexel, und 3000 Centner Heu.

Uberhaupt litte die Schwedische Armee bey dem Vorrücken der Preußischen Trouppen in Schwedisch-Pommern, mit Innbegrif dessen, so zu Damgarten geschehen war, einen Verlust von 64 Canonen, worunter sich verschiedene metallene, wie auch 12 pfündige Stücke und Mörser befanden. Ingleichen hatte man 12 Fahnen erobert, und 3000 Köpfe zu Kriegs-Gefangenen gemacht; ohne zu rechnen, was an Magazins, Munition und Gewehr in Preußische Hände gekommen ist.

Die Schwedische Armee war indessen theils in Stralsund eingerückt, theils auf der Insel Rügen in die Winter-Quartiere gegangen. Die Preußische Armee hingegen, unter dem Grafen von Dohna, bezog nur einige Meilen von Stralsund die Cantonirungs-Quartiere, ein Theill derselben aber rückte in das Mecklenburgische ein, und
foderte

foderte daselbst an Fourage 5000 Wispel Weitzen-Mehl, 14020 Wispel Roggen, 6000 Wispel Haber, 200000 Rationen Heu, und 28450 Bund Stroh.

Den 22 Febr. versuchte ein Corps von 2000 Schweden einen Ausfall aus Stralsund zu thun, um zu fouragiren; es wurden aber die Vor-Trouppen davon, durch den Preußischen Obrist-Lieutenant von Beust sogleich zurücke getrieben, und ein Corporal mit 7 Mann gefangen genommen, worauf sich gedachtes Corps unverrichteter Sachen wieder zurücke gezogen. Nicht lange darauf trieb auch ein Preußisches Detaschement von 50 Mann die Schweden aus ihrem Posten bey der Mühle zwischen Stralsund und Langendorf. Es brannte solches zugleich die Mühle weg, weil die Preußischen Patrouillen von derselben weit umher entdeckt werden konnten. Es geschahe dieses in dem Angesichte einer, nicht weit davon befindlichen, und mit 300 Mann besetzten, Schwedischen Redoute, wobey 2 Schweden getödtet, und 2 zu Kriegs-Gefangenen gemacht wurden.

Das Königl. Preußische Corps, das unter dem General-Major von Kleist in das Mecklenburgische eingerückt war, breitete sich im März über Güstrow bis Schwerin aus, und verlangte die Uebergabe dieser Stadt. Ein Schreiben aus Schwerin vom 16 März giebt hiervon folgenden Bericht:

Seit gestern befindet sich diese Residenz in der äußersten Bestürzung. Nachdem unser Durchl. Herzog auf die eingegangene Nachricht von der

Annä-

gegen die Schweden in Pommern.

Annäherung eines Corps Preußischer Trouppen mit schwerer Artillerie, am 12ten dieses nebst Dero Frau Gemahlinn mit einer kleinen Begleitung nach Hamburg abgegangen, und darauf am 14ten ohngefähr 800 Mann Preußische Cavallerie und Husaren in diese Gegend marschirt waren, so erschienen gestern 5 bis 6 Bataillons Preußische Infanterie mit vielem schweren Geschütze, unter dem Commando der Generals von Kleist und Malachowski, und forderten den herzoglichen Commendanten, General-Major von Zülow mit dem Ansinnen auf, daß sich sowohl die Stadt als die Garnison ergeben sollte. Weil aber der General-Major von Zülow die Antwort gab, daß er zwar, soviel die Stadt beträfe, der Gewalt weichen, die Garnison hingegen nicht ergeben würde, so war man Preußischer Seits schon im Begrif, die Stadt und das Schloß zu beschließen, als indessen der vorbenannte Commendant die Besatzung nach der, in der Schwerinischen See liegenden kleinen Insel, der Caninichen-Werder genannt, überschiffen ließ. Der General-Major von Kleist ließ zwar auf 12 Canonen-Schüsse thun, wovon aber dem Vernehmen nach nur einer getroffen hat. Es ward auch darauf von dem Werder mit einigen Canonen-Schüssen geantwortet, aber ebenfalls ohne Würkung. Solchemnach nahmen die Königl. Preußischen Trouppen von der Stadt sowohl, als von dem Schlosse, wo der Prinz Ludwig mit seiner Gemahlinn, und übrigen Herzoglichen Familie annoch zurücke geblieben, Besitz. Heute Morgens fieng man sofort an, alle Häuser zu visitiren

tiren und alle junge Mannschaft wegzunehmen, wovon auch angesessene, Weib und Kinder habende, Kaufleute und andere Bürger, ja selbst Herzogl. Livree-Bediente, nicht ausgeschlossen waren.

Die Preußen kehrten zu Schwerin alle Veranstaltungen vor, die Herzogl. Trouppen, welche ihre Sicherheit auf dem Caninichen-Werder genommen hatten, zu delogiren und sich ihrer zu bemächtigen, es wollte ihnen aber nicht gelingen, weil es ihnen an dem benöthigten Geschütze, das so weit reichte, und denen Fahrzeugen fehlte, weil die Mecklenburgischen Trouppen dieselben nach ihrer Ueberfahrt nicht wieder zurücke geschickt hatten. Diese letztern waren zugleich auf 3 Monathe mit allem Benöthigten und einer guten Artillerie versehen und hatten die Ordre, sich einer Landung mit aller Macht zu widersetzen. Der Commendant zu Dömitz war mit seinen 400 Mann gleichfalls entschlossen, sich im Fall eines Angriffs aufs äußerste zu wehren. Jedoch die Sorge war vergebens. Nachdem die Preußen 10 Tage zu Schwerin gestanden, brachen sie den 25 März frühe von dar wieder auf und nahmen ihren Weg über Sternberg und Brühl wieder nach Güstrow zurücke, von dannen sie weiter in das Schwedische Pommern giengen.

In diesem Lande hatte bisher der Graf von Dohna das Ober-Commando geführet. Weil ihn aber seine kränklichen Zufälle nöthigten, die erforderlichen Hülfs-Mittel auf Einrathen derer Aerzte in Ruhe zugebrauchen, wurde ihm von Sr. Maj.

Maj. verstattet, auf einige Zeit sich nach Berlin zu begeben und indessen das Commando über das Corps d'Armée dem General-Lieutenant von Mannteuffel zu überlassen, weshalben er auch sich zu Anfang des Aprils zu Berlin einfand, und seinen Aufenthalt in dem Gräfl. Reußischen Garten daselbst nahm. Das Wichtigste, was indessen in Pommern vorgienge, war die Eroberung der Festung Peenamünde, davon die Beschreibung also lautet: Nachdem 6 Bataillons nebst 200 commandirten Dragonern und 40 Husaren in denen ihnen angewiesenen Quartieren um Peenamünde herum eingerücket waren, wurde der Major Rotbalski mit 400 Mann und 3 Canonen am 4ten April vor den Fort dergestalt postirt, daß 300 Mann auf den so genannten Hacken, in dem, nechst dem Fort liegenden, Walde, und 100 Mann an dem Wege, so über Neuendam nach dem Dorfe Peenamünde gehet, zu stehen kamen. Bey dem Hacken wurde sogleich die Anfuhre des Depots und die Errichtung eines Laboratorii besorget. Die Feinde machten in Zeit von 48 Stunden ein ziemliches Feuer, doch ohne dem geringsten Schaden auf Preußischer Seite.

Den 7ten wurden in einer Nacht die Batterien fertig, ohne einen Mann zu verlieren. Dieser gute Erfolg war vornehmlich der falschen Attaque oder Erbauung einer Batterie disseit des Dorfs Peenamünde zuzuschreiben, auf welche der Feind sehr scharf canonirte, da indessen die beyden wirkl. Batterien gegen Anbruch des Tages ungestöhrt erbauet wurden. Der General-Major
von

von Dierke ließ darauf den 8ten das Fort auffordern, da inzwischen zu der dritten und größten Batterie disseit dem Dorfe Peenamünde alle Veranstaltungen gemacht wurden. Diese wurde auch in der Nacht vom 9ten bis 10ten durch 400 von denen Bataillons darzu commandirten Arbeitern so glücklich zu Stande gebracht, daß von derselben ohne dem geringsten Verlust bereits am 10ten frühe gegen 6 Uhr ein sehr lebhaftes Feuer auf das Fort gemacht werden konnte, auch durch solches eben diesen Nachmittag um 3 Uhr von einer Brandkugel das beträchtlichste Pulver-Magazin des Forts in Brand gebracht und in die Luft gesprenget wurde, wodurch auch die zunächst am Thore liegenden Casernen in Flammen geriethen, die dergestalt um sich griffen, daß bis auf eine Caserne und das Marquetender-Haus alle übrigen Gebäude gänzlich in die Asche gelegt wurden, wobey an die 60 Mann von der Besatzung theils bey Auffliegung des Pulver-Magazins, theils im Feuer elendiglich umgekommen sind.

Gegen 5 Uhr Abends wurde von dem Commendanten an denen 3 Seiten der Attaque Fahnen ausgesteckt und Chamade geschlagen. Da sich nun der General-Major von Dierke in dem Dorfe Peenamünde einfand, kamen die Capitulations-Puncte gegen 11 Uhr völlig zu Stande, worauf der Hauptmann von Aderkas mit 100 Mann commandirt wurde, das Fort um 2 Uhr sich übergeben und die Thore und Wälle besetzen zu lassen. Den 11 Apr. um 10 Uhr zog die Schwedische Besatzung so in 231 Köpfen bestund, in der

Stille

Stille aus, nachdem sie das wenige Gewehr, so sie aus dem Feuer gerettet, gestrecket hatte, und wurde noch denselben Tag bis Wolgast escortirt. Ob nun wohl das Fort nur etwas über 48 Stunden beschossen worden, so wurde doch den Commendanten, Capitain Roek, nachgerühmet, daß ihn nichts, als die äußerste Noth zur Uebergabe gezwungen, indem durch das so heftige Feuer von den Preußischen Batterien fast alle gegenseitigen ruinirt worden, und von denen, bey Anfang der Attaque gehabten, 30 Canonen und 4 Mortiers nicht mehr denn 5 Canonen annoch gebraucht werden können. Die 4 Mortiers waren schon den 9ten von denen zwey ersten Batterien völlig demontirt worden, weswegen auch der Commendant schon alle Maasregeln genommen hatte, dieselbe Nacht, da das Fort übergieng, sich mit seiner Garnison zu Wasser auf die, nicht weit davon liegenden, Schwedischen Schiffe zu retten, wenn nicht der erschreckliche Brand ihn genöthiget, sich eiligst zu ergeben. Preußischer Seits ist ein Capitain von der Artillerie, 1 Bombardier, 1 Canonier, 1 Grenadier und 1 Füseler geblieben.

Wir beschließen diesen Artikel mit der Nachricht von der Preußischen Flottille auf der Oder, die in einem Schreiben aus Stettin vom 6 April 1759 mit folgenden Worten der Welt bekannt gemacht worden:

Gestern giengen unsere 4 große und 4 kleine armirte Schiffe, wovon ein iedes 12 große Canonen führt, nebst 2 Espingen, unter Abfeurung ihrer Canonen und Beantwortung des Geschützes von der Festung, auch bey einem beständigen Hußai-Geschrey der Matrosen und des sämmtlichen Schiff-Volks von hier unter Seegel. Die Namen der Schiffe sind: der König; der Prinz von Preußen; der Prinz Heinrich und der Prinz Wilhelm. Die Galeren heißen: Jupiter; Mars; Neptunus und Mercurius. An den übrigen Schiffen arbeitet man mit größtem Eifer und sie werden nächstens vollkommen fertig seyn. Die Commandeurs der Flotte, welche Capitains Character haben, sind hiesige erfahrne Schiffer. Sie tragen ganz blaue Officiers-Montirung und Port-Epees, auch Hüte mit breiten goldenen Tressen eingefaßt. Diese Flotte hat dem Herzogthum Pommern schon einen fast unglaublichen Nutzen gebracht, indem sie nicht alleine die Oder, sondern auch das Haff und die 3 Pommerischen See-Häfen, den Rubner den Schwiener und Dievenwer, vor den Feinden decken.

* *

III.
Einige jüngstgeschehene merkwürdige Todes-Fälle.

a) Im Jan. 1759.

I. Anna, verwitwete Prinzessin von Oranien und Nassau, Erb-Statthalterin der vereinigten Niederlande, auch Regentin

während

während der Minderjährigkeit ihres Sohnes, eine gebohrne Königl. Prinzeßin von Großbritannien, starb den 12 Jan. zur Nacht zwischen 11 und 12 Uhr im Haag in einem Alter von 49 Jahren, 2 Monathen und 10 Tagen. Von ihren Leben soll nächstens in einem eigenen Artikel gehandelt werden.

II. Thomas Philippus von Alsace, der Röm. Kirche Cardinal, Erz-Bischof zu Mecheln, Primas der Niederlande und erster Cardinal-Priester, die einzige noch übrige Creatur Clementis XI. starb den 5 Jan. zu Mecheln im 80sten Jahre seines Alters und 40sten seiner Cardinals-Würde. Es soll von ihm weiter unten ausführlich gehandelt werden.

III. Johann Anton Guadagni, der Röm. Kirche Cardinal, Bischof zu Porto, des Cardinals-Collegii Vice-Decanus, und Päbstl. General-Vicarius, ein Nepote und Creatur Clementis XII. starb den 15 Jan. zu Rom im 85sten Jahre seines Alters und im 28sten Jahre seiner Cardinals-Würde. Ich will von seinem Leben künftig ebenfalls umständlich handeln.

IV. George Andreas Doria, der Röm. Kirche Cardinal, ein Genueser und Creatur Benedicti XIV. starb den 30 Jan. zur Nacht zu Rom nach einer kurzen Krankheit in einem Alter von 50 Jahren, nachdem er 15 Jahr die Cardinals-Würde bekleidet. Er soll von ihm künftig ebenfalls in einem eigenen Artikel gehandelt werden.

V. Johann Christoph, Graf von Düring, Königl. Schwedischer General-Feld-Marschall,

schall, Ober-Stadthalter zu Stockholm und Ritter des Seraphinen-Ordens, starb den 5 Jan. zu Stockholm in einem hohen Alter. Er stammte aus dem Herzogthum Bremen her und war unstreitig ein Enkel Dietrichs von Düring, der 1668 als Schwedischer Obrister und Commendant zu Stade gestorben. Er begab sich jung in Schwedische Kriegs-Dienste und machte sein Glücke bey dem Holsteinischen Cavallerie-Regimente. Er wohnte unter König Carolo XII. denen Feldzügen in Pohlen wider die Russen bey. Ob er aber sich mit in der unglücklichen Schlacht bey Pultawa 1709 befunden, dadurch der König genöthiget wurde, in die Türkey zu fliehen, ist mir unbekannt; so viel aber gewiß, daß sich unser Düring bey ihm in der Türkey befunden, als er im Begriff gewesen, aus derselben wieder nach seinen Landen zurücke zu kehren. Vermuthlich ist er nach der Zeit, da der König schon wieder von Bender hinweg gewesen und weiter in die Türkey gebracht worden, zu ihm gekommen. Ob er nun von seinen Obern dahin geschickt worden, oder vor sich selbst eine Reise zu ihm, als seinen Herrn und Könige, gethan, läßt man an seinen Ort gestellt seyn. Genug, er hatte damals den Character als Obrist-Lieutenant und wurde von dem Könige, als ein junger munterer Officier erwählet, ihn zu begleiten, als er zu Anfang des Nov. 1714 seine Reise in verstellter Kleidung aus der Türkey durch die Wallachen, Ungarn und Deutschland nach Pommern that. Die Reise geschahe zu Pferde, so eilig, daß sie den 22 Nov. schon

schon zu Stralsund anlangten. Der Obrist-
lieutenant von Düring, der sogleich zum Obristen erklärt wurde, befand sich von dem vielen Reiten so abgemattet, daß man glaubte, er
würde darüber seinen Geist aufgeben müssen.
Alleine er erholte sich wieder und trat als Obrister
wiederum seine Dienste bey dem Holsteinischen
Cavallerie-Regimente an. Von seinen weitern
Thaten weiß man nichts zu melden. Vermuthlich hat er hernach denen Feldzügen in Norwegen
beygewohnet. A. 1738 ward er General-Major,
1740 General-Lieutenant und 1743 General der
Cavallerie, hat aber in dem damaligen Kriege
wider die Russen keine Dienste geleistet, doch
ward er nach dem Aboischen Frieden nach Rußland geschickt, wegen der, von der Cron Dännemark gesuchten, Renunciation auf das Herzogthum Holstein, darauf der neue Schwedische
Thronfolger die Anwartschaft hat, Vorstellungen
zu thun, da er denn die Versicherung erhielte, daß
der Groß-Fürst niemals auf sein Herzogthum re-
nunciren würde. Den 26 Jan. 1744 erhielte er
zu Petersburg seine Abschieds-Audienz und kehrte
den 8 Febr. wieder nach Hause. A. 1747 empfieng er den neugestifteten Seraphinen-Orden,
wobey er den Wahlspruch: *Animo et Prudentia*
annahm. A. 1751 ernennte ihn der neue König
zum General-Feld-Marschall und erhub ihn in
den Schwedischen Grafen-Stand, nachdem er der
Königl. Krönung in Qvalität eines Ober-Stall-
meisters beygewohnet hatte. Im Jun. 1753 erhielte er die wichtige Bedienung eines Ober-Stadt-
halters

halters zu Stockholm. Seine Gemahlin, Catharina Margaretha, gebohrne Gräfin von Bonde, starb im Jul. 1755. in einem Alter von 58 Jahren. Ob sie ihm Kinder gebohren, ist mir unbekannt.

VI. Peter von Pennavaire, Königl. Preußischer General-Lieutenant von der Cavallerie Ritter des schwartzen Adler-Ordens, Commandeur des Leib-Carabinier-Regiments, Erbherr auf Heiligenthal rc. starb zu Berlin in der Nacht vom 18ten zum 19ten Jan. an einer Entzündung in der Lunge in einem Alter von 80 Jahren. Nachdem er unter dem vorigen Könige bis zu der Stelle eines Majors bey den Leib-Curaßier-Regimente avanciret, ernennte ihn der jetzige König im May 1741. zum Obrist-Lieutenant bey diesem Regimente. Im Jun. 1744. ward er Obrister. Im Jun. 1747. erhielte er den Orden pour le merite. Im Jul. 1748. ward er General-Major. Im Nov. 1751. kriegte er das Commando bey dem Leib-Carabinier-Regimente und im Febr. 1757. ward er General-Lieutenant und Ritter des schwartzen Adlers. Von seinen Kriegs-Thaten ist mir nichts bewust. Der, den 5 May 1750. verstorbene, Preußische Obriste von Pennavaire war sein leibl. Bruder.

VII. Christoph Friedrich, Baron von Seckendorf, Hochfürstl. Brandenburg-Inspachiloe. geheimer Raths-Präsident und Premier-Minister, auch Ritter des schwartzen und rothen Adlers, starb den 6 Jan. auf seinem Schlosse zu Marck-Sugenheim im 80sten Jahre seines Alters. Wie nahe er mit dem Grafen von Secken-

Seckendorf und dem Ritter-Hauptmann des Fränckischen Cantons Baubach, Christoph Ludwig, Baron von Seckendorf, gewesenen Anspachischen Ober-Marschall und Präsidenten des Saynischen Administrations-Collegii, verwandt sey, ist mir nicht bekannt.

VIII. Anna Johannetta, Gräfin von Manderscheid-Blanckenheim, Canonissin zu Thoren, starb den 31 Jan. zu Cölln am Rhein an der Wassersucht im 59sten Jahre ihres Alters. Sie war eine Tochter Frantz Georgens, Grafens von Manderscheid-Blanckenheim, Churpfältzischen Ober-Hofmeisters und ersten Ministers, der sie mit Johannen, gebohrner Gräfin von Königseck-Rotenfelß, den 29 Sept. 1700. gezeugt hatte.

IX. Johann von Mayer, Königl. Preussischer General-Major, starb den 3. Jan. zu Plauen im Vogtlande an einem Fleck-Fieber in einem Alter von 42 Jahren. Von seinem Leben soll künftig in einem eigenen Articel umständlich gehandelt werden.

X. Maria Theresia, verwitwete Gräfin von Sereni, starb zu Wien den 18 Jan. in einem Alter von 81 Jahren. Sie war eine Tochter Adolph Wratislai, Grafens von Sternberg, Kayserl. Obrist-Burggrafens in Böhmen, und Anna Lucia, gebohrnen Gräfin von Slavata, die sie den 30. Oct. 1678. zur Welt gebohren. Sie ward 1696. mit Joh. Max. Andr. von Thun vermählt, der sie den 25 Mart. 1701 zur Witwe gemacht. Sie vermählte sich zum andernmale mit Carl Anton,

Anton, Grafen von Sereni, der ebenfals schon vor verschiedenen Jahren gestorben ist.

XI. Johann Rudolph, Graf von Sporck, Bischof zu Abrato, Päbstl. Haus-Prälate, beyder Rechte Doctor, der Königl. Haupt-Kirche zu St. Veit Prälatus, Archi-Diaconus und Erzbischöffl. Suffraganeus, starb zu Prag im 64sten Jahre seines Alters.

XII. Maria Charlotte von Pas Jruqvieres, verwitwete Marqvisin von Oßun, Mutter des Marqvis von Oßun, Königl. Französischen Abgesandtens in Neapolis, starb den 4 Jan. in einem Alter von 76 Jahren.

XIII. Die Marqvisin von Simiane, starb den 29 Jan.

XIV. Hannibal, Graf Wedel zu Wedelsburg, Königl. Dähnischer Geheimer Rath, Cammerherr und Drost zu Segeberg, starb den 27 Jan. Er vermählte sich den 17 Jun. 1755. mit Conrabina Christiana, des Grafens Christian Daneschiold von Samsoe hinterlassenen Tochter. Er ward den 31 Mart. 1752. Cammerherr.

XV. Josephus Franciscus de Charleval, Bischof von Agde und Abt zu Peßan, starb den 22. Jan. in einem Alter von 55 Jahren.

XVI. Jonas von Adlerstrahl, Königl. Schwedischer General-Major, Commandeur des Schwerdt-Ordens und Obrister des Leib-Regiments der Königin, starb den 22. Jan. Er ward den 11 Jan. 1755. Commandeur des Schwerdt-Ordens und vor etlichen Jahren General-Major.

XVII.

XVII. Emanuel, Marqvis von Calharis, Graf von Sousa, Königl. Portugiesischer Obrister der Leib-Trabanten oder Hellebardiers, der den 13 Dec. in Verhaft genommen worden, starb im Jan. in dem Wasser-Thurme als ein Staats-Gefangener.

XVIII. Alexander Frenzel, Vice-Admiral von Holland, starb den 17 Jan. zu Leiden nach einer Krankheit von etlichen Wochen in einem Alter von 68 Jahren und 2 Monathen. Dieser brave Officier hat 57 Jahr in dem Dinste der Republic zugebracht. Im Jahr 1722. ward er zum Schiffs-Capitain ernennet, in welcher Qualität er sich bey verschiedenen Fällen hervorgethan und unter andern die Algierer gedemüthiget hat, als sie das Commercium und die Schifffahrt der Holländer durch ihre Corsaren sehr beunruhiget. Als er von einer Reise zurücke kam, die er als Chef d'Escadre mit einigen Kriegs-Schiffen nach dem Sunde gethan, erklärte ihn der Staat 1748. zum Contre-Admiral und sendete ihn mit einer Escadre nach Algier, den Tractat zwischen Ihro Hochmögenden und dem dasigen Dey zu erneuern, welche Commission er zum allgemeinen Vergnügen ausrichtete. A. 1750. ward er zum Vice-Admiral ernennet

XIX. Hanß Heinrich Fock, Königl. Schwedischer Obrister und Ritter des Schwerdt-Ordens, starb den 9 Jan. auf seinem Guthe Höswerd.

III. Einige jüngstgeschehene

b) Nachgeholte vom Jahr 1755.

I. Severinus Rzewuski, Woywode von Vollhynien, Senator des Königreichs Pohlen, und Ritter des weißen Adlers, starb im Jan. 1755. Er war erstlich Kron-Mundschenck, in welcher Qvalität er Ritter des weißen Adlers wurde A. 1738. ward er Kron-Referendarius und 1750. Woywode von Vollhynien.

II. Don Diego de Monroy von Vasconcellos, Königl. Portugiesischer Cammerjuncker, Ritter des Christ-Ordens, General-Major der Infanterie und gewesener Gouverneur von Terceira, starb den 26 Dec. 1754. in einem Alter von 57 Jahren.

III. Don Manuel Gomez von Caravalho, Königl. Portugiesischer Cammerjuncker, Ritter des Christ-Ordens, Alcalde der Stadt Aveiro, General-Lieutenant der Artillerie, starb den 1 Jan. 1755. im 65sten Jahre seines Alters.

IV. Gabriel de Chapt, Graf von Rastagnac, starb im Mart. a. e. zu Sarlat in Perigord in einem hohen Alter. Er war unstreitig der Vater des verstorbenen Erzbischofs von Tours.

V. Juliana Magdalena, verwittwete von Kellerhofen, gebohrne Baronin von Palland, starb den 14 Mart. a. e. zu Cölln im 69sten Jahre ihres Alters. Sie war die Schwester des ehemaligen Ober-Jägermeisters im Herzogthum Zell, Barons von Palland. Ihr Gemahl war Obrist-Lieutenant und Commendante zu Cölln am Rhein.

Rhein. Sie hat einen einßigen Sohn hinterlaſſen, nämlich den P. Franciſcum von Kellerhofen, einen Jeſuiten und Beicht-Vater des Churfürſtens von Cölln. Sie hat in Anſehung deſſen alles ihr Vermögen dem Jeſuiter-Collegio zu Cölln vermacht.

VI. Joſeph Anton Davanlati, Ertzbiſchof zu Trani und Patriarche von Alexandria, ſtarb im Mart. a. e. zu Rom in einem Alter von 90 Jahren. Er wurde den 31 Aug. 1665. zu Bari gebohren. Den 10. Nov. 1717. erhielte er das Ertzbiſthum zu Trani, und den 6 Aug. 1746. ward er Titular-Patriarche von Alexandria.

VII. Der Marquis von Maßimi, Ober-Commendant der Päbſtl. Trouppen, ſtarb im Febr. a. e. Ihm folgte in dieſem Commando der Graf Capizucchi-Mareſcotti.

VIII. Felix Solari, Ertzbiſchof von Theben und Päbſtl. Secretarius bey der Congregation von der Regular-Diſciplin, ſtarb den 9 Mart. a. e. zu Rom im 75ſten Jahre ſeines Alters. Er wurde den 1 Nov. 1680. zu Roßano gebohren. Den 14 Jul. 1721. erhielte er das Biſthum zu Biſignano, welches er 1745. niederlegte, und dargegen das obgedachte Secretariat annahm.

IX. Gabriel Cachereau, Herr von Baudry, Königl. Franzöſiſcher Staats-Rath, ſtarb den 22 Apr. a. e. in einem Alter von 82 Jahren. Er war erſtlich General-Lieutenant der Policey zu Paris, hernach Secretair derer Commendemens bey der verwitweten Hertzogin von Orleans,

auch

auch Intendant von deren Hause. A. 1711. ward er Maitre des Reqvetes honoraire, alsdenn Intendant der Finanzen, und 1722. Staats-Rath. Er war dem Hofe sehr zugethan und wurde in den letztern Irrungen mit dem Parlamente einer von denen, die während der Relegations-Zeit die große Cammer ausmachten.

X. Alphonsus Mirogli, Bischof zu Aleſſandria Della Paglia, starb im April a. c. in einem Alter von 63. Jahren. Er ward den 23. May 1692. zu Citta di Casale gebohren, und den 16. Mart. 1744. ward er Bischof.

XI. Michael de Palma, Erz-Bischof zu Chieti, starb in eben diesem Monate in einem Alter von 66 Jahren. Er wurde den 3. Aug. 1689. zu Neapolis gebohren, und den 6. May.1737. erhielt der das Erz-Bißthum zu Chieti.

XII. Die Vicomtin von Polignac, starb im Jun. a. e. zu Paris an den Blattern. Es ist hierunter unstreitig niemand anders zu verstehen, als Diana Adelheit Zephirina, eine Tochter Jacob Hyppoliti von Mazarini, Marquis von Mancini, die den 3. Febr. 1726. gebohren, und den 16. Dec. 1738. mit Hercules Melchior, Vicomte von Polignac, vermählt worden, dem sie 4 Kinder gebohren.

XIII. Franciscus Perez de Prado, Bischof von Teruel, General-Inquisitor von Spanien und Mitglied des Königl. geheimen Raths, starb den 10. Jul. a. e. zu Madrit im 78sten Jahre seines

seines Alters. Er ward 1678 zu Caranda di Duero gebohren. Den 11. Aug. 1732. ward er Bischof zu Teruel und 1746 General-Inquisitor.

XIV. **Charlotte**, verwitwete Gräfin von Derwentwater, starb im Aug. zu London. Sie war eine Tochter Caroli, Grafens von Neuburg und wurde mit Carl Radclief, Grafen von Derwentwater, vermählt, dessen Vater Jacob Radclief, Graf von Derwentwater, der 1716 zu London enthauptet wurde. Er lebte als ein Anhänger des Prätendentens zu St. Germain en Laye in Frankreich, und wurde in der Schlacht bey Culloden gefangen, und den 8. Dec. 1746. zu London eben so, wie sein Vater, enthauptet. Sie befand sich damals mit 2 Töchtern in Frankreich, kam aber hernach wieder nach Engelland, und erhielt ein Gnaden-Geld, durfte aber den gräflichen Tittel von Derwentwater, nicht führen, sondern mußte sich nur die Gräfin von Neuburg nennen. Ihr Sohn, Jacob Radclief, hatte zwar den Vater nach Engelland begleitet, ward aber begnadiget und führt den Tittel eines Lord Kinnaird. Er hat 1749. des reichen Ritters Webbs in Sussex Tochter geheyrathet.

XV. **Axel Gabriel, Graf Oxenstierna**, Königl. Schwedischer General-Major, und Commandeur des Schwerdt-Ordens, starb auf seiner Herrschaft Ilbon den 24. Aug. a. e. Er schrieb sich auch einen Grafen von Cronenburg, und war ein Sohn Graf Gabriels, der 1707. als Reichsrath gestorben ist, und Christinä, Grafens Erici von Oxen-

IX. Der Herr von Sprengport, Königl. Schwedischer Hauptmann der Königl. Leib-Garde, und Französischer Obrister, vermählte sich im Nov. 1758. mit der Witwe des Schwedischen Cammerherrn von Geer, gebohrnen Gräfin von Taube.

X. Es hieß auch, es habe sich den 3. Jan. 1759. der Schwedische Cammerherr, Graf Gyllenstolpe, mit der Witwe des unglücklichen Grafens Brahe, einer Tochter des Grafen Piper, auf dem Gyllenstolpischen Gute Noor in hoher Gegenwart beyder Königl. Majestäten und des Cron-Prinzens vermählt. Allein es ist dieses nachgehends als falsch gänzlich widerrufen worden. Es ist dieses Gerüchte daher entstanden, weil Ihre Majestäten mit dem Cron-Prinzen sich nach diesem Gute erhoben, da zu gleicher Zeit die Gräfin Brahe dahin gereiset gewesen.

XI. Wolfgang Vitus von Reitzenstein, Königl. Dänischer Hof-Marschall und Hof-Jägermeister bey der verwitweten Königin, vermählte sich im Apr. 1755. mit der Fräulein von Gram, des Ober-Jägermeisters Tochter.

XII. Salvator Pignatelli, Prinz von Strongoli, ein Sohn des Neapolitanischen Fürstens gleiches Namens, ein Officier unter dem Dragoner-Regimente der Königin, heyrathete in Apr. die Tochter des Generals, Grafen Mahomi, eines Irländers.

XIII. Der Marquis von Brehaut, Kön. Französischer Brigadier und Obrister des Infanterieterie-Regiments Piccardie, heyrathete im Nov. 1755. die Tochter des verstorbenen Herrn Gabriel Tascherau von Baudry, Königl. Französischen Staats-Raths und Intendantens der Finanzen.

II. Geburten.

I. Dem Prinzen Friedrich Eugenio von Würtemberg, Königl. Preußischen General-lieutenant, ward den 21. Nov. 1758. zu Schwedt von seiner Gemahlin, Friederica Dorothea Sophia, Prinzeßin von Brandenburg-Schwedt, ein Prinz gebohren, der den 29. dieses getauft und Friedrich Eugenius Heinrich genennet wurde.

II. Friedrich August, Bischof von Lübeck, gebohrner Prinz von Holstein-Gottorp, kriegte den 22. Mart. 1759. von seiner Gemahlin, Ulrica Friderica Wilhelmina, gebohrnen Prinzeßin von Hessen-Cassel, eine Prinzeßin, die Hedwig Elisabeth Charlotte, genennet worden.

III. Dem Fürsten von Caserta, wurde den 18. Nov. 1758. ein Sohn gebohren, der Philipp Maria Crispinus genennet wurde. Es ist dieses unstreitig der älteste Sohn des Herzogs von Sermotta, aus dem Hause Gartano, der sich im Nov. 1757. mit der Tochter des Fürstens Corsini vermählt hat.

IV. Dem Fürsten Giustiniani, ward zu Rom im Jan. 1759. der erste Sohn gebohren.

V. Der Französische Herzog von Chatillon bekam in der Nacht zwischen dem 30. und 31. Jan. a. e. einen Sohn.

VI.

VI. Dem Grafen Friedrich Gottlob Heinrich von Solms-Baruth, ward den 27. Oct. 1757. ein Sohn, Namens Friedrich Carl Leopold, gebohren.

VII. Carl Joseph August, Graf von Limpurg-Styrum kriegte den 15. Dec. 1758. von seiner Gemahlin auf dem Schlosse Argentrau eine Tochter.

VIII. Carl Paul Ernst, Graf von Bentheim-Steinfurt, bekam den 25. Jan. 1759. gleichfalls eine Tochter, die Carolina Maria Elisabeth genennet wurde.

IX. Heinrich VI. Graf Reuß, Königl. Dänischer geheimer Rath und Amtmann zu Sonderburg, empfing eben diesen Tag einen Sohn, der den Namen Heinrich XLVIII. bekam.

X. Der Baron von Ahlefeld, Königl. Dänischer Gesandter zu Berlin, kriegte den 19. Jan. eine Tochter.

XI. Der Wild- und Rhein-Graf, Carolus Marquis von Rheingrafenstein, kriegte den 20. Febr. 1759. zu Grehweiler eine Tochter, die Sophia Wilhelmine genennet wurde.

XII. Der Herr von Reventlau, Königl. Dänischer Cammerherr und Ober-Hofmeister des Cron-Prinzen, bekam im Jan. 1759. einen Sohn.

XIII. Dem Herzoge von Fleury ward im May 1755. eine Tochter gebohren.

XIV. Die Gräfin von Gower, kam im Aug. 1755. mit einem todten Sohne nieder, weil
sie

sie kurz vorher zu Trentham, nebst der Mylady Francisca Vernon in der Kutsche umgeschmissen worden.

* * * * * * * * * * * * * * * * * * * *

V.
Leben des jüngstverstorbenen Cardinals von Alsace.

Thomas Philippus d'Alsace, oder de Alatia, d. i. von Elsas, stammte aus dem alten niederländischen Geschlechte der Grafen von Boßu her, das den Fürstl. Titel von Thimay an sich gebracht hat. Sein Vater war Philipp Heinrich d'Alsace, Fürst von Himay, Ritter des güldenen Vliesses, seine Mutter aber, Anna Louyse von Verreyken, des Baron Carls von Impden Tochter, die ihn den 12. Nov. 1679. zu Brüssel zur Welt gebohren. Er wurde, als der zweyte Sohn seines Vaters, dem geistl. Stande gewidmet, und studirte unter der Anführung der Jesuiten, in dem Königl. Collegio zu Brüssel. Er bekam jung ein Canonicat bey der Cathedral-Kirche zu Gent, und 1695 ward er von König Carolo II. zum Dom-Probst daselbst ernennet. Er gieng darauf nach Rom, und setzte seine Studia in dem Collegio Romano der Jesuiten fort, disputirte öffentlich, und ward der beyden Rechte Doctor. Er ließ sich alsdenn zum Priester weyhen, und ward von Clemente XI. zum Ehren-Cämmerer erkläret.

Als er 1702 nach Hause kam, ernennte ihn der Bischof zu Gent nicht nur zum Examinatore Synodali, sondern auch in seiner Abwesenheit zum General-Vicario, in welcher Qualität er 1710. seinem Vetter, dem berühmten Cardinal von Bouillon, seine Aufwartung machte, als derselbe sich aus Frankreich, allwo er in des Königs Ungnade gefallen war, bey der alliirten Armee in den Niederlanden einfand. Weil nun derselbe im Begriff war, nach Rom zu gehen, um denen hohen Verrichtungen eines Decani des heil. Collegii, zu welcher Würde er schon vor 10 Jahren gelanget war, sich zu unterziehen, gleichwohl aber nicht wußte, wessen er sich bey den damaligen Umständen zu dem Pabste zu versehen hatte, schickte er unsern Grafen von Boßu, wie er damals hieß, nach Rom, um ihn daselbst anzumelden und bis zu dessen Ankunft seine Angelegenheiten daselbst zu besorgen.

Den 12. Jan. 1711. hatte er bey dem Pabste seine erste Audienz. Er blieb darauf bis ins vierte Jahr zu Rom, und wußte sich während der Zeit so aufzuführen, daß ihn der Pabst alles verwilligte, was er bey ihm suchte. Der Cardinal von Bouillon erhielte demnach Erlaubniß, nach Rom zu kommen, und das Decanat des heil. Collegii anzutreten, welches er auch 1714. that, aber nicht über ein Jahr lebte. Der Graf von Boßu hatte indessen das Glücke, im Jahr 1713. zum Bischof zu Ypern ernennt zu werden. Ehe aber die päbstliche Bulle darüber ausgefertiget wurde, ward er von Kayser Carolo VI. den 3. Mart. 1714. zum Erz-Bischof von Mecheln, und Primas von den gesammten österreichischen Niederlanden ernennet. Nachdem er den 16. Dec. 1715. darzu confirmirt worden, nöthigten ihn einige entstandene Irrungen sich nach Wien zu begeben, wo alles beygelegt wurde. Er langte zu Anfang des 1716. Jahrs in dieser Stadt an, allwo er den 19. Jan. von dem damaligen Nuncio, Georgio Spinola, in der Capelle des Kayserl. Profeß-Hauses der Jesuiten die Erz-Bischöfl. Weyhe empfinge. Er wurde vor seiner Abreise aus Wien am 18. April zum Kayserl. wirklichen geheimden Rathe erklärt.

Als er zu Mecheln anlangte, wurde er mit großen Freuden empfangen. Er hatte aber kaum von seinem Erz-Bißthum Besitz genommen, so fing er an, sich als einen sehr eyfrigen Verfolger derer Jansenisten und einen standhaften Vertheidiger der Päbstl. Constitution Unigenitus zu erzeigen, wodurch er sowohl unter dem Volke als bey der Clerisey viele Unruhe und Bewegungen erweckte, die dem Kayserl. Hofe nicht zum besten gefielen. Als der Pabst 1718. eine scharfe Bulle wider alle, die sich der obgedachten Constitution ferner widersetzen würden, publicirte, nahm er nicht nur unter allen niederländischen Bischöffen dieselbe am ersten an, sondern that auch alle diejenigen in seiner Diöces, die nicht ein gleiches thun wolten, so lange in Bann, bis sie sich eines bessern fern befannen, und die gedachte Bulle gehörig annahmen.

Mitlerweile wurde er im Jan. 1717. unter die Mitglieder des neuerrichteten niederländischen Staats-Raths zu Brüssel, und zwar mit der Prärogativ aufgenommen, daß er den Rang über die andern alle haben, jedoch nicht eher in dem Collegio sich einfinden sollte, als bis Kirchen-Sachen vorfielen. Im Oct. eben dieses Jahrs wohnte er zu Brüssel denen Kayserl. Huldigungs-Solennitäten bey.

Den 29. Nov. 1719. wurden seine Verdienste, die er durch seinen Eyfer um die römische Kirche erlangt, von dem Pabste mit der Cardinals-Würde belohnt; wobey sich der heil. Vater gegen die Cardinäle also vernehmen ließ: „Wir „könnten hier viel von dieses erlauchten Prälatens „sonderbaren Wachsamkeit erzehlen, welche er so„gleich von der Zeit an, da er zum Kirchen-Re„gimente an seinem Orte befördert worden, bewie„sen und noch beständig beweiset, dergestalt, daß „alle gläubige Christen der catholischen Niederlan„de, besonders aber die ihm anvertrauten Schaa„fe, welche, wie sie an giftigen Orten wohnen, „also auch der Gefahr am nächsten sind, von der „ungesunden Weyde verkehrter Lehren sorgfältig „abgehalten werden. Wir wollen aber nur so viel „sagen, daß er unter allen Bischöffen der catho„lischen Kirche der erste gewesen, welcher nicht „nur unsere Constitution, die sich mit dem Worte „Pastoralis anfängt, in Gehorsam angenommen, „sondern auch nach unserm Exempel alle diejeni„gen,

„gen, welche eine andere von unsern Constitutio-
„nen, die sich mit dem Worte Vnigenitus anfängt,
„mit gebührendem Gehorsam anzunehmen sich ge-
„weigert, oder künftig sich weigern würden, nicht
„vor wahre Söhne der heil. Röm. Kirche zu er-
„kennen, freymüthig sich erklärt und öffentlich be-
„zeuget, daß er mit ihnen eher keine kirchliche Ge-
„meinschaft haben werde, als bis sie sich rechts-
„schaffen bekehret, und durch gänzliche Ablegung
„aller Kühnheit zu widersprechen sich verdient ge-
„macht hätten, durch Bezeugung eines wahren
„Gehorsams von diesem heil. Stuhle wieder in
„die vorige Liebe und Einigkeit gesetzt zu werden."

Jedoch so gut es der Pabst mit ihm meynte, so schlecht war dargegen der Dank, den er dadurch an dem Französischen Hofe verdiente. Denn sobald der Cardinal von la Tremouille, der damals die Angelegenheiten des Französischen Hof zu Rom besorgte, von der bevorstehenden Erhebung dieses Prälatens Nachricht kriegte, verfügte er sich zu dem Pabste und stellte demselben vor, daß er von seinem Könige durch einen Cabinets-Courier Befehl bekommen hätte, dem heil. Vater die Erklärung zu thun, daß sich Se. Maj. nimmermehr bewegen lassen würden, die Erz-Bischöffe von Rheims und Mecheln vor Cardinäle zu erkennen, im Fall es Ihre Heiligkeit gefallen solte, sie darzu zu creiren, weil erwähnte Erz-Bischöffe die Urheber aller, durch die Constitution Unigenitus verursachten, Unruhen wären. Alleine der Pabst kehrte sich nicht daran, sondern creirte sie beyde den 29. Nov. zu Cardinal-Priestern.

Der Ertz-Bischof von Mecheln, der sich nunmehro den Cardinal von Alsace nennte, empfing das Biret durch den Cämmerer Olivieri, es verzog sich aber mit Auffetzung desselben bis den 9. Jun. 1730 an welchem Tage solche Ceremonie in der Metropolitan-Kirche zu Mecheln mit vielen Solennitäten vor sich gienge. Der Bischof von Gent hatte die Ehre, ihm das Biret aufzusetzen. Es wurden hierbey alle Glocken in der Stadt geläutet, und die Canonen dreymal um die Stadt abgefeuert. Der Cardinal ertheilte darauf dem Volke den Segen, und gab Befehl, daß wegen des instehenden Jubiläi zu Brüssel der Ablaß publicirt werden sollte.

Es wurden zu Begehung des jetztgedachten Jubiläi zu Brüssel ungemeine Anstalten vorgekehret. Es heist solches das Fest des heiligen Wunder-Sacraments und wird alle 50 Jahr einigen geweyheten Hostien zu Ehren gefeyert, die vor 350 Jahren von den Juden übel tractirt und durchstochen, wunderbarer-Weise aber aus ihren gottlosen Händen errettet, und seitdem in der Kirche der Heil. Gudula als ein grosses Heiligthum verwahret worden. Dieses Jubelfest sollte den 14. Jul. 1720 seinen Anfang nehmen, und von dem Cardinal von Alsace, als Ertz-Bischoffe, mit den gewöhnlischen Ceremonien eröffnet werden. Alleine er entschuldigte sich deshalben bey dem Ertz-Priester zu Brüssel in einem Schreiben, und gab vor, er könnte darum dem Jubiläo nicht beywohnen, weil man sich weigere, ihm hierbey diejenige Ehre und Vorzüge zu geben, die er als

Car-

Cardinal mit Recht fordern, und sich nicht nehmen lassen könnte. Allein viele glaubten, er habe es bloß dem päbstl. Stuhle zu gefallen gethan, weil das Capitul zu St. Gudula die Constitution Unigenitus nicht angenommen hätte.

Im Jahr 1721. starb Clemens XI. worauf er sich nach Rom erhub und dem Conclavi beywohnte. Er langte allererst den 6. May in demselben an, da man schon im Begriff war Innocentium XIII. zu erwählen, welche Wahl auch den 8ten dieses vollzogen wurde. Er befand sich also nur zwey Tage darinnen. Der neue Pabst, dessen Krönung er beywohnte, setzte ihm den 10. Jun. den Hut auf, und den 17ten gab er ihm den Titel von St. Cäsarei. Er hielte sich bis ins folgende Jahr zu Rom auf, und hatte zum öftern bey dem neuen Pabste Audienz. Endlich nahm er im Mart. 1722. von demselben Abschied, und reisete nach Wien. Unterwegens überfiel ihn ein Fieber, das ihn nöthigte, so lange zu Rimini zu bleiben, bis seine Gesundheit wieder hergestellt worden. Er setzte darauf seine Reise nach Wien fort, langte glücklich daselbst an, und blieb bis ins folgende Jahr in dieser berühmten Stadt, während der Zeit er es an dem Kayserl. Hofe dahin brachte, daß man daselbst alles, was er in den Niederlanden aus Eyfer vor den Römischen Stuhl gethan, billigte und gut hieß.

Im Jahr 1724. wurde er zum zweyten male zum Conclave eingeladen. Allein er entschuldigte sich dißmal an dem Kayserl. Hofe mit einiger Unpäßlichkeit und blieb zu Hause, nahm aber nicht lange

lange darauf eine General-Visitation aller Mönchs- und Nonnen-Klöster in seiner Diöces vor, um die in solchen eingerissenen Misbräuche abzuschaffen. Er fuhr auch in seinem Eifer wider die Jansenisten und alle, die sich der Constitution Unigenitus widersetzet, beständig fort. Eine sonderbare Probe davon legte er 1728 an dem Abte von Ulierbeck an. Denn da sich derselbe weigerte, die obgedachte Constitution anzunehmen, begab er sich den 7 Jul. in Begleitung des Bischofs von Antwerpen nach Löwen, allwo er diesem Abte und allen Conventualen desselben auflegte, sich binnen vier Tagen zu Annehmung der Constitution zu bequemen oder eines harten Urtheils gewärtig zu seyn. Als nun der Abt in seiner Verweigerung beharrte, wurde er verurtheilt, daß er erstlich drey Monate lang von seinen Amts-Verrichtungen suspendirt, hernach, wenn er bey seiner Halsstarrigkeit verbliebe, mit dem Kirchen-Banne belegt, und, wenn auch dieses nichts helfen würde, auf Lebenszeit in eine andere Abtey gefangen gesetzt werden sollte; welches alles auch erfolget ist.

Im Jahre 1730 ward er zum drittenmale in das Conclave berufen. Der Kaiserl. Hof hätte es gern gesehen, wenn er demselben beygewohnet hätte. Allein er entschuldigte sich abermal mit seiner Unpäßlichkeit, die ihm nicht verstattete, eine so weite und beschwerliche Reise vorzunehmen; wie er denn deswegen ein beschwornes Zeugniß von seinen Leib-Aerzten an den Kaiserlichen Hof schickte. Von dieser Zeit an ist er beständig in seiner Bischöflichen Diöces geblieben, bis im Oct. 1739,

1739, da er unverhofft eine Reise nach Italien that. Nachdem er sich einige Zeit zu Florenz aufgehalten, fand er sich den 18 November zu Rom ein.

Aus was für Ursachen er diese Reise gethan, kann man nicht sagen. Wenn er ein Italiäner gewesen, hätte man geglaubt, er habe Pabst werden und daher in Zeiten die Maximen des Römischen Hofs kennen lernen wollen. Allein als ein Ausländer durfte er sich keine Rechnung auf diese höchste Würde machen. Indessen wartete er den Tod Clementis XII. ab. Den 12 Febr. 1740 hielte er ihm das vierte Seelen-Amt. Den 15ten prüfte er nebst dem Cardinal Pico die Conclavisten, und den 18ten gieng er mit den übrigen anwesenden Cardinälen ins Conclave. Er gab einen Zelanten ab, und hielt sich zu der Parten des Cardinal-Cämmerlings Albani, mit dem er jederzeit in guter Freundschaft gelebt; wie er denn auch nebst demselben zu des neuen Pabsts Benedicti XIV. Erhebung vieles beygetragen haben soll.

Im Jahr 1741 verließ er wiederum die Stadt Rom, nachdem er anstatt des Titels St. Cäsarei den von St. Balbina erhalten und den 5 May von dem Pabste Abschied genommen hatte. Er war kaum wieder zu Mecheln angelangt, so that er den 15 Jul. eine Reise nach Paris, um daselbst seine Schwester, die sich in dem Kloster der Visitation befand, zu besuchen, und zugleich im Namen des Pabsts einige aufgetragene Commissiones bey Hofe auszurichten. Im August kam er schon wieder nach Mecheln zurücke. Er ist seitdem nicht wieder

wieder aus dem Lande gegangen, und hat sich bald zu Mecheln, bald zu Brüssel befunden. Als die neue General-Gouvernantin, Erzherzogin Maria Anna, mit ihrem Gemahl, Prinz Carln von Lothringen, den 16 Mart. 1744 zu Brüssel ihren öffentlichen Einzug hielten, hatte er die Ehre, sie in der Cathedral-Kirche zu St. Gudula zu empfangen. Als gedachter Prinz im May wieder nach Deutschland abreisete, um das Commando über die Oesterreichische Armee zu führen, ließ er durch ein Mandement an seine untergebene Geistlichkeit öffentliche Gebethe für ihn anordnen. Ehe aber das Jahr verfloß und der Prinz zurücke kam, starb die Erzherzogin, nachdem man eine todte Leibes-Frucht von ihr genommen hatte. Sie brachte über 2 Monate in sehr kläglichen Umständen zu, und man schwebte die Zeit über stets wegen ihrer Genesung zwischen Furcht und Hoffnung. Der Cardinal von Alsace hat sie auf ihrem Kranken-Bette öfters besucht, öffentliche Gebethe und Processiones für ihre Genesung abgestellet, und ihrer letzten Oelung beygewohnet.

Im May 1746 kam die Stadt Mecheln in Französische Hände. Als der König den 15ten dieses im Mittag seinen Einzug darinnen hielte und in der Metropolitan-Kirche dem Te Deum laudamus beywohnte, empfieng ihn der Cardinal mit folgender Rede:

Sire! der Gott der Heerschaaren ist auch der Gott der Barmherzigkeit. Indem Ihro Maj. ihm für Dero Siege Dank sagen, flehen wir ihn an, daß er sie durch einen baldigen und dauerhaften

ten Frieden wolle endigen laffen. Das Blut Jefu Chrifti ift das einzige, das auf unfern Altären fließet; alles andere beunruhiget uns. Ein Fürft der Kirche muß das Herze haben, solche Furcht vor einem allerchriftlichften Könige zu bekennen.

Der König antwortete hierauf also: Herr Erzbischof! Ihre Wünsche sind mit meinem Verlangen gemäß, so nur dahin gehet, meine Feinde zum Frieden zu bringen. Dieses ist der einzige Zweck meiner Handlungen, und der Erfolg, den ich von meinen Bemühungen erwarte.

Im Jahre 1751 kam er an den Grafen Chriftoph Anton von Migazzi einen Coadjutor, und im Jul. 1752 nahm er den oberften Priefter-Titel St. Laurentii in Lucina im Cardinals-Collegio an. Im Jahre 1758 erlebte er das fünfte Conclave, konnte aber wegen hohen Alters die Reife nach Rom nicht antreten. Endlich ftarb er den 5 Jan. 1759 zu Mecheln im 80ften Jahre seines Alters und im 40ften feiner Cardinals-Würde. Er war die einzige noch übrige Creatur Clementis XI. und zugleich der ältefte im Cardinals-Collegio, was die Zeit der Würde anbetrifft. Man rühmet in den öffentlichen Zeitungen seine Frömmigkeit, Sanftmuth, Freundlichkeit, Liebe der Armen und andere herrliche Eigenschaften, tadelt aber in andern Nachrichten feinen Eigenfinn und großen Eifer wider die Janfeniften.

Im Jahre 1753 den 2 Jun. ward zu Brüffel der Graf Ramifchi, ein Italiäner, mit Maria Francifca d' Alface vermählt, wobey es hieß, es wäre

wäre solches die Tochter des Cardinals von Alsace *). Ob dieses sich in der Wahrheit also befinde, lassen wir an seinen Ort gestellt seyn.

* * * * * * * * * * * * * * * * * * * *

VI.
Nachricht von dem Leben und Thaten des verstorbenen Preußischen Generals von Winterfeld **).

Hanß Carl von Winterfeld stammte aus einem der ältesten und berühmtesten Märkischen Geschlechter her, und war der älteste Sohn George Friedrichs von Winterfeld, auf Wodow, Fahrenwalde und Malmow. Seine Mutter war eine gebohrne von Maltzan. Er genoß eine edle Erziehung, die seiner Geburt gemäß war, und trat frühzeitig in seines Königs Kriegs-Dienste. Er brachte es aber unter der Regierung Friedrich Wilhelms nicht weiter als bis zu der Stelle eines Hauptmanns, doch kann man von seinen ersten Kriegs-Diensten nichts eigentliches berichten.

Der

---

*) Siehe die Neuen Nachr. T. V. p. 425.
**) Bald hätten wir vergessen, das Leben dieses Helden unsern Nachrichten einzuverleiben, wie wir Tom. IX. p. 178 versprochen haben. Wenn Herr D. Pauli das Leben desselben in seiner Geschichte der Preußischen Helden beschreiben wird, wollen wir, was hier fehlet, nachholen.

Der jetzige König machte ihn bey dem Antritte seiner glorwürdigen Regierung 1740 mit Majors-Charakter zu seinem Flügel-Adjutanten, und warf wegen dessen besondern Geschicklichkeit, Treue und gefälligen Eigenschaften eine solche Zuneigung auf ihn, daß man ihn unter dessen Lieblinge zählen konnte. Er ward nach Verlauf des Jahrs Obrist-Lieutenant und den 10 Jun. 1741 Königl. General-Adjutant und Obrister, in welcher Qualität er in den Jahren 1741 und 1742 den Feldzügen in Schlesien, Böhmen und Mähren beygewohnet und überall Proben von seiner Tapferkeit abgeleget.

Im Jahre 1744 gieng er abermals mit dem Könige zu Felde, als derselbe zum andernmale die Königin von Ungarn bekriegte und einen Einfall in Böhmen that. Man machte Anfangs gute Progressen und bemächtigte sich nebst der Hauptstadt fast des ganzen Königreichs, mußte sich aber, da die Sächsische Armee sich mit der Oesterreichischen vereinigte, vor Ende des Jahrs bis in Schlesien zurücke ziehen und ganz Böhmen wieder verlassen.

Im Jahre 1745 gedachten die Oesterreicher und Sachsen sich von ganz Schlesien Meister zu machen. Sie zogen sich im April bey Königsgrätz zusammen, und ließen die Vor-Trouppen schon vor Ende dieses Monats den Nieder-Schlesischen Boden betreten. Sie breiteten sich bis Landshut und Hirschberg aus, wo die Preußen ein schönes Magazin hatten, das der König zu retten suchte. In dieser Absicht schickte er den Obristen von Winterfeld mit einem Corps von Infanterie und Husaren dahin, welcher den 1 May frühe glücklich daselbst anlangte, und diejenigen Croaten, welche sich vor der Stadt gelagert hatten, übertrumpelte. Sie ergriffen sogleich die Flucht, und wurden von ihm bis in die Gegend von Schmiedefeld verfolgt, wo er sich postirte, um den Feinden desto näher zu seyn.

Den 18 May faßte der Obrist von Winterfeld mit seinem Corpo bey Landshut Posto, um zu verhindern, daß der Feind die in selbiger Gegend ausgeschriebenen Contributionen nicht eintreiben möchte. Den 22sten frühe vor Tage langte der General Nabastl mit 6 bis 7000 Mann vor dieser Stadt an, mit welchem es nach 3 Uhr frühe zu einer Action kam, die bis gegen Mittag währte. Ob die Oesterreicher gleich viel stärker waren, wurden sie doch genöthiget, den Preußen, nachdem sie durch etliche 1000 Mann verstärket worden, das Feld zu überlassen und sich gegen das Gebirge zurück zu ziehen, nachdem sie den Croaten-Obristen Patátitz mit vielen Wunden nebst andern Gefangenen im Stiche gelassen. Der Obrist von Winterfeld, der hierbey eine leichte Blessur am Arme bekommen, ward von dem Könige wegen dieser glücklichen Action sogleich zum General-Major ernennet und noch diesen Tag durch den General-Lieutenant du Moulin verstärkt.

Immittelst war die Oesterreichische Armee von Königgrätz aufgebrochen und hatte ihren Marsch nach Schlesien angetreten. Den 25 May rückte
sie

sie über Johnsdorf ins Gebirge, da denn die Preußen unter den Generals von Moulin und Winterfeld nicht nur Landshut, sondern auch alle Päſſe und Defileen verließen und ſich bis Schweidnitz zurück zogen; der König ſelbſt aber mit der Armee lagerte ſich bey Reichenbach. Er ſchrieb ſogleich an den General du Moulin zu Schweidnitz, daß er die Feinde glaubend machen ſollte, als ob er Vorhabens wäre, ſich auf die Annäherung des Feindes nach Breslau zu retiriren. Dieſes hatte auch die erwünſchte Wirkung. Denn da die Feinde ſich gegen das Lager bey Reichenbach zogen, marſchirte der König in der Stille in die Gegend zwiſchen Schweidnitz und Striegau, wobey die Generals du Moulin und Winterfeld, die die Avant-Garde formirten, die Anhöhen von Striegau beſetzten. Man mußte ſich ſowohl in dem Moullniſchen, als in dem Königl. Hauptlager ſehr ſtille halten und nicht den geringſten Lermen machen, der General Winterfeld aber hatte Ordre, nur kleine Huſaren-Parteyen auszuſchicken, welche ſich aber auf Annäherung der Feinde ſogleich retiriren ſollten, um die Feinde dadurch in ihrer Sicherheit zu erhalten. Indeſſen recognoſcirte der König die ganze Gegend, und da er den 3 Jun. vernahm, daß der Feind in die Plaine von Hohenfriedberg und Ronſtock vorrückte, ließ er Abends ſeine Armee in aller Stille gegen den Feind aufbrechen und ſie die ganze Nacht marſchiren, auch ohne Wach-Feuer ihre Poſten einnehmen, worauf es den 4 Jun. frühe zur Schlacht kam, die ſo glücklich ablief, daß die Oeſterreicher und Sachsen nicht nur eine starke Niederlage litten, sondern auch ganz Schlesien wieder verlassen und sich nach Jaromirz in Böhmen zurücke ziehen mußten.

Der General von Winterfeld wohnte diesem Treffen bey, und that alles mögliche, seinem Könige einen herrlichen Sieg zu gewinnen. Er half darauf unter dem General du Moulin die geschlagenen Feinde mit der Avant-Garde verfolgen, dabey es mit der feindlichen Arrier-Garde, die der General Nadasti führte, öfters zu kleinen Scharmützeln kam. Er setzte sich hernach in der Gegend von Aujest, Skalka und Ruska, und ließ von dar weit und breit herumstreifen. Den 11 Aug. lagerte sich dieses Corpo bey Nachod, und erwartete allda den Transport von 600 Wagen aus Schlesien, der den 17ten zu Braunau anlangte, von dar solcher durch den entgegen geschickten General Winterfeld nach Nachod convoyiret, und sodann weiter zur Armee gebracht wurde.

Eben dieser General lagerte sich darauf mit einem besondern Corps zu Zwol zwischen der Aupa und Metau, mußte sich aber nach einiger Zeit, da die Oesterreicher an der Nieder-Schlesischen Gränze den Meister zu spielen anfiengen, sich dahin zurücke ziehen und sonderlich das Trenkische Corps beobachten. Den 30 Sept. kam es bey Soor in der Gegend von Trautenau zu einer Schlacht, darinnen der König von Preußen das Feld behielt. Der General Winterfeld wurde mit seinem Corpo nach Ober-Schlesien abgeschickt, um den General Nassau zu verstärken, unter welchem

er

des Preuß. Generals von Winterfeld.

er auch den 20 Oct. der glücklichen Action bey Holtschin beywohnte, wodurch Ober-Schlesien von den Feinden gereiniget, den Preußen aber der Weg nach Mähren geöffnet wurde. Er kehrte darauf wieder zu den Trouppen, die in Nieder-Schlesien stunden.

Immittelst war das Vorhaben der Feinde ausgebrochen, einen unvermutheten Einfall an zwey Orten in die Preußischen Lande zu thun. Es bewog dieses den König, solchem Vorhaben zuvor zukommen und dargegen selbst in die Chur-Sächsischen Lande einzufallen, welches auch zu Ende des Novembers 1745 sowohl bey Halle als Görlitz bewerkstelliget wurde. Der König selbst stellte sich an die Spitze seiner Trouppen, die aus Schlesien in die Ober-Lausitz einbrechen sollten, und überließ die andere Expedition dem alten Fürsten von Dessau. Sobald er zu Jauer angelanget war, rückte er mit seiner Armee auf eine verdeckte Weise gegen die Queiß, deren Uebergänge der General Winterfeld durch eines kleines Corpo so verwahren mußte, daß der Feind keine Nachricht von des Königs Anmarsch kriegen konnte. Er gieng daher den 23 Nov. glücklich über die Queiß, warf die bey Hennersdorf stehenden Sächsischen Regimenter über den Haufen und rückte in die Oberlausitz ein. Der General-Major von Winterfeld, der sich zur Avant-Garde geschlagen, legte bey der gedachten Action viel Ehre ein, und besetzte den 27 Nov. mit den Vor-Trouppen die Stadt Zittau, bey welcher Prinz Carl von Lothringen sich mit der Oesterreichischen Armee gelagert hatte. Da man vermeynte, es würde den folgenden Tag mit demselben zu einer Schlacht kommen, brach er vor Tage eiligst auf und retirirte sich nach Böhmen. Der General Winterfeld war unter denen, die den geflohenen Oesterreichern nachsetzten und viele Gefangene und Bagage einbrachten.

Der Marsch des Königs gieng darauf nach Dresden, wohin auch der Fürst von Dessau mit seiner Armee, nachdem er Leipzig besetzt, gerückt war. Die Sächsische Armee hatte sich in der Gegend von Kesselsdorf und Wilsdruff gelagert, wo sie den 15 Dec. der Fürst von Dessau angriff, und nach tapfern Widerstande in die Flucht schlug, auch die ohnweit davon stehende Oesterreichische Armee nöthigte, sich nach Böhmen zurücke zu ziehen. Der General Winterfeld folgte dem Könige nach der Elbe, die er bey Meißen passirte, und den 16ten sich mit dem Fürsten von Dessau vereinigte, auch den 18ten die übergebene Hauptstadt Dresden besetzte, wo er in Person seinen Einzug hielt. Den 25sten erfolgte der Friede, worauf der Krieg auf Seiten des Königs in Preußen ein Ende hatte.

Den 10 Febr. 1748 wurde der General-Major von Wallrave wegen vieler Malversationen zu Potsdam arretirt und nach Magdeburg abgeführt. Ihn nun vorläufig zu examiniren und über die in seinen Haupt-Rechnungen befindlichen Unrichtigkeiten zu vernehmen, wurde der General Winterfeld dahin abgeschickt, der denn genugsam entdeckte, daß er mehr denn 40000 Thaler zu bezahlen hätte. Er verlohr deshalben die Direction

über

über die Festungs-Baue, das Pionnier-Regiment und seine Freyheit.

Im Jul. 1756 wurde Winterfeld zum General-Lieutenant erklärt, und ihm zugleich das Hackische Infanterie-Regiment und der Ritter-Orden des schwarzen Adlers ertheilt, er auch im Aug. zum Gouverneur zu Colberg ernennet. Er hat aber dieses Gouvernement niemals antreten können, weil der zu gleicher Zeit wider Sachsen und Oesterreich ausgebrochene Krieg ihn nöthigte, der Armee zu folgen, die sich bey Dresden, nachdem sie mit 3 Colonnen durch Sachsen ihren Marsch gethan, zusammen zog. Die Sächsische Armee retirirte sich mit dem Könige Augusto in das vortheilhaftige Lager bey Pirna, wo es von den Preußischen Trouppen eingeschlossen wurde, da indessen der König mit einem Theile der Armee nach Böhmen gieng und dem Grafen von Broune am 1 Oct. bey Lowositz ein Treffen lieferte, aber bald wieder nach Sachsen zurückkehrte, um zuförderst das Sächsische Lager zu erobern, ehe er weiter etwas unternähme.

Der General von Winterfeld war unter denen, die die Bloquade des Sächsischen Lagers commandirten. Als dasselbe aus Mangel der Lebens-Mittel nicht länger subsistiren konnte, und daher zu capituliren begehrte, ward er von seinem Könige bevollmächtiget, dießfalls mit dem Sächsischen General-Feld-Marschall, Grafen Rutowski, Unterhandlung zu pflegen. Er hatte aber keine andere Instruction, als der gesammten Armee anzudeuten, daß sie sich zu Kriegsgefangenen ergeben müßte.

müßte. Auf diesen Punct wurde den 15 Oct. eine Capitulation geschlossen, nach welcher die gesammten Trouppen zwar ihre Bagage und Effecten, auch die Officiers ihre Degen behalten, sich aber insgesammt zu Kriegsgefangenen ergeben, doch die Fahnen, Standarten und Pauken auf den Königsstein schaffen, alle Waffen, Munition und Kriegs-Geräthschaft aber übergeben sollten.

Der General Winterfeld mußte darauf auch in dem Haupt-Quartiere zu Struppen den 18 Oct. mit dem Sächsischen General-Major von Spörken eine Neutralitäts-Convention wegen der Festung Königstein schließen, kraft welcher alles, was sich damals von dem Militair- und Civil-Staat bey dem Könige von Pohlen auf der Festung befand, zu Dessen Disposition, jedoch ohne es zu augmentiren, verbleiben, die Fahrt auf der Elbe gesperrt, keinem Theile unter den Canonen der Festung einige Protection verstattet, dargegen alle Communication mit Dresden und andern Orten offen behalten werden sollte.

Er kam hierauf bey der Armee in Schlesien zu stehen, die der Feld-Marschall, Graf Schwerin, commandirte, der sein Haupt-Quartier zu Landshut hatte. Da der König im April 1757 mit seiner ganzen Macht vor Prag gieng, mußte auch die Schwerinische Armee dahin aufbrechen, wobey der General Winterfeld die Avant-Garde führte. Den 29 April vereinigte sich diese Armee mit dem Corpo des Herzogs von Bevern, der den 21sten vorher den General, Grafen von Königseck, bey Reichenberg geschlagen hatte. Dieser wollte sich

nach

nach Jung-Bunzlau zurück ziehen. Allein der Graf von Schwerin kam ihm zuvor, und bemächtigte sich daselbst eines sehr beträchtlichen Magazins. Der Graf von Königseck zog sich darauf mit seinem Corpo nach Prag, da denn dessen Arriere-Garde von dem General Winterfeld eingeholt und ein großer Theil davon niedergemacht, viele gefangen genommen und sowohl die Bagage der Generale von Lascy und Pretlach, als auch die Munitions-Wagen und Zelter von 3 Regimentern erbeutet wurden.

Der Marsch der ganzen Armee war nach Prag gerichtet. Den 3 May passirte man bey Melnick die Elbe und näherte sich dieser Hauptstadt, vor welcher der König schon mit seiner Armee aus Sachsen angelangt war. Den 5ten dieses gieng derselbe mit einem Theile seiner Armee über die Mulbau und vereinigte sich mit dem Grafen von Schwerin. Nachdem er mit demselben und dem General Winterfeld den 6ten frühe das feindliche Lager recognoscirte hatte, setzte man sich in Bewegung, den Feind, ohngeachtet seiner vortheilhaftigen Position, anzugreifen, welches auch gegen Mittag mit so gutem Succeß erfolgte, daß der Feind nach einem hartnäckigten Widerstande geschlagen und sich größtentheils in die Stadt zu retiriren genöthiget wurde. Es kostete aber dieser Sieg viel Blut, und wurde unter andern sonderlich der tapfere Feld-Marschall, Graf von Schwerin, getödtet. Unter den vielen Verwundeten befand sich auch der General Winterfeld, der aber dadurch nicht gehindert wurde, seine Dienste fortzusetzen.

Er blieb vor Prag stehen, als der Herzog von Bevern mit einem Corpo zu Wahrnehmung des Oesterreichischen Corps unter dem General Serbelloni abgeschickt wurde. Da auch der König selber, als das feindliche Corps zu einer Armee von 60000 Mann anwuchs, und den Grafen von Daun zum Chef bekam, mit einigen Trouppen zu dem Herzog von Bevern abgieng, blieb er ebenfalls zurücke, mußte aber hernach, da die am 18 Jun. bey Kollin vorgefallene Schlacht auf Seiten des Königs unglücklich ablief, mit den übrigen Trouppen, die bisher Prag belagert hatten, abziehen. Sie marschirten in 2 Colonnen, davon eine der Feld-Marschall Keith und die andere der Prinz von Preußen führte. Winterfeld befand sich bey der letztern und commandirte die Arriere-Garde. Sie stieß zu dem Corps des Herzogs von Bevern und nahm ihren Marsch nach der Ober-Lausitz. Man rückte über Zittau, welches größtentheils im Feuer aufgieng, nach Baußen, wo der König den 29 Jul. mit einem starken Corps darzustieß, der den 8 Aug. nach Weißenberg aufbrach, und dem Feld-Marschall Keith zu Baußen Platz machte, der den 12ten sich daselbst lagerte. Den 14ten rückte der König mit der ganzen Armee nach Bernstädtel, wo er sich den 16ten in Schlacht-Ordnung stellte und den Angriff erwartete. Man blieb bis den 25sten in dieser Stellung und canonirte auf einander, ohne daß man sich zu beyden Seiten in ein wirklich Treffen einlassen wollte, worauf der König

König mit einem Theil der Armee nach Dreßden aufbrach, und dem Herzoge von Bevern, nachdem der Prinz von Preußen die Armee verlassen, das Commando auftrug.

Der General von Winterfeld war indessen den 18 Aug. mit einem Corpo über die Neiß geschickt worden, um zu versuchen, ob der Feind auf dem rechten Flügel zu einem Treffen gebracht werden könnte. Der Uebergang geschahe im Angesichte der Feinde, und unter dem Feuer seines groben Geschützes, aber ohne sonderlichem Schaden. Er nahm die Anhöhe bey Seckendorf ohne Widerstand ein, zog sich aber hernach, da der König die Armee verlies, nach Radmeritz, wo er stehen blieb, als sich die übrigen Preußischen Trouppen den 31 Aug. bey Görlitz zusammen zogen. Er behielte sonderlich mit seinem kleinen Corpo den sogenannten Holzberg unweit Görlitz, jenseit der Neiß, besetzt, wo er den 7 Sept. von dem General Nadasti bey dem Dorfe Moys angegriffen wurde. Er wurde gleich anfangs durch eine Kugel in die Brust so gefährlich blessirt, daß er in der darauf folgenden Nacht seinen Geist aufgeben mußte. Die Preußen thaten, ohngeachtet sie weit überlegen waren, sehr tapfern Widerstand, ehe sie die Anhöhe verließen. Sie kriegten zwar 800 Todte und Blessirte, fügten aber dem Feinde einen viel stärkern Verlust zu.

Die Preußen schätzten ihren Verlust für unersetzlich, weil sie hierbey den General von Winterfeld verlohren hatten, der sich sowohl durch seine Leutseeligkeit als kriegerischen Eigenschaften, bey

der

VI. Nachr. von dem Leben u Thaten der ganzen Armee und jedermänniglich eine allgemeine Liebe und Hochachtung zuwege gebracht hatte. Als der König den 10 Sept. von dessen Tode Nachricht kriegte, befand er sich gleich auf dem Marsche von Weimar nach Erfurt. Er konnte seine Betrübniß darüber nicht bergen, sondern sprach zu denen, die um ihn waren: Wider die Menge meiner Feinde werde ich Mittel ausfinden können; aber ich werde wenig Winterfelde wieder kriegen.

Seine hinterlassene Wittwe heißt Juliana Dorothea Eleonora, eine gebohrne Baronesse von Maltzan, Heinrich Leopolds, Freyherrns von Maltzan, auf Penzlin, Tochter. Ob er von ihr Kinder hinterlassen, ist mir nicht bekannt.

Wir fügen hier bey, daß auch George Friedrich von Winterfeld, ein Vetter des Generals, als ein Königl. Preußischer Obrister, im Jahr 1757 auf dem Bette der Ehren gestorben sey. Er war ein Sohn Hanß Ernsts von Winterfeld, auf Meeckin und Güterberg, der ihn mit Beaten, gebohrner von Sndow gezeuget. Er trat bey dem Rochowischen Cürassier-Regimente in Preußische Kriegsdienste, und wohnte unter solchem als Rittmeister den Feldzügen in Böhmen und Schlesien bey. Im Jan. 1745 ward er Major, und erhielte im Jul. den Orden pour le merité. Im Mart. 1753 ward er Obrist-Lieutenant, und im Nov. a. e. Obrister bey dem Nassauischen Dragoner-Regimente, in welcher Qualität er 1756 in Sachsen, und 1757 in Böhmen zu stehen kam. Bey dem dritten Angriff in der Schlacht bey Prag am 6 May

May 1756 rückte er mit dem Stechowischen Dragoner-Regimente aus dem zweyten Treffen, unter dem General-Lieutenant von Ziethen, mit solcher Tapferkeit an, daß der ganze feindliche Flügel der Cavallerie nicht allein völlig geschlagen, sondern auch ein Theil von ihren Grenadiers auf dem rechten Flügel in der größten Unordnung zum Weichen gebracht wurde. Jedoch der tapfere Obriste mußte hierbey zugleich seinen heldenmüthigen Geist aufgeben.

* *

VII.

Verbesserungen und Zusätze zu den vorigen Theilen dieser Nachrichten.

Ad Tom. I. *

Pag. 72. Der Französische General von Coadt soll noch jetzo als Gouverneur der Citadelle St. Jean zu Marseille, und Comthur des St. Ludwig-Ordens, sich am Leben befinden.

Pag. 75. Der verstorbene Marquis von Chatel-Crozat, hieß Ludwig Franz. Seine Wittwe,

---

*) Es sind mir von einem unbekannten Gönner, viele Zusätze und Verbesserungen zu diesen Nachrichten zugeschickt worden, davon wir das Vornehmste nach und nach mittheilen wollen, womit wir jetzo einen Anfang machen.

826 · VII. Verbesserungen und Zusätze

Wittwe, Maria Theresia Catharina, war eine Tochter des Marquis von Heilly, die er den 5 Sept. 1722 geheyrathet. Seine Tochter, Margaretha Eustachia, ward den 19 Jan. 1744 mit Carl Anton Armand, Marquis von Gontault-Biron, vermählt. Sein Bruder, Joseph Anton von Crozat de Tugny, war Präsident bey der 4ten Enqueten-Cammer, und hatte Michaelam Catharinam, Caroli Amelot, Marqois von Gournay Tochter, seit den 27 Mart. 1725 zur Gemahlinn.

Pag. 76. Der am 11 Febr. 1750 im Haag verstorbene junge Graf von Rechtern, war kein einziger Sohn.

Pag. 168. Der Französische Obrist von Morliere, hat ein Regiment leichter Trouppen bekommen, das Volontairs de Flandre heißet. Das Decret darüber ist am 1 Aug. 1749 ausgefertiget worden. Man hat sein eigenes 1745 angeworbenes Regiment dabey zum Grunde gelegt, und viele aus den reducirten Regimentern von Gräßin und Bretons Volontaires, darunter gesteckt.

Pag. 176. Der Anspachische geheime Raths-Präsident, Christoph Friedrich, Freyherr von Seckendorf, hat seine Stelle nicht resignirt, auch ist der bisherige Ober-Marschall, Christoph Ludwig Freyherr von Seckendorf, als Geheimer Rath und Präsident des Saynischen Administrations-Collegii, in den Anspachischen Diensten geblieben. Der neue Hof-Marschall ist Wolfgang Reinhard Forstner von Dampenois, Major und Commendant der Leib-Garde. Der neue Ober-Falkenmeister heißt Ernst Wilhelm Anton

Anton von Heydenacker. Der Obrist über das Kreyß-Regiment, und dem ganzen Anspachl. schen Kriegs-Staat, ist der Kayserliche General, Friedrich Daniel, Baron von St. Andre. Der Baron von Pöllnitz verwaltet annoch die Ober-Stallmeister-Stelle.

Pag. 236. Der Marquis von Broglio hieß Carl Wilhelm, und ist allererst den 12 Nov. 1751 gestorben. Er war ein älterer Bruder des 1745 verstorbenen Marschalls von Broglio, und sollte anfangs ein Geistlicher werden.

Pag. 239. Die 1749 verstorbene Gräfinn, Anna Eleonora von Palfy, war Fürst Michaels Esterhasy Tochter. Sie ward den 12 May 1715 mit Johann Grafen von Palfy, vermählt, der den 16 Aug. 1718 bey Belgrad umgekommen.

Pag. 244. Der verstorbene Graf von St. Pau, war auch Gouverneur von St. Menehoud in Champagne.

Der verstorbene General-lieutenant de la Marche, hieß Philippus Syot. Er war erst Capitaln bey der Französischen Garde.

Pag. 340. Der verstorbene Staats-Rath von Machault, hieß Ludwig Carl de Machault, Herr von Arnouville. Sein Sohn hieß Joh. Baptista de Machault, Ritter von Arnouville. Er ist den 13 Dec. 1701 gebohren, und ward 10 Jun. 1721 Parlaments-Rath, 7 Aug. 1738 Requeten-Meister, 25 Jan. 1738 Präsident bey dem großen Rath, 1 Mart. 1743 Intendant von Hennegau, den 6 Dec. 1745 General-Controlleur der Finanzen, und den 16 Nov. 1747 Schatzmeister

ster der Königl. Orden er hat sich den 2 Apr. 1737 Genevieva Louise Rouille de Conbray verheyrathet, die ihm 1) Ludwig Carl 29 Dec. 1737. 2) Hilarius Armand, 29 Jan. 1739. und 3) Carl Heinrich Ludwig, 22 Apr. 1747 gebohren.

Pag. 340. 341. Die verstorbenen Französischen Admirals, Herr von Jonqviere, und von l'Estenduire, wurden jener 1731. und dieser 1727 Schiffs-Capitains.

Pag. 341. Der verstorbene Baron von Mayrhofen, ward den 6 Jan. 1720 Chur-Bayrischer Cammerherr, und den 16 Jul. 1742 würkl. Geheimer Rath. Er war auch Pfleger zu Maternburg, und Schaßmeister des St. Georgen Ordens.

Pag. 342. Der verstorbene Pohln. und Chur-Sächsische Geheime Rath von Günterode, hieß Johann George.

Pag. 376. Der Herzog von Chaulnes, ist 1750 nicht Gouverneur von Bretagne, sondern nur Präsident bey der Versammlung der Landstände dieser Provinz worden.

Pag. 382. Der Sardinische Obrist Sprecher heißt Jacob Ulrich.

Pag. 427. Nicht der Bischof von Limoges, sondern Heinrich Maria Bernhardin de Roßet de Fleury, des Herzogs von Fleury Bruder, ist Erzbischof zu Tours worden. Er empfieng den 10 Jun. 1751 die Bischofs-Weyhe.

Der neue Staats-Rath von Vanolles heißt Bartholomäus, der Intendant von Elsas, Joh. Nicolaus Megret de Serilley, der Intendant von

von Franche Comté, Graf Joh. Ludwig Moreau von Beaumont, der Intendant von Poitiers, Herr de la Bourdonnaye de Bloßac, und der Intendant zu Rouen, Joh. Franz Maria Aligre de Bois Landry.

Pag. 428. Der Bischof von Meaux, hieß Anton Renatus de la Roche de Fontenilles.

Pag. 439. Der Cardinal Landi, hat das Erzbißthum zu Benevento erst 1751 resignirt. Ihm ist der Päbstl. Cammer-Clericus, Franciscus Parca, succedirt.

Der Vice-Gerent Roßi, erhielte den 1 Febr. 1751 das Patriarchat von Constantinopel, und der Bischof zu Crema, Ludovicus Colimo, geb. 18. Jan. 1696 an eben dem Tage das Patriarchat zu Antiochia. Das Bißthum zu Crema, kriegte den 15 Mart. 1751 Marcus Antonius Lombardi, ein Voroneser, der 1711 gebohren worden.

Pag. 440. Der Bischof von Volterra hieß Joseph du Mesnil, ein Lothringer, der den 4 Aug. 1716 gebohren worden. Er erhielte den 6 May 1748 das Bißthum, welches aber noch immer durch einen Administrator verwaltet wird.

Pag. 452. Der Marquis von la Lande lebt noch, ist aber nicht General-Lieutenant, sondern bloß Brigadier der Infanterie, welches er den 1 Febr. 1719 worden.

Pag. 453. Der verstorbene Graf von Aumale hieß Carolus, und war zugleich Obrister über ein Infanterie-Regiment, 1745 ward er Commandeur des St. Ludwig-Ordens.

Pag. 454.

Pag. 454. Der verſtorbene Staats-Rath von Gaumont hieß Johann Baptiſta, und ward 1688 Rath bey dem Cour des Aydes, 1706 Parlaments-Rath, 1709 Reqveten-Meiſter, 1721 Staatsrath.

Pag. 600. Der verſtorbene Biſchof zu Coſtniz, Caſimir Anton, war den 13 Jun. 1684 gebohren, und 1713 zu Coſtniz Domherr und 1733 Dom-Probſt worden. Er war auch Domherr und Dom-Canzler zu Maynz. Er traf den 17 Jul. 1748 mit dem Abte von St. Gall, wegen der noch obwaltenden Mißhelligkeiten, über der geiſtlichen Gerichtsbarkeit im weltlichen Gebiethe des Abts einen Vergleich, Kraft deſſen der Abt ihm die, in der Herrſchaft Nellenburg gehabten Gerichte und Gefälle abtrat.

Ad. Tom. IX. *

Pag. 179. Der verſtorbene Graf Carl Franz Chriſtoph von Wirb, hat ſchon lange nicht mehr in Holländiſchen Dienſten geſtanden, und war Calviniſcher Religion.

Der verſtorbene Chur-Pfälziſche Geheime Rath, Baron von Hack, ſchrieb ſich einen Herrn zu Schweinesbeind und Tripſtadt, und war als Johanniter-Ritter unvermählt. Er beſaß die Ordens-Commenden zu Weſel und Borken.

Pag. 209. Der Commandeur de la Cerba, welcher 1757 von Paris nach Hauſe gegangen, war
ein

---

*) Dieſe Zuſätze gehören nicht zu den vorigen, ſondern kommen von einer andern Hand.

ein Vetter des 1755 verstorbenen Gesandtens dieses Namens.

Pag. 225. Der jetzige Marggraf von Anspach, ist nicht das einzige Kind seines Vaters, sondern es ist noch vor ihm der Erb-Prinz, Carl Friedrich August, den 7 Apr. 1733 gebohren worden, der aber den 9 May 1737. wieder gestorben ist.

Pag. 268. Der Sächsische General von Rochau, der sich bey der Reichs-Armee als ein bloßer Volontair und Zuschauer befunden, ist würcklicher General der Infanterie, und hat vorhero zu Naumburg das Commando geführt.

Pag. 289. Es ist falsch, daß der König in Preußen nebst dem Prinz Heinrich, der Leiche des verstorbenen Marquis von Custine, zu Leipzig zu Pferde nachgefolget sey.

Pag. 307. Der zu Berlin gebliebene Oesterreichische General-Wachtmeister Baboczai, hieß eigentlich mit seinem völligen Namen Wolfgang von Baboczai. Er stund bey dem vormaligen Ghilanischen, nunmehro Habbicklischen, Husaren-Regimente, als er im Jul. 1753 (nicht 1751) General-Wachtmeister wurde. Er starb unvermählt.

Pag. 321. Die Herzoginn Bonelli hieß Violanta, und war eine gebohrne Marchesinn Crescenzi. Sie hatte sich im Jan. 1757 mit Marco Antonio, Herzog von Bonelli, vermählt, dem Benedictus XIV. im Jul. 1756 nebst seinem Descendenten, zum Fürsten vom ersten

Range erhoben hatte, weil er von Pabst Pio V. abstammte. Sie starb in ihrem ersten Wochenbette.

Pag. 324. Der Kaiser hat die Installation zweyer neuen Ritter des güldenen Vließes nicht bis den 6 Nov. sondern vielmehr bis den 6 Mart. 1757 Unpäßlichkeit halben verschieben müssen.

Pag. 355. Der verstorbene Marschall von Mirepoix hat den König von Engelland niemals nach Hannover begleitet, sondern ist unterdessen entweder in London geblieben, oder hat eine Reise nach Paris gethan.

Pag. 486. Der bey Leuthen oder Lissa den 5 Dec. 1757 gebliebene Kaiserl. Obriste des Alt-Wolfenbüttelischen Regiments hieß mit seinem völligen Namen, Fridrich Carl, Baron von Müffling, Weiß genannt. Er war der älteste Sohn Heinrich Ferdinands von Müffling, Kaiserl. General-Feld-Zeugmeisters, der seine Güter bey Plauen im Vogtlande hatte und 1737 in Ungarn geblieben ist. Seine noch lebende Mutter, Maria Salome von Seckendorff, brachte ihn den 23 Dec. 1721 zur Welt. Er bekam frühzeitig eine Officiers-Stelle unter seines Vaters-Regimente, das izo der General Puebla hat. Er avancirte bey demselben bis zum Obrist-Lieutenant und ward den 8 Jan. 1747 Kaiserl. Königl. wirkl. Cämmerer. Im Aug. 1751 wurde er als Obrister zum Alt-Wolfenbüttelischen Regimente versetzt. Schon in seiner Jugend war er Johanni-

zu den vorigen Theilen dieser Nachr. 833

ter-Ritter worden, wozu nachgehends der Weimarische Orden de la Vigilance gekommen. Er starb unvermählt und darf mit seinem Vetter, dem Kaiserl. General-Wachtmeister, Christoph Philipp, Baron von Müffling, nicht verwechselt werden, der ehedem als Obrister bey den Bauden-Baadischen Infanterie-Regimente gestanden *).

Pag. 531. Die vier Englischen Schiffs-Capitains, Dennis, Howe, Durell und Young, sind nicht zu Contre-Admirals erhoben worden, sondern sind bis diese Stunde noch bloße Schiff-Capitains.

Pag. 533. Der Preußische General von Fouquet hat 1756 kein neues Regiment bekommen, sondern besitzt noch sein altes, das er schon vor vielen Jahren erhalten.

Pag. 535. Der entlassene Preußische General, Friedrich Albrecht von Rochow, war General-Lieutenant der Cavallerie und Obrister des Cürassier-Regiments, das itzo der General von Seidlitz besitzt.

Das Fusilier-Regiment, das der General-Major von Bülow erhalten, hieß sonst das Alt-Würtembergische, und der bey Prag gebliebene General-Major von Schöning war nur Commandeur desselben. Das itzige Wernerische Husaren-Regiment heißt zwar gemeiniglich nach seiner Montur das Braune aber nicht das Bräu-

Ooo 2 nische

*) Es ist zu verbessern, was in den alten Nachr. T. X. p. 59. vorkömmt.

nische. Das Quadoſiſche Garniſon-Regiment zu Glatz beſaß vorher der verſtorbene Obriſt von Nettelhorſt.

Pag. 536. Der General-Major der Cavallerie von Bredow, der das Prinz Schönaichiſche Cüraſſier-Regiment erhalten, heißt Jacob Carl. Der General-Major von Grabow iſt niemals Commendant zu Dresden geweſen, ſondern der General-Major von Fink iſt unmittelbar dem General-Major von Bornſtedt in dieſer Commendanten-Stelle gefolgt.

Pag. 597. Der Oeſterreichiſche General Luchesi hieß mit ſeinem Vornamen Joseph und führte den Titel eines Grafens. Sein Bruder, Andreas, Graf Luchesi, Biſchoff zu Girgenti in Sicilien, iſt ſein Univerſal-Erbe.

Pag. 611. Der in der Schlacht bey Leuthen gebliebene Oeſterreichiſche General-Wachtmeiſter von Otterwolff hieß mit ſeinem völligen Namen Franz Leopold Otterwolff von Niederſtratten. Er hatte ſich bereits im vorigen Kriege in den Niederlanden bey einem Ausfalle zu Maſtricht den 27 April 1748 ſehr hervor gethan, da er als Obriſt-Lieutenant bey dem Damnißiſchen und itzigen Jung-Collorediſchen Infanterie-Regimente ſtunde *). Er ward kurz darauf Obriſter und 1753 General-Wachtmeiſter.

Der

---

*) Siehe die alten Nachr. T. XI. 318. wo er fälſchlich Oberwolff genennet wird.

zu den vorigen Theilen dieser Nachr. 835

Der Regierungs-Rath von Berlepsch zu Stade starb an den Blattern. Er hieß mit seinem Vornamen Johann Wilhelm Ludwig.

Der pag. ead. angebene Graf von Zinzendorff hieß vielmehr Anton, Graf von Sinzendorf, und war der jüngste Sohn Franz Wenzels, Grafens von Sinzendorff, Kaiserl. Gesandtens zu Regenspurg und im Haag, der 1734 gestorben ist. Er war nicht Obrister, sondern nur Kaiserl. Rittmeister und starb zu Leipzig in einem Alter von etlichen und 20 Jahren.

Pap. 691. Der verstorbene Cardinal Mattei war nur bis 1747 Cammer Clericus, alsdenn wurde er im Nov. gedachten Jahrs Auditor Rotä, in welcher Qualität er 1753 zum Cardinal creirt wurde. Auf ihn kann der Lobspruch zielen, den Benedictus XIV. in seiner, bey der Promotion gehaltenen, Rede also ausdrückt: „Auch werden wir „denjenigen darunter begreifen, welcher durch seine „Redlichkeit und Einsicht in die Rechte, auch Rei„nigkeit, seiner Sitten, auf dem Richterstuhle ge„glänzet *).„

Pag. 693. Der Marquis de Los Balbazes starb den 18 Dec. 1757.

Pag. 695. Der Graf Ulrich Carl von Ahlefeld starb den 27 Nov. 1757.

Pag. 696. Der General-Lieutenant Fröhlich starb den 18 Dec. 1757 im 77sten Jahre seines Alters.

Doo 3 Pag.

—————
*) Siehe die neuen Nachr. T. V. p. 5.

Pag. 698. Der verstorbene Baron von Grooth war 1757 nach dem Absterben des Barons von Bromann Präsident des Commercien-Collegii worden.

Pag. 702. Der Hannöverische General-Major von Ledebour starb den 5 Jan. 1758.

Der Sohn des verstorbenen Holländischen Generals von Larrey ist Fürstl. Oranischer Geheimer Rath und war vormals Holländischer Minister in Frankreich.

Pag. 716. Der Preußische Geh. Rath von Häseler, der sich den 17 Jul. 1758 vermählt hat, heißt Johann August.

Pag 762. Die verstorbene Marschallin und Herzogin von Bellisle hatte außer dem im Jahr 1732 (nicht 1723) gebohrnen, Grafen von Gisors noch vorher einen Sohn zur Welt gebracht, der aber jung wieder verstorben ist.

Pag. 772. Des Marquis von Asfeld Gemahlin ist des verstorbenen Petri Maximiliani Pajot von Villeperot, Französischen Marschalls de Camp, und Louise Genevieve Pajot, Tochter.

Pag. 775. Der Rußische General-Major Wolkonski (nicht Wolkowski) heißt mit seinem völligen Namen Knäs Michaila Ulitienwütsch Wolkonskoi. Der Pohlnische Gesandte in Rußland, Graf Poniatowski, ist Starofte zu Przemisl.

Pag. 829. Der verstorbene Baron von Schirnding hatte außer der Gräfin von Solms noch eine Tochter, die Stifts-Dame im neuen

Theresien-Fräulein-Stifte zu Prag war und 1759 mit dem Grafen Johann Joseph von Mille-simo, Kaiserl. Königl. wirkl. Geh. Rathe, einem jungen Witwer, vermählet worden.

Pag. 914. Der verstorbene Herzog von Lorges hat von seiner ersten Gemahlin zwey Söhne hinterlassen. Der älteste, der nunmehro des Vaters Titel angenommen, ist der bekannte Herzog von Randan, der als Gouverneur zu Hannover wegen seiner großen Menschen-liebe sich vielen Ruhm erworben und im 54sten Jahre seines Alters stehet. Der jüngste Sohn führt den Titel eines Grafens von Lorges und ist ein Herr von 44 Jahren. Er wohnte als General-lieutenant 1758 dem Feldzuge in Deutschland bey und war bey des Vaters Tode Commendant zu Hanau, erhielte auch von der Pension desselben 10000 livres jährlich angewiesen. Nachher hieß es, daß er unter denjenigen Generals sey, welche wegen des übel abgelaufenen Feldzugs zur Rechenschaft gezogen werden sollten.

Pag. 915. Der verstorbene Russische General von Campenhausen hieß mit dem Vornamen Balthasar und war ein Liefländer. Er wurde als Obrister im Oct. 1722 an den Königl. Pohln. Hof mit der Nachricht des Nystädtischen Friedens geschickt. Er langte den 9 Nov. a. c. zu Dresden an und hätte den 12ten solenne Audienz. Im Kriege mit den Schweden 1743 war er einige Zeit Gouverneur in den eroberten

Finnland, bezeugte sich aber etwas hitzig und strenge.

Pag. 919. Der verstorbene General von Adelipsen hatte 1739 als Obrister des Prinz Xaverischen Regiments mit seinem Adjutanten, dem Lieutenant von Block, zu Naumburg einen empfindl. Verdruß, da ihn letzterer auf öffentlichem Kirchwege mit der Peitsche attaquirte und hernach flüchtig wurde. Um dieselbige Zeit hatte der Herr von Adelipsen schon seine zweyte Gemahlin, eine gebohrne von Bodenhausen aus Nieder-Trebra, und ist also die von Steinberg seine dritte Gemahlin gewesen.

Pag. 922. Der Erz-Bischof von Toulouse starb im 57sten Jahre seines Alters, und der Ober-Hof-Marschall von Rheden im 79sten (nicht 30sten *) Jahre, denn er war im Jul. 1679 gebohren. Sein Vater Ernst Friedrich von Rheden kaufte die Güter Stemmen und Egestorff, und starb den 14 Febr. 1720 im 81sten Jahre. Seine Mutter, Engelke Elisabeth, starb im Febr. 1706 im 66sten Jahre. Er vermählte sich den 13 Sept. 1704 mit Annen Wilhelminen von dem Busch, die den 1 Mart. 1748 in Hannover gestorben ist. Der älteste Sohn heißt Friedrich Wilken (nicht Wilhelm) und der zweyte Heinrich Albrecht, der aber als Hannöverischer Rittmeister den 20 Oct. 1758 zu Illok in Ungarn, wo er dem Feldzuge wieder beygewohnet, gestorben.

Pag.

---

*) Es ist dieses c. L. ein bloßer Druckfehler.

Pag. 923. Der Preußische General-Lieutenant von Möllendorff starb den 15 Mart. 1758 nicht aber den 15 Apr. dieses Jahrs.

Pag. 925. Der verstorbene Graf von Hochberg zu Rhonstock erbte den 29 Jul. 1755 nach seines Vetters und Schwieger-Sohns, Graf Heinrich Ludwig Carls von Hochberg, Tode die Herrschaften Fürstenstein und Friedland, welche er durch ein Testament seinem ältesten Sohne, Hanß Heinrich, einem Herrn von 17 Jahren, vermacht hat. Der jüngste Sohn, Gottlob Hanß Ludwig, der bey des Vaters Ableben erst 5 Jahr alt war, bekam die Herrschaften Rhonstock und Kittliß-Treben.

Pag. 980. Der Cardinal von Tencin starb den 2 Mart. 1759.

Pag. 984. Der verstorbene Bischof von Novara hieß Ignatz Rovero und war zu Turin den 7 Jul. 1704 gebohren. Er erhielte den 15 Jul. 1748 das Bißthum zu Novara. Der c. l. angegebene war sein Vorfahrer und ist bereits 1748 gestorben.

Pag. 987. Die verstorbene Gräfin von St. Julian war eine Tochter Joh. Leopolds, Freyherrns von und zu Clamm, und Maria Franciscä, Gräfin von Salburg. Ihr Gemahl hieß Johann Julius, Graf von St. Julian.

Pag. 995. Die verstorbene Fürstin von Fürstenberg hat ihrem zweyten Sohne, Carl Egon

VII. Verbesserungen und Zusätze

Egon, Landgrafen von Fürstenberg, der mit einer Gräfin von Sternberg vermählt ist, alle ihre eigenthümlichen Güter vermacht, deren Werth sich auf 130000 Gülden beläuft.

Pag. 991. Der Woywode von Posen, Stephan Garczinski, ist bereits den 24 Sept. 1755 gestorben und zwar, wie einige sagen, an einer Vergiftung, die ihm ein Bedienter beygebracht, welches man aber an seinem Ort gestellt seyn läßt.*) Er ist hier mit den Castellan von Posen, Carl Gredzinski, der im Nov. 1756 gestorben, verwechselt worden.

Pag. 994. Der verstorbene Geheime Kriegs-Rath von Bornstedt war ein Sohn Thomas Friedrichs von Bornstedt, Königl. Pohlnischen und Chur-Sächsischen Generals der Cavallerie, der bereits den 28 Oct. 1697 gestorben ist. Er hatte ihn mit seiner dritten Gemahlin, Johannen Eleonoren Bosin, aus dem Hause Franckleben, den 3 Jan. 1696 gezeuget. Er hatte zu Altorff und Wittenberg studirt, hernach aber als Hauptmann bey dem leipzigerischen Dragoner-Regimente den Feldzügen in Pohlen und Ungarn beygewohnet. Nach einiger Zeit ward er General-Adjutant bey dem General von Milkau und nach dessen Absterben bey dem General Bose, worauf er 1746 Obrister und Geheimer Kriegs-Rath wurde.

---

*) Siehe eine vollständige Nachricht von seinem Leben in den neuen Nachr. T. VI. p. 1005. seq.

wurde. Er starb bey seiner Schwester, der verwitweten Generalin von Milkau zu Lebusa in der Nieder-Lausitz.

Pag. 999. Die Gräfin Johanna Henriette Louise von Bestuchew starb den 12 Jul. 1757 im 41 Jahre ihres Alters zu Paris. Ihr Vater, Hanß George von Carlowitz, auf Stöschitz, starb 1754 als Königl. Pohln. und Chur-Sächsischer Geheimer Rath. Die Mutter, Henriette Margaretha von Neitschütz, brachte sie den 3 Apr. 1717 zur Welt, starb aber den 28 May 1736. Weil ihre Kinder aus beyden Ehen frühzeitig verstorben sind, so ist ihr einziger Bruder, Joh. Adolph von Carlowitz, Königl. Pohln. und Churfürstl. Sächs. Kreyß-Hauptmann, ihr Erbe worden.

Pag. 1000. Der Admiral Watson starb den 16 Aug. 1757.

Pag. 1005. Unter den neuen Kaiserl. General-Feld-Wachtmeistern heißt der 5te Carl Partini (nicht Martini) von Neuhoff.

Pag. 1006. Das Hagenbachische Regiment erhielte den 17 Jan. 1757 der General von Sprecher *); und nachdem solcher 1758 gestorben, hat es erst der General, Graf Lascy bekommen.

Pag. 1008. Der Herr von Lally ward den 19 Nov. 1756 zum General-Lieutenant, der Ritter

---

*) Siehe die neuen Nachr. T. VIII. p. 276.

VII. Verbesserungen und Zusätze

Ritter von Soupire den 9ten dieses zum Marschall de Camp und der Graf von Estaing den 18ten dieses zum Brigadier erklärt.

Der Herr von Blondel muß nur Titular-Staats-Rath worden seyn, weil er sich unter den wirklichen nicht befindet.

Ad Tom. X.

Pag. 165. Der in Böhmen gebliebene Königl. Preußische General-Major, Wilhelm von Saldern, war ein Sohn Aschwin von Saldern, auf Garß und Reckenthin. Seine Mutter, Anna Dorothea von Ingersleben, die ihn in ihrem 36sten Jahre überlebt, brachte ihn den 7 Aug. 1702 zur Welt. Er kam 1716 unter die Königl. Cadets zu Magdeburg und 1717 zu Berlin. A. 1720 ward er kurz hinter einander bey dem Wartenslebischen Regimente zu Fuß Fahnjunker und Fähndrich. A. 1732 ward er Lieutenant, in welcher Qualität er ofte auf Werbung ausgeschickt wurde, wobey er fast ganz Deutschland, Elsas und Lothringen durchreiset. A. 1737 ward er Hauptmann und 1739 kriegte er eine Compagnie. A. 1740 machte ihn der itzige König zum Major bey dem Münchowischen Regimente und schickte ihn als Gesandter an die Höfe zu Anspach und Bayreuth. Er kriegte darauf in Schlesien ein Bataillon Grenadiers zu commmandiren, mit welchen er den 7 Mart. 1741 der Ueberrumpelung der Festung Groß-Glogau,

gau, und den 10 Apr. a. e. der Schlacht bey Mollwitz, auch den 4 May der Eroberung von Brieg beywohnte. A. 1742 that er sich in dem Anfall bey Rothschloß herfür und stund während der Schlacht bey Czaslau in dem Schlesischen Geburge. A. 1744 befand er sich bey der Belagerung und Eroberung von Prag, und half zu Ende des Jahrs unter dem alten Fürsten von Dessau Ober-Schlesien von dem Feinde reinigen. A. 1745 ward er Obrist-Lieutenant und befand sich während der Schlacht bey Hohenfriedberg zu Breslau, worauf er unter dem General von Nassau in Ober-Schlesien diente, auch der Eroberung der Festung Cosel beywohnte. Den 2 May 1747 ward er Obrister und 1755 Commandeur des Münchowischen Regiments. A. 1756 stunde er als General-Major unter dem Feld-Marschall, Grafen von Schwerin, in Schlesien und Böhmen, kriegte das Sächsisch gewesene Regiment von Sachsen-Gotha und hielte den Posten Friedland besetzt, den er gegen einige Anfälle tapfer vertheidigte. Er folgte 1757 dem Grafen von Schwerin nach Prag und wohnte den 6 May der Schlacht bey, die diesem Helden das Leben kostete. Er selbst wurde durch eine Kugel in die Schulter blessirt, die er durch eine schmerzhafte Operation herausziehen lassen mußte, worauf er das Commando zu Wittenberg kriegte. Im Jan. 1758 kriegte er das Ober-Commando über alle in Ober-Schlesien liegende Trouppen, und hatte sein Haupt-Quartier zu Troppau, aus welcher

welcher Stadt er den 19 Febr. welchen mußte, nachdem er sich gegen den weit überlegenen General de Ville über 24 Stunden tapfer vertheidiget hatte. Indessen mußte er an seiner noch nicht völlig geheilten Wunde, die wieder aufbrach, große Schmerzen leiden, auch den 29 April noch 2 Schnitte an seinem Arme thun lassen. Er wohnte nichts desto weniger dem Feldzuge in Mähren bey, als Ollmütz belagert wurde, und bedeckte bey der Retirade nach Königsgrätz mit dem Ponkewitzischen Regimente die Arriere-Garde. Er postirte sich in die Vorstadt von Königsgrätz, wo er in der Nacht zwischen dem 25 und 26sten Jul. *) angegriffen und nebst dem Obristen von Blankenburg **) auf der Stelle erschossen wurde. Er kriegte sein Begräbniß in dem dasigen Capuciner-Kloster. Seine Gemahlin, Sophia Charlotte, gebohrne von Salbern, mit der er sich den 26 Mart. 1738 vermählt, hat ihm 4 Kinder gebohren, davon noch 2 Töchter leben. Der als Preußischer Commendant zu Cassel im May 1745 verstorbene General-Major, Heinrich von Salbern, war sein älterer leiblicher Bruder.

Pag. 165. Der verstorbene Preußische General-Major von Stollhofen war eines Evangelischen Land-Predigers Sohn aus der Uckermark,

---
*) Nicht im Monat August, wie l. c. aus Irrthum vorgegeben worden.

**) Siehe die Neuen Nachr. Part. 110. p. 166.

mark, und hatte ohngefähr 1691 das Licht der Welt erblickt. Er trat 1707 bey dem Dönhoffischen Regimente als Musquetier in Königliche Kriegs-Dienste, in welcher Qualität er in dem Spanischen Successions-Kriege Dienste geleistet. Dem Feldzuge in Pommern und der Belagerung von Stralsund wohnte er als Unter-Officier bey. Er kam darauf mit dem Regimente, das nunmehr der General Röder hatte, in Preußen zu stehen, und gab einen starken Werber ab, wodurch er sich bey dem vorigen Könige so beliebt machte, daß er ihn zum Fähndrich erhob. A. 1734 und 1735 wohnte er als Lieutenant den Feldzügen am Rheinstrome bey, und ward hernach Stabs-Hauptmann. A. 1740 gab ihm der jetzige König bey diesem Regimente eine eigene Compagnie, in welcher Qualität er die Mönche zur heiligen Linde, die die Königl. Preuß. Ober-Herrschaft nicht erkennen wollten, zum Gehorsam zwang. A. 1741 kam er mit dem Regimente in dem Lager bey Genthin und 1742 in Böhmen zu stehen, wo er der Schlacht bey Czaslau beywohnte. Nach dem Breslauischen Frieden kam das Regiment in der Grafschaft Glatz zu stehen. A. 1744 ward er in den Adelstand erhoben. Er wohnte darauf als Major den Feldzügen in Böhmen und Schlesien bey. In der Schlacht bey Hohen-Friedberg ward er so gefährlich verwundet, daß man an seiner Genesung zweifelte. A. 1746 kam er mit dem Regimente wieder in Preußen zu stehen. A. 1751 ward er Obrist-Lieutenant, und 1754 Obrister und

Comman-

Commandeur des Regiments. Er diente 1757 wider die Russen in Preußen und wohnte den 30 August der Schlacht bey Groß-Jägersdorf bey. Er half darauf die Schweden aus Pommern nach Stralsund und der Insel Rügen vertreiben, und folgte 1758 als General-Major dem Grafen von Dohna in die Neumark, kam aber krank nach Küstrin, wo er das Amt des abwesenden Gouverneurs bekleiden sollte. Allein er starb, da man im Begriff war, ihn aus dem Wagen zu heben, im 76sten Jahre seines Alters. Seine Gemahlinn, die er sich 1724 beygelegt, war des Stadt-Musici zu Rastenburg Tochter, die ihm bey ihrem Tode 1747 fünf Kinder hinterließ, zwey Söhne und drey Töchter, davon die Söhne in Preußischen Kriegs-Diensten stehen, von den Töchtern aber die mittelste den Hauptmann von Bockum geheyrathet hat.

Neue
Genealogisch-Historische
Nachrichten

von den

Vornehmsten Begebenheiten,

welche sich an den

Europäischen Höfen

zutragen,

worinn zugleich

vieler Stands-Personen

Lebens-Beschreibungen

vorkommen.

Der 119 Theil.

Leipzig, 1760.

Inhalt.

I. Das widrige Schicksal der Jesuiten in Portugall.

II. Leben der jüngst verstorbenen Erb-Statthalterin der vereinigten Niederlande.

III. Einige jüngst geschehene merkwürdige Avancements.

IV. Lebens-Beschreibungen der beyden jüngst verstorbenen Cardinäle Guabagni und Doria.

V. Die Englische Eroberung der Französischen Insel Guadaloupe in America.

VI. Leben und Thaten des in Böhmen gebliebenen Preußischen Generals von Manstein.

I.
Das widrige Schicksal der Jesuiten in Portugall.

Die ehrwürdigen Väter von der Gesellschaft Jesu richten sich nicht nach der Regel ihres großen Meisters. Er war von Herzen demüthig, und foderte ein Gleiches von seinen Jüngern. Die weltlichen Könige herrschen, spricht er zu ihnen, und die Gewaltigen heißt man gnädige Herren; ihr aber nicht also. Allein die heutigen Jesuiten wollen herrschen; sie wollen gnädige Herren heißen. Sie mengen sich in alle Staats- und Regierungs-Geschäffte, erforschen alle Geheimnisse großer Herren, machen sich Meister von ihren Gewissen, sammlen sich unbeschreibliche Schätze, bringen viele Güter an sich, streben nach Land und Leuten, und leben täglich in aller Lust und Herrlichkeit.

Die Stifter ihres Ordens waren ganz andere Leute. Sie wandelten in der größten Selbst-Verläugnung, waren voller Demuth, und lebten in der äußersten Dürftigkeit. Sie bekümmerten sich nichts um das weltliche Regiment, sondern suchten nur Werke der Liebe auszuüben, und waren, nach den Begriffen, die sie von der wahren Religion hatten, beflissen, Gottes Ehre zu befördern, und das Reich Christi zu erweitern. Sie unterrichteten daher fleißig die unwissende Jugend, besuchten die Lazarethe und Kranken-Stuben, bekehrten und trösteten die armen Sünder und predigten den Heiden das Evangelium. O quantum mutati ab illis! möchte man jetzo von denen sagen, die Nachfolger des Ignatii Lojola und Francisci Xaverii seyn wollen.

Man rühmet ihnen zwar nach, daß sie in der Römischen Kirche sich am meisten auf die gelehrten Wissenschaften legen und in ihren Schulen und Collegiis die studirende Jugend treulich unterrichten. Aber sie lehren eine solche Moral und Politik, die auf machiavellistischen Grundsätzen beruhet. Diese pflanzen sie durch ihre Schüler fort, und hierdurch ist der ganze Orden nach und nach aus der Art geschlagen, und zu einer Schule vieler bösen Künste worden. Ihre Monita secreta, die sie sonst als ein Geheimniß verwahrten, sind jetzo ziemlich entdeckt. Sonderlich ist es in Portugall geschehen, wo die Jesuiten bisher das größte Ansehen gehabt, und ihre Herrschaft und Gewalt aufs höchste getrieben. Allein sie sind nunmehro vor der ganzen Welt zu Schanden worden, und wissen nicht, wie sie mit Ehren aus ihren schändlichen Händeln herauskommen sollen*). Die Sache ist so wichtig, daß wir nicht umhin können, umständlich davon zu handeln.

Daß

---

*) Man schonet sie selbst zu Rom nicht, indem alda 1759 unter der Aufschrift Lugano nicht nur so genannte Riflessioni del Portoghese sul memoriale del P. Generale, sondern auch hernach ein Appendix dar-

der Jesuiten in Portugall.

Daß die Jesuiten bey Gelegenheit der Missionen in Süd-America ein sehr großes Stücke Land unter sich gebracht, und darinnen alle Handlung und Nutzung an sich gezogen, darüber aber mit dem Königl. Portugiesischen Hofe, dem eigentlich die Landes-Hoheit über daßelbe zukömmt, zerfallen, weil sie sich dem Vertauschungs-Tractate zwischen den beyden Kronen Portugall und Spanien widersetzet, und deshalben die Indianischen Einwohner wider dieselben aufgewieglet, hierdurch aber sich dergestalt in die Karte gucken laßen, daß sie allen Credit verloren: solches ist bereits eine so bekannte Sache, daß ich sie zu erzählen nicht nöthig habe, zumal da das Vornehmste davon schon in den vorigen Theilen dieser Nachrichten beygebracht worden.

Der König in Portugall befand endlich für gut, diejenigen Patres, die bisher das Beicht-Vater-Amt am Hofe verwaltet, deßelben zu entsetzen, und sie vom Hofe zu entfernen. Sie wurden hierdurch wider den König so entrüstet, daß sie sich mit dem Herzoge von Aveiro und andern Misvergnüg-

ten zu heraus gekommen. Der letztere ist in Form eines Briefes vom 31 Jul. 1759 geschrieben, und enthält eine an einander hangende Geschichte der wichtigsten Handlungen des Römischen Hofs mit den Jesuiten. Das satyrische Salz, das hier und da dieße, den Jesuiten unangenehme, Speisen würzet, macht das Buch in Italien ungemein beliebt. Allein dem Pabste hat diese Schrift gar sehr misfallen. Man sagt, es sey der gelehrte Cardinal Paßionei Verfaßer derselben.

ten in ein Complot einließen, um den König aus dem Wege zu räumen, der aber wunderbarer Weise erhalten, die ganze Conföderation aber entdeckt wurde, wie ich in den vorhergehenden Theilen umständlich erzählet habe.

Dieses ist der Grund von dem sonderbaren Schicksale, das den Jesuiter-Orden in dem Königreiche Portugall betroffen hat. Man machte diese Patres in dem Criminal-Urtheile, das von der Commission wider die Königs-Mörder den 12 Jan. 1759 publiciret worden, zu Häuptern von der ganzen Conspiration; und es hieß deswegen in dem 24sten Artikel der gedachten Sentenz unter andern also:

Da die Jesuiten gesehen haben, wie die hohe Einsicht des Königs sie aller Hoffnung berauben würde, ihre Ober-Herrschaft an dessen Hofe, die sie sich über desselben Handlungen angemaßet, zu erhalten, auch da sie gemerket, daß sie ohne solche absolute Ober-Herrschaft ihre Usurpationen, die sie in America, Africa und in dem Portugiesischen Asien gemacht, auf keinerley Weise würden bedecken, noch weniger aber den öffentlichen Krieg bemänteln können, welchen sie mit einer formellen Rebellion in den nordlichen und südlichen Staaten von Brasilien angestiftet hatten, so haben sie die allerverläumberischesten und vermaledeyesten Lästerungen und Intriquen wider das hohe Ansehen Sr. Majestät und wider die allgemeine Ruhe dieser Reiche ausgesprengt und eingefädelt, um auf diese Weise von dem Könige sowohl die Eingebohrnen, als die fremden Nationen abwendig zu machen, indem sie zu verschiedenen malen allerley verfluchte Projecte geschmiedet, um Aufruhr an diesem Hofe und in diesem Reiche zu stiften, und wider dieses Reich und dessen Vasallen das Feuer des Kriegs zu bringen.

In dem 26ſten Artikel des gedachten Urtheils heißt es alſo:

Die Beweisthümer, die ſich in den Acten wider die gedachten Geiſtlichen befinden, ſind ganz unwiderſprechlich, wenn man bey dem Vorfalle, da der König die Intriquen der beſagten Geiſtlichen unterbrochen und gleichſam entwaffnet, indem er die Königl. Beichtväter von ihrem Amte abgedankt und allen ihren übrigen Geiſtlichen den Zutritt bey Hofe verbieten laſſen, das Betragen derſelben erwäget, da ſie, anſtatt bey Wahrnehmung ſolcher Ungnade ſich demüthig zu erzeigen, juſt das Widerſpiel gethan und ohne Scheu fortgefahren, bey ihrem Hochmuthe zu beharren, und ſich öffentlich gerühmet, daß, ſobald ſie der Hof von ſich entfernet, der Adel ſich mit ihnen vereinigen würde; ja, ſie trugen keine Scheu, eben ſo öffentlich dieſem Hofe die göttlichen Strafen anzudrohen, und durch ſich und andere bis zu Ende des Auguſti 1758 auszuſtreuen, daß das Leben Sr. Majeſtät kurz ſeyn würde, ſolches auch oft wiederholten, in verſchiedene Europäiſche Länder überſchrieben, und ſogar ſich ſo weit herausließen, daß der bevorſtehende September dem Leben des Königs ein Ende machen würde; ja, der P. Gabriel Malagrida machte verſchiedenen Perſonen dieſes Hofs dieſe betrübte Sache als eine Prophezeyung ſchriftlich bekannt. Da auch die Rädelsführer der greulichen Zuſammenverſchwörung den 13 Dec. frühe gefangen genommen wurden, ſchrieben gleich den nächſten Poſttag, als den 19 Dec. der Provincial, P. Juan Henriquez, und andere Jeſuiten, die bisher lauter ſtolze Reden und Prophezeyungen von Strafen und Tode geführet, in den allerdemüthigſten und gelindeſten Worten nach Rom, und berichteten, daß man nicht nur den Herzog von Aveiro und viele andere vornehme Standes-Perſonen wegen des Ueberfalls vom 3 Sept. in Verhaft genommen, ſondern auch ihre Collegia und Häuſer mit Soldaten beſetzt hätte, wobey ſie baten: daß

daß die Patres zu Rom sie Gott anbefehlen möchten, weil sie solches höchst vonnöthen hätten; sie könnten nicht abwenden, was sie fürchteten; die ganze Societät wäre überaus betrübt, und gienge zu den geistlichen Uebungen des P. Malagrida über; die Welt flechte sie in den besagten Ueberfall ein, und verurtheile sie zu Gefängnissen, Ausrottungen und gänzlicher Verjagung; sie wären in der größten Angst und in der äußersten Bedrängniß, voll von Schrecken und Furcht, ohne einige Hülfe, noch Hoffnung, sich zu retten ꝛc.

Den 11 Jan. 1759 wurden viele Jesuiten, die sonst bey Hofe in großem Ansehen gestanden, sich aber mit ihrer üblen Gesinnung am meisten verdächtig gemacht hatten, in Verhaft genommen, nachdem man vorher alle ihre Collegia und Profeß-Häuser zu Lissabon mit Wache besetzt hatte *).

Den 19ten trat ein Königl. Befehl ans Licht, kraft dessen alle Güter der Jesuiten **) in Sequestration genommen wurden. Der Eingang von dieser Schrift lautete also:

Dem Pedro Gonsalves Cordeiro Pereira, meinem Rath-Canzler und Regenten von der Supliquen-Cammer, meinem Freunde, melde Ich, der König, meinen Gruß zuvor. Die höchst gefährlichen heimlichen Bemühungen, wodurch die Geistlichen, welche die Regierung der Gesellschaft Jesu in diesen Reichen und deren Herrschaften ausmachen, die ärgerlichsten Empörungen, Revolutionen und offenbare Kriege, die gegenwärtig in ganz Europa bekannt sind, erweckt und in den-

---

*) Siehe diese Nachr. P. 116. p. 585. sq.
**) Die an die Krone verfallenen Güter der Zusammenverschwornen und Jesuiten sollen dem Verlaute nach am Werthe so viel, als den dritten Theil des ganzen Königreichs ausmachen.

der Jesuiten in Portugall. 855

denſelben angeſtiftet haben*), ſind die gerechten und unvermeidlichen Beweg-Urſachen geweſen, warum Ich meinem Miniſter am Römiſchen Hofe habe Befehl ertheilen laſſen, daß er dem heiligen Vater Benedicto XIV. gegenwärtigen Vorſteher der allgemeinen Kirche Gottes, einen ſummariſchen und weſentlichen Begriff von ſolchen greulichen und ungereimten Unternehmungen vermittelſt eines kleinen Buchs beybringen ſollte, welches Ich unter dem Titel: Kurzer Begriff von der Republik, welche die Jeſuiten der beyden Reiche, Portugal und Spanien, in denen jenſeit der See gelegenen Herrſchaften aufgerichtet haben ꝛc. zu drucken befohlen, damit vermittelſt einer Verordnung des heiligen Vaters, welche auch derſelbe durch ein Apoſtoliſches Breve an den erwählten Cardinal-Patriarchen unterm 1 April des nächſt verwichenen Jahres zu Reformirung der beſagten Geiſtlichen ergehen laſſen, als durch ein gütiges und ſanftmüthiges Mittel dem fernern Fortgange dieſer großen Unordnungen könne vorgebeuget und die öffentliche Ruhe meiner Unterthanen und Herrſchaften erhalten, auch dieſe Geiſtlichen ſelbſt möchten verbeſſert werden, ohne daß Ich, um ihnen Einhalt zu thun, genöthiget würde, zu den äußerſten Mitteln zu ſchreiten, als welche ich nach meiner ſehr religiöſen Gnade, ſo viel mir immer möglich iſt, weit hinaus zu ſetzen, geneigt bin. Es hat aber dieſe meine gütige Mäßigung ganz andere und Unſerer Hoffnung ſehr entgegen geſetzte Wirkungen gehabt, und die gedachten Geiſtlichen täglich mehr und zuſehens aufgemuntert, auch ſo hart verſtocket, daß ſie ſich auf eine hochmüthige Art und mit einer unerhörten Verwegenheit beſtrebet, die klare

Ppp 5 Wahr=

---

*) Es ſcheint, als ob hier mit auf den W . . . Hof gezielt werde, an welchem die Jeſuiten viel guten, und zu Urhebern des gegenwärtigen Krieges in Deutſchland gemacht werden.

I. Das widrige Schicksal

Wahrheit der in gedachtem Berichte wesentlich erwiesenen Unternehmungen gegen alle öffentliche Kundbarkeit boshafter Weise verdächtig zu machen, indem sie heimlich und listig nicht allein in den fremden Ländern von Europa, sondern sogar in diesem Reiche die Leute beredet, daß sie dergleichen Unternehmungen und solche Kriege nicht erreget hätten, gleich als ob sie selbige nicht angestellet, noch bey drey Kriegs-Herren in beyden Portugiesischen und Spanischen West-Indien gegenwärtig gewesen wären. Von diesen Ausschweifungen sind selbige noch weiter zu andern vermessenen und ehrlosen Thaten übergegangen, da sie gesucht, meine getreue Unterthanen von der Liebe und Treue gegen meine Königl. Person und Regierung abwendig zu machen, worinnen sich sonst die Portugiesen unter andern gesitteten Völkern besonders hervorgethan; und zu solchem abscheulichen Endzwecke ihr heiliges Amt gemisbraucht, um vermittelst desselben das ansteckende Gift ihrer Gottes-vergessenen Lästerungen wider mich und meine Regierung einzublasen und auszubreiten, bis sie sogar an meinem Hofe die greuliche Zusammenverschwörung angezettelt, x.

Weiter heißt es in dieser Schrift:

Ich bin also gemüßiget, euch zu befehlen: Daß ihr indessen, da ich mich an den Apostolischen Stuhl wende, also gleich, sobald ihr dieses Schreiben erhalten werdet, alle und jede bewegliche und unbewegliche Güter, Renten, ordinaire Einkünfte und Gnaden-Gelder, so die besagten Geistlichen besitzen, oder in den Provinzen der Gerichtsbarkeit der Supplican-Cammer, dessen Verwaltung euch anvertrauet ist, einzunehmen haben, in Sequestro legen sollet, x.

Noch weiter heißt es:

In Ansehung der theologischen, moralischen und politischen Irrthümer, welche die besagten Geistlichen mit so verderblichen und abscheulichen Würkungen auszubreiten getrachtet haben, bin Ich in die gewisse Erfah-

der Jesuiten in Portugall. 857

Erfahrung gekommen, daß sie sich jetzo auch sehr ängstlich befleißigen, in den Provinzen des Reichs dieselbigen falschen und vermaledeyten Lehren fortzupflanzen, und solche damit anzustecken, nachdem deren Fortgang bey Hofe durch die Entschließung, worinnen sich die besagten Geistlichen jetzo befinden, gehemmet worden. Um deßwillen will ich auch, daß in selbiger Zeit, da man die gedachten Sequestrirungen in den Häusern und besondern Gütern, wo sich weltliche oder geistliche Coadjutoren hin und wieder einzeln befinden, vornehmen wird, die Ministri, so selbige veranstalten, dieselben, nachdem sie ihnen alle bey ihnen zu findende Schriften abgenommen, in sichere Verhaft nehmen, und des nächsten und geraden Weges nach den Haupthäusern in den ausehnl. Städten, die ihnen am nächsten sind, bringen lassen sollen, allwo sie mit den andern Geistlichen in selbigen Häusern der großen Provinzen und vornehmsten Städte eingeschlossen bleiben werden ꝛc.

Es wurde zu gleicher Zeit ein Manifest des Königs, worinnen die von den Jesuiten, denen hingerichteten Missethätern beygebrachten, und unter dem Volke ausgebreiteten, irrigen Lehren nebst deren Widerlegung enthalten waren, öffentlich bekannt gemacht. Dieses Manifest ward den sämmtlichen Prälaten des Königreichs mit einem nachdrücklichen Schreiben zugefertiget. Es ist solches zwar sehr merkwürdig und stellt den Jesuiter-Orden in seiner völligen Blöse dar; jedoch weil die Schrift zu weitläuftig ist, und mehr zur Kirchen als politischen Historie gehöret, will ich nur die vier Haupt-Irrthümer, die die Jesuiten hegen und machiavellistischer Weise ihren Schülern beybringen, daraus anführen. Der Titel des Manifests lautet also: Die gottlosen und aufrührischen Irrthümer, welche die Geistlichen

lichen von der Geſellſchaft Jeſu, den hingerichteten Miſſethätern beygebracht und unter dem Portugieſiſchen Volke auszubreiten
getrachtet haben, nebſt ihrer Widerlegung
aus den geiſtl. und weltlichen Rechten, auf
Befehl des Königs publiciret.

Die erſte irrige Lehre, die in dieſer Schrift
denen Jeſuiten beygemeſſen wird, iſt alſo abgefaßt: „Einer, der etwan eine Perſon oder Regie-
„rung zu Grunde richten will, muß den Anfang
„eines ſolchen Unternehmens mit Ausſtreuung al-
„lerley Läſterungen machen, wodurch dieſelbe
„Perſon oder Regierung in einen üblen Ruf ge-
„bracht wird. Denn indem es gewiß iſt, daß ein
„ſolcher Verläumder jederzeit den größten Haufen
„Leute, welche gemeiniglich geneigt ſind, das
„Böſe zu glauben, auf ſeiner Seite hat, ſo folgt
„daraus, daß er in kürzer Zeit dem Verleumde-
„ten ſeinen Credit benehmen kann, wodurch die-
„ſer zugleich mit ſeinem guten Namen ſeine vor-
„nehmſten Kräfte und Auctorität, ſo in einem
„guten Rufe beſtehet, verliehren und unter den
„Verleumbungen deſſen, der ſich an ihm zu rächen
„trachtet, unterliegen muß.„

Dieſes wird aus vielen Schriften der Jeſuiten bewieſen und durch verſchiedene Exempel, worunter ſich auch der in China verſtorbene Cardinal
von Tournon befindet, dargethan. Dieſes ſey
auch Sr. Portugieſiſchen Majeſtät wiederfahren,
da man die ſchändlichſten Läſterungen und abſcheu-
lichſten Verläumbungen wider den König weit
und

und breit ausgestoßen und alle seine Thaten und Handlungen aufs ärgste verunglimpfet.

Die zwoyte Lehre der Jesuiten, dadurch sie ihre bösen Absichten zu erreichen suchen, lautet also: „Man könne um seines eigenen Nutzens „willen einem andern nach dem Leben stehen und „ihn gar umbringen.„ Es wird dieses durch die Zeugnisse verschiedener Jesuiten bekräfftiget, darunter sonderlich die Stelle des P. Francisci Amici merkwürdig ist, der ausdrücklich geschrieben: „Die Geistlichen und Ordens-Leute können ihre „Ehre und Achtung in den gemäßigten Schranken „einer unschuldigen Nothwehre, auch selbst mit „dem Tode der Person, von der sie verleumdet „worden, gar wohl vertheidigen; ja, öfters sind „sie nach dem Gesetz der Liebe schuldig, solches zu „thun, sowohl wenn die Privat-Ehre einiger Glie„der verletzet, als wenn ein ganzer geistl. Orden „verleumdet worden.„ Man führet auch des P. Herrmann Busembao Medullam Theologiae Moralis an, der darinnen die unchristliche Frage aufgeworfen: „Wenn und wie ist es erlaubt, ei„nen, der uns ungerechter Weise anfällt, aus „eigener Macht zu tödten.„

Dieser verdammte Grundsatz sey auch von dem P. Malagrida und andern Jesuiten denen Portugiesischen Königs-Mördern beygebracht worden. Sie hätten in den Zusammenkünften und Conferenzen, die sie mit ihren Mitverbundenen gehalten, mit einmüthiger Zustimmung fol-
/ gendes

gendes als Grundsätze fest gestellet: 1) daß das einzige Mittel zu Veränderung der Regierung, wornach sie verwegener Weise getrachtet, dieses wäre, den Tod des Königs zu befördern; 2) daß die Ausüber dieses Königs-Mords zu befriedigen und in Sicherheit zu bringen wären, und 3) daß dieselben dadurch in geringsten nicht sündigten.

Die dritte verdammliche Lehre der Jesuiten ist diese: „Wenn es der Gesundheit des Leibes, „der eigenen Ehre und dem Vermögen eines Men„schen nüglich wäre, so könnte man lügen und zu „diesem Ende zweydeutige Reden führen, davon „man den wahren Verstand im Sinne behalte, „damit man die Wahrheit der Thaten in Ansehung des Vergangenen verdecken und hernach „für das Zukünftige seine Worte in solchem „Sinne auslegen könnte, wie es einem vortheilhaftig wäre.„ Daß diesen machiavellistischen Grundsatz die Jesuiten hegen und auszubreiten suchen, wird durch viele Zeugnisse bekräftiget, und endlich angeführt, daß aus diesem Grunde die Verurtheilten, und sonderlich der Marquis von Tavora und der Graf von Atouguia, so hartnäckig geleugnet, daß sie sich bey dem Ueberfall des Königs befunden hätten. Es ist auch nachgehends bekannt worden, daß die Gründe, woburch sie zu solcher Hartnäckigkeit gebracht worden, folgende gewesen: 1) daß man sie beredet, sie sündigten im geringsten nicht, wenn sie den gedachten Ueberfall begiengen, und 2) daß

sie

ſie nicht verpflichtet wären, ihre Schuld und Miſſethat, noch auch ihre Mitgeſellen zu entdecken, wenn ſie auch darum befragt und auf einen Eyd getrieben würden.

Der vierdte verdammliche Grundſatz der Jeſuiten beſtehet darinnen, „daß die Obern dieſer „geiſtl. Geſellſchaft in jeder Provinz ein heimli„ches Conventiculum zu halten haben von Män„nern, die darinnen zuſammen kommen, ohne daß „jemand in oder außer ihren Häuſern weder die „Sachen, warum ſie ſich verſammlen, noch die „Punkte, die ſie in den gedachten Conventiculis „beſchließen, in Erfahrung bringen mag; von „Männern, die keine andern Geſetze haben, um „ſie im Zaume zu halten, als ihre ſehr geheimen „Ausſprüche und gleichfalls unergründliche Ge„bräuche, hauptſächlich aber ihren freyen Willen „und eigenen Nutzen, womit ſie in dieſen Con„venticulen zuſammen kommen; von Männern, „die in dieſen Geheimniſſen wohl unterrichtet ſind, „und folglich eine abſolute Ober-Herrſchaft haben, „nach ihrem Wohlgefallen alle ihre Untergebenen, „wie es ihnen gut dünket, zu züchtigen und aus „der Geſellſchaft hinaus zu ſtoßen; und endlich von „Männern, die ſich von allen, gar nicht aus den „Augen zu ſetzenden, Regeln der natürlichen und „göttlichen Rechte entfernen, und denen, die ſie „ſtrafen oder ausſtoßen, kein Gehör noch Erlaub„niß geben, ſich wegen ihrer Verbrechen zu ent„ſchuldigen, ſondern ihre Untergebenen in ſolcher „knechtiſchen und blinden Unterwürfigkeit halten,

„ten, daß sie alles, was sie wollen, ausrichten „müssen.„

Vermittelst dieser despotischen und gesetzgeberischen Gewalt sowohl, als vermittelst der großen Verehrung, welche die Untergebenen gegen die Geheimnisse der Gesetze, die sie nie gesehen, hegen, und endlich vermittelst des groben, blinden und unmangelhaften Gehorsams, welchen die Untergebenen gegen alles, was ihnen die Obern befehlen, ohne Anstand und Widerrede beweisen, sey eben die Gesellschaft der Jesuiten so mächtig worden, daß sie sowohl in der Kirche, als auch in den weltlichen Reichen und Staaten, viel Unheil und Unruhe anrichten können. Dieses habe man sonderlich in Portugall erfahren, wenn man erweget, wie diese Patres jederzeit mit ihrer Macht und Gewalt alle die Päbstl. Bullen und Königl. Gesetze unkräftig gemacht, die ihnen zugesendet und öffentlich bekannt gemacht worden, um den Missionarien in Asien und America zu verbieten, daß sie die Indianer und Chineser nicht zu Sclaven machen und keine unrechtmäsige Handlung treiben sollten, da sie insgemein die besagten Indianer und Chineser für ihre Sclaven gehalten und sich der Handlung in Asien und dem Portugiesischen America angemaßet haben, ohngeachtet aller der gedachten Päbstl. Befehle und Königl. Gesetze, welche diese Unbilligkeiten und dieses schändliche Wesen bey weltlichen Strafen und Excommunikationen verbothen hatten ꝛc.

Den 5 Febr. 1759 wurde der Anfang gemacht, die Güter, Einkünfte, Häuser und Meublen der Jesuiten

der Jesuiten in Portugall.

Jesuiten Kraft des obigen Befehls einzuziehen und theils anzuschlagen, theils für Rechnung der Crone zu verpachten. Diese Verfügungen erstreckten sich auf das ganze Königreich. Man verfertigte Inventaria über alles, und jeder Jesuit bekam täglich nur 10 Sols zu seinem Unterhalte. Nach Santaren und dasige Gegenden, wo sie Residenzen und Coadjutorien hatten, schickte man Trouppen und ließ alles wegnehmen. Alle Provision, die man in ihren Häusern fand, sammt allem großen und kleinen Vieh wurde verkauft. Man zog alle ihre Collegia, die sich in großer Anzahl durch das ganze Königreich befanden, ein, confiscirte ihre Güter und verpachtete ihre Land-Häuser und Höfe für Rechnung der Crone. Man fand in ihren Collegiis und Seminariis unglaubliche Schätze. Der General-Procureur von Maragnan hatte alleine für sich 100000 Crusaden gesammlet.

Auf den Azorischen Inseln wurden die Besitzungen dieser Geistlichen ebenfalls confiscirt und ein Schiff voll Jesuiten langte aus denselben zu Lissabon an, die man nebst vielen andern Jesuiten in die Klöster von St. Roch und St. Antonio einschloß. Es wurden auch 4 Justiz-Bediente mit der Kauffarthey-Flotte nach Brasilien abgeschickt, um sich daselbst aller Güter und Einkünfte der Jesuiten zu bemächtigen.

Den 21 Febr. arretirte man alle Jesuiten des Collegii von St. Francisco de Borgo. Diejenigen, welche nicht die geistlichen Orden hatten, wurden in das Castell zu Lissabon, die Priester

G. H. Nachr. 119 Th. Qq q aber

aber nach dem Thurme von St. Julian gebracht, die Effecten aber, die sich in großer Menge darinnen befanden, verkaufte man. Sie waren sehr wichtig, weil dieses Haus aus lauter Procureurs der Missionen und derer über See gelegenen Provinzen bestunde. Man glaubte, daß das Ministerium dringende Bewegungs-Ursachen gehabt haben müsse, diese ganze Communität gefangen zu setzen, ohne die Entscheidung des Päpstl. Stuhls abzuwarten, da doch der Hof vorher versichert hatte, wider die Jesuiten nichts eher zu verfahren, bis er den Päbstl. Ausspruch von Rom erhalten hätte.

Im April brachte man aus verschiedenen Orten des Königreichs 35 Patres von der Gesellschaft Jesu nach Lissabon, die theils in das dasige Castell, theils in das Fort Junqueira gesetzt wurden. Unter solchen befanden sich 5 Deutsche Jesuiten, welche ehedessen Missionarii in Maragnan gewesen und nach ihrer Zurückberufung von der Regierung niemals die Erlaubniß hatten erhalten können, nach ihren verschiedenen Provinzen zurücke zu kehren. Man brachte auch den P. Rector des Collegii zu Santaren, an Händen und Füßen geschlossen, nach Lissabon, weil er, als er gesehen, daß sein Haus von Trouppen umringet würde, die allda befindlichen Papiere verbrennen wollen. Es wurden auch von Oporto einige Jesuiten in die Gefängnisse von Lissabon gebracht, welches auch dem ganzen Collegio zu Setubal oder St. Hubes widerfuhr. Die Jesuiten in dem Africanischen Königreiche Angola wurden nach Rio de Janeiro

in

der Jesuiten in Portugall. 865

in America abgeführt und ihre dasigen Güter sequestrirt. Von den Jesuiten in Maragnan gieng die Rede, daß, da sie vernommen, wie man sich ihrer Personen und Effecten bemächtigen wollte, sie sich mit allen ihren Schätzen und Unterthanen in die Wälder retirirt hätten.

Die Klöster von St. Roch und St. Antonio waren voller Jesuiten, die man daselbst eingeschlossen hatte und mit aller möglichsten Vorsicht bewahrte. Ein härterer Arrest war es, den diejenigen litten, so man auf das Castell und in das Fort St. Julian zu Lissabon brachte. Noch härter war der Arrest in dem Fort Junquiera, wo man verschiedene neue Gefängnisse erbauet hatte. Hier saßen die meisten von denen, die man am 11 Jan. in Verhaft genommen, worunter sich sonderlich auch der scheinheilige P. Malagrida befand, der im Mart. die gesuchte Erlaubniß erhielte, mit dem Cardinal von Saldanha zu sprechen. Man brachte ihn aus dem Gefängnisse zu ihm, er wurde aber nach einer 4. stündigen Unterredung wieder dahin zurücke geführet. Er erhielte zu Ende des Aprils nebst dem P. Matos, dem P. Alexander und einigen andern auf die, dem Könige geschehene, Vorstellung, daß sie sonst nicht lange mehr leben würden, die Vergünstigung, nach dem St. Johannis-Thurme gebracht zu werden, weil jedes der neuen Gefängnisse in dem vorgedachten Fort nicht mehr als 4 Fuß ins Gevierte beträgt und nur ein wenig Licht durch eine hohe Oeffnung hinein fällt, die Mauern aber 6 Fuß dicke sind.

Qqq 2 Der

L' **Das widrige Schicksal**

Der Päbstl. Stuhl ist bey Vernehmung dieser kläglichen Fatalitäten, darein der Jesuiter-Orden gefallen, in große Bestürzung gerathen. Der Pabst soll bey der ersten Nachricht von der entdeckten Conspiration wider den König mit Seufzen und Thränen in diese Worte ausgebrochen seyn: Mein Gott! was für Unglücksfällen ist deine Kirche ausgesetzt! Das Reich, das bisher am ruhigsten gewesen, macht uns mehr Sorgen, als alle andere! dieses alles hast du Unserm Pabsthum vorbehalten! Der General der Jesuiten, P. Laurentius Ricci, ist über die, für seinen Orden täglich schlimmer werdenden, Widerwärtigkeiten ganz untröstlich und krank worden. Er soll nichts als Esels-Milch genüßen und durch Circular-Briefe dem ganzen Orden anbefohlen haben, geheime Betstunden wider die Verfolger der Gesellschaft Jesu anzustellen. Er hat auch den Pabst in einem Memorial gebeten, das Breve Benedicti XIV. das er wegen der Apostolischen Visitation der Jesuiter-Klöster im Königreiche Portugall gegeben, wieder aufzuheben, welches aber Clemens XIII. zu thun Bedenken trägt.

Damit aber der Haß gegen die Jesuiten sich nicht in andere Catholische Reiche und besonders in Spanien ausbreiten möchte, ließ der Pabst im März 1759 ein Breve an den dasigen Nuncium Spinola ergehen, darinnen er ihm meldete, daß er vernommen, wie zu Madrit und an andern Orten des Königreichs wider die Väter der Gesellschaft

sellschaft Jesu eine Menge boshafter Schriften und verleumderischer Bücher ausgestreuet würden, mit dem Vorgeben, daß diese Schriften zu Rom gut geheißen und von dar hingeschickt worden, weil man ernstlich daselbst entschlossen wäre, besagte Societät zu unterdrücken; da man aber diese Verleumdungen wegen der schädlichen Würkungen, die sie in der ganzen Christenheit gegen Geistliche, die sich um die Kirche Gottes so verdient gemacht und deren Institutum alle Gattungen von Uebungen befördere, welche der Religion und dem Seelen Heil ersprießlich sind, nicht ohne Leidwesen ansehen könnte, so wollte er allen denen, die sich durch solche falsche Verleumdungen einnehmen ließen, den Irrthum benehmen und dargegen einen jeden belehren, daß die Gesinnung des Pabsts und der Geist der Catholischen Kirche weit davon entfernt sey, eine solche geistliche Gesellschaft unterdrücken und übel ausschreyen zu lassen, die Kraft ihrer Errichtung und Regeln so sehr beflissen ist, die Ehre Gottes auszubreiten, die Jugend wohl zu erziehen und die guten Sitten und das Heil der Gläubigen zu besorgen. Es wurde demnach dem Nuncio aufgegeben, eine genaue Untersuchung anzustellen und sowohl alle dergleichen Schmäh-Schriften als deren Urheber ausfindig zu machen. Der Nuncius hat darauf dieses Päbstl. Schreiben dem Königl. Rathe und dem General-Inquisitori übergeben, worauf die Untersuchung ihren Anfang genommen, welche die Würkung gehabt, daß den 5 April 1759 zu Madrit einige dergleichen Schriften und Bücher

durch

durch den Scharfrichter verbrannt worden, als: die Republik von Paraguay; die Schrift Nuda veritas; die gedruckte Antwort auf das an den Pabst von dem P. General der Societät überreichte Memorial, ingleichen einige erdichtete Briefe von Pallafox ꝛc.

Die Fortsetzung folgt künftig.

* *

II.
Leben der jüngst verstorbenen Erb-Stadthalterin derer vereinigten Niederlande.

Anna, verwitwete Prinzessin von Oranien und Nassau, Erb-Stadthalterin derer vereinigten Niederlande, war die älteste Tochter des itzregierenden Königs Georgii II. von Großbritannien, Churfürstens von Braunschweig. Ihre Mutter, Wilhelmina Charlotte, gebohrne Prinzessin von Brandenburg-Anspach, brachte sie den 2 Nov. 1709 zu Hannover, wo ihr Groß-Vater, George Ludwig, damals noch als bloßer Churfürst, ihr Vater aber als Chur-Prinz residirte, zur Welt. Sie war fast 5 Jahr alt, da die frölische Bothschaft bey Hofe anlangte, daß die Königin Anna von Großbritannien den 12 August 1714 zu London gestorben und der Churfürst von Hannover unter

dem

dem Namen Georgii I. zum Könige an deren Stelle ausgerufen worden sey. Ihr Vater kriegte nunmehro, als dessen einziger Sohn und Erbe, dem Tittel eines Prinzens von Wallis. Er reisete mit dem neuen Könige den 11 Sept. von Herrenhausen nach Engelland ab, sie selbst aber folgte mit ihrer Frau Mutter, der Prinzeßinn von Wallis, und ihrer Schwester, der Prinzeßinn Amalia, nach einigen Wochen nach. Die Reise gieng durch Holland über die See, und sie langten glücklich zu London noch vor der Krönung des Königs an, die den 31 Oct. mit den gewöhnlichen Solennitäten vollzogen wurde.

Sie genoß mit ihrem andern Geschwister eine Standesmäßige Erziehung, und gelangte 1727 zu dem Rang einer Königl. Prinzeßinn, da ihr Vater den Thron bestieg. Sie erreichte ein Alter von 24 Jahren, ehe sich eine anständige Gelegenheit äußerte, sie zu vermählen. Diese fand sich endlich im Jahr 1733 da der junge Prinz, Wilhelm Carl Heinrich Friso, von Oranien und Naßau, Erbstadthalter von Frießland, sich nach einer Gemahlinn umsahe, und seine Augen auf den Großbritannischen Hof richtete. Er hatte keine Schwierigkeit, seinen Zweck zu erreichen, da das Andenken des Hauses und Namens von Oranien, in diesem ganzen Reiche noch immer von Königs Wilhelmi III. Zeiten her, in großem Seegen stehet. Kaum hatte der König an seinem Hofe die Erklärung gethan, daß er entschlossen wäre, seine älteste Prinzeßinn Tochter dem Prinzen von Oranien zur Gemahlinn zu geben, als sich jedermann bey Hofe ein-

einfand, seine Glückwünsche abzustatten. Man sahe darauf in der ganzen Stadt die orange-farbenen Bänder flattern, und alles, was nur diese Farbe oder eine Gleichheit damit hatte, wurde zu London sowohl als in dem ganzem Reiche hochgeschätzt.

Die Heyrath kam schon den 8 May 1733. zu Stande, ob sie gleich erst im folgenden Jahre vollzogen wurde. Nachdem der Prinz den 22 Jul. 1733 den Ritter-Orden des blauen Hosenbandes empfangen, fand er sich den 18 Nov. unter großem Frohlocken und Jauchzen des Volks zu London ein. Er wurde von dem Könige und dessen ganzen Hause, mit der größten Zärtlichkeit empfangen. Den 23ten sollte die Vermählung vor sich gehen, weil er aber den Tag vorher unpäßlich wurde, und den 25 ein Fieber kriegte, wurde das Beylager bis ins folgende Jahr ausgesetzt. Im Dec. ward es etwas besser mit ihm. Allein den 4 Jan. 1734 kriegte er einen neuen Anstoß vom Fieber, worauf er die Bäder zu Bath besuchte, die sowohl anschlugen, daß er den 22 Febr. gesund nach London zurücke kehrte. Den 4 Mart. that er eine Reise nach Bristol und den 10ten nach Oxford, von dar er den 15 zurücke kam. Den 25 erfolgte mit außerordentlichem Gepränge die Vermählung, worauf sich das neu vermählte hohe Paar, noch über einen Monath zu London aufhielte, und nicht eher als den 3 May nach Holland abreisete. Den 7 langten sie zu Rotterdam an, setzten alsdenn ihre Reise incognito nach Leuwarden fort, und hielten den 11ten dieses daselbst ihren öffentlichen Einzug.

Den

Den 28 Jun. begleitete sie ihren Gemahl nach dem Haag, wo sie den folgenden Tag durch eine solenne Deputation empfangen wurden. Er that alsdenn eine Reise in das Kayserl. Lager am Rhein, während dessen die Prinzeßinn nach Engelland übergienge, und den 13 Jul. zu Kensington anlangte, wo sie sich bis zu Ende des Jahrs bey Ihrem Königl. Eltern aufhielte.

Endlich gieng sie den 6 Dec. zu Douvres wieder zu Schiffe, und seegelte nach Calais über, bis dahin ihr der Prinz, ihr Gemahl, entgegen gienge. Sie empfiengen einander mit vieler Zärtlichkeit, und reiseten erst den 15ten von dar wieder ab. Sie langten über Dünkirchen, Brügge, Gent und Brüßel, wo ihnen überall viele Ehre wiederfuhr, den 28 wieder in dem Haag an, woben es hieß, daß die Prinzeßinn gesegnetes Leibes wäre.

Sie blieben darauf die meiste Zeit des folgenden 1735ten Jahrs im Haag, und residirten in dem Oranischen Pallaste. Das Volk bezeugte viel Liebe vor sie, aber desto weniger ließen die Herren Staaten Hochachtung gegen sie spühren, obgleich die Prinzeßinn durch ihr holdes Wesen die Gemüther stark an sich zog. Als der König in diesem Jahre durch Holland reisete, um seine deutschen Staaten zu besuchen, hatte sie das Vergnügen, sowohl auf der Hin- als Her-Reise, ihm in Gesellschaft ihres Gemahls ihre Aufwartung zu machen, und von ihm zärtlich empfangen zu werden. Die vermeynte Schwangerschaft verlohr sich wiederum, doch befand sie sich 1736 von neuen gesegnet, bekam aber den 19 Dec. zu Leuwarden, wo sie sich bis-

bisher mit ihrem Gemahl aufgehalten, eine Prinzeſſinn, die aber nach wenig Stunden wieder verſtarb. Sie hat nachgehends bis zu der Zeit, da der Prinz die Erb-Stadthalterſchaft erhalten, faſt beſtändig zu Leuwarden ihre Reſidenz gehabt, und iſt ſehr ſelten, und zwar nur auf kurze Zeit, nach dem Haag gekommen. Als ſie im Dec. 1737 die Nachricht von dem Abſterben ihrer Mutter, der Königinn, aus Engelland erhielte, fiel ſie in Ohnmacht. Sie war in Begriff geweſen, eine Reiſe zu ihr zu thun, und ſie in ihrer Krankheit zu beſuchen.

Den 21 Dec. 1739 brachte ſie abermal eine Prinzeſſinn zur Welt, die gleich nach der Geburt wieder verſtarb. Im Jahr 1740 begleitete ſie ihren Gemahl nach der Wetterau, als er ſeine Deutſchen Fürſtenthümer beſuchte. Im Jahr 1741 that ſie eine Reiſe nach Hannover zu ihrem Vater, dem Könige, wo ſie den 7 Jul. anlangte und den 19ten wieder abreiſete, nachdem ſie bey Hofe alle ſtandesmäßige Ehre genoſſen. Den 28 Febr. 1743 brachte ſie die Prinzeſſinn Carolina zur Welt, die ſich noch am Leben befindet, worauf den 15 Nov. 1746 wieder eine Prinzeſſinn gebohren wurde, die Anna Maria genennet ward, aber den 29 Dec. ſchon wieder das Zeitliche geſeegnete.

Im Jahr 1747 gelangte ihr Gemahl unvermuthet zu der General-Erb-Stadthalterſchaft, derer vereinigten Niederlande. Der Anfang darzu wurde den 25 Apr. durch den Pöbel in der kleinen Stadt Ter Veere in See-Land gemacht, worauf sich das Volk in allen Niederländischen Provinzen, auch selbst in Holland, vor ihn erklärte, und den Magistrat nöthigte, ihn überall zum Stadthalter, Admiral und General-Capitain zu proclamiren; ja, man gieng noch weiter, und erklärte ihn zum Erb-Stadthalter, und zwar so, daß die Succession nach Abgang der männlichen Descendenten, auch auf die weiblichen Erben fallen sollte, jedoch mit der Bedingung, daß die Prinzeßinnen sich an keine Könige und Churfürsten, noch an solche Fürsten vermählen sollten, die nicht der Protestantischen Religion zugethan wären.

Als er darauf von Leuwarden über Amsterdam nach dem Haag abreisete, um von seiner neuen hohen Würde Besitz zu nehmen, begleitete ihn die Gemahlinn mit ihrer Prinzeßinn. Sie langten den 11 May gegen Mittag zu Amsterdam, unter Lösung der Canonen von allen, im Hafen liegenden Schiffen, und unter Läutung aller Glocken an, und wurden von dem Magistrat mit vielen Ehrenbezeugungen empfangen, auch ihnen zu Ehren des Nachts die gantze Stadt illuminiret. Den folgenden Morgen giengen sie über Harlem, Leiden und Delft nach dem Haag ab, wo sie ebenfalls mit großem Frolocken empfangen wurden. Sie bezogen den Oranischen Pallast, wo sie von den Staaten von Holland bewillkommet wurden. Den 15 geschahe des Prinzens solenne Installation, worauf er sich aller Kriegs- und Friedens-Geschäfte, wie auch der Regierung, dem Finanz- und Commercien-Wesen, mit großer Sorgfalt und Auctori-

Auctorität angenommen, und im Haag seine ordentliche Residenz erwählet, wo auch seitdem seine Gemahlinn und ganze Familie beständig ihren Aufenthalt gehabt.

Den 8 Mart. 1748 brachte die Gemahlinn allhier einen Prinzen zur Welt, der den Namen Wilhelm, und den Tittel eines Grafens von Büren kriegte. Die Freudens-Bezeugungen über seiner Geburt, waren sowohl in dem Haag, als in allen andern Niederländischen Städten ganz außerordentlich. Man läutete überall mit den Glocken, und zündete Illuminationes und FreudenFeuer an. Die Durchl. Mutter säugete ihn selbst, um dessen Gesundheit und Wachsthum desto mehr zu befördern. Sie hatte darauf das Vergnügen, ihrem Vater, dem König, den 2 Jun. zu Maaslandsluis aufzuwarten, als er aus Engelland herüber kam, und über Utrecht nach Hannover reisete. Sie kehrte über Loo, wo sie ihren Gemahl antraf, nach dem Haag zurücke, wohnte den 11 Jun. dem solennen Friedens-Dank-Feste im Haag bey, und begleitete im Nov. ihren Gemahl nach Leuwarden, von dar sie aber noch vor Ende des Jahrs zurücke kam.

Als der gedachte König 1750 aus Deutschland, wohin er in diesem Jahre wiederum eine Reise gethan hatte, nach Engelland zurücke gienge, wartete sie ihm abermals, und zwar zu Appeldoorn unweit Loo, auf, da sie ihm denn ihre beyden Kinder, die Prinzeßinn von achtehalb Jahren, und den Prinzen von drittehalb Jahren, vorstellte, die der Monarche zärtlich empfienge. Der junge Prinz, der

ganz

ganz nahe bey dem Könige stunde, grif die Schleife des Hosenband-Ordens an, und sagte: Geben Sie mir solches; worauf der König sprach, er wollte, wenn eine Ordens-Stelle ledig würde, seiner eingedenk seyn, welches auch erfolget ist.

Den 22 Oct. 1751 wurde sie durch das frühzeitige Absterben ihres Gemahls, in den höchst betrübten Wittwen-Stand gesetzet. Ihr Sohn, Prinz Wilhelm, folgte nunmehro dem Vater in der Würde eines Erb-Stadthalters. Weil er aber erst 4 Jahr alt war, faßten die Staaten von Holland, gleich nach des Vaters Hintritt den Entschluß, der Fr. Mutter die Verwaltung der Stadthalterschaft, und die Vormundschaft des Erb-Prinzens aufzutragen. Sie schickten daher noch an diesem Tage eine solenne Deputation in 10 Carossen an sie, und ließen ihr dieses antragen, auch, da sie es annahm, den Eyd in eben der Form, wie ihn ihr Gemahl geleistet, ablegen. Abends thaten die General-Staaten ein gleiches, und nahmen von der verwittweten Prinzeßinn ebenfalls den Eyd an. Die Feinde der Stadthalterschaft murreten zwar darüber, weil man kein Exempel hätte, daß dieses Land durch eine Weibes-Person regieret worden wäre, richteten aber nichts damit aus.

So groß die Liebe war, die die Prinzeßinn jederzeit zu ihrem Durchl. Gemahl getragen, so konnte man doch die Standhaftigkeit nicht genung bewundern, womit sie sich der so schwehren Fügung des Himmels unterwarf. Gleich nach des Gemahls Abscheiden ließ sie die Prinzeßinn Carolina in ihr Zimmer kommen, und gab ihr eine lebhafte und rühren-

rührende Ermahnung, die diese mit solchen Worten beantwortete, die weit über die Fähigkeit giengen, so man von ihrem Alter erwarten konnte. Die hohe Frau Wittwe nahm auch die obgedachten Deputationes an dem Tage ihres größten Leides mit besonderer Großmuth an. In den folgenden Tagen langten von allen Provinzen Deputirte an, die von der verwittweten Prinzessin den Eid als Gouvernantin von ihrer Provinz und Vormünderin des Erb-Prinzens annahmen, nachdem sie bey ihr die Condolenz abgestattet hatten. Sie war nunmehr so viel als wirkliche Statthalterin. Alle neuen Befehle und Verfügungen wurden von nun an mit dem Namen Ihro Königl. Hoheit der Prinzessin-Gouvernantin Anna gezeichnet und besiegelt, von dem Geheimen Rathe von Back aber contrasignirt, der solche Bedienung schon bey dem verstorbenen Prinzen bekleidet hatte. Das Geheime Regierungs-Collegium bestund aus den beyden Grafen Wilhelm und Carl von Bentink, dem Greffier Fagel, dem Groß-Pensionario Steyn und dem Herrn von Iarren. Es war auch der Prinz Ludwig von Braunschweig, der noch von dem verstorbenen Prinzen kurz vor seinem Ende zum Feld-Marschall und Chef der gesammten Trouppen ernennet worden, bevollmächtiget, der Prinzessin Gouvernantin mit gutem Rathe beyzustehen. Sie nahm sich hierauf der Staats- und Regierungs-Sachen mit eben so großem Eifer und Geschicklichkeit an, als ehedessen ihr Gemahl, und setzte sich dadurch bey den

den Staaten und der ganzen Nation in sonderbare Liebe und Hochachtung.

Indessen kam sie nicht eher aus dem Schlosse Oranienſaal, ſonſt das Haus im Busche genannt, so unweit dem Haag liegt, als bis den 18 Jul. 1752, da ſie mit dem Prinzen und der Prinzeſſin unvermuthet eine Reiſe nach Dieren that, wo sich auch ihre Schwieger=Mutter, die alte verwittwete Prinzeſſin von Oranien, einfand. Nachdem ſie einige Zeit mit derſelben einen vertraulichen Umgang gepflogen, kam ſie mit ihren Durchl. Kindern wieder nach Oranienſaal, die alte verwittwete Prinzeſſin aber kehrte nach Leuwarden zurücke. Den 21 Dec. Nachmittags begab ſie sich ohne Ceremonie in den Staats=Rath und nahm Sitz in dieſem hohen Collegio. Nachdem ſie ſich einige Augenblicke daſelbſt aufgehalten, ließ ſie sich in einer Port=Chaiſe in das Collegium des committirten Raths von Holland und Weſt=Frießland tragen und deliberirte daſelbſt mit den Gliedern, daraus dieſes Collegium beſtehet, über verſchiedene Materien. Hierauf begab ſie sich in das Gemach, worinnen die Staaten von Holland sich verſammlet befanden, und wohnte daſelbſt ebenfalls einige Zeit den Deliberationen bei. Von dar erhub ſie ſich in die Verſammlung der General=Staaten und nahm ebenfalls darinnen Sitz.

Den 18 Jan. 1754 ratificirte ſie den Vergleich, den ſie den 11 Jan. durch ihre Gevollmächtigten mit den Gevollmächtigten des Königs in Preußen wegen derer Oraniſchen Herrſchaften und Güter, die der König bisher beseſſen hatte, aber nun

nun gegen Empfahung einer Summa von 700 000 Holländischer Gulden auf ewig an den jungen Erb-Statthalter und deſſen Nachkommen abtrat, im Haag geſchloſſen hatte.

Im Jun. eben dieſes Jahrs that ſie mit ihren beyden Durchl. Kindern eine Reiſe nach Frieß-land. Sie reiſete den 13ten aus dem Haag ab, und langte über Enkhuyſen den 15ten glücklich auf dem Schloſſe Oranjewoud an. Sie wurden auf der ganzen Reiſe allenthalben mit ausnehmenden Freudens-Bezeugungen empfangen. Den 5 Jul. langten ſie zu Leuwarden, der Hauptſtadt in Frieß-land, an, wo ſie die Bürger-Miliz auf den Gaſſen im Gewehr fanden. Das häufig verſammlete Volk ließ lauter Frohlocken von ſich hören. Sie empfiengen von allen Tribunalien, Magiſtraten und Standes-Perſonen die Glückwünſchungen, und kehrten Abends wieder nach Oranjewoud. Den 18 Jul. langten ſie über Hoorn, wo die Prin-zeſſin-Gouvernantin in dem Collegio der depu-tirten Räthe des Departements von Nord-Hol-land Sitz nahm, glücklich wieder im Haag an. Sie haben ſich nachgehends bis weit in den Herbſt hinein zu Soesdyk aufgehalten.

In den Jahren 1755 und 1756 ſetzte es viele Mühe und Berathſchlagungen, die Neutralität zu behaupten, da der Großbritanniſche Hof auf die Abſendung der Hülfe drunge, darzu ſich die Ge-neral-Staaten ehebeſſen verbindlich gemacht, im Fall England feindlich angegriffen würde. Weil aber der wirkliche Caſus fœderis nicht vorhanden war, und der Franzöſiſche Hof drohete, die Leiſtung

ſolcher

solcher Hülfe für einen Friedensbruch aufzunehmen, so war man im Haag über diese Sache sehr verlegen, doch wurde sie durch die weisen Maasregeln der Prinzessin-Gouvernantin noch in solche Wege geleitet, daß man bey der Neutralität bliebe.

11. Im Mart. 1757 überstunde der junge Erb-Statthalter nach einer schweren Niederlage die Blattern, worauf ihn die Frau Mutter nebst der Prinzessin-Schwester mit sich nahm, als sie eine Reise nach Bergen op Zoom und Breda that. Sie hielten den 31 May an dem erstern Orte unter Läutung aller Glocken und Lösung der Canonen ihren Einzug. Abends sah man die Stadt sehr schön illuminirt, auch alle Wimpel und Flaggen auf den Schiffen wehen. Den folgenden Tag besahe die Gouvernantin mit dem Prinzen Ludwig von Braunschweig die Festungswerke, worauf man sich den 2 Jun. nach Breda erhub, wo man ebenfalls mit allen Merkmaalen von Liebe und Hochachtung empfangen wurde. Den 10ten begab man sich nach Soestdyk, von dar man nach einigem Aufenthalte nach dem Haag zurück kehrte. Im Herbst thaten sie eine Reise nach Schiedam und Roterdam, anderer Lust-Reisen zu geschweigen.

Den 29 April 1758 kam sie mit ihren Durchl. Kindern nach Harlem, um allda die prächtigen Frühjahrs-Blumen in den Gärten der Herren Voorhelm und van Kampen zu besehen, kehrte aber Nachmittags schon wieder nach dem Haag zurücke. Im Sept. gerieth sie mit der Stadt Harlem in eine Irrung, da sie ein Rathsglied, das

G. H. Nachr. 119 Th.   Rrr   von

von dem Magistrat bey der Wahl übergangen worden, zum Bürgermeister ernannte, der aber, ohngeachtet der Protestation der meisten Raths-Glieder, seinen Platz behauptete, weil dargethan werden konnte, daß dergleichen unter den vorigen Statthaltern mehrmals geschehen wäre.

Den 14. Sept. Abends ließ sie dem geheimen Rathe und Maitre des Requets, Herrn von Back, andeuten, daß er aller seiner bisherigen Bedienungen entlassen seyn sollte. Es machte dieser Fall ein großes Aufsehen, weil er bisher in außerordentlichen Gnaden bey ihr gestanden.

Um diese Zeit kriegte sie auch viel mit der Kaufmannschaft in den vereinigten Provinzen zu thun, weil die Engländer derselben viele Schiffe unter dem Vorgeben, daß sie wider die Neutralität auf Französische Rechnung giengen und contrebande Waaren führten, wegnahmen. Die Kaufleute hatten schon viele Bittschreiben bey den General-Staaten übergeben, und um Ausrüstung einer Menge Kriegs-Schiffe zu Bedeckung ihrer Handlung gebeten. Allein weil die Provinzen nicht einerley Interesse dabey haben, konnten sie bey den General-Staaten wenig Gehöre finden. Die Staaten von der Provinz Holland nahmen sich der Sache am meisten an, und schickten deswegen im Oct. eine solenne Deputation an die Gouvernantin, um sie zu bitten, ihren Credit dahin anzuwenden, daß die Land-Provinzen bewegt würden, wenigstens in die Ausrüstung von sechs Kriegs-Schiffen zu willigen. Es langte auch den 8 Nov. eine Deputation von Kaufleuten aus Holland und Seeland bey ihr und dem Präsidenten der General-Staaten an, die ihre Beschwerungen über die Engländer erneuerten und um Schutz baten. Allein sie kriegten von der Gouvernantin keine andere, als diese Antwort: Sie hoffte, daß Dero Herrn Vaters, des Königs von Großbritannien, Majestät, dessen Liebe zur Gerechtigkeit und Billigkeit bekannt wäre, also handeln würden, daß ihre Committenten zufrieden seyn sollten; sie müßten nur noch einige Wochen Geduld haben, weil die Sache vor das Parlament gehörte, wo sie regulirt werden müßte.

Allein es vergiengen etliche Monate, ohne daß den Beschwerungen abgeholfen wurde. Es langte daher im Dec. eine neue Deputation von den Kaufleuten aus der Provinz Holland im Haag an, die den 6ten dieses bey der Gouvernantin zur Audienz gelassen wurden, an welche sie eine nachdrückliche Rede hielt, die aber für so anzüglich befunden wurde, daß man die fernere Bekanntmachung derselben höhern Orts untersagte. Um aber die Kaufleute wegen ihrer Beschwerden einigermaßen zu befriedigen, ließ die Gouvernantin ihnen bekannt machen, daß sie ihr Möglichstes thun würde, ihnen Satisfaction zu verschaffen, wobey sie ihnen einen Brief von dem Könige von Großbritannien vorlesen ließ, worinnen dieser Monarche die Raubereyen der Englischen Capers misbilligte und versicherte, solche untersuchen und nach Befinden abstellen zu lassen.

Den 11 Dec. erhub sie sich in die Versammlung der General-Staaten, und hielt an dieselbe eine Rede, darinnen sie denselben nachdrücklich vorstellte, auf Mittel zu denken, sowohl die vorgeschlagene Trouppen-Vermehrung, darauf die Land-Provinzen drängen, als auch die Ausrüstung einiger Kriegs-Schiffe zu Stande zu bringen. Die General-Staaten ließen darauf ein Anmahnungs-Schreiben an die Provinzen ergehen, um sie zu bewegen, zu beyden Vermehrungen ihre Einwilligung zu geben.

Nicht lange darauf fiel die Gouvernantin in eine schwere Krankheit, womit sie bis ins folgende Jahr zubrachte. Es ließ sich zwar etlichemal zu einiger Besserung an. Allein den 9 Jan. verschlimmerte sichs aufs neue dergestalt, daß man an ihrem Aufkommen zu zweifeln anfieng. Die Schlafsucht nahm auch bey ihr so überhand, daß sie den 12 Jan. 1759 zur Nacht in einem Alter von 49 Jahren, 2 Monaten und 10 Tagen das Zeitliche verließ. Sie hat bis zum letzten Augenblicke ihres Lebens eine vollkommene Gemüthsfassung und Ergebenheit in den göttlichen Willen bewiesen, und kurz vor ihrem Hintritte ihre Kinder, den Prinzen und die Prinzessin, vor sich kommen lassen, sie zärtlich umarmet und Abschied von ihnen genommen; auch die Artikel von dem Vermählungs-Tractate zwischen der Prinzessin Carolina und dem Fürsten von Nassau-Weilburg unterschrieben.

Gleich den andern Morgen, nachdem die Nacht vorher der hohe Todes-Fall geschehen, erhub sich der Feld-Marschall, Herzog Ludwig von Braunschweig-Wolfenbüttel, nach dem Justiz-
Hofe

Hofe, wo Ihre Königl. Hoheit Dero Testament hatten niederlegen lassen. Der Herzog nahm es zu sich und brachte es in die Versammlung der General-Staaten, welche schon seit 9 Uhr frühe bey einander gewesen war. Als man das Testament daselbst eröffnete, fand man, daß Ihre Hoheit außer dem Könige von Großbritannien, als Dero Herrn Vater, und der ersten verwittweten Prinzeßin von Oranien, Dero Frau Schwiegermutter, annoch folgende Ehren-Vormünder über Dero Fürstl. Kinder erkennet hatte: 1) aus den Staaten von Geldern den Baron Schimmelpfennig von der Oeye; 2) aus den Staaten von Holland und West-Frießland der Baron von Waſſenaer-Catwyk und den Herrn Crap, Bürgermeister von Alcmar; 3) aus den Staaten von Seeland den Baron von Borssele; 4) aus den Staaten von Utrecht den Herrn d'Ablaing von Gießenburg; 5) aus den Staaten von Frießland den Baron von Burmannia; 6) aus den Staaten von Ober-Yssel den Baron Heyden von Otmarsen, und 7) aus den Staaten von Gröningen den Herrn von Jodekinga. Hiernächst hatte die hochsel. Gouvernantin dem Feld-Marschall, Herzoge Ludwig von Braunschweig-Wolfenbüttel, die Stelle eines wirklichen Vormundes und Verwesers der, dem Hause Oranien zugehörigen, Güter und Herrschaften während der Minderjährigkeit des Prinzen-Statthalters anvertrauet, weshalben derselbe sogleich in dieser Qualität sowohl, als in der eines General-Capitains und General Admirals der

Re-

Republik bis zur Mündigkeit des Prinzen, den Eid in die Hände der General-Staaten ablegte. Die dabey befindlichen Deputirten der Staaten von Holland und Seeland verliehen dem Herzoge zugleich die Macht, die Gouverneurs und Commendanten zu ernennen, desgleichen auch bey Generals Promotionen 3 Subjecta vorzuschlagen, von denen einer erwählt werden sollte.

Es statteten auch an diesem Tage sowohl die General-Staaten, als die Staaten von Holland und der Staats-Rath bey dem Prinzen-Statthalter und der Prinzeßin Carolina die Condolenz ab.

Die General-Staaten machten das Abscheiden der Durchl. Gouvernantin Sr. Königl. Majestät von Großbritannien in folgendem Schreiben bekannt:

Sire!

Es geschicht mit dem allergrößten Schmerz, daß wir uns in der traurigsten Nothwendigkeit befinden, Ew. Majestät von dem betrübten Vorfalle, welcher sich durch den Tod Ihro Königl. Hoheit, der Frau Prinzeßin Gouvernantin, zugetragen hat, Bericht zu geben, da es Gott gefallen, Höchstdieselbe in der Nacht vom 12ten auf den 13ten Jan. aus dieser Welt abzufordern. Die äußerste Betrübniß, darinnen wir wegen des Verlusts dieser großen Prinzeßin sind, läßt uns leicht von dem Zustande urtheilen, worinnen das Vater-Herz Ew. Majestät sich in diesem traurigen Umstande befinden muß. Wir empfinden es lebhaft, und wünschen nichts mehr, als daß wir im Stande seyn möchten, durch Vereinigung unserer Thränen mit denen von Ew. Majestät Dero gerechten Schmerz, ei-

einige

der vereinigten Niederlande.

einige Weiſe verringern zu können. Wir bitten den Allmächtigen, daß es ihm gefallen möge, Ew. Maj. bis in das höchſte Alter, bey vollen Kräften zu erhalten, und 2 Durchl. Kinder, welche bey uns zurück geblieben ſind, und die wir aufs zärtlichſte lieben, zu ſegnen. Wir erkühnen uns, Ew. Maj. zu verſichern, daß wir für die Rechte und für das Intereſſe des jungen Prinzen und deſſen Prinzeßin-Schweſter, welche wir als Kinder der Republik betrachten, alle Sorge tragen und alle erſinnliche Obacht haben werden; und wir nehmen uns zu gleicher Zeit die Freyheit, Ew. Maj. um die fernere Wohlgewogenheit gegen unſern Staat zu bitten, und wir werden uns bemühen, dieſelbe mehr, als jemals, durch unſern Eifer und Schuldigkeit, womit wir Ew. Majeſtät jederzeit zugethan ſind, zu verdienen ꝛc.

Den 5 Febr. wurde der Leichnam der hochſel. Gouvernantin öffentlich auf einem Parade-Bette ausgeſtellt, und jedermann 5 Tage nach einander erlaubt, ſolchen zu geſetzten Stunden zu ſehen. Man hat während der Zeit auf 7 bis 38000 Perſonen gezählet, die die Fürſtliche Leiche geſehen. Es iſt 14 Tage lang täglich mit allen Glocken geläutet und die Trauer auf eben die Art eingerichtet worden, wie bey dem Abſterben ihres Gemahls, des StattHalters, geſchehen. Die Leiche wurde nachgehends ſo lange beygeſetzet, bis ſie nach Delft in das ordentliche Begräbniß des Hauſes von Oranien gebracht worden.

Die hochſel. Stattmalterin hinterließ bey ihrem Ende ein Schreiben an die General-Staaten, welches die Vermählung ihrer Prinzeßin anbetraf. Sie befahl, daſſelbe an den beſtimmten Ort zu bringen, als es dem Allerhöchſten gefallen würde

Rrr 4

würde, sie von der Welt abzufordern. Sobald dieses geschehen, wurde der Brief nach seiner Adresse bestellt. Es versammleten sich sogleich die General-Staaten, und beschlossen, alsbald Couriers nach einer jeden Provinz abzusenden, und nicht nur den hohen Todes-Fall bekannt zu machen, sondern auch von dem Innhalte des Briefs Eröffnung zu thun. Der Brief lautete also:

Hochmögende Herren!
Lieben Freunde!

Da uns unter denjenigen Sachen, die uns insbesondere angehen, nichts mehr am Herzen liegt, als das Glücke und das Wohl unserer lieben Kinder, unter diesen Gegenständen aber die Anstalten zu einer glücklichen Vermählung nicht die geringsten sind, besonders da unsere Tochter, die Prinzeßin Carolina, wirklich das Alter erreicht, welches unser mütterlichen Sorgfalt eine reife und ernsthafte Berathschlagung erfordert, und der Prinz von Nassau-Weilburg sich schon vor einiger Zeit an uns gewendet, und solche zur Gemahlin verlangt: so haben wir diese Sache reiflich überlegt und besonders die guten Qualitäten des besagten Prinzen in Betrachtungen gezogen, welcher aus einerley Hause mit unser Tochter ist, und welcher einerley Namen mit ihr hat, auch sich über dieses bey unserer Tochter sehr beliebt gemacht hat, daß es ihr nicht entgegen wäre, mit besagtem Prinzen sich zu vermählen, wenn nur Ew. Hochmögenden Dero Einwilligung dazu geben wollten. Alle diese Gründe haben uns veranlasset, zu dieser Vermählung unsere Einwilligung mündlich zu geben, und Ew. Hochmögenden freundschaftlich zu ersuchen, vermöge ihres Diplomatis sie mit ihrer Einwilligung zu beehren, und besonders zu dem Entzweck, daß die Kinder, welche aus dieser Vermählung geboren würden, wenn sie in der Reformirten Religion

der vereinigten Niederlande.

Religion auferzogen worden, und zu keiner Zeit das Bekänntniß davon abgeleget, die Rechte und Vortheile genüßen möchten, womit sie Ew. Hochmögende in diesem Fall durch ihr besagtes Diploma vom 16 Nov. 1751 begünstiget haben; und da Wir ein doppeltes Vergnügen darüber empfinden würden, wenn diese Vermählung so bald, als möglich, vollzogen würde, so bitten Wir zugleich Ew. Hochmögenden auf das ergebenste, die Gütigkeit zu haben und ihre Berathschlagungen hierüber zu beschleunigen, als wodurch Uns Ew. Hochmögende sehr verbindlich machen werden. Uebrigens bitten Wir Gott, daß er Ew. Hochmögende in seinen heiligen Schutz nehmen wollen. Wir sind ꝛc.

Haag, den 11 Jan.
1759.

ergebenste Dienerin
Anna.

Man hat auf das Absterben dieser Durchl. Fürstin eine Medaille geprägt. Auf der einen Seite siehet man das Brustbild dieser Prinzessin in Witwen-Kleidung mit einer Sternen-Krone auf dem Haupte, um welche diese Worte rund herum stehen: ANNA, D. G. Magnae Britanniae Princeps, totius Belg. Fœd. Gubernatrix minorenni Principe. Der Revers stellet ein Grabmaal vor mit den Wappen der Fürstl. Vorältern. An dem Fuße dieses Grabmaals ist der Strumpf eines abgehauenen Orange-Baums mit 2 daraus hervorschießenden schönen Sprossen. Auf dem Vorgrunde liegen die Zeichen der Gouvernanten-Würde, nämlich das Staats-Ruder, das Bund mit 7 Pfeilen, das Schwerdt und die Wage der Gerechtigkeit. Zum Beweise, daß Ihre Königl. Hoheit die Wissenschaften hochgeschätzet und geliebt,

liebt, siehet man zugleich allerhand Instrumente, ein Noten-Buch, Palet und Pinsel, einen Globum, Zeichnungen, ꝛc. mit der Umschrift: Nec majestate, nec aetate, nec virtute movetur, d. i. der Tod läßt sich keine Majestät, kein Alter und keine Tugend schrecken. Unten darunter stehet: Nata 2 Nov. 1709. Denata 12 Ian. 1759.

Man hat sie als eine Fürstin gerühmt, deren geschärfter Verstand, fertiger Geist, durchdringende Urtheils-Kraft und große Erkenntniß in Staats-Sachen sie des Rangs, zu welchen sie erhoben worden, vollkommen würdig gemacht; eine Fürstin, die mit Recht den Namen einer Königs-Tochter und glänzenden Perle der Brittischen Krone verdienet; eine Fürstin, aus deren Minen und Betragen lauter Freundlichkeit, Liebe und Anmuth herfür geleuchtet; eine Fürstin, die schon in ihren zärtesten Alter Kennzeichen einer aufrichtigen und unverstellten Gottesfurcht von sich gegeben; eine Fürstin, die in verschiedenen Sprachen und andern schönen Wissenschaften erfahren gewesen; eine Fürstin, die, ob sie schon in einem andern Lande gebohren worden, doch aus dem Stamme des durchlauchtigen Wilhelmi I. entsprossen gewesen, welcher den Grund zu der Niederländischen Freyheit geleget; mit einem Worte: eine Fürstin, die niemals hätte sterben können, wenn Christ-Fürstl. Tugenden die alles fressende Sichel des Todes aufhalten könnten.

III.

III.
Einige jüngst geschehene merkwürdige Avancements.

I. Am Kaiserl. und Königl. Ungarischen Hofe:

Im Mart. 1759 trat der General-Feld-Marschall, Fürst von Lichtenstein, das bisher gehabte General-Commando im Königreiche Ungarn dem Prinzen Friedrich von Zweybrücken ab, die General-Wachtmeisters aber von Campitelli und Blonquet wurden zu General-Feld-Marschall-Lieutenants ernennet.

Das verledigte Erzbisthum zu Mecheln kriegte in eben diesem Monathe Graf Carl Moritz von Frankenberg-Ludwigsburg, Archidiaconus des Bisthums Breslau und Decanus der Cathedral-Kirche zu Ollmütz; der Herzog von Ursel aber erhielte das Gouvernement zu Brüssel.

II. Am Königl. Französischen Hofe:

Den 4 Mart. 1759 ward der Herr von Silhouette, ehemaliger Canzler des Herzogs von Orleans, und einer der Commissarien, welche mit den Englischen in der Grenzscheidungs-Sache von Acadien gearbeitet haben, zum General-Controlleur der Finanzen an die Stelle des Herrn von Boulogne ernennet, nachdem der König den Abtritt dieses letztern von solcher Bedienung genehm

genehm gehalten und ihm die Pension zugestanden, die mit der Retirade der Minister verknüpft ist.

Es wurde auch der Marquis von Lugrac zum Commendanten der Compagnie Grenadiers zu Pferde ernennet, der Graf von Beaujeu aber, Brigadier der Königl. Armeen, bekam die General-Inspection und Direction der Küsten von Poitou, Aunis, Saintonge, Guienne, Roußillon, Langvedoc und Provence. Der Marquis von Bethune kaufte von dem Prinzen von Turenne die Stelle eines Colonel-Generals der Cavallerie.

Nicht lange hernach erhielten auch der Marquis von Avremenil, der Ritter von Mirabeau, der Baron von Tillier und die Herren von Martene und Brebeuf die General-Inspection der Küsten des Königreichs.

III. Am Königl. Dänischen Hofe:

Zu Anfang des Märzes 1759 ward der Flügel-Adjutant, Friedrich von Numsen, zum Königl. General-Adjutanten ernennet.

Den 31 Mart. a. c. als an des Königs Geburths-Tage geschahen folgende Erhöhungen:

a) Geheime Räthe:
1. Wolf Veit Christoph von Reizenstein,
2. Otto Manderup, Graf von Rantzau,
3. Eggert Christoph, Graf Knuth zu Knutenburg,
4. Detlev von Reventlau,

5. Chri

5. Christian Günther, Graf von Stollberg, und
6. Hanß von Ahlefeld.

    b) Ritter von Dannebrog:
1. Herrmann Friedrich Beenfeld, General-Lieutenant,
2. Wolffgang Ernst von Pournfeind, General-Lieutenant und Commendant der Citadelle Friedrichshafen,
3. Heinrich Sigismund von Castonier, Gen. Lieut. und Commendant zu Fridericia,
4. Carl Gotthilff von Irthinger, General-Lieutenant,
5. Detlev von der Lith,
6. Ernst Gottlieb von Grutschreiber,
7. Friedrich von Mösting,
8. Bernhard Hartwig von Plessen,
9. Joachim von Barner, Stifts-Amtmann,
10. Ole Borgh da Schouboe,
11. Der Conferenz-Rath von Lövenskiold,
12. Der Conferenz-Rath von Gähler und
13. Der Conferenz-Rath von Bille.

    c) General-Lieutenants:
1. Friedrich Carl von Rieppur, ⎫
2. Woldemar, Gr. v. Schmettau, ⎬ von der Cavallerie.
3. Joh. George von Moltke,   ⎭
4. Peter Rasböll,   ⎫
5. George Friedr. von Krogh, u. ⎬ v. der Infanterie.
6. Ferdin. Wilh. de la Porterie.⎭

    d) General-Majors:
Die Obristen von Montargues, Harboe, Barthold Cuno von Bülow und von Restorff,

storff bey der Infanterie, und Möllerup bey der Cavallerie.

e) Obristen:

Die Obrist-Lieutenants Lewenfeld, Wobersnow, Lerener, Eichstädt, Weitersheim, Ahlefeld, Siebbern, Sievers, und Andersen bey der Cavallerie und der Obrist-Lieutenant Schoot bey der Infanterie.

f) Glieder des Ordens de l'Union par suite:

Die beyden jüngern Prinzen von Hessen-Cassel, die Generalin von Endten und die Cammerherrin von Gersdorff.

Den 14 Mart. a. e. hat an des verstorbenen Feld-Marschalls von Arnold Stelle der General-Lieutenant und Commendant auf Cronenburg, Gustav von Grüner, das Commando en Chef über die Armeen und zugleich die Inspection über die Festungen im Königreich Norwegen bekommen, an dessen statt ist der General der Cavallerie, Samuel Ludwig von Kalkreut, zum Commendanten zu Cronenburg und an dieses Stelle der General der Cavallerie, Heinrich Bielke Kaas zum commandirenden General der Cavallerie bey denen in Holstein cantonnirenden Trouppen ernennet worden.

IV. Am Königl. Preußischen Hofe:

Im Mart. 1759 wurde der General-Major von der Cavallerie und Chef eines Dragoner-Regiments, Dubislav Friedrich von Platen, zum General-Lieutenant der Cavallerie ernennet, der

General-

General-Major der Infanterie aber, Herr von Mitschefal, erhielte in Gnaden die gebetene Dimißion, worauf deſſen Regiment der Obriſte des Blankenſeelſchen Garniſon Regiments, Herr von Sydow, kriegte.

Im April a. c. erhielte der General-Major, Prinz Franz Adolph von Anhalt-Bernburg, das Kahlbeniſche, ſonſt Anhalt-Deſſauiſche, und der General-Major von Lindſtädt das Aſſeburgiſche Infanterie-Regiment, nachdem der General-Major, Herr von Aſſeburg, die geſuchte Erlaſſung ſeiner Dienſte mit einer jährlichen Penſion bekommen. Es wurde auch der Obriſte und Flügel-Adjutant le Grant zum General-Major der Infanterie und der Obriſt des ſelb-Cüraſſier-Regiments, Heinrich Rudolph von Vaſold, zum General-Major der Cavallerie ernennt, auch ihm zugleich das Cüraſſier-Regiment des General-Majors, Carl Philipps, Barons von Schönaich, der die gebetene Erlaſſung ſeiner Dienſte bekommen, gegeben. Es kriegte auch der Obriſte des Malachowskiſchen Huſaren-Regiments, Herr von Gersdorff, das Huſaren-Regiment des General-Majors, Alexanders von Seydliz, der ebenfalls ſeine Dimißion mit einer Penſion erhalten.

Im April kriegten auch die General-Majors von Gablenz und von Stutterheim die Infanterie-Regimenter Alt-Creyz und Bornſtädt, und der General-Major von Spaen das Khaulſche Cavallerie-Regiment.

Es

III. Einige jüngst geschehene

Es wurden auch nicht lange darauf folgende Obrist-Lieutenants zu Obristen der Cavallerie erklärt:

1. von Schwerin,
2. von Woldeck, } bey den Gens d'armes,
3. von Treskow bey den Leib-Carabiniers.
4. von Oppen bey Prinz Heinrich,
5. von Massau bey Marggraf Friedrich,
6. von Sydow bey Spaen,
7. von Varchmin,
8. von Wartenberg, } bey Schlaberndorff,
9. von Franckenberg,
10. Graf von Borck } bey Vasold.
11. von Flantz bey Schmettau,
12. von Arnstädt, und
13. von Maltitz. } bey Bredow.

V. In Holland:

Im Febr. 1759 wurde der Contre-Admiral der Admiralität von der Maas, Johann Jacob Pieterson, von den Staaten von Holland und Westfriesland zum Vice-Admiral von dem Departement der Admiralität von Amsterdam, erhoben.

VI. In Italien:

Den 27 Jan. 1759 wurde die Krönung des neuen Doge zu Genua, Matthäi Franzone *), mit dem gewöhnlichen Gepränge vollzogen. Es wurden

---

*) Nicht Francal, wie Part. 114. p. 530. vorgegeben worden.

wurden zugleich verschiedene Herren dem Genuesischen Adel einverleibt und in das so genannte güldene Buch eingeschrieben. Hierunter befanden sich sonderlich der Abt Ferrari, gevollmächtigter Minister der Republik an dem Hofe zu Wien und die beyden Grafen Lorenz und Johann Franz Christian, Söhne des ohnlängst verstorbenen Groß-Canzlers zu Meyland.

Den 12 Febr. a. e. hielte der neue Patriarche zu Venedig, Johann Bragadino, gewesener Bischof zu Verona, geb. 21 Aug. 1699 seinen solennen Einzug und den 14ten erhub er sich mit öffentlichen Gepränge unter einer zahlreichen Begleitung des Adels nach seiner ordentlichen Residenz in Castello.

VII. Am Hannöverischen Hofe:

Nachdem der Herzog von Sachsen-Gotha sein, im Hannöverischen Solde bisher gestandenes, Infanterie-Regiment an den König von Großbritannien gänzlich überlassen, so hat solches im Febr. 1759 den Eyd der Treue in die Hände des, die Hannöverischen Trouppen commandirenden, Generals von Spörken abgelegt und die Officiers sind mit Patenten von Sr. Königl. Maj. versehen worden. Das Regiment ward den Hannöverischen Infanterie-Regimentern gleich montirt, behielte aber den Namen Sachsen-Gotha. Der Obriste bey demselben heißt von Uechteritz.

VIII. Am Bayreuthischen Hofe:

Der Geheime Rath, Ober-Amtmann zu Pegnitz, und Ritter des rothen Adlers, Philipp Andreas von Ellrod, ward im Jan. 1759 von dem Marggrafen von Bayreuth und Anspach zum Landrichter des Kayserl. Landgerichts zu Nürnberg ernennet.

IX. Am Würtembergischen Hofe:

Der Herzog stiftete den 11 Febr. 1759 als an seinem Geburths-Tage, einen neuen Militair-Orden an seinem Hofe, dem er den Namen von St. Carl beylegte. Er erklärte sich selbst bey demselben zum Großmeister, wobey er verordnete, daß der regierende Herzog allezeit diese Stelle bekleiden, und folglich das Oberhaupt von diesem Orden seyn sollte.

Zu Commandeurs bey diesem Orden wurden ernennet:

1. Der General-Lieutenant von Werneck.
2. Der General-Lieutenant, Graf von Czabelitzki.
3. Der General-Lieutenant von Rothkirch.
4. Der General-Lieutenant von Röder.
5. Der General-Major von Romann.
6. Der General-Major, Graf von Truchseß-Scheer.
7. Der General-Major von Wolf.
8. Der General-Major von Auge.
9. Der Obrist Gorcy de la Martiniere, und

10. Der Obrist von Phull.

Zu Rittern wurden erklärt:
1. Der General-Major von Hundelshausen.
2. Der General-Major von Bock.
3. Der Obrist von Wöllwarth.
4. Der Obrist von Biddenfeld.
5. Der ältere Obrist von Larisch.
6. Der Obrist von Gemmingen.
7. Der Obrist von Holle.
8. Der Obrist von Leger.
9. Der Obrist von Rackenitz.
10. Der jüngere Obrist von Larisch.
11. Der Obrist von Rettenburg.
12. Der Obrist von Stain.
13. Der Obrist von Rommerstädt.
14. Der Obrist von Gablenz.
15. Der Obrist von Reitzenstein.
16. Der Obrist von Schönfeld.
17. Der Obrist von Zylow.
18. Der Obrist von Georgy.
19. Der Obrist von Montolieu.
20. Der Obrist von Linketsdorf.

21. 41. Die Obrist-Lieutenants von Ezdorf, Graf von Witgenstein, von Pleßen, Graf von Königseck, von Rieger, von Schleicher, von Harling, von Stößer, von Götze, von Zorn, von Bülffinger, von Marschall, von Reischach, Graf von Hohenlohe, von Bouwinghausen, von Thumb, von Holle, von Römer, von Lengefeld, von Görlitz, und Graf von Hohenzollern.

42. 56.

42.-56. Die Majors von Herzberg, von Neubrunn, von Altenstein, von Harrach, von Göllnitz, von Barowski, von Haimburg, von Pflug, von Witzleben, von Wöllwarth, von Bode, von Hiller, von Weißenbach, von Pöllnitz und von Lengefeld.

57.-62. Die Capitains von Herrer, von Planitz, von Spitznaß, von Herzberg, von Beust, von Hügel, von Pflug, von Phull, von Cramm, von Wittinghofen, von Lengefeld, von Welling, von Klippgen, von Schenk, von Sternenfelß, und von Nicolai.

Die Officiers des Ordens sind:
1. Der Ordens-Canzler: Der General-Lieutenant von Werneck.
2. Der Ordens-Rath: Der Obrist-Lieutenant von Rieger.
3. Der Ordens-Schatzmeister: Der Capitain Boger.
4. Der Ordens-Secretarius: Der Capitain Kaufmann.
5. Die Ordens-Herolde: Die Herren Bürger und Holland.

An eben diesem Tage empfieng auch der Graf von Montfort den großen Herzoglichen Jagd-Orden und wurde mit dem gewöhnlichen Ceremonien zum Ritter geschlagen. Der aus dem Gothaischen in hiesige Dienste getretene Carl August Otto von Oppel aber *) ward zum geheimen

---

*) Er war zu Gotha geheimer Rath und Canzler. Sein Vater, Siegmund Ehrenfried von Oppel, starb

helmen Rathe und Gouverneur der gefürsteten Grafschaft Mömpelgard, und der zweyte Sohn des Feld-Zeugmeisters, Landgrafens von Fürstenberg, **) zum Hauptmann erklärt, und ihm zugleich eine Compagnie unter dem Prinz Friedrich Wilhelmischen Regimente gegeben.

* *

IV.

Lebens-Beschreibungen der beyden jüngst verstorbenen Cardinäle Guadagni und Doria.

I. Von dem Cardinal Guadagni.

Johann Anton Guadagni stammte aus einem adelichen Florentinischen Geschlechte her, u. wurde den 14 Sept. 1674 gebohren. Sein Vater, Donatus Maria, Marchese Guadagni, war Cammermeister bey der Großherzogin Victoria Delle Rovere, die Mutter aber, Maria Magdalena Corsini, war Clementis XII. leibliche Schwester. Er kam im 16ten Jahre seines Alters nach Rom zu den Jesuiten in das Collegium Romanum, worinnen

---

starb ohngefähr 1757 zu Gotha als Geheimder-Raths- und Cammer-Präsident, wie auch Ober-Steuer-Director.

**) Es ist bißher nur ein Sohn von diesem Landgrafen bekannt gewesen, der Joachim heißt, und den 22 Dec. 1749 gebohren worden.

innen er sich zwey Jahr befand. Der Großherzog Cosmus III. gab ihm ein Canonicat an der Cathedral-Kirche zu Florenz. Er gieng nach Pisa, wo er die Rechte lernte und Doctor wurde, worauf er sich wieder nach Rom erhub, und unter der Aufsicht und dem Patrocinio seines Oncle, Laurentii Corsini, der damals ein ansehnlicher Prälate war, sich in der Rechtsgelehrsamkeit mit großem Fleiße übete. Jedoch weil er große Lust zum Mönchs-Stande kriegte, gieng er nach Florenz zurücke, und begab sich 1700 nach Arezzo, wo er wider seiner Eltern und Angehörigen Willen in den Carmeliter-Orden trat, und von der Zeit an sich P. Johann Anton von Sanct Bernhardo nennte.

Er wurde gar bald Magister Novitiorum bey seinem Orden, und hernach Prior in dem Kloster zu Florenz, worauf er Definitor und endlich Provincial seines Ordens in dieser Provinz wurde. Er sorgte gar sehr vor das Aufnehmen seines Ordens, und stiftete selbst zu Pisa ein neues Carmeliter-Kloster. Benedictus XIII. der ein großer Beförderer derer Ordens-Leute war, ernennte ihn auf Recommendation des Großherzogs, den 20 Dec. 1724 zum Bischof von Arezzo, und weyhete ihn selbst zu Rom in der Carmeliter-Kirche Della Scala darzu ein, nachdem er sich anfangs geweigert, das Bißthum anzunehmen.

Er hielte sich darauf beständig in diesem Bißthum auf, und bildete sich nicht ein, daß er jemals in der Welt höher steigen würde. Alleine da seiner Mutter Bruder, der Cardinal Laurentius Corsini,

sini, den 12 Jul. 1730 unter dem Namen Clementis XII. auf den Päbstl. Stuhl gesetzt wurde, fieng seine Hoffnung auf einmal an, lebendig zu werden, zumal da er hörte, daß sein Vetter, der Marchese Nereus Corsini, noch vor Ausgang dieses Jahrs nicht nur die Cardinals-Würde erhalten, sondern auch an dem Römischen Hofe zu dem höchsten Range und Ansehen gelanget. Es fehlte ihm nicht an guten Vorsprechern bey dem Pabste, die mit ihren Recommendationen desto mehr Gehöre fanden, da der Pabst selbst schon auf die Erhebung seines Hauses bedacht war. Die Würkung davon äusserte sich in Kurzen. Denn da der Pabst den 24 Sept. 1731 eine Cardinals-Promotion vornahm, befand sich auch der P. Johann Anton Di St. Bernhardo unter denen, die damals zu dieser Würde gelangten.

Sobald Herr Altovlti ihm mit einem gnädigen Handschreiben vom Pabste das Biret nach Arezzo überbracht, säumte er sich nicht, von dieser hohen Würde Besiz zu nehmen. Er erhub sich unverzüglich nach Rom, und hielte daselbst den 11. Nov. als ein Päbstl. Nepote seinen öffentlichen Einzug. Er nahm von neuen seinen Geschlechts-Namen Guadagni an, und empfieng den 22 Nov. den Huth, und den 17 Dec. den Priester-Titel St. Martini ab Montes. Es flogen ihm von allen Seiten häufige Geschenke zu. Der Pabst selbst gab ihm eine Anweisung auf 3000 Scudi. Im kurzen sahe man nicht Mönchhaftiges mehr an ihm, weil er im Stande war, sich seiner hohen Würde gemäß aufzuführen.

Man vermeynte anfangs, er würde an den Staats- und Regierungs-Geschäften einigen Antheil bekommen, und dem Cardinal Corsini einen Theil seines großen Ansehens rauben. Alleine es ist nicht erfolgt, weil man ihn hierzu nicht geschickt genung befunden. Er langte also mit seinem Ansehen nicht an diese dreye, nämlich den Corsini, Firrau und Passeri, ob er gleich bey dem Pabste einen nahen Zutritt hatte, auch mit dem Corsini jederzeit in gutem Vernehmen stunde. Jedoch den 28 Febr. 1732. ertheilte ihm der Pabst die ansehnliche Bedienung eines General-Vicarii zu Rom, welche er bis an sein Ende bekleitete, dargegen er das Bißthum zu Arezzo aufgab.

Nicht lange darauf verordnete der Pabst, daß künftig die Päbstl. Nepoten eben die Ehren-Bezeugungen genüßen sollten, die man bisher bloß dem Cardinal-Decano erwiesen, welches zu Vermehrung des Ansehens des Cardinals Guadagni nicht wenig beytrug.

Im Dec. 1733 hatte er die Ehre, im Namen des Pabsts den Grundstein zu der neuen Facade an der Lateranischen Hauptkirche zu legen, welche wegen des vielen Goldes und Marmors, so daran zu sehen, unter die prächtigsten Gebäude zu Rom gezählet wird.

Im Jahr 1735 gab er die Statuta antiqua de officio Camerali Cleri Romani et Iuribus funeralibus ecclesiarum, præsertim parochialium, almæ urbis zu Rom in öffentlichen Druck, hatte auch die Ehre, der sterbenden Prätendentinn im Namen des

Pabsts

Pabsts den letzten Segen zu geben. Im Jahr 1737 erhielte er die Präfectur von der Regular-Disciplin, und 1738 die reiche Abtey Tarsa, dargegen er drey andere Abteyen aufgab.

Den 6 Febr. 1740 starb Clemens XII. worauf er den 18ten mit den andern Cardinälen ins Conclave gienge, nachdem er den Tag vorher dem verstorbenen Pabste das neunte und letzte Seelen-Amt gehalten. Er unterstützte die Corsinische Parthey, konnte aber zur Beförderung der Absichten derselben wenig beytragen. Man sagt, es habe der Cardinal Corsini damals seine Parthey in zwey Haufen getheilet, davon er einen dem Cardinal Guadagni, den andern aber dem Cardinal Sacripante anvertrauet, doch sey keine von den beyden Brigaden mit ihrem Oberhaupte zufrieden gewesen.

Der neue Pabst Benedictus XIV. der den 17 Aug. erwählet wurde, bestätigte ihn zwar in seinen Aemtern, machte aber übrigens wenig aus seinen Qvalitäten. Im Jahr 1750 ward er Bischof zu Frascati, und trat in die Ordnung der Cardinal-Bischöffe, erwieß auch an den Pilgrimmen, die in diesem heil. Jubel-Jahr sehr häufig nach Rom kamen, viele Liebe und Wohlthaten. Im Jan. 1756 folgte er dem Cardinal Deici in dem Vice-Decanat des heil. Collegii, und erhielte in solcher Qvalität das Bißthum zu Porto, dargegen wurde der Cardinal Sacripante in das Bißthum Frascati versetzt, welchen er den 21 Jan. darzu weyhete.

Im Jan. 1758 gieng er zum andernmale ins Conclave, und half den jetztregierenden Pabst Clementem XIII. erwählen. Er wohnte dem Conclavi vom Anfang bis zu Ende bey, und hatte gleich in dem andern Scrutinio das Glücke, soviel Stimmen zu kriegen, daß ihm nur noch zwey an dem erforderten zwey Dritteln fehlten. Allein man merkte bald, daß es nicht der Cardinäle ihr Ernst gewesen, ihn zum Pabst zu erwählen, weil man ihn nachgehends fast gänzlich hintan setzte. Der neue Pabst bestätigte ihn in dem General-Vicariat, und in der Präfectur von der Regular-Disciplin, wurde aber wegen seines hohen Alters sehr baufällig. Er starb endlich den 15 Jan. 1759 im 85sten Jahre seines Alters, und 28sten seiner Cardinals-Würde. Man hat von seinen Qualitäten niemals viel Rühmens gemacht. Er durfte sich daher keine Rechnung auf die Päbstl. Würde machen, zumal weil er ein Ordens-Mann war, welche Gattung von Prälaten selten auf den Römischen Stuhl erhoben wird.

II. Von dem Cardinal Doria.

George Andreas Doria, stammte aus dem alten und sehr vornehmen Genuesischen Geschlechte von Auria oder Doria her, welches in dem Königreiche Neapolis ansehnliche Güter erlangt, und in den Königl. Spanischen Diensten sich vielen Ruhm erworben. Er war ein Sohn Andreä Doria, Marchese von Torriglia, und Enkel des alten Fürstens von Melfi. Seine Mutter, Livia Maria Centurione, brachte ihn den 4 Dec.

4 Dec. 1708 zur Welt. Er war unter drey Brüdern der mittelste. Der älteste ist der heutige Fürst Johann Andreas Doria von Melfi, der jüngste aber Philippus Doria, der die Erbin des Marquisats von Caravaggio zur Gemahlin hat.

Er studierte in dem Collegio Clementino zu Rom und brachte es in den Wissenschaften so weit, daß er 1724 vor dem neuerwählten Pabste Benedicto XIII. eine feyerliche Rede zu seinen Ehren halten konnte, die guten Beyfall fand. Den 9 Sept. 1734 ward er zum Vice-Legaten zu Bologna ernennet, worauf er 1737 das Gouvernement zu Ascoli empfienge, welches er bis 1740 bekleidete.

Der neue Pabst Benedictus XIV. ernennte ihn im Nov. 1740 zum außerordentlichen Nuncio an das Churfürstl. Collegium zu Frankfurt am Mayn, um der vorhabenden Kaiser-Wahl beyzuwohnen. Er nahm vor seiner Abreise die Priester-Weyhe an und ward zum Erz-Bischof von Chalcedonien ernennt, darzu ihn der Pabst den 5 Dec. selbst weyhete. Den 13 Febr. 1741 langte er zu Frankfurt an und blieb bis ins folgende Jahr daselbst. Er besuchte während der Zeit den Churfürsten von Maynz und andere benachbarte Chur- und Fürstl. Höfe und machte mit seinem Gefolge und schönen Equipage überall eine ziemliche Parade. Den 29 Aug. gieng er an den Chur-Bayerischen Hof nach München, wo er sich bis den 20 Sept. aufhielte, da er nach Frankfurt zurücke kehrte; wo indessen der Abt Emaldi die Päbstl. Angelegenheiten besorgt hatte.

Den

Den 21 Oct. langte der Churfürst von Maynz zu Frankfurt an, dem Herr Doria am 8 Nov. Nachmittags die solenne Visite gab, welches er auch den 16 Dec. dem Churfürsten von Cölln that, der den 9ten vorher angelangt war. / Er empfieng den 28 Nov. und 26 Dec. von den beyden Churfürsten die Gegen-Visite. Den 24 Jan. 1742 erfolgte die Wahl des Churfürsts von Bayern, der als Kaiser sich Carolum VII. nennte. Alle fremde Ministri und also auch der Nuncius Doria mußten sich den Tag vorher nach alter Observanz aus der Stadt begeben. Er fand sich aber am Wahltage Abends schon wieder zu Frankfurt ein und bezeugte über die vollzogene Wahl eine große Freude. Er sahe darauf die Krönungs-Solennitäten mit an und blieb in Qualität eines ordentlichen Nuncii an dem Kaiserl. Hofe, der von Frankfurt nicht wegkam, weil die Völker der Königin von Ungarn indessen die Chur-Bayerischen Erblande und Residenz in Besitz genommen hatten. Er kriegte von dem Pabste die Abtey zu St. Stephan zu Lodi, die aber die Regierung zu Meyland in Sequestration nahm, und nicht eher als 1749 wieder frey gab.

Den 9 Sept. 1743 nahm der Pabst eine große Cardinals Promotion vor, wobey Herr Doria die Ehre hatte, nebst 23. andern vornehmen Prälaten den geistl. Purpur zu erhalten. Der Abt Emaldi überbrachte ihm den 23 Nov. das Biret, welches ihm der Kaiser den 19 Dec. zu Frankfurt auffsetzte, nachdem sein Nachfolger Stoppani den 8ten angelangt war. Den 22 Dec. reisete er

unter

unter Lösung der Canonen von Franffurt ab. Er bekam von dem Kaiser bey seinem Abschiede ein mit Diamanten besetztes güldenes Creuz, das auf 66000 Gülden geschätzt wurde, und nahm seinen Rückweg über Genua, wo er den 26 Jan. 1744 anlangte, von dar er sich zu Anfang des Märzes zu Rom einfand. Er hielte den 5ten dieses daselbst seinen öffentlichen Einzug und empfieng kurz darauf den Hut und den 16ten den Priester-Titel St. Laurentii in Pane und Perna. Den 25 Jun. reisete er nach Bologna ab, allwo er den 23 Sept. 1743 zum Legaten ernennet worden. In dieser Legation hat er er sich bis 1754 befunden, während der Zeit er dreymal in solcher bestätiget worden, weil er das unternommene Werk in Ansehung der Wasser und Flüsse in dieser Provinz ausführen sollte.

Im Aug. 1751 gerieth er als Legate zu Bologna mit dem Herzoge von Modena über einen Bolognesischen Edelmann in große Irrung. Es war solcher wegen ausgestoßener schimpflichen Reden verbannet, von dem Herzoge aber in Dienste genommen, darauf aber, als er sein Vaterland wieder betreten, auf das Fort Urbano gesetzet, alsdenn zum zweyten male verbannet, dargegen der Päbstl. Commendante des Forts Urbano zu Modena in Verhaft genommen und unter schärfster Bedrohung, das Modenesische Gebiethe nicht wieder zu betreten, losgelassen worden. Die Sache schien anfangs von schlimmer Folge zu seyn, weil die Bologneser einen Einfall in das Modenesische thaten und einige Dörfer plünderten, dargegen

gegen 1500 Modenesische Land-Miliz ins Bolognesische rückte, die eine Zeitlang auf Discretion lebten. Jedoch die Sache ist bald wieder in der Güte beygelegt worden.

Im Jahr 1754 wurde er durch den Cardinal Serbelloni in seiner Legation abgelöset, worauf er im Dec. über Genua, wo er die Seinigen besuchte, wieder zu Rom anlangte, wo er 1756 den Priester-Titel St. Cäcilia annahm. Er ist seitdem beständig daselbst geblieben, und hat 1758 dem Conclavi beygewohnet, darinnen der itzt regierende Pabst Clemens XIII. erwählt worden. Er war ein sehr geschickter und Staatskluger Prälate, befand sich aber immer schwach und kränklich, wie es auch sein hageres und blasses Gesichte zu erkennen gab. Sein Tod erfolgte den 31 Jan. 1759 zur Nacht nach einer kurzen Krankheit, nachdem er sein Alter nicht viel über 50 Jahr gebracht, die Cardinals-Würde aber 15 Jahr bekleidet hatte.

* *

V.
Die Englische Eroberung der Französischen Insel Guadaloupe in America.

Die Engelländer machen viel Aufhebens von der Eroberung dieser Antillischen Insel, die bisher in Europa eben nicht für so gar beträchtlich gehalten worden. Die Commandeurs Moore und

und Hughes, und die Generals Hopson und Barrington, haben die Ehre, diese Conquete gemacht zu haben. Es war anfangs auf Martinique angesehen. Da sich aber solches nicht bewerkstelligen ließ, kam die Reyhe an Guadaloupe. Man hat von dieser Expedition folgende Beschreibung bekannt gemacht.

Die Escadre des Herrn Hughes, kam nebst den Transport-Schiffen den 4 Jan. 1759 nach einer Reise von 7 Wochen und 2 Tagen zu Barbados an, wo sie bis zum 13 Jan. blieb, um sich mit Holz und frischem Wasser zu versehen, und sich mit der Escadre des Herrn Moore zu vereinigen. Hierauf segelte diese vereinigte Flotte, worüber Herr Moore das Commando übernahm, innerhalb 2 Tagen in den Meerbusen von Martinique und kam vor dem Fort Royal an. Die Englischen Trouppen waren nur 4000 Mann stark; denn es waren auf 1500 Kranke zu Barbados zurücke geblieben. Die Franzosen, welche einen Angriff gar wohl vermuthet, hatten an allen Orten, wo sie glaubten, daß einige Boote landen könnten, Batterien aufgeworfen und sie mit Canonen bepflanzt, die aber gegen unsere Schiffe von der Linie nichts ausrichten konnten. Zwey dieser Schiffe wurden von dem Herrn Moore nach Negroe-Point geschickt, wo sie die Franzosen gar bald von ihren Batterien vertrieben. Hierauf wurden die Englischen Trouppen ans Land gesetzt. Als aber der General Hopson nach einer genauen Untersuchung aller Umstände befunden, daß nicht nur die Landung auf die übrigen Posten eine unmögliche

mögliche Sache sey; weil wegen des aller Orten gar zu hohen Ufers und des widrigen Windes die Trouppen dem feindlichen Feuer gar zu lange ausgesetzt seyn würden; sondern auch, daß wegen der vielen Berge, Gewässer und Hohlwege die schwere Artillerie nicht wohl nach dem Fort Royal fortzubringen wäre; zu geschweigen, daß die Englischen Grenadiers und einige Bataillons durch die überlegene Macht der Feinde gezwungen worden, von einer bereits zweymal eingenommenen Höhe wieder abzuziehen, bey welcher Gelegenheit, wie auch durch die verborgenen Schüsse, welche die bis auf die Zähne verschanzten Franzosen aus den Holzungen und zwar theils mit Nägeln, altem Eisen und dergleichen auf die Engelländer thaten, diese einen Verlust von 80 Mann an Todten und Verwundeten bekamen; so hielte gedachter General für rathsam, die Trouppen wieder einzuschiffen. St Pierre, welches etwan 5 Meilen von dem Fort Royal liegt, war der nächste Ort, da sie hinschifften. Die Stadt scheinet zwar volkreicher zu seyn, als das Fort Royal; aber ihre Forts sind schwächer, und also hätten wir dieselbe leicht überwältigen können, wenn es uns um eine Belagerung zu thun gewesen wäre, die wir vielleicht in der Folge nicht anders als mit vieler Schwierigkeit und doch mit wenigem Nutzen würden behauptet haben.

Man ließ also St. Pierre fahren und seegelte nach Guadaloupe, wo wir den 22 Jan. auf der Höhe der Hauptstadt Baßeterre anlangten und die ganze Nacht in der Bay lavirten. Den 23sten frühe

Frühe recognoscirte der Ober-Ingenieur das Fort und hernach wurde der Flotte das Zeichen zum Angriffe gegeben, welchen 7 Kriegs-Schiffe von verschiedenen Seiten theils auf die Forts, theils auf die Citadelle mit der größten Hitze thaten. Nach 3 Stunden wurden alle Forts zum Stillschweigen gebracht und in der Nacht verließ der Französische Gouverneur mit seinen Leuten die Stadt und Citadelle, nachdem er alle Canonen vorher vernageln lassen. Er hat sich in die Geburge retiriret, wohin wir wegen der Waldungen nicht kommen können. Immittelst haben sich viele seiner Leute freywillig wieder eingestellt und sich ergeben; und es ist zu vermuthen, daß die übrigen solchem Exempel bald folgen werden, indem sie sich auf den Gebürgen wohl nicht lange halten können und sie von dem General Hopson bedrohet worden, daß sie, wenn sie sich nicht in der, von ihm vorgeschriebenen, Zeit ergeben würden, alsdenn kein Quartier zu hoffen hätten. Unser Verlust bey dieser Eroberung ist sehr geringe. Das Schiff St. George hat 15 Todte und 30 Verwundete. Die übrigen Schiffe haben nach Proportion nur etwas gelitten, und bey dem Schiffe Burford von 70 Canonen haben wir gar keinen Todten und Verwundeten bekommen. Die Rum- und Zucker-Magazine in der Stadt sind durch die hineingeworfenen Bomben im Rauch aufgegangen. Den folgenden Tag hatten die Engelländer weiter nichts zu thun, als von der Stadt Baßeterre geruhigen Besitz zu nehmen.

Uebrigens ist Guadaloupe ohngefähr 70 Englische oder 18 Deutsche Meilen lang und 50 Englische oder 13 Deutsche Meilen breit. Diese Insel ist zwar nicht so groß und feste, wie Martinique; man hält sie aber für noch fruchtbarer, und sie bringt bloß an Zucker jährlich über 50000 Pf. Sterl. hervor, ohne die viele Baumwolle, Indigo und andere einträgliche Waaren zu rechnen ꝛc. Sie bestehet aus drey Theilen, Baßeterre, Grandeterre und Capesterre, von welchen der letztere Theil für den fruchtbarsten gehalten wird, weil er durch häufige Bäche und Flüsse bewässert wird.

Es kam aber nicht gleich die ganze Insel in der Engelländer Hände, weil der Französische Gouverneur sich mit seinen Trouppen in die Gebürge gezogen hatte und entschlossen war, sich aufs äußerste zu wehren. Jedoch es währte nicht lange, so gieng ein District und Platz nach dem andern verlohren, bis endlich den 1 May 1759 durch eine General-Capitulation ganz Guadaloupe den Engelländern zu Theile wurde. Den 7 May erhielte man hiervon zu London folgende Nachricht:

Der Commandeur Moore detaschirte in der Mitte des Februarii einige Kriegs-Schiffe und Trouppen, welche sich von Port Louis und den benachbarten Plätzen Meister machten. Da der General Hopson den 27 Febr. an einem Blutflusse starb, übernahm der General Barrington das Commando der Trouppen. Dieser nahm nebst dem Herrn Moore, nachdem sie eine starke

Beſatzung zu Port-Royal gelaſſen, den 6 Mart. Grande-Terre ein und ließen die Fortificationen von Fort-louis ausbeſſern. Solchergeſtalt waren die Engelländer von allen Plätzen an den Küſten der Inſel Meiſter; die Franzöſiſche Trouppen und die Einwohner aber hielten ſich noch in den Wäldern und auf den Gebürgen auf:

Man erhielte nachgehens noch folgende Nachricht von Guadaloupe:

Zu Baßeterre liegt eine Engliſche Beſatzung von 600 und zu Fort louis in Grandeterre eine von 1000 Mann; die übrigen Trouppen hat Herr Moore mit ſich genommen, daß ſie als See-Soldaten auf den Kriegs-Schiffen fechten ſollen. Alle Häuſer um die Stadt Baßeterre ſind von den diſſeitiſchen Trouppen gänzlich zerſtöret. Auch haben die Engliſchen Capers die Inſel Guadaloupe bisher, ſo viel ihnen möglich geweſen, geplündert und ſonderlich viel Vieh, Sclaven, Coffee und andere Waaren hinweg genommen. Es giebt auch Franzöſiſche Amazonen in America. Eine Dame vertheidigte mit ihren Leuten bey dem Angriff des Fort louis 10 Tage lang ein Retranchement aufs hartnäckigſte; endlich mußte ſie ſich mit der Flucht retten; 30 andere Damen aber wurden nebſt 70 Indianern bey ſolcher Gelegenheit zu Gefangenen gemacht. Die Engelländer ſchickten den Franzoſen ihre Frauenzimmer unverſehrt wieder zurücke. Die Franzoſen hatten eine Mine angelegt, durch deren Sprengung ſie die ganze

Englische Armee hätten zu schanden richten können. Alleine ein Italiäner entdeckte den Engelländern die, ihnen bevorstehende, Gefahr und schnitte die Mine ab. Daß man sich vor dem Fort Louis in Grandeterre nicht lange hat aufhalten dürfen, daran ist eine Englische Bombe schuld, welche das Pulver-Magazin daselbst in Brand gesetzt hat. Herr Moore und der General Barrington haben allenthalben Manifeste anschlagen und ausstreuen lassen, darinnen sie den Einwohnern der Insel und allen Indianischen Sclaven ihre Freyheit versprochen, woferne sie sich innerhalb 12 Tagen gutwillig ergeben würden; außerdem aber würde man mit Gewalt gegen sie verfahren. Auf Guadaloupe wären nicht über 1000 weiße Leute. Die rothe Ruhr, an welcher auch der commandirende Englische General gestorben, hätte ziemlich wieder nachgelassen ic.

Den 13 Jun. 1759 langten der Obrist Clavering und der Capitain Leslie zu London an, welche von dem General Barrington und dem Commandeur John Moore abgeschickt worden, dem Hofe die wichtige Nachricht von der völligen Einnahme der Insel Guadaloupe zu überbringen. Man hat hierauf bekannt gemacht, daß von Anfang des Märzes bis zum 1 May die Englischen Trouppen unter den Obristen Clavering und Crump zur Attaque der Plätze, Forts und zahlreichen Retranschements und Fortificationen gebraucht worden und der General Barrington rühmet das Verhalten dieser Officiers gar sehr. Den 1 May wurden

wurden die Capitulationes unterschrieben, die zwischen dem General Barrington und Commandeur Moore eines Theils und dem Französischen Gouverneur von Guadaloupe, Herrn Dutreil, andern Theils, ingleichen zwischen den obgedachten Englischen Herren und denen Einwohnern von Guadaloupe geschlossen worden. Kraft solcher hat man dem Gouverneur und seinen Trouppen nebst denen Einwohnern von Martinique, Marigalante und Dominico, die der Insel zu Hülfe gekommen, mit allen militarischen Ehren den Abzug verwilliget und sie nach Martinique gebracht, den Einwohnern aber den völligen Genuß ihrer Freyheiten, Haabschaft und Religion zugestanden.

Es wurde zugleich berichtet, daß eine Stunde nach Unterzeichnung dieser Capitulationen in dem Französischen Lager ein Expresser mit der Nachricht angelangt sey, daß ein Succurs von 600 Mann regulirten Trouppen und 2000 Boucaniers oder Einwohner der Antillischen Inseln mit Gewehr für 2000 Mann, Artillerie und Munition unter dem Herrn von Beauharnois und unter der Bedeckung der Escadre des Herrn von Bompart zu St. Anna ans Land gesetzt worden. Weil aber die Capitulation geschlossen gewesen, sey dieser Succurs wieder zu Schiffe gegangen. Als Herr Moore den 2 May vernommen, daß der Herr von Bompart sich mit seiner Escadre bey Marigalante befände, sey er unter Seegel gegangen, um ihn anzugreifen. Er habe ihn auch endlich

endlich nach 5 Tagen bey Port-Royal angetroffen; es sey aber nicht möglich gewesen, ihm beyzukommen. Seine Escadre habe aus 9 Schiffen von der Linie und 3 Fregatten bestanden.

Der General Barrington will mit seiner kleinen Armee seit der Landung auf dieser Insel keinen größern Verlust gehabt haben, als daß 11 Mann erschossen und 21 verwundet worden, 22 aber an Krankheiten gestorben wären. Er nennet es in seinem Schreiben an den Herrn Pitt ein Werk, davon man nicht glauben sollte, daß es durch ein so kleines Corps, und mit so wenig Verluste vollführet werden können, zumal da dieses Corps von der Englischen Flotte gar nicht habe unterstützt werden können. Er setzt hinzu: „Ich „glaube, daß der Vortheil und Werth von Gua„daloupe in Engelland nicht bekannt genug sey, „indem, wie man mich versichert, hier mehr Zu„cker wächset, als in allen Lewards-Inseln zusam„men, ohne die große Menge Baumwolle und „Coffe zu rechnen." Nichts destoweniger hat man zu London zu jedermanns Verwunderung nicht die geringsten Freudens-Bezeugungen wegen der Eroberung von Guadaloupe angestellt.

VI.

VI.
Leben und Thaten des in Böhmen gebliebenen Preußischen Generals von Manstein *).

Christoph Herrmann v. Manstein stammte aus einem alten Preußischen Geschlechte her und hatte Ernst Sebastian von Manstein, Rußisch-Kaiserl. General-Lieutenant und Commendanten zu Reval zum Vater. Seine Mutter Dorothea, eine gebohrne von Ditmar, brachte ihn den 1 Sept. 1711 zu Petersburg zur Welt. Er war seines Vaters einziger Sohn, daher er mit besonderer Sorgfalt erzogen wurde. Er hatte in seiner Jugend Haus-Lehrer, mußte aber seinen Vater auf seinen Feldzügen in der Ukraine begleiten, bis derselbe das Gouvernement zu Narva erhielte, da er bis in sein 13tes Jahr in die dasige Stadt-Schule gienge. Der Preußische General-Major von Kalsow that zu der Zeit als Hauptmann eine Reise nach Petersburg, da er denn bey

seiner

---

*) Wir legen hierbey die Nachricht zum Grunde, die Herr D. Pauli von diesem Generale dem dritten Theile seiner Lebens-Geschichte der großen Helden p. 73. sqq. einverleibet hat. Er darf mit dem Preußischen Obristen von Manstein nicht verwechselt werden, der bey Prag 1757 geblieben, von dem wir in unsern neuen Nachr. T. IX. p. 857. gehandelt haben.

VI. Leben und Thaten

seiner Durchreise durch Narva den jungen Herrn von Manstein kennen lernte. Er beredete den Vater, daß er seinen Sohn den Preußischen Diensten überließ, worauf er ihn mit sich nach Berlin nahm.

Allhier kam er unter die Königl. Cadets, bey welchen er sich drey Jahr befand. Im Jahr 1716 ward er Fahnjunker und 1719 wirklicher Fähndrich bey dem Marggräflich Carlischen Regimente. Er wurde hierauf durch ganz Deutschland und nach Italien auf Werbungen geschickt, womit er bis 1736 zubrachte. Er erhielte alsdenn Urlaub, seine Aeltern zu besuchen, die sich damals zu Reval befanden, wo der Vater indessen Gouverneur geworden. Sie wünschten ihn bey sich zu behalten und sonnen auf Mittel, ihn von den Preußischen Diensten los zu machen. Er hatte aber keine Lust, den Vorschlägen, die sie thaten, Gehöre zu geben, und in Russische Dienste zu treten. Das einzige, worzu er sich bewegen ließ, war, daß er eine Reise nach Petersburg that, um allda seiner Mutter Bruder, den Geheimen Rath und damaligen Schwedischen Gesandten am Russischen Hofe, Herrn von Ditmar, zu besuchen.

Dieser Minister that an ihn eben den Antrag, welchen sein Vater gethan, und suchte ihn zu bewegen, die Preußischen Dienste zu verlassen. In dieser Absicht stellte er ihn der damals regierenden Kaiserin Anna vor, die ihm ihre Dienste anbot. Er mußte sich mit nichts anders, als dem Mangel seines Abschieds, zu entschuldigen, welche Ausflucht

flucht bald zu heben war, da die Kaiserin selbst über sich nahm, ihm den Abschied auszuwürken. Auf solche Weise kam er in Russische Dienste und ward als Grenadier-Capitain bey dem Petersburgischen Regimente vorgestellt.

Die Russische Armee stund damals gegen die Türken und Tartarn im Felde. Der Graf von Münnich, der solche commandirte, war gleich vor die Festung Azow am schwarzen Meere gerückt, als der Herr von Manstein zur Armee kam. Der Graf überließ aber bald hernach die Fortsetzung der Belagerung dem General Lascy, und gieng nach der Crimm, dem Tartar-Chan in seinem Lande mit Feuer und Schwerdt heimzusuchen. Manstein begleitete ihn auf diesem Feldzuge und half den 20 Jun. 1736 die Linien und Verschanzungen bey Perecop erobern. Er that den Angriff auf einen, mit 160 Janitscharen besetzten, Thurm und bemächtigte sich desselben mit 60 Grenadiers, kriegte aber an der Hand zwey schwere Wunden, daran er sich so verblutete, daß man ihn für tod wegtragen mußte.

Er wurde aber bald wieder glücklich geheilt und zum Second-Major gemacht, worauf er der Armee an den Dnieper gegen die Ukrainische Grenze folgte, wo sie die Winter-Quartiere bezog. Im Jahr 1737 wohnte er dem Feldzuge in der Türkey und besonders der Belagerung von Oczakow bey, welche Festung am Ausflusse des Bog liegt. Er kriegte bey Eroberung dieses Platzes

eine

eine leichte Wunde am Fuß, wurde aber zum Premier-Major erklärt. Der Feldzug des 1738sten Jahrs wurde am Dnieper eröffnet, welchem der Herr von Manstein abermals beywohnte. Man gieng über große Flüsse, und schlug sich täglich mit dem Feinde herum. Er hatte an allen Operationen Antheil. Der Graf von Münnich führte nach geendigten Feldzuge die Armee wieder in die Winter-Quartiere nach der Ukraine.

Im Jahr 1739 begleitete er diesen General abermals ins Feld. Der Marsch gieng über den Dnieper durch Pohlen nach der Moldau. Den 28 Aug. griff man die Türken in ihrem dreyfach verschanzten Lager an und erfochte bey Stabutscham unweit Choczim einen herrlichen Sieg, an welchem der Herr von Manstein vielen Antheil hatte. Er war unter denen, die nach der Schlacht auf Choczim selbst losgehen sollten. Alleine der Platz ergab sich den 30 August ohne Schwerdt-Streich und die Besatzung wurde zu Kriegs-Gefangenen gemacht. Man schickte solche mit den erbeuteten Siegs-Zeichen unter dem General Gustav von Biron nach Petersburg. Manstein befand sich bis in die Ukraine bey der Escorte und gedachte sich bald wieder bey der Armee einzufinden. Alleine es kam noch in diesem Jahre zum Frieden, daher er sich nach Petersburg begab, wo er zu Ende des Jahrs anlangte und zum Obrist-Lieutenant und General-Adjutanten des Grafens von Münnich erklärt wurde.

Im

des Generals von Manstein.   1021

Im Jahr 1740 starb die Kayserinn Anna, worauf der Enkel ihrer Schwester, Ivan, ein Kind von 3 Monathen, Kraft des Kayserl. Testaments, auf den Thron gesetzt, und mit Uebergehung seiner Hochfürstl. Eltern, der damalige Herzog von Curland, Ernst Johann von Biron, zum Ober-Vormunde und Regenten des Reichs bestellt wurde. Alleine die Herrlichkeit dieses Favoritens der verstorbenen Kayserinn dauerte gar kurze Zeit. Es fiel der Mutter des jungen Kaysers unerträglich, sich demselben nachgesetzt zu sehen. Sie ließ ihn daher unvermuthet gefangen nehmen, und nach Siberien verweisen, sie selbst aber nahm unter dem Titel einer Großfürstinn sich der Regierung und Vormundschaft an. Der Obrist-Lieutenant von Manstein war das Werkzeug, durch welches der obgedachte Herzog um seine Freyheit kam. Weil die Umstände von dieser Begebenheit *) niemals vollständig der Welt bekannt gemacht worden, wollen wir sie anführen. **)

Der Herr von Manstein erhielte von dem Grafen von Münnich unvermuthet den Befehl, den 19 Nov. 1740 frühe um 2 Uhr bey ihm zu erscheinen. Sobald er angekommen, gieng er mit demselben nach dem Kayserl. Winter-Pallaste, welchen nach dem Tode der Kayserinn Anna, der junge Kayser mit seinen Eltern bewohnte. Beyde traten in der Großfürstinn Zimmer, wo diese
Prinzes-

---
*) Siehe die alten Geneal. Histor. Nachr. T. II. p. 1002. sq.
**) Es geschicht meistens mit den Worten des Herrn D. Pauli, c. l. p. 83. sq.

Prinzeßinn sich mit dem Feldmarschall eine Zeitlang unterredete. Man rief alsdenn die Officiers von der Schloß-Wache herbey. Die Großfürstinn redete sie selbst an, und stellte ihnen die Bewegungs-Gründe vor, welche sie nöthigte, den Herzog von Curland arretiren zu lassen. Die Officiers unterwarfen sich ihrem Willen, worauf sie die Wache ins Gewehr stelltes, mit dem Befehl, solches scharf zu laden. Ein Officier mit 40 Mann wurde bey der Fahne gelassen, 80 Mann aber begleiteten den Grafen von Münnich und den Herrn von Manstein nach dem Kayserl. Sommer-Palaste, welchen der Herzog von Curland, als Regente des Reichs, bewohnte.

Zweyhundert Schritte davon ward Halte gemacht, da denn Manstein befehliget wurde, den Officiers der dortigen Wache den Willen der Prinzeßinn zu hinterbringen, deren Befehlen sie willig nachzukommen sich erklärten. Die Haupt-Sache ward alsdenn dem Herrn von Manstein aufgetragen. Er nahm einen Officier mit 20 Mann mit sich, und hatte Ordre, den Herzog gefangen zu nehmen, oder bey dem geringsten Widerstande nieder zu machen. Er nahm seinen Weg durch den Garten, und ließ sein Gefolge zu Vermeidung alles Lerms von weiten nachgehen. Alle Schildwachen ließen ihn durch, weil er jedem bekant war, und sie in den Gedanken stunden, er werde in sehr wichtigen Angelegenheiten zum Regenten geschickt. Endlich kam er in die Zimmer des Herzogs. Das eigentliche Schlafgemach desselben war ihm unbekannt, doch wollte er sich, aus Besorgniß er möchte vor

vor der Zeit verrathen werden, nicht gerne bey des sen Bedienten im Vorzimmer darnach erkundigen. Er gieng also auf gut Glück noch durch zwey Zimmer bis zu einer zugemachten Thüre, die zwey Flügel hatte.

Die Bedienten hatten aus Nachläßigkeit die Riegel derselben weder oben noch unten zugeschoben, daher es ihm leichte war, die Thüre aufzusprengen. Er kam durch solche würklich in das Herzogliche Schlafzimmer, worinnen er den Herzog mit seiner Gemahlinn im tiefsten Schlafe antraf. Als er sich dem Bette genähert und nach dem Regenten gefraget, fuhr er so, wie die Herzoginn, auf. Beyde fiengen hefrig an zu schreyen, Der Herzog sprang, indem der Herr von Manstein sich auf der andern Seite befand, zum Bette heraus. Jedoch Manstein eilte um das Bette herum, warf sich auf den Herzog, und hielte ihn so lange feste, bis seine Mannschaft herbey kam. Der Herzog suchte sich zwar mit Gewalt aus den Händen der Soldaten zu retten, war aber zu schwach. Er wurde zu Boden geworfen, ihm ein Schnupftuch in den Mund gesteckt, und die Hände mit einer Officiers-leib-Binde gebunden. So nackend wurde er vor die Wachstube getragen, wo man ihm einen Soldaten-Mantel umwarf, und in dem Wagen des Grafens von Münnich, nach dem Kayserl. Winter-Pallaste führte. Die Wuth des gemeinen Mannes gegen den Regenten war so groß, daß es der Herr von Manstein kaum verhindern konnte, daß er nicht in Stücken zerrissen wurde.

Unterdessen war die Herzoginn im Hembde aus dem Bette gesprungen, und ihrem Gemahl bis auf die Straße nachgelaufen. Ein Soldate nahm sie daselbst auf den Arm, und ob ihm gleich der Herr von Manstein befahl, sie nach ihrem Zimmer zu bringen, warf er sie doch in Schnee, auf welchem sie der wachhabende Hauptmann antraf, der sie in ihr Zimmer bringen ließ.

Sobald man sich der Haupt-Person durch die Geschicklichkeit des Herrn von Manstein versichert hatte, erhielte er Befehl, des Herzogs jüngsten Bruder, den General Gustav Biron, Obrist-Lieutenant der Ismallowischen Garde, gleichfalls in Verhaft zu nehmen. Es war dieses ein sehr betrübter Auftrag vor ihn, weil sich dieser Herr jederzeit gegen ihn als einen wahren Freund erwiesen. Alleine hier gieng der Befehl seiner Obern der Pflicht der Freundschaft vor. Es war jetzt auch keine Zeit übrig, einen andern in Vorschlag zu bringen. Er unterzog sich also dieses Geschäfts mit beklemmter Brust, jedoch mit aller Gegenwart des Geistes, die allerdings nöthig war, weil Gustav Biron nicht nur von seinem Regimente zärtlich geliebet wurde, sondern er auch eine Wache von 12 Mann und einem Sergeanten in seinem Quartier hatte. Als er sich derselben näherte, wollte sie sich widersetzen. Man bemächtigte sich aber derselben, und drohete, sie bey dem geringsten Lerm nieder zustoßen.

Manstein gieng hierauf in das Schlaf-Zimmer seines Freundes, weckte ihn auf, und zog ihn mit dem Vorgeben, ihm eine Sache von äußerster Wich-

Wichtigkeit zu entdecken, ans Fenster. Er kündigte ihm allhier die Gefangenschaft an. Der unerwartete Antrag machte, daß Biron das Fenster öffnen und um Hülfe rufen wollte. Aber sein Freund brachte ihn bald zu mehrerer Fassung, da er ihm vorstellte, wie alle Gegen-Bemühungen vergeblich seyn würden, da der Herzog bereits in sicherer Verwahrung wäre. Zu gleicher Zeit traten die Soldaten aus dem Neben-Zimmer herein, die ihn nöthigten, auf einen Schlitten zu steigen, und sich in den Winter-Pallast führen zu lassen.

Diese vorsichtige und glückliche Ausführung der ihm aufgetragene Ordre bewog die Groß-Fürstinn, ihm nicht nur zum Obristen zu erklären, sondern ihm auch das schöne Astracanische Regiment zu geben, auch einige ansehnliche Güter in Ingermanland zu schenken. Er kriegte bald neue Gelegenheit, sich um den Rußischen Hof verdient zu machen. Denn die Cron Schweden fieng im Aug. 1741 mit Rußland Krieg an. Es kam in Finnland zu einem blutigen Feldzuge, welchem der Herr von Manstein als Obrister beywohnte. In der Schlacht bey Willmanstrand, die den 3 Sept. geschahe, fochte er gegen des Feindes linken Flügel, den er mit seiner Brigade, durch eine glückliche Wendung, bis Willmanstrand zurücke triebe, welchen Ort er zugleich in der ersten Hitze mit Sturm eroberte, aber dabey einen Schuß in die Lende bekam. Er mußte sich nach Petersburg bringen lassen, wo er geheilet wurde, worauf er wieder zur Armee in Finnland gienge, und dem Feldzug vollends beywohnte, alsdenn aber mit

seinem

seinem Regimente sein Winter-Quartier zu Petersburg kriegte.

Allein die große Revolution, die den 6 Dec.
1741 zu Petersburg vorgieng, hemmte auf einmal
alle sein ferneres Glücke in Rußischen Diensten.
Die Prinzeßinn Elisabeth stieß ihren Vetter, den
kleinen Kayser Ivan, vom Throne, und setzte sich
selbst auf denselben. Zu gleicher Zeit wurde die
Großfürstinn mit ihrem Gemahl, und die bisherigen größten Ministri, Grafen von Münnich,
Ostermann, Golowkin und Löwenwalde, nebst andern in Verhaft genommen, und insgesammt an
weit entlegene Oerter verbannet. Diese Ungnade
betraf auch den Obristen von Manstein. Seine
Aufführung ward untersucht, und ob man ihm
gleich keines Verbrechens überführen konnte, wurde er doch seines Regiments und seiner Güter be-
raubet, und ihm dargegen in der Vestung St. Anna, unweit Azow das dasige Garnison-Regiment
anvertrauet.

Er sahe dieses für eine Art der Verbannung
an. Ehe er dahin abgieng, erhielte er durch seine
guten Freunde auf drey Monathe Urlaub, seinen
alten Vater zu besuchen, der ihn so sehr angelegen
hatte, in die Rußischen Dienste zu treten. Hier
wollte er eine, ihm günstigere Veränderung abwar-
ten. Er hielte daher bey Hofe an, ihn entweder
im Felde zu gebrauchen, oder ihm seinen Abschied
zu geben. Er reisete deshalben selbst nach Petersburg. Allein der damals vielgeltende Graf
von Bestuchew war sein Feind, weil er über der
Ausrichtung der Befehle von der Großfürstinn, einen

nen Haß auf ihn geworfen hatte. Er konnte daher nichts weiter erhalten, als daß er im Oct. 1742 das zweyte Moscaulsche Regiment kriegte, mit welchem er 1743 auf die Russische Galeeren-Flotte zu Cronstadt eingeschifft wurde, um auf solcher wider die Schweden zu dienen. Die Schweden waren überall unglücklich. Die Russen drungen zu Lande bis in Bothnien ein, nachdem sie ganz Finnland erobert hatten, und zur See kam es den 30 May zwischen beyden Flotten zu einem Treffen, das für Schweden üble Folgen gehabt haben würde, wenn es nicht bald darauf zum Frieden gekommen wäre, der den 27 Jun. zu Abo unterzeichnet wurde. Der Obrist von Manstein kam darauf mit seinem Regimente in Hefland zu stehen, und kriegte zu Weißenstein sein Stand-Quartier.

Er hatte einen ungezogenen Officier bey seinem Regimente, den er durch Schärfe zu bessern suchte, da die Güte nichts helfen wollte. Dieser verleumdete ihn aus Rachgier, und beschuldigte ihn einer Verrätherey. Das Angeben fand Gehör. Er ward in Verhaft genommen, und nach Dörpt zur Generalität gebracht, wo man ihn verhörte. Der Ankläger kam mit dem Beweise nicht fort, und mußte endlich selbst gestehen, daß er es aus Rachgier gethan. Hierdurch kam zwar Manstein wieder auf freyen Fuß, aber er wollte durchaus nicht länger in Russischen Diensten bleiben. Er hielte beweglich um seinen Abschied an, aber ohne Würkung. Jedoch da die Kayserinn aus besondern dero Gnaden, einem großem Theile der Armee auf ein halbes Jahr Urlaub gab, bediente sich dessen der Obriste. Er gieng mit seiner Familie den 1 Sept. 1744 zu Reval zu Schiffe, und wurde durch einen Sturm auf die Insel Gothland verschlagen, kam aber noch endlich den 1 Oct. glücklich zu Lübeck an, von dar er nach Berlin gieng, wo er sich bey dem Rußischen Gesandten, Grafen von Czernichew, meldete, und mit den nachdrücklichsten, und beweglichsten Vorstellungen um seinen Abschied anhielte, der ihm aber stets zu Petersburg verweigert wurde. Immittelst wohnte er als Volontair dem Preußischen Feldzuge in Böhmen bey.

Er blieb feste entschlossen, nicht wieder nach Rußland zurücke zu kehren, es mochte kommen, wie es wollte. Der Rußische Hof brauchte Versprechungen und Drohungen, ihn zur Rückkehr zu bewegen. Aber da dieses alles nichts helfen wollte, wurde sein alter Vater auf seinen Gütern in Liefland arretirt, und als ein Gefangener nach Petersburg gebracht, wo er einen scharfen Brief an den Sohn schreiben mußte, der aber keine Wirkung that. Es mußte derselbe ein ganzes Jahr zu Petersburg sitzen, ehe er wieder nach seinen Gütern abgehen durfte, auf welchen er endlich den 16 Oct. 1747 gestorben ist.

Der Obrist von Manstein wohnte indessen als Königl. Preußischer General-Adjutant, darzu er den 15 May 1745 ernennet worden, dem Feldzuge in in Schlesien und nachgehends auch in Sachsen bey. Er commandirte in dem erstern Lande einen Trupp Grenadiers, mit welchem er den Obristen Franquini zum Weichen brachte, wobey der feindliche Parthengänger Desoffy getödtet wurde; in dem letztern aber befand er sich bey dem Einfall in die Oberlausitz, in der Action bey Hennersdorf, und kriegte das Commando zu Zittau, nachdem er die Oesterreicher bis nach Gabel verfolgen helfen. Es kam aber noch vor Ende des Jahrs zu Dreßden zum Frieden, worauf er dem Könige nach seinen Staaten folgte, und sich seit der Zeit meistens zu Potsdam aufhielte.

Weil er nicht müßig seyn konnte, beschrieb er hier seine Reisen und Feldzüge, theils in deutscher theils in französischer Sprache, mit einer angenehmen und aufgeweckten Schreibart, machte auch Auszüge aus dem Polybio. Hierbey ließ er sich die Erziehung seiner Kinder, die er nebst seiner Gemahlinn sehr zärtlich liebte, angelegen seyn, und unterrichtete sie zum Theil selbst.

Im Jahr 1748 mußte er die Königl. Prinzen Heinrich und Ferdinand nach Bayreuth begleiten, als sich der Herzog Carl von Würtemberg den 26 Sept. daselbst mit der Bayreuthischen Prinzeßinn vermählte. Er hatte auch die Aufwartung, als sich der Herzog von Braunschweig, und der Marggraf von Bayreuth zu Berlin befanden, die beyde ihn reichlich beschenkten. Er nahm dabey den Dienst des Königs so getreulich in Acht, daß er er den 12 Sept. 1754 General-Major der Infanterie wurde.

In dieser Qualität begleitete er den König 1756 nach Sachsen und kam bey Dreßden zu stehen. Den 8 Sept. mußte er mit der Avant-Garde unter dem Herzoge Ferdinand von Braunschweig nach Böhmen aufbrechen, da er denn mit 2 Bataillons und 300 Husaren befehliget wurde, das Schloß zu Tetschen anzugreifen, welches er den 23 Sept. glücklich zur Uebergabe zwang und die Besatzung zu Kriegs-Gefangenen machte. Er mußte darauf den Verhau zwischen der Böhmischen und Sächsischen Gränze veranstalten und mit einem Detaschement nach dem Schlosse Dur abgehen, um in der dasigen Gegend Contributiones einzutreiben. Als hernach das Sächsische Lager bey Pirna zur Uebergabe gebracht wurde, kriegte er das bisherige Minkwitzische Regiment, welches völlig auf Preußischen Fuß gesetzt wurde. Er kriegte mit denselben sein Winter-Quartier zu Dippoldswalde.

Bey Eröffnung des Feldzugs 1757 geschahe der Einbruch in Böhmen. Er mußte mit einem kleinen Corpo über die Böhmischen Gränzen nach Neustadt vorrücken, um den Feind in Ungewißheit zu setzen, auf welcher Seite der König eigentlich in Böhmen eindringen würde. Er vereinigte sich darauf mit der Avant-Garde der Königl. Armee, die der Herzog Ferdinand commandirte, und mußte zu verschiedenen malen die Feinde, die auf den Gebürgen den Marsch der Armee beunruhigten,

ten, vertreiben, auch den General-Major von Kleist mit 8 Bataillons unterstützen, als das Schloß zu Tetschen zum andern male erobert werden sollte. Jedoch der Commendante ergab sich, ehe man rechten Ernst brauchte. Den 5 May langte er mit seinen Trouppen in dem Lager vor Prag an. Er war mit unter den Trouppen, durch die der König den folgenden Tag die Armee des Feld-Marschalls von Schwerin auf der andern Seite der Mulbau verstärkte und führte bey dem Uebergange über den Strom die Avant-Garde mit 4 Bataillons Grenadiers, die er in der darauf angehenden Schlacht auf den rechten Flügel commandirte. Er wagte sich in das schärfste Feuer und verlohr sein Pferd unter dem Leibe, kam aber wieder auf ein anderes und half den Sieg glücklich erfechten.

Den 7 May mußte er mit dem damaligen Husaren-Obristen von Putkammer den geschlagenen Feind bis über Brandeis verfolgen; und weil sich der Graf von Daun jemehr und mehr verstärkte, ward er zu Böhmisch-Brod durch den General-Lieut. von Ziethen verstärkt. Den 9 May kam der Herzog von Bevern mit noch mehrern Trouppen darzu. Diese Armee gieng nach Collin. Von hier ward ein Corpo unter dem General von Ziethen abgeschickt, das große feindl. Magazin bey Suchdol wegzunehmen, welches auch bewerkstelliget wurde. Indessen hatte sich der Graf von Daun bis auf 60000 Mann verstärket und der Herzog von Bevern lief Gefahr über den Haufen geworfen

geworfen zu werden. Der König eilte ihm daher mit einigen Trouppen zu Hülfe und lieferte dem Daun am 18 Jun. das unglückliche Treffen, das die Aufhebung der Belagerung von Prag und die gänzliche Verlassung des Königreichs Böhmen nach sich zog.

In dieser Schlacht commandirte der General von Manstein eine Brigade auf dem rechten Flügel und wurde mit einer Flinten-Kugel in den linken Arm verwundet, hielte aber bis zu Ende des Treffens auf dem Schlacht-Felde aus. Jedoch da der Angriff mißgelungen, zog sich die Preußische Armee nach Nimburg zurücke. Hier kriegte er von dem Könige Befehl, nebst noch 30 andern blessirten Officiers nach Dreßden zu gehen und sich allda heilen zu lassen. Er brach mit denselben über Brandeis nach Leutmeritz auf, wo er zu seiner Bedeckung 100 Mann mit sich nahm. Man war aber kaum vor Leutmeritz den 27 Jun. zu Welmina angelangt, als man schon Oesterreichische Husaren wahrnahm. Man wollte sich nicht gerne nach Leutmeritz zurücke ziehen, sondern lieber Stand halten, daher man den Feind hinter einer Wagenburg auf einer Anhöhe erwartete. Der bekannte Laudon war selbst der feindliche Anführer. Er war an Macht überlegen und brach ohngeachtet des tapfern Widerstandes in die Wagenburg ein, wobey eine Kugel dem guten Manstein in die Brust fuhr und ihn auf der Stelle tödtete, nachdem er sein Alter nicht höher als auf 46 Jahr gebracht.

Er

Er hinterließ eine Gemahlin mit 6 Kindern. Die Gemahlin, mit welcher er sich den 30 Jan. 1741 zu Petersburg in dem Palaste des General-Feld-Marschalls, Grafens von Münnich, der ein Anverwandter derselben war, vermählt, heißt Juliana, und ist eine gebohrne von Fink, deren Vater vormals erster Stallmeister am Russischen Hofe gewesen. Der itzige Preußische General-Lieutenant, Friedrich von Fink, ist ihr leiblicher Bruder. Der älteste Sohn, Johann Ernst von Manstein, hat seinen Vater in dem letzten Feldzuge als Fähndrich begleitet und denen Schlachten bey Prag und Kollin, auch der Action bey Wolmina beygewohnet. Er steht itzt bey dem Finkschen Regimente in Diensten. Nach ihm folgen 4 unvermählte Töchter und das 6te Kind ist wieder ein Sohn, den der Vater bey seinem letzten Abschiede zärtlich umarmte und diese bedenklichen Worte brauchte: Dich, mein Sohn, sehe ich nicht wieder.

Er war von Person groß und stark, hatte ein braunes Gesichte und schwarze Haare und war von einer sehr robusten und dauerhaften Natur. Er befand sich immer geschäfftig und schlief selten über 5 Stunden. Er war nicht ohne Wissenschaften und verstund die lateinische, Französische, Italiänische, Schwedische und Russische Sprache. Seine Gemahlin und Kinder liebte er sehr zärtlich. Er hielte gute Mannszucht, war tapfer und unerschrocken und gab einen guten Evangelischen Christen ab. Er hatte seinen Tod oft für

Augen

Augen und hielte immer darvor, daß sein Leben nicht lange mehr währen würde. Sein letzter Brief an seine Gemahlin schiene gleichsam dieselbe zu der Nachricht von seinem Tode vorzubereiten, wenn er sich unter andern darinnen also ausdrückte: „laut Ihrem Schreiben leiden Sie „durch die beständige Beysorge vor mich an Ihrer „Gesundheit Schaden. Aber wie können Sie „bey dem festen Vertrauen, welches Sie auf Gott „gesetzt zu haben, immer bezeuget, unruhig seyn? „laßen Sie sich doch durch nichts davon abwendig „machen. Ueberlaßen Sie alles der göttlichen „Vorsicht alleine. Wir sind doch nicht im Stan„de, das geringste zu ändern. Beruhigen Sie „sich und setzen nur ferner alle Ihr Vertrauen „auf Gott, der alles herrlich hinaus „führen wird.„

Neue Genealogisch-Historische Nachrichten

von den

Vornehmsten Begebenheiten,

welche sich an den

Europäischen Höfen

zutragen,

worinn zugleich

vieler Stands-Personen Lebens-Beschreibungen

vorkommen.

Der 120 Theil.

Nebst Register vom 109 bis 120 Theil.

Leipzig, 1760.

Bey Johann Samuel Heinsii sel. Erben.

Inhalt.

I. Die im Winter 1759 geschehenen Kriegs-Operationes in Thüringen.

II. Prinz Heinrichs glückliche Expeditiones in Böhmen und Franken 1759.

III. Leben und Thaten des jüngst verstorbenen berühmten Preußischen Generals von Mäyer.

IV. Verzeichniß derer Personen, von welchen in diesem zehenden Bande vollständige Lebens-Beschreibungen vorkommen.

V. Summarisches Verzeichniß derer vornehmsten unter den verstorbenen, gebohrnen, vermählten und avancirten Standes-Personen, deren in diesem Bande Meldung geschicht.

Ein vollständiges Register der Sachen und Personen.

I.

Die im Winter 1759 geschehenen Kriegs-Operationes in Thüringen.

Nachdem die Reichs-Armee den 24 Nov. 1758 aus einander gegangen war, und der General, Graf von Maqvire, den Cordon an der Sächsischen Grenze angeordnet hatte, übergab er das Commando dem Reichs-General-Feld-Marschall-Lieutenant, Prinzen von Stollberg, der darauf das Haupt-Quartier zu Culmbach nahm, da sich inzwischen der Prinz Friedrich von Zweybrücken, nebst dem General, Grafen von Serbelloni, nach Nürnberg begeben hatten. Es wurde aber dieser Cordon von den Preußischen Trouppen nicht wenig beunruhiget, da den 22 Dec. 200 Mann nebst 30 Husaren, von dem Mayerischen Corps zu Schlaitz im Vogtlande anlangten, und diesen Ort besetzten, ohngeachtet die Reichs-Trouppen nicht über anderthalbe Stunde davon stunden. Als der Prinz von Stollberg Nachricht davon erhielte, gab er dem zu Saalburg stehenden Obrist-Lieutenant, Baron von Spleny, Befehl, den 25sten mit 200 Croaten und 100 Husaren dieselben von dar wieder zu vertreiben, welches derselbe auch glücklich bewerkstelligte, nachdem man den Ort überrumpelt hatte.

hatte. Sie hieben einige nieder, und machten über 20 Mann zu Kriegsgefangenen. Ein Theil derselben zog sich nach Mühltroff, wo der Obrist-Lieutenant Wunsch mit seinem Frey-Bataillon stunde, die übrigen würden meistens zerstreuet.

Den 23 Dec. rückten an verschiedenen Orten in Thüringen, besonders in der Gegend von Cölleda, Preußische Trouppen zu Pferde ein, die die rückständigen Gelder im Thüringischen Krayse eintreiben sollten. Man war daher zu Erfurt, wo der General-Wachtmeister, Graf von Guasco, das Commando führte, sehr besorgt, sich allda recht feste zu setzen. Er hielte um deswillen nicht nur das Krämpfer-Thor verschlossen, sondern ließ auch stark an den Vestungs-Werken arbeiten. Der Oesterreichische General von Arberg aber mußte mit dem General von Blonqvet, ein Corpo von 4 Regimentern zu Fuß und eben so viel zu Pferde, in Böhmen zusammen ziehen und den Marsch nach Franken nehmen, um den dasigen Cordon der Reichs-Armee zu verstärken, und die Bambergischen und Würzburgischen Lande, nebst denen dasigen Magazins zu decken, da inzwischen 2 andere Corps unter den Generals von Haddick und Campitelli, den Cordon gegen Thüringen und an der Vogtländischen Gränze formiren sollten.

Den 7 und 8 Jan. 1759 gieng ein Corps von den Oesterreichischen und Reichs-Trouppen über Meinungen nach der Gegend von Wasungen, dargegen nicht lange darauf ein anderes Corps von Fulda nach Eisenach sich zog; In Erfurt aber rückten den 13 Jan. ein Pfälzisches Dragoner-Regi-

Regiment, 2 Escadrons Husaren und 3 Bataillons zu Fuß ein. Der Commendant daselbst ließ unabläßig an den Vestungs-Werken arbeiten, worzu aus dem Fürstenthum Gotha 18800 Pallisaden, 6000 sechzig Schuh hohe Bäume, 40000 Faschinen, 20000 Stangen und 550 Klaftern Holz gefodert wurden. Als man damit sich schwierig erwies, schickte er ein Executions-Commando in das Gothaische Amt Krannichfeld, um darinnen einen Wald umzuhauen, worzu eine Menge Bauern zusammen getrieben wurden, die damit den Anfang machten, so aber nicht ganz vollendet wurde. Indessen besetzte man auch Illmenau und Arnstadt, der General Riedesel aber muste mit dem Pfälzischen Dragoner-Regimente, zu Ende des Januarii, nach Georgenthal und Apelstädt, und die Seezenischen Husaren nach Eisenach ziehen, um die Communication mit den andern Trouppen zu unterhalten. Der Hessische Obrist von Prüscheng, der sich während der Winter-Quartiere nach seinen Gütern im Eisenachischen begeben hatte, um seiner geschwächten Gesundheit zu pflegen, ward um diese Zeit von den Reichs-Trouppen aufgehoben und zum Kriegs-Gefangenen gemacht.

Immittelst hatte sich der Preußische General-Major von Aschersleben mit einem kleinen Corpo jenseits der Unstrut bis Sachsenburg ausgebreitet, und ein anderes Preußisches Detaschement, unter dem Major von Kalben, stund in der Gegend von Langensalza, um die rückständigen Gelder einzutreiben, von welchen Geldern aber den 26 Jan. durch ein Oesterreichisches Husaren-Comman-

Commando, eine Summa von 9200 Thalern zu Weisensee aufgehoben wurde, die nach Leipzig bestimmt war.

In den ersten Tagen des Februarii näherte sich das Corps des Generals von Arberg, das aus Oesterreichischen und Reichs-Trouppen bestunde, den Hessischen Landen. Es besetzte Schmalkalden und die Aemter Friedland und Landeck, und breitete sich bis Vach aus. Den 9ten bemächtigten sich diese Trouppen der Stadt Hersfeld, und ob sie gleich die Alliirten nöthigten, den 17ten die Stadt wieder zu verlassen, besetzten sie doch den Ort von neuen, nachdem sie den 20sten die schwarzen Husaren daraus vertrieben hatten. Der Graf von Arberg nahm sein Haupt-Quartier zu Schenklensfeld im Amte Landeck, von dar er seine Vorposten bis Morschen ausbreitete.

Zu Cassel gerieth man wiederum über die Annäherung dieses Corps in große Bewegung, und befürchtete daselbst einen dritten Besuch von feindlichen Trouppen. Man schätzte dieselben auf 30000 Mann. Der Prinz von Isenburg, der mit seinem Corps bey Fritzlar cantonirte, setzte sich in gute Verfassung, um das Vorhaben der Feinde zu nichte zu machen. Er rückte näher gegen Cassel, ließ den 14. Febr. oberhalb dieser Stadt eine Schiffbrücke über die Fulda schlagen, und erwartete von der alliirten Haupt-Armee eine ansehnliche Verstärkung.

Der Prinz Heinrich von Preußen, der in Sachsen das Commando führte, und den 6 Febr. aus Berlin wieder zu Dreßden angelangt war, zog diese Umstände in Erwegung, und befand für nöthig, die hierunter verborgenen feindlichen Absichten zu hintertreiben. Nachdem er mit dem Herzog Ferdinand von Braunschweig, der die alliirte Haupt-Armee commandirte, die nöthige Abrede genommen, hielt er für rathsam, den General-Major von Knobloch mit einem Corpo aus Sachsen nach Erfurt abzusenden. Diese Trouppen versammleten sich bey Naumburg an der Saale, und setzten sich den 25sten daselbst in Bewegung. Der Prinz Heinrich gieng selbst diesen Tag von Dreßden nach Naumburg ab, um die nöthigen Anstalten vorkehren zu helfen. Indessen hatte der General von Aschersleben den 16 Febr. die Stadt Gotha besetzt.

Den 27sten langte der General von Knobloch mit seinem Corps vor Erfurt an. Sobald der Commendante, Graf von Guasco, zu Mittage von dem Anmarsch dieser Trouppen Nachricht kriegte, ließ er die Stadt-Thore schließen und die Garnison in die Waffen kommen.

Als die Preußen über den Stollberg herunter in das Krämpfer-Feld näher anrückten, wurde ein Trompeter in die Stadt geschickt, worauf zwey Preußische Officiers in derselben anlangten, mit welchen die Capitulation geschlossen, und solche alsdenn dem General von Knobloch in das Haupt-Quartier nach Neumark zur Unterschrift überschickt wurde. Zu Folge derselben wurde noch diesen Abend das äußerste Krämpfer-Thor mit 30 Mann Preußen besetzt, an dem innern Thore aber stund noch die Wache von der Garnison. Das vor der

Stadt befindliche Preußische Corps quartirte sich des Nachts auf den nechsten Dörfern ein.

Den 28sten frühe marschirte der Commendant, Graf von Guasco, mit den 2 Bataillons von Darmstadt und Naßau-Weilburg sammt der Bagage aus, und wurde bis Ilmenau begleitet; das Bataillon von Galsrügg aber zog sich auf die Vestung Petersberg, die nebst der Cyriacsburg, Kraft der Capitulation neutral bleiben sollte. Nach 8 Uhr rückte das Preußische Husaren-Regiment Szekull, unter dem Obrist-Lieutenant von Kleist ein, welches 38 Pfälzische Dragoner mit einem Hauptmann und Lieutenant, ingleichen 15 Husaren mit einem Lieutenant, als Kriegs-Gefangene mit sich führte. Alsdenn folgten einige Escadrons von dem Dragoner-Regimente Meinicke, 4 Grenadier-Compagnien von Prinz Heinrich und Münchow, und der Obrist-Lieutenant von Wunsch mit seinem Frey-Bataillon und einigen Stücken. Des Nachmittags wurden verschiedene Expeditiones in der Stadt von den Preußischen Commissarien versiegelt, und die Ablieferung der Caßen-Gelder anbefohlen.

Den 1 Mart. schloß man eine Convention wegen derer von der Stadt und dem Lande verlangten Contributionen und Lieferungen. An die Catholische Geistlichkeit geschahe eine Forderung von 100000 Thalern, welche Summa aber auf 24000 Thaler gemindert, und daben feste gesetzt wurde, 9000 Thaler binnen 2 Tagen abzutragen. Zu den übrigen 15000 Thalern setzte man eine Frist von 3 bis 4 Monathen, bis dahin die Regierungs-

Räthe

Räthe Heiland und Spitz als Geissel genommen und nach Naumburg abgeführt wurden. Die Preußen streiften darauf in der ganzen umliegenden Gegend herum, und breiteten sich bis ins Eisenachische und Heßische aus. Die Husaren kamen so gar nach Fulda, und trieben eine Contribution von 12000 Gulden ein. Den 5ten machte man den Anfang, das zu Erfurt vorhandene Magazin, das sich auf 700 Erfurter Malter Haber belief, nach Naumburg abzuführen.

Immittelst hatte der Obrist-Lieutenant von Kleist mit 200 Husaren auf der Seite von Vach die Stadt Eisenach überrumpelt und daselbst 1 Capitain, 3 Lieutenants und 120 Gemeine von den Münsterischen Trouppen zu Kriegsgefangenen gemacht, die er den 4 zu Erfurt einbrachte. Indessen war auch der Heßische General-Major von Urff mit 4000 Mann von der alliirten Armee abgeschickt worden, um die Reichs-Trouppen aus dem Heßischen zu vertreiben. Der Angriff sollte den 2. Mart. an verschiedenen Orten geschehen. Da aber die leichten Trouppen schon den Abend vorher den Angriff thaten, entstund darüber ein solcher Lermen, daß die Reichs-Völker sich in der gröſten Eil aus dem Heßischen nach Königshofen und Meinungen, ja bis in das Bambergische zurücke zogen. Immittelst wurde zu Friedewald ein Rittmeister mit 25 Husaren und 60 Pferden und zu Philippsthal ein Capitain mit 90 Cöllnischen Grenadierern aufgehoben. Es griff auch der Obrist-Lieutenant von Wunsch mit 3000 Mann einen feindlichen Verhau bey Frauenwalde an, an, welchen die Grenadierer von dem Thierhelmischen Regimente besetzt hatten. Er vertrieb sie aus diesem Posten, nahm ihnen eine Canone ab, und machte 27 Mann zu Kriegsgefangenen.

Während diesen Bewegungen wurden auf Seiten der Reichs-Armee alle Maasregeln genommen, die Magazine zu Bamberg, Schweinfurt, Kitzingen und Marktbreit vor allem Ueberfall zu bedecken, weshalben schon den 7 Mart. verschiedene Fränkische Krayß-Regimenter gegen Forchheim und Bamberg anrückten, wohin auch der Kayserl. General, Graf von Serbelloni, über Erlangen abgienge. Den 11ten verließen die Preußen wiederum die Stadt Erfurt, und zogen sich von dar, eben wie von Ilmenau, Arnstadt und andern Oertern, theils nach Naumburg, theils gegen Langensalza zurücke, worauf die Reichs-Trouppen wieder bis Erfurt vorrückten, auch die Hessischen Städte Schmalkalden, Friedewald, Vach und Hersfeld von denselben wieder besetzten.

Vach wurde den 12ten März und Schmalkalden den 15ten von ihnen wieder in Besitz genommen. Als der General von Kolb an dem letztern Orte anlangte, forderte er von der Stadt und dem Amte 50000 Thaler Brandsteuer, nahm die Vornehmsten in Verhafft, und machte die Unterthanen wehrloß. Man bemächtigte sich auch des dasigen Forstmeisters von Mannsbach und seiner Schriften. Alle Stabs- und Ober-Officiers musten frey Tractament und jeder Gemeine täglich 1 Pfund Fleisch nebst Zugemüse und 2 Maaß Bier kriegen, auch Fourage vor die Pferde frey geliefert werden. Es wurde auch

auch aller Vorrath an Mehl, Korn, Haber und Stahl weggenommen und eine starke Contribution gefordert.

Den 16. März langte der Oesterreichische Obriste von Wecsey von Vach zu Hersfeld an, wo der General Urff stunde, der kaum so viel Zeit hatte, sich nach Cassel zurücke zu ziehen. Der gedachte Obriste hatte die Infanterie über die Brücke gehen, zu gleicher Zeit aber in geheim 400 Mann zu Pferde durch die Fulda setzen lassen, worauf er denen Hessen plötzlich über den Hals kam. Es wurden ihrer ein Theil niedergehauen, viele verwundet, und eine Anzahl gefangen genommen. Man eroberte auch einige Canonen, erbeutete ein ansehnliches Magazin, und schlug die Kayserlichen Executions-Patente überall an, setzte auch das ganze Land unter Contribution. Es wurde auch das Hessische Berg-Schloß Friedewald in Besitz genommen, wo man viele Artillerie und Munition fand. Alleine es währete wenig Wochen, so rückten die Alliirten wieder an, und vertrieben die Reichs-Trouppen aus dieser ganzen Gegend.

Die Preußen waren indessen aus der Gegend von Erfurt wieder in ihren Cantonirungs-Quartieren angelangt, kriegten aber bald wieder eine neue Expedition auszuführen, und zwar zu Saalfeld, wo sich die Reichs- und Oesterreichischen Trouppen feste gesetzt hatten, die man von dar vertreiben wollte. Prinz Heinrich trug dem General-Major von Knobloch die Expedition auf, die folgender gestalt ausgeführet wurde:

Es war den 25sten März, als die Preußischen Trouppen, so aus 1 Grenadier-Bataillon, dem Frey-Bataillon von Wunsch und 280 Pferden bestunden, von Eisenberg, Camburg und Naumburg aus ihren Cantonirungs-Quartieren aufbrachen, und sich den 26sten zu Rudelstadt mit dem Corps des General-Majors von Knobloch, das aus 3 Bataillons und 150 Husaren bestund, und von Gera über Neustadt anlangte, conjungirte, und noch an eben diesem Tage Saalfeld erreichte. Die hier gestandenen Oesterreichischen und Reichs-Trouppen hatten bereits die Stadt verlassen und sich hinter dem Dorffe Carnsdorf auf einem Berge linker und rechter Hand des Weges, der nach Gräfenthal gehet, also postirt, daß sie nicht anders, als en Fronte angegriffen werden konnten.

Das ganze Corps bestunde aus 2 Bataillons von Jung-Colloredo, 2 Bataillons von Salm, 1 Bataillon von Maynz, 4 Grenadier-Compagnien mit 12 Canonen, einigen hundert Husaren von Splenl, Szecjeni und Baronian, und denen Pfälzischen Dragonern, die zusammen 4 bis 5000 Mann ausmachten, welche von dem General-Wachtmeister, Grafen von Broune, und dem Obristen Erods commandirt wurden.

Die Canonade fieng sich von beyden Seiten um 2 Uhr Nachmittags an und dauerte bis 6 Uhr. Die Oesterreicher hatten das Dorf Carnsdorf mit ihren Grenadiers stark besetzt, weil ihnen an diesem Posten viel gelegen war, um ihre Retirade zu decken. Da aber der Preußische Obrist-Lieutenant von Wunsch seine Canonen auf einer An-

höhe

höhe rechter Hand von Carnsdorf hatte aufführen lassen, so wurde dadurch die Oesterreichische Cavallerie sogleich zur Flucht gebracht, ohne daß solche im geringsten hatte agiren können. Der Obrist von Schenckendorf von Preußischen Trouppen, welcher währender Zeit mit seinen Grenadier-Bataillon auch angekommen war, fieng alsdenn die Oesterreicher ebenfalls mit gutem Erfolg zu beschießen an, das Wunschische Frey-Bataillon aber, welches diffeit dem Dorfe aufmarschirt war, detaschirte seine Jäger in das Dorf hinein, um die Grenadiers daraus zu vertreiben. Gegen 6 Uhr Abends brachten die Oesterreicher ihre Canonen weg, worauf der Obrist-Lieutenant von Wunsch seine Canonen in die Ebene, näher an die Oesterreicher, bringen und beständig auf sie feuern ließ, wodurch ihre Infanterie ihre Retirade beschleunigte. Die Oesterreichischen Grenadiers, deren tapferes Verhalten der ganzen Disposition des Generals von Broune gerühmet ward, wurden endlich auch zum Weichen gebracht. Die Preußen, die ihren Verlust auf 12 Todte und 5 Verwundete schätzten, kehrten mit einigen Gefangenen, die sie gemacht, wieder in ihre vorigen Cantonnirungs-Quartiere zurücke, nachdem sie die, von den Oesterreichern angelegten, Werke demolirt und die vorhandenen Lebens-Mittel weggenommen hatten. Die Oesterreicher, die nur 150 Todte und Blessirte bekommen haben wollten, zogen sich dieselbe Nacht bis Gräfenthal zurücke.

Zu gleicher Zeit trieb auch der General-Major von Lindstedt den Oesterreichischen General Campitelli

pitelli aus Hof, mußte aber diese Stadt den 30 Mart. schon wieder verlassen, worauf sie der General Campitelli den 2 April von neuen besetzte.

* *

II.
Prinz Heinrichs glückliche Expeditiones in Böhmen und Franken 1759.

Nach der Expedition in Thüringen faßte der Prinz Heinrich den Entschluß, die Oesterreichischen Trouppen, welche von denen, die sich gegen die Schlesische Gränze und nach dem Reiche gezogen hatten, in Böhmen zurücke geblieben waren, über die Eger zu treiben und ihnen ihre Magazine wegzunehmen. In dieser Absicht brach dieser Prinz den 14 April 1759 von Dreßden auf, und nahm sein Haupt-Quartier zu Großen-Sedlitz, in welcher Gegend alle unter seinem Commando stehende Trouppen cantonnirten. Von hier aus geschahe der Einmarsch in Böhmen in 2 Colonnen, davon die eine über Peterswalde, die andere aber über Paßberg und Commotau gienge. Die erste führte der Prinz selbsten, die andere aber der General-Lieutenant von Hülsen.

Der Prinz beorderte den 14 Apr. den Obrist-Lieutenant von Wunsch, der mit der Avant-Garde zu Zehist stunde, daß er mit 2 Frey-Bataillons,
600 Com-

In Böhmen und Franken.

600 Commandirten von der Infanterie, und einigen Commandirten von den Dragonern und grünen Husaren, nach Peterswalde und Nollendorf voraus gehen sollte, wo er auch den 15ten mit des Tages Anbruch anlangte. An diesen beyden Orten hatten die Oesterreicher starke Verhaue gemacht, und dieselben mit einem Bataillon Ungarischer Infanterie und etliche hundert Croaten besetzt, welche in bester Ordnung zugweise gegen die Preußischen Trouppen anrückten. Der Obrist-Lieutenant von Wunsch ließ dieselben durch seine Bataillons attaquiren, und nachdem sie sich in ihren Verhauen einige Zeit hartnäckig vertheidiget hatten, wurden sie durch das Preußische Canonen-Feuer, mit Verlust von vielen Todten und Verwundeten, daraus vertrieben und zur Flucht gebracht. Ein dicker Nebel und die bergigte Gegend verhinderte, daß die Preußischen Dragoner und Husaren nicht agiren konnten. Zu Gefangenen wurden von ihnen ein Major und 16 Croaten gemacht, wovon der erstere nebst einigen von den letztern zu Aussig an ihren Wunden gestorben sind.

Die Preußen marschirten darauf nach Aussig. Eine Stunde disseits der Stadt stund das in Kayserl. Sold überlassene Chur-Mayntzische Infanterie-Regiment auf einem hohen Berge, welches aber, so bald es sahe, daß die Preußischen Trouppen dasselbe abzuschneiden suchten, den Rückweg nahm. Die in Aussig stehende Besatzung, und ein Regiment Oesterreichische Cürassiers thaten ein gleiches. Von der Besatzung, welche mit Prahmen über die Elbe gienge, wurden 30 Mann zu Kriegs-Gefangenen

genen gemacht. Das Cûraſſier-Regiment ſtunde auf einem Berge, retirirte ſich aber auch bald. Der Preußiſche Verluſt bey dieſen Vorfällen belief ſich auf 10 Todte und 18 Bleſſirte, worunter 1 Officier von dem Frey-Bataillon von Wunſch war. Das zu Außig gefundene Magazin beſtund in 850 Fäſſern Mehl, einigen tauſend Scheffeln Haber, und einer großen Menge Heu. Auch wurden daſelbſt etliche hundert Kiſten mit Munition, Kugeln, Bomben und Gewehr, welches für die Reichs-Trouppen beſtimmt war, erobert, ſo man alles theils verbrannte, theils in die Elbe warf.

Hierauf gieng der Marſch der Preußen nach Lowoſitz. Allhier fanden ſie 400 Fäſſer Mehl und etwas Heu. In dem Dorfe Prosmick aber 28 Fäſſer Mehl. Zu Leutmeritz diſſeit der Elbe lagen 1000 Fäſſer Mehl und 30000 Portionen Brod, welches alles verbrennt, die Backöfen aber zerſchlagen wurden. In der Stadt ſelbſt fand man 1500 Scheffel Haber und eine große Quantität Heu, welches ebenfalls theils verbrannt, theils in die Elbe geworfen wurde.

Den 17 April marſchirten dieſe Trouppen nach Bubin, ohne daß ſolches die Oeſterreicher verhindern konnten. Hier wurde das große Magazin gefunden, welches in 13 großen Schütt-Böden beſtunde, deren jeder über 6 Fuß hoch mit Haber und Gerſte angefüllt war. Etwan 10 bis 12 Wiſpel Weitzen, ſo viel Rocken und Erbſen, einige Säcke Reis und Hirſe, wurden nebſt einem Magazin von Salz, und 100000 Rationen Heu und Stroh

erobert,

erobert, welches alles nach der Aussage dasiger Einwohner über eine Million gekostet haben sollte. Der Haber und die Gerste wurden in den Schloß-Graben geworfen, worzu über 400 Personen gebraucht wurden. Weil nun zu Ruinirung dieses großen Vorraths mehr als 10 Tage Zeit würden haben angewendet werden müssen, die Preußischen Trouppen aber sich damit nicht aufhalten wollten, so deckten sie die Dächer der Magazine ab, damit der Stadt kein Schade geschehen möchte, und steckten dieselben den 19ten, als sie nach Lowosiß zurücke marschirten, in Brand. Es würde alles ohne Unglück abgegangen seyn, wenn nicht ein, von dem Schlosse entlegenes Hauß, man weiß nicht, ob es durch den Wind, der denselbigen Vormittag sehr heftig wehete, oder durch einen andern Zufall, in Brand gerathen wäre, welches verursachte, daß ein ziemlicher Theil dieses unglücklichen Städtgens in die Asche gelegt wurde. Ohngeachtet der commandirende Preußische Obrist-Lieutenant von Wunsch an die Einwohner Geld austheilen ließ, um sie zum löschen zu encouragiren, so fehlte es doch an Wasser und Sprützen, so, daß der Brand nicht verhindert werden konnte. Nachdem die Preußische Cavallerie, welche bey Budin und Welwarn gestanden, über die Brücke marschirt war, so wurde dieselbe ebenfalls bis auf den Grund abgebrannt.

Der Prinz Heinrich marschirte indessen allmälig nach, und bedeckte die Unternehmung des

G. H. Nachr. 120 Th.   Y y y   Obrist-

Obrist-Lieutenants von Wunsch. Er detaschirte den General-Major von Meinecke, nebst dem Obrist-Lieutenant von Kleist von den grünen Husaren, über die Eger, die ein Corps von feindlichen Husaren und Croaten angriffen, viele davon niederhieben und 130 Mann mit 3 Officiers gefangen nahmen, auf der Elbe aber den Oesterreichern auf 150 Fahrzeuge verbrannten.

Was die zweyte Preußische Colonne unter dem General-Lieutenant von Hülsen anbetrift, welche zu gleicher Zeit auf der Seite von Commotau in Böhmen eingerückt war, so fand sie die Passage des Paßbergs, mit einem Corps von Croaten und den Regimentern von Königseck und Anhalt besetzt. Die Cavallerie, welche durch Prisnitz marschirt war, fiel dem Feinde in den Rücken, während dessen die Infanterie denselben vorwärts angriff, und aus allen Verschanzungen trieb. Es wurden hierbey der General-Wachtmeister von Reinhard, 51 Officiers und bey 2000 Gemeine zu Kriegs-Gefangenen gemacht, drey Fahnen aber, 2 Standarten und 3 Canonen erbeutet, wobey die Preußen mehr nicht als 70 Mann an Todten und Verwundeten zählten. Der General-Major von Aschersleben, der bey dem Hülsischen Corps die Avant-Garde führte, rückte bis Saaz vor, um daselbst eben sowohl, wie bereits zu Commotau und anderwerts geschehen, das große feindliche Magazin zu verwüsten, nachdem die Oesterreichischen Trouppen sich eiligst gegen Prag zurücke gezogen hatten.

hatten. Immittelst beobachtete der General-Lieutenant von Platen die Feinde zu Hof, wo er den 17 Apr. Posto faßte, und einen Officier mit 24 Mann aufhub.

Nachdem Prinz Heinrich den Entzweck seiner Expedition erreicht hatte, kehrte er mit seinen Trouppen in kleinen Märschen nach Sachsen zurücke, und bezog den 26 April wieder sein Haupt-Quartier zu Groß-Sedlitz. Bey dem Ausmarsche aus Böhmen, wurden noch 3 Officiers und 60 Mann gefangen genommen, dargegen die Croaten 20 Mann von einem Frey-Bataillon und einen Major von dem Meineckischen Dragoner-Regimente, durch eine Patrouille in ihre Hände kriegten. Die Preußen zählten, außer dem obgedachten General, 65 Officiers, die sie bey dieser Expedition in Böhmen zu Gefangenen gemacht hatten. Unter solchen waren der Obrist, Baron Likaßinow, von den Bannalisten, und die Obrist-Lieutenants, Graf von Neuhauß, bey Königseck, und Baron von Terzi, bey Anßlau, die vornehmsten. Sie machten auch eine Liste von den ruinirten Magazinen bekannt, deren Wehrt sie nach dem Dreßdner Markt-Preiße auf 433600 Thaler schäßten. Man kann es am deutlichsten aus folgender Tabelle erkennen:

II. Prinz Heinrichs glückl. Expedit.

Namen der Oerter.	Tonnen Mehl.	Brod. à 4 Pf.	Scheffel Haber.	Rationes Heu à 8 Pfund.
Aussig.	700	—	200	1000
Töblis.	60	—	2000	—
Lewositz.	450	—	—	—
Leutmeritz.	—	—	3000	2000
Lukowitz.	—	36000	—	—
Liborhowitz.	—	—	10000	—
Werwißau.	1000	30000	—	—
Budin.	1000	—	10000	20000
Saatz.	32000	—	2000	60000
Postelberg.	50	—	—	—
Commotau.	205	4000	700	1375
Brix.	21	3400	920	1925
Summa	35486	73400	136820	86300

Nachdem der Prinz Heinrich aus Böhmen nach Sachsen zurücke gekommen war, und die Trouppen einige Tage ausgeruhet hatten, so unternahm er eine neue Expedition, und zwar gegen die Reichs-Armee in Franken. Er versammlete zu dem Ende seine Armee den 5 May zu Zwickau, nachdem er den General von Knobloch mit einem Corps über Jena und Rudelstadt gegen Saalfeld abgeschickt hatte, der bey Saalburg über die Saale gieng, und den 8 May den General von Ried bey Nordhalben angriff, ihn zurücke trieb, und sich den 10ten bey Cronach lagerte, welche Stadt er nebst dem Schlosse Rosenberg auffordette, und nach empfangener abschläglichen Antwort zu beschießen anfieng.

Ein anderes Corps wurde unter dem General-Lieutenant von Fink von dem Prinzen beordert, auf Asch loß zu gehen, wo der General von Maqui

Maqvire mit 9 Bataillons Infanterie, 2 Regimentern zu Pferde und 2 Husaren-Regimentern stunde. Um denselben glauben zu machen, als wenn seine Absicht auf Eger gerichtet wäre, nahm er seinen Marsch nach Adorf. Den Verlauf dieser Expedition erzählet ein Preußischer Officier mit folgenden Worten:

Es war den 21 Apr. als wir von Dohna abmarschirten, da wir denn den 7 May bey Adorf unser Lager aufschlugen. Hier bekamen wir die ersten Oesterreicher zu sehen, machten auch gleich einige Husaren zu Gefangenen, von welchen wir erfuhren, daß ein Corpo unter dem General Maqvire bey Asch stünde. Wir giengen den 8ten gerade auf Asch loß. Allein die Nacht vorher hatten die Feinde ihre Schanzen bey Asch verlassen, und sich hinter der Stadt an einem Walde auf die Berge postirt. So bald wir auf die Höhen bey Asch kamen, canonirten die Feinde auf uns, aber ohne uns Schaden zu thun, und wir antworteten ihnen auch ohne sonderliche Würckung. Als wir dem Feinde näher kamen, ward auch das Canonen-Feuer desselben hefftiger. Wir giengen daher frisch auf die Berge loß, und wurden von unsern, auf der Höhe gepflanzten, Canonen, die über uns wegschossen, gut secundiret. Sobald wir uns dem Walle näherten, gaben die Feinde von allen Ecken Feuer. Dem ohngeacht drungen die Frey-Bataillons von Monjou und Wunsch, nebst 400 Commandirten von der Infanterie, zur Seiten aber die grünen und schwarzen Husaren ein, und solchergestalt trieben wir den Feind durch den, 2 Stunden

den langen Wald bis nahe vor Eger, wo sich die Feinde wieder auf einem hohen Berge setzten. Weil der General-Lieutenant von Fink, mit dem ganzen Corps bey Asch stehen geblieben war, so waren wir zu schwach, die Feinde nochmals aus ihrem vortheilhaftigen Posten zu forchten; wir setzten uns daher gegen ihn über, und blieben so lange da stehen, bis wir Ordre erhielten, zum Corps zurücke zu kommen, welches gegen Abend geschahe, worauf wir in unser Lager bey Asch wieder einrückten. Bey dieser Affaire haben wir ohngefähr 40 Todte und Blessirte gehabt. Der Obrist von Belling, der nebst dem Obrist-Lieutenant von Kleist, die Arriere-Garde angegriffen hatte, welche der Obrist, Prinz von Salm, commandirte, wurde am Fuße blessirt, dargegen hatte er einen großen Theil davon niedergemacht, und den Prinzen selbst, nebst 4 Officiers und 126 Gemeinen zu Kriegs-Gefangenen gemacht.

Der Prinz Heinrich mit dem Haupt-Corps nahm seinem Marsch über Reichenbach und Oelsnitz auf Hof, wo sich 4000 Mann leichter Trouppen unter dem General von Kleefeld gesetzt hatten, die sich aber auf den Anmarsch der Preußen eiligst entfernten. Die Armee lagerte sich darauf bey Hof, die Vor-Trouppen aber giengen biß Birk, wo der General Rudolph Palfy, der die feindliche Avant-Garde commandirte, bisher gestanden hatte, der sich gegen Hornberg zog. Die Feinde verließen den 9 May ihr Lager bey Mönchsberg, nachdem sie das Magazin daselbst in Brand gesteckt hatten,

hatten, worauf der Marsch über Gefreeß, wo man 300 Tonnen Mehl erbeutete, und einen Trupp mit 4 Officiers in einem Walde gefangen nahm, nach Bayreuth gienge. Den 11 passirte die Armee die Defileen von Berneck, und lagerte sich eine Meile von Bayreuth bey Ponk, wo der Prinz Heinrich das Haupt-Quartier nahm; die Avant-Garde aber marschirte bis Droßenfeld. Jenseits Himmelscron stund der General von Riedesel, mit einem Bataillon von Cronegg und dem Pfälzischen Dragoner-Regimente. Dieses Corps wurde von dem General-Major von Meinecke mit seinem Dragoner-Regimente, und dem Obrist-Lieutenante von Kleist mit den Husaren angegriffen, ohne die Infanterie abzuwarten; da denn ein großer Theil davon getödtet, und der General Riedesel selbst mit 30 Officiers und 800 Gemeinen zu Gefangenen gemacht, auch 2 Canonen, 3 Fahnen und 2 Standarten erobert wurden.

Immittelst verfolgte der General Fink den General Macquire durch die Ober-Pfalz bis gegen Nüenberg. Er marschirte den 10 May bis Weißenstadt, um ihn von seiner Armee abzuschneiden. Allein dieser langte noch denselben Abend zu Frankenhammer an, und marschirte die ganze Nacht, um über Wonsiedel durch die Ober-Pfalz zu entkommen.

Der General Fink folgte ihm auf dem Fuße nach, nachdem er durch 2 Regimenter zu Pferde verstärkt worden, und ob ihm gleich die Defileen

Yyy 4 verhin-

verhinderten, den Feind gänzlich einzuholen, so machte er doch auf dem Marsche 350 Mann und 10 Officiers zu Kriegsgefangenen. Den 12 May langte er wieder aus der Ober-Pfalz jenseits Bayreuth an, und vereinigte sich den folgenden Tag mit der Armee, die diesen Tag durch Bayreuth gezogen war. Es rückte auch der General-Lieutenant von Platen mit seinem Detaschement wieder im Lager ein, das kurze Zeit bey St. Johannis gestanden, um den General Maqvire abzuschneiden, wenn er den Weg nach Bayreuth genommen hätte. Die Preußischen Vortrouppen giengen durch Droßenfeld, besetzten Schönfeld und schickten ein Detaschement nach dem engen Wege von Hollfeld, welchen einige Croaten und Husaren besetzt hatten, die eiligst sich entfernten und 20 Gefangene zurücke ließen.

Ehe Prinz Heinrich aus dem Lager von Penk aufbrach, wurde der General-Lieutenant von Itzenplitz mit einigen Trouppen gegen Culmbach abgeschickt, um den General-Major von Knobloch, welcher gegen Lichtenfels marschirte, zu unterstützen. An beyden Orten fand man Vorräthe von Lebens-Mitteln, welche der Feind verlassen hatte. Den 16ten vereinigten sich die Generale von Itzenplitz und Knobloch mit einem Theile der Vortruppen zu Bamberg, wo bisher der Prinz von Zweybrücken mit dem Groß der Reichs-Armee gestanden, der aber bereits sein Lager verlassen und sich nach Forchheim gewendet hatte. Die Preußen trafen noch einige Croaten und Husaren

in

in Bamberg an, die sie zu Gefangenen machten; Der Feind hatte ein ansehnlich Magazin hier, das er verließ, nachdem er für mehr als 200 000 Thaler davon zu Grunde gerichtet hatte. Indessen fand man doch noch 400,000 Portionen und 100 000 Rationen Haber. Den 17 nahm die Armee ihr Lager zu Sachsendorf, die Vortrouppen aber setzten sich zu Streitberg und Ebermannstadt, von dannen verschiedene Corps abgeschickt wurden, um die noch übrigen feindlichen Magazins vollends zu verderben. Unter andern giengen die Obrist-Lieutenants von Kleist und Wunsch, über Burg-Eberach nach Kitzingen unweit Würzburg, und besetzten solches, da indessen der General von Knobloch sich zu Burg-Eberach lagerte, um ihren Marsch zu decken. Sie fanden zu Kitzingen ein ansehnlich Magazin, welches sie größtentheils ruinirten, auch es völlig zu Grunde gerichtet haben würden, wenn nicht von dem General von St. Andre aus Würzburg ein starkes Detaschement angelangt wäre, das solches verhinderte. Es kamen hierbey 20 Mann von den Frey-Bataillons nebst einem Officier in die Gefangenschaft; doch hinderte dieses nicht, daß nicht der Vorrath von Lebens-Mitteln, welche der Feind zu Marktbreit und Steft niedergelegt hatte, ruinirt wurde.

Die Reichs-Armee, die sich bis Nürnberg zurücke gezogen und ihr Lager bey Fürth genommen hatte, recolligirte sich indessen dergestalt wieder, daß sie anfieng, vorzurücken, wobey auch

Yyy 5.   der

der General St. Andre zu Würtzburg sich so verstärkte, daß er ansehnliche Detaschements ausschicken und dadurch den Preussen vielen Abbruch thun konnte; zu geschweigen, daß auch die Oesterreicher einen Einfall in den Erzgebürgischen Krayß gethan hatten. Dieses bewog den Prinzen Heinrich, den 24sten May von Bamberg wieder aufzubrechen und seinen Rückweg nach Sachsen zu nehmen. Der Marsch gieng über Bayreuth, Hof, Gefreeß, nach Plauen, wo er den 1 Jun. anlangte und sich in hiesiger Gegend in die Cantonirungs-Quartiere legte. Zu Gefreeß traf man den 30sten den General Kleefeld mit 3000 Mann an, dessen leichte Trouppen sich alsbald entfernten, die 2 Bataillons Croaten aber, so hinter Mönchsberg stunden, und sich wehren wollten, wurden über den Haufen geworfen und ihnen 2 Canonen abgenommen. Nachdem man einen Theil derselben getödtet und bey nahe 100 Gefangene gemacht, wurde der Feind bis über dem engen Weg von Berneck zurücke getrieben.

Die Preußen hatten bey dieser ganzen Expedition einige feindliche Magazine ruiniret, etl. 1000 Feinde theils getödtet, theils gefangen genommen und das Stift Bamberg in schwere Contribution gesetzt. Unter den Kriegs-Gefangenen, die sie gemacht, befanden sich der General-Major Riedesel, der Obrist, Prinz von Sahn, der Obrist von Epting vom Cronachischen Krayß-Regimente, der Obrist-Lieutenant von Floret und

und der Major von Wieser von den Pfälzischen Dragonern, und noch 47 Officiers. In dem Journal der Reichs-Armee heißt es von dieser Preussischen Unternehmung also: „Es ist nicht zu be-
„schreiben, wie sehr der Feind das Bambergische
„mitgenommen hat. Den armen Einwohnern
„ist fast nichts als das Leben gelassen, und nach
„vielen Bedrückungen dem Hochstifte zu Bam-
„berg noch eine Contribution von 500000 Reichs-
„thalern in 5 Monathen zu bezahlen auferlegt,
„auch zu dem Ende verschiedene Geisseln mitge-
„nommen worden.„

* *

III.

Leben und Thaten des jüngst verstorbenen berühmten Preußischen Generals von Mayer.*)

Johann von Mayer, wurde zu Wien den 1 May 1716 zur Welt gebohren. Er war ein natürlicher Sohn eines vornehmen Vaters, den er selbst nicht gekannt, noch davon etwas gewußt hat. Er würde es aber von seiner Mutter, die aus Holland ihn zuletzt besuchte, noch erfahren haben;

---

*) Wir legen hierbey des Herrn D. Pauli Leben grosser Helden P. III. p. 145 seqq. zum Grunde.

haben, wenn er länger gelebt hätte. Sein Vater war Nicolaus, Graf von Stella, Kayserl. Königl. würklicher geheimer Rath und Mitglied des Spanischen Raths zu Wien, der den 9 Nov. 1756. gestorben ist. Seine noch lebende Mutter war aus mittelmäßigem Bürgerstande. Sie lebte zu Wien von der Geschicklichkeit ihrer Hände in weiblichen Verrichtungen; bis sie durch Artigkeit und Schönheit sich den Sohn erworben, dessen Leben wir hier beschreiben.

Neun Monathe nach dessen Geburt heyrathete sie einen Billardeur, Namens Maner, mit dem sie verschiedene Kinder gezeugt. Sie erzog ihren ältesten Sohn in der Gesellschaft ihrer andern Kinder; und legte ihm auch ihres Mannes Zunahmen bey, nicht anders, als ob er dessen leiblicher Sohn gewesen wäre; wie er es denn auch selbst lange Zeit nicht anders geglaubet hat. Seine Mutter kriegte jährlich etwas weniges zu dessen Unterhalt und Erziehung, welches aber aufhörte, da er das Soldaten-Leben erwählte. Er wurde den Jesuiten untergeben, die ihn bis ins 16te Jahr in allerhand Wissenschaften unterrichteten; er hatte aber zu nichts grössere Lust als zur Music, darinnen er es nach und nach sehr weit brachte. Seine natürliche Lebhaftigkeit artete in eine Wildheit aus, zumal da er zu Wien so viele Gelegenheit hatte, zu allerhand Ausschweifungen verleitet zu werden. Selbst in seines Stief-Vaters Hause sahe er wenig Beyspiele der Tugend. Es wurde unter andern daselbst stark gespielt. Dieses gewöhn-

gewöhnte er sich auch an, wodurch er auf vielerley Abwege gerieth.

Er wurde des Zwangs seiner Aufseher müde, daher gieng er 1732. nach Ungarn, wo er durch die Music seinen nothdürftigen Unterhalt fand. Er kam in des Generals von Engelshofen, Commendantens zu Temeswar, Bekanntschaft, der mit Vergnügen seine Violine hörte, die er schon damals sehr schön spielte. Derselbe nahm ihn unter seine Hautbolsten auf. Allein diese Stelle war ihm ebenfals noch zu sehr eingeschränckt. Er nahm daher unter des jetzigen Kaysers, als damahligen Herzogs von Lothringen, Infanterie-Regimente würckliche Kriegsdienste an, und ward Unter-Officier.

Ob er wohl in dieser Stelle seine Dienste pflichtmäßig verrichtete, so ergab er sich doch zugleich allen Ausschweiffungen der Liebe, des Spiels und des Trunks, wodurch er sich eine gefährliche Kranckheit zuzog, die ihn beynahe ins Reich der Todten lieferte. Es geschahe in Italien, allwo sein Regiment in Besatzung lag. Er fiel zugleich in eine Schwermuth, die so groß wurde, daß er, seiner sorgfältigen Wächter ohngeachtet, etwas ein Brod-Messer kriegte, und sich damit in die Brust stach. Alleine er wurde nicht nur an dieser Wunde geheilt, sondern auch von seiner Leibes- und Gemüths-Kranckheit wieder hergestellt. Er war damals etwan zwanzig Jahr alt. Ob er nun gleich nachgehends weder das Spiel mied, noch sich des Umgangs des andern Geschlechts behutsam

hutsam genung bediente, so hörte er doch auf, den Trunk zu lieben. That er aber seit der Zeit Fehltritte, so blieb er doch mehr als sonst auf der Bahn, die zur Ehre führet.

Er erlangte bey den Officiers des Frantz-lothringischen Regiments viele Achtung, weil er in allen Handlungen große Geschicklichkeit und bey allen Gefährlichkeiten viele Hertzhaftigkeit zeigte. Dieses geschahe sonderlich in dem letzten Kriege, den Carolus VI. den Russen zu gefallen in den Jahren 1737. 1738. und 1739. mit den Türken führte. Er wohnte als Feldwebel allen Feldzügen und Kriegs-Handlungen bey, und schonte sich so wenig, daß er verschiedene Wunden emfieng, davon er die Narben beständig getragen. Er überstunde auch glücklich die Ungarische Kranckheit so, daß er immer bey seinem Regimente bleiben konnte.

Nach Caroli VI. Tode gieng der Oesterreichische Successions-Krieg an. Er kam mit seinem Regimente 1741 in Schlesien zu stehen, und wohnte den 10 April der Schlacht bey Mollwitz bey. Sein Schicksal führte ihn darauf nach Prag, wo er in Besatzung zu liegen kam, als diese Stadt von denen Französischen, Bayerischen und Sächsischen Völkern angegriffen wurde. Als die Stadt den 26 Nov. mit Sturm übergieng, wurde er mit der Besatzung gefangen. Er ranzionirte sich aber selbst, und trat in des neuen Kaysers Caroli VII. bisherigen Churfürstens

stens von Bayern, Dienste. Der Feld-Marschall, Graf von Seckendorf, der dessen Armee commandirte, machte ihn zum Lieutenant und zu seinem General-Adjutanten. Er blieb aber nicht lange in diesen Diensten. Denn weil er mit seinem damaligen Obristen, Grafen von St. Germain, der jetzt einen vornehmen französischen General abgiebt, in einige Verdrüßlichkeiten verwickelt wurde, rieth ihm der Graf von Seckendorf, andere Dienste zu suchen.

Er schlug ihm die Churfächsischen vor, die er auch erwählte. Er gieng mit gutem Empfehlungs-Schreiben nach Dreßden, wo er im Febr. 1745 die Bestallung eines Premier-Lieutenants kriegte, nachdem er an ein viel vermögendes Frauenzimmer so glücklich 2000 Ducaten verspielt hatte, daß sie ihn zu ihrem Gemahl annahm. Er that seine Dienste redlich, und wohnte den 15 Dec. bey dem damaligen Minckwitzschen und nachhero Plötzischen Dragoner-Regimente der Schlacht bey Kesselsdorf bey. Alleine der gleich darauf erfolgte Friede gab den Sächsischen Trouppen Ruhe. Weil nun Mayer derselben ungewohnt war, suchte er Erlaubniß, dem Feldzuge in den Niederlanden bey der Oesterreichischen Armee beyzuwohnen, die er auch 1746 erhielte.

Er diente in diesem Jahre als Volontair, wobey er den Character eines Adjutantens des Feld-Marschalls, Grafens Batthiani, führte. Er kam in Bergen-op-Zoom zu stehen, welches von den

den Franzosen scharf belagert und endlich den 16 Sept. 1747. überrumpelt und erobert wurde. Er war unter denen, die sich glücklich durch die Franzosen durchschlugen, wodurch er der Gefangenschaft entgienge. Er erhielte hierauf zwar in Sachsen den Character eines Rittmeisters, wurde aber fast zu gleicher Zeit bey der vorgenommenen Reforme der Trouppen ins Warte-Geld gesetzt. Er verhielte sich dabey gelassen, und blieb bey dem Feld-Marschall Batthiani bis 1748, da der Aachner Friede den Waffen Ruhe gabe.

Er hatte sich in den Niederlanden eine große Achtung erworben, daher er an seinem Hofe um Erlaubniß anhielte, noch länger in diesen Landen bleiben zu dürfen, welches ihm auch zugestanden wurde. Der Graf Batthiani sorgte selbst vor sein Glücke, und gab ihm die beste Recommendation. Er that solches mit so erwünschter Würkung, daß er in Vorschlag kam, als Obrister bey der Garde in Holländische Dienste zu kommen. Allein die Eifersucht hintertrieb die Bestallung, die ihm bereits bestimmt zu seyn schiene. Er hielte sich seit der Zeit bald in Holland, bald in Aachen auf, bis er 1750. wieder nach Dreßden zurück gienge, allwo er Obristlieutenant bey der Pohlnischen Cron-Armee wurde. Er hielte sich von dieser Zeit an fast beständig zu Dreßden auf, und besuchte fleißig den Hof, an welchem er wohl angesehen war. Er fand sich auch in vielen vornehmen Gesellschaften ein,

ein, worinnen er stärk und meistens glücklich spielte. Er hielt sich aber einsmals durch einige Reden von dem Obristen Vitzthum, der des Chur-Prinzens General-Adjutant war, zum höchsten beleidiget, worüber sie mit einander in einen Proceß geriethen, der fast 2 Jahr währte. Da nun die Urtheils-Sprüche vor den Obristen nicht geneigt fielen, ward endlich die Entscheidung einem Duell überlassen, weil Vitzthum sich zu keiner andern Satisfaction verstehen wollte. Man erwählte das Kugel-Wechseln, und bestimmte hierzu den 27sten Jun. 1754. Der Kampf-Platz sollte auf der Grenze zwischen Sorau und Sagan seyn. Allhier kamen sie an dem bestimmten Tage Vormittags gegen 10 Uhr zusammen. Sie stunden 12 Schritte von einander. Mayer, der den ersten Schuß that, traf Vitzthumen gleich in die linke Seite, und die Kugel gieng durch den Unterleib. Dieser drückte zwar auch in eben dem Augenblick seine Pistole los, aber der Schuß gieng seinem Gegner am linken Arme des Kleides vorbey. Vitzthum sank darnieder. Mayer lief gleich hinzu, umfaßte und küßte ihn, bat ihn auch unter Vergießung einiger Thränen um Verzeihung, und bezeugte, wie es ihm sehr leid thue, daß es so weit gekommen wäre. Nachdem sie sich beyde versöhnet und einander alles abgebeten, schwung sich Mayer auf sein Pferd und retirirte sich nach Schlesien. Vitzthum aber wurde durch den bey sich habenden Feldscheer verbunden und nach Sorau ins Posthaus gebracht, wo er Abends um 8 Uhr seinen Geist aufgab.

G. H. Nachr. 120 Th. Z ii Mayer

Mayer gieng hierauf nach Warschau, wo sich damals der König aufhielte, und bat, daß seine Sache zu Dreßden untersucht würde. Solche ward auch beygelegt. Jedoch der König und der Premier-Minister, Graf von Brühl, riethen ihm gleichwohl, andere Dienste zu suchen, und schlugen ihm die Rußischen vor, zu denen er aber wenig Lust hatte; gleichwohl trat er seine Reise nach Rußland an. Er gieng durch Potsdam und Königsberg, und hätte sogleich in Königl. Preußische Dienste kommen können, wenn er seinem bisher gehabten Range etwas hätte vergeben wollen. Er setzte daher seine Reise nach Rußland fort. Alleine bey seiner Ankunft zu Mietau in Curland fand er einen Brief von dem Könige in Preußen, darinnen er nach Potsdam zurücke zu kommen begehret wurde. Er langte im März 1755 daselbst an, und trat in dessen Dienste. Er kriegte einen, seinem Stande gemäsen, Gehalt, und er blieb bis zu Anfang des ietzigen Kriegs ein Volontair.

Im Jahr 1756 wurde er mit dem Prädicat von in den Preußischen Adelstand erhoben, und drey Tage vor dem Abzuge der Königl. Armee als Flügel-Adjutant in des Königs würkliche Dienste aufgenommen, welchen Monarchen er auch bey seinem damaligen Feldzuge nach Dreßden begleitete. Derselbe fand für nöthig, denen feindlichen Panduren leichte Fuß-Völker entgegen zu stellen, um die ordentlichen Trouppen dadurch, daß man sie mit irregulairen Völkern täglich streiten ließe, nicht

nicht abmatten zu laſſen. Er ließ daher ſo genannte Frey-Bataillons aufrichten, da denn der Obriſt-Lieutenant von Mayer, der bald darauf Obriſter wurde, die Ehre hatte, das erſte von denſelben zu errichten. Es geſchahe zu Reichenbach im Vogtlande, wobey der Zulauf ſo groß war, daß das Bataillon den Winter über vollſtändig gemacht wurde.

Mit dieſem Frey-Bataillon legte er den Grund zu dem erlangten Ruhme. Es war das Frey-Bataillon kaum errichtet, ſo that er ſchon mit demſelben zum Vortheil ſeines Königs treue Dienſte. Nachdem er unweit Schneeberg annoch während den Winter-Quartieren einen Anfall ausgehalten hatte, wobey er ſelbſt verwundet worden, nahm er gleich bey dem Einmarſch der Armee in Böhmen 1757 einen Trupp Panduren, oder, wie ſie lieber heißen wollen, Croaten, gefangen, und half das Schloß zu Tetſchen in Beſitz nehmen. Der König untergab darauf ſeinem Commando ein Corps von 1500 Mann, das aus ſeinem eigenen und dem Kalbiſchen Frey-Bataillon, und aus 200 Huſaren von dem Czettritiſchen Regimente beſtunde, mit welchem er die Magazine im Pilsner-Krayſe verderben und ſowohl die Ober-Pfalz als Franken in Contribution ſetzen ſollte, welches er auch glücklich, jedoch zum größten Schrecken der Einwohner, und ſonderlich der Nürnberger, die er am ſchärfſten heimſuchte, ausführte, und damit bis zu Anfang des

Zii 2   Julii

Julii zubrachte, da er mit seinem Corps wieder bey der Armee des Königs in Böhmen anlangte. Wir haben diese Expedition in unsern Nachrichten schon zulänglich beschrieben*), daher wir es hier nicht wiederholen wollen. Er brachte von dem Bayreuthischen Hofe das Gnaden-Creutz des Ordens de la Sincerité et Fidelité mit, das er bey seinem Durchzuge von der hochseel. Marggräfin bekommen hatte.

Er bedeckte darauf mit seinem Corps die Arriere-Garde der Königl. Armee, als sie sich aus Böhmen zurücke zog, folgte alsdenn dem Könige nach Thüringen, da derselbe Erfurt einnahm, trieb die Feinde aus Weißenfelß, und half die Reichs-Trouppen und Franzosen den 5 Nov. bey Roßbach schlagen. Vor dieser Schlacht beunruhigte er mit seinem Frey-Bataillon beständig das feindliche Lager, und als das Treffen angieng, bedeckte er die Bagage. Als aber der rechte Flügel des Feindes geschlagen war, half er deßen linken Flügel gleichfals über den Haufen werfen. Er eroberte hierbey eine Canone und verfolgte den flüchtigen Feind etliche Tage lang bis Erfurt. Da der König darauf mit einem Theil der Armee nach Schlesien gieng, folgte er mit seinen Leuten dem Feld-Marschall Keith nach Böhmen, als derselbe darinnen die Magazine ruinirte und alles Land bis Prag brandschatzte. Nach

---

*) Siehe die Neuen Nachr. T. VIII. p. 941 sqq.

Nach geendigtem Feldzuge kriegte er, den Winter über, sein Stand-Quartier zu Tschopau.

Jedoch er hatte nicht lange daselbst Ruhe, weil er im Febr. 1758 den Feind aus Plauen vertreiben, und das ganze Vogtland vor den feindlichen Streifereyen bedecken, auch deßhalben sein Quartier zu Reichenbach nehmen mußte. Den 12ten April überrumpelte er die Reichs-Trouppen zu Hof, wo er alles, was er noch von ihnen in der Stadt antraf, worunter sich auch der General, Graf von Witgenstein, befand, zu Kriegs-Gefangenen machte, auch viel Haber und Mehl erbeutete, alsdenn aber nach Reichenbach zurücke kehrte. Bald darauf unternahm er einen sowohl beschwerlichen als vortheilhaftigen Zug nach Suhla, wo er den 24 April anlangte, und allen Vorrath von Gewehr auf 28 Wagen mit hinweg nahm. Den 29 Apr. kam er schon wieder nach Reichenbach zurücke.

Im May wurde der General Driesen mit einem Corps nach Franken geschickt, um solches Land in Contribution zu setzen, und sonderlich das Stift Bamberg zu züchtigen. Hierbey mußte er die Avant-Garde führen. Er brach den 22sten von Reichenbach auf, und langte mit seinem Corps über Plauen, Hof und Bayreuth den 30sten vor Bamberg an, welches er sogleich einzunehmen gedachte, aber starken Widerstand fand. Es kam zu einem scharfen Feuer, ehe man sich der Vorstädte bemächtigte, worauf die Stadt capitulirte und stark

gebrand-

gebrandschatzt wurde. Nach seiner Rückkunft mußte er den 19 Jun. der Expedition des Generals von Fink beywohnen, als er den General Lusinski von Asch nach Eger vertrieb.

Zu Ende dieses Monaths kriegte er das Commando über die Trouppen zu Marienberg, wo er 6 Wochen stunde, und während der Zeit sowohl den 19 Jul. den General Kleefeld, der ihn mit 8000 Mann des Nachts überfiel, mit Verlust tapfer zurücke trieb, als auch den 31sten den Feind aus den Verhauen in dem Gebürge, dadurch er den Eingang in Böhmen versperrte, glücklich heraus schlug, wobey er einen Schuß durchs Kleid kriegte, und zwey Pferde unter dem Leibe verlohr, dargegen ihn der Prinz Heinrich, wegen seiner bewiesenen Tapfferkeit, mit einem schönen Pferde beschenkte.

Im August mußte er unter dem General von Aßeburg, des Generals Dombale fernerem Eindringen ins Ertz-Gebürge, bey Pönig vorbeugen; zu Anfang des Sept. aber dem Grafen von Daun den Uebergang über die Elbe bey Meisen verwehren, weßhalben er die Elbe von Meißen bis Torgau besetzte, und die ganze Oesterreichische Macht so lange beobachtete, bis die Ankunft des Königs den Feld-Marschall Daun zurücke zu gehen nöthigte. Er mußte darauf, bis zu Anfang des Novembers, zu Mügeln die Vorposten von Prinz Heinrichs Armee commandiren, während der Zeit er von dem Könige zum General-Major erklärt wurde, in welcher Qualität er den 4 Nov. Abends die Feinde aus der Ziegelscheune bey Pirna bis Groß-Sedlitz jagte, und hierbey die feindliche Armee recognoscirte, die darauf bey Lockwitz über die Elbe gienge, und sich der Stadt Dreßden näherte.

Den 7 Nov. besetzte Mayer die Vorstädte, und da man den folgenden Tag leichtbrennende Sachen in die Häuser derselben gebracht hatte, kriegte er Befehl, auf die empfangene Losung des Commendantens die Vorstädte daselbst in Brand zu stecken. Immittelst suchte er den großen Garten zu bedecken, wo er dahin einige Stücken pflanzen, und die Husaren stark herum streifen ließ. Den 9ten rückte die feindliche Avant-Garde in Schlacht-Ordnung gegen die Pirnische Vorstadt an, die die darinnen liegenden Trouppen vergebens zu vertheidigen suchten. Der Feind ließ so gar sein grobes Geschütze bis in die Stadt spielen, worauf er den 10 Nov. frühe um 3 Uhr Befehl kriegte, die nächst an den Graben stoßenden Häuser in Brand zu stecken, welches er auch ins Werk setzte, da denn 280 Häuser im Feuer aufgiengen. Er zog sich alsdenn mit seinen Trouppen in die Stadt, die der Feind den 12 Nov. im Ernst angreifen wollte. Jedoch die bevorstehende Ankunft des Königs bewog den Feld-Marschall Daun, den 16ten sein Lager aufzuheben, und sich nach Böhmen zurücke zu ziehen, wohin ihn Mayer mit seinen Trouppen

nachsetzte. Dieses war seine letzte Kriegs-
Handlung.

Er krigte zu Anfang des Decembers mit seinem Bataillon sein Quartier zu Plauen. Hier
fiel er in ein hitziges Brust-Fieber, das ihm seinen
Tod ankündigte. Weil er der Röm. Cathol. Religion zugethan war, und es ihm an einem Geistlichen,
der ihm auf seinem Kranken-Bette zusprache, fehlte,
unterredete er sich mit seinem Secretair, der vormals der Gottesgelahrheit sich gewidmet hatte.
Durch dessen Zuspruch wurde er sehr gerühret, und
er bezeugte eine verwunderswürdige Gelassenheit.
Endlich starb er den 3 Jan. 1759, nachdem ihn der
Schlag gerühret, im 43sten Jahre seines Alters.
Sein Cörper wurde zu Plauen mit Kriegerischen
Ehrenzeichen in der Gottesackers-Kirche vor dem
Altar beerdiget, nachgehends aber nach Dreßden
gebracht, und allda auf dem Catholischen Gottes-
acker begraben. Sein Secretair hielte ihm eine
kurze Stand-Rede, die gedruckt worden ist.

Er war wohl gewachsen, und hatte eine kurze
aufgestutzte Nase, auch kleine Augen, die ihm aber
nur im Zorne verstellten. Seit einigen Jahren
ward er sehr dicke worden. Er hatte einen fähi-
gen Kopf, aber ein flüchtiges Gemüthe. Er kargte
bey kleinen Ausgaben, und warf hernach 100 Ducaten weg. Er spielte gerne, und zwar hoch, aber
meistens glücklich. Er war von wunderlichem Gemüthe, wer sich aber seiner Schwäche zu bedienen
wußte,

wußte, konnte ihn völlig regieren. Er übertrieb alles, auch selbst die Freundschaft. Außer der Mittagsmahlzeit trank er weder Wein noch Bier. Er hatte einen sehr offenen Kopf, las viel und besaß ein gutes Gedächtniß. In der Historie, Geographie und Musik war er sehr erfahren. Die Ehrbegierde war seine stärkste Leidenschaft, welcher er alles aufopfferte. Und diese feuerte ihn auch zu den allerverwegensten Unternehmungen an, die er aufs geschwindeste, und ohne die geringste Gefahr zu scheuen, ausführte. Er hinterließ zwar viele prächtige Sachen, aber nur 28 Louis d'Or baar Geld, und dabey ziemliche Schulden. Nach Bezahlung der letztern sollen, Kraft seines Testamentes, sein Sohn, der ein gemeiner Soldate unter den Oesterreichischen Trouppen seyn soll, seine Tochter und eine von seinen Beyschläferinnen, deren er seit vielen Jahren stets zwene gehabt, seine Erben seyn. Wo seine Frau hingekommen, hat man nicht erfahren. Sein Andenken wird zwar unvergessen, aber an wenig Orten im Seegen seyn.

IV.

Verzeichniß derer Perſonen,
von welchen in dieſem zehnten Bande vollſtändige Lebens-Beſchreibungen vorkommen.

I.

Auguſt Wilhelm, Prinz von Preußen, † 12 Jun. 1758 p. 127 ſq.

II. Benedictus XIV. Römiſcher Pabſt, † 3 May 1758 p. 225 ſq. 413 ſq.

III. Carl Spencer, Herzog von Marlborough, Chef der Engliſchen Auxiliar-Trouppen in Deutſchland, † 20 Oct. 1758 p. 558.

IV. Emanuel Pinto, Großmeiſter zu Malta, † im Sept. 1758. im 11ß Theile, p. 546. ſq.

V. Andreas Zaluski, Biſchof von Cracau, † 16 Dec. 1758. p. 753. ſq.

VI. Thomas Philipp von Alſace, der Röm. Kirche Cardinal, und Erzbiſchof zu Mecheln, † 5 Jan. 1759 p. 801 ſq.

VII. Hanß Carl von Winterfeld, Preußiſcher General-Lieutenant, † 7 Sept. 1757 p. 812 ſq.

VIII. Anna, verwitwete Prinzeſſinn von Oranien, und Erb-Stadthalterinn derer vereinigten Niederlande, † 12 Jan. 1759 p. 868 ſq.

IX. Jo-

vollständigen Lebens-Beschreibungen. 1077

IX. Johann Anton Guadagni, der Röm. Kirche Cardinal, † 15 Jan. 1759 p. 999 sq.

X. George Andreas Doria, der Röm. Kirche Cardinal, † 30 Jan. 1759 p. 1004 sq.

X. Johann von Mayer, Preußischer General-Major, † 3 Jan. 1759 p. 1061 sq.

* * * * * * * * * * * * * * * * * * * *

V.

Summarisches Verzeichniß

derer vornehmsten unter den verstorbenen, gebohrnen, vermählten und avancirten Standes-Personen, deren in diesem Bande Meldung geschicht.

I. Unter den Verstorbenen befinden sich:

1) Gekrönte Häupter:

1. Benedictus XIV. Römischer Pabst, † 3 May 1758.
2. Maria Barbara, Königinn von Spanien, † 27 Aug. 1758.

2) Ein Königl. Prinz:

August Wilhelm, Prinz von Preußen, † 12 Jun. 1758.

3) Car-

3) Cardinäle:

1. Joseph Emanuel d'Attalaja, ein Portugiese, † 9 Jul. 1758.
2. Albericus Archinto, ein Meyländer, † 30 Sept. 1758.
3. Carolus Maria Sacripante, ein Römer, † 4 Nov. 1758.
4. Clemens Argenvillieres, ein Römer, † 27 Dec. 1758.
5. Thomas Philippus b' Alsace, ein Niederländer, † 5 Jan. 1759.
6. Johann Anton Guadagni, ein Toscaner, † 15 Jan. 1759.
7. George Andreas Doria, ein Genueser, † 30 Jan. 1759.

4) Regierende Fürsten:

1. Emanuel Pinto, Großmeister von Malta, † in Sept. 1758.
2. Ernst August Constantin, Herzog von Sachsen-Weimar und Eisenach, † 28 May 1758.
3. Dominicus Anton, Bischof von Tribent, gebohrner Graf von Thun, † im Sept. 1758.
4. Heinrich, Fürst von Schwarzburg-Sondershausen, † 5 Nov. 1758.

5) Aller-

5) Allerhand Durchl. Personen männlichen Geschlechts:

1. Friedrich Franz, Prinz von Braunschweig, † 14 Oct. 1758.
2. Friedrich August Heinrich, Prinz von Sachsen-Coburg und Saalfeld, † 8 Jul. 1758.
3. Friedrich, Prinz von Sachsen-Coburg und Saalfeld, † 26 Jun. 1758.

6) Allerhand Durchl. Personen weiblichen Geschlechts:

1. Anna, verwitwete Prinzessinn von Oranien, und Erb-Stadthalterinn derer vereinigten Niederlande, † 12 Jan. 1759.
2. Friderica Sophia Wilhelmina, Marggräfinn von Brandenburg-Bayreuth, † 14 Oct. 1758.
3. Charlotte Philippina, verwitwete Herzoginn von Würtemberg-Oels, † 17 Jun. 1758.
4. Sophia Louise, verwitwete Fürstinn von Oettingen, † 2 Jun. 1758.

7) Ein Oesterreichischer Ritter des güldenen Vließes:

Franz Ludwig, Graf von Salaburg, Kayserl. General-Feld-Marschall und General-Kriegs-Commissarius, † 5 Jun. 1758.

8) Rit-

8) **Ritter des blauen Hosenbandes:**

Carl Spencer, Herzog von Marlborough, † 20 Oct. 1758.

9) **Ritter des Elephantens:**

1. Claus von Reventlau, Dänischer Geh. Conferenz-Rath, und Präsident im höchsten Gerichte, † 10 May 1758.
2. Christian August von Berkentin, Dänischer Staats-Minister, † 2 Jul. 1758.
3. Hanß Jacob von Arnold, Dänischer Feld-Marschall, † 24 Dec. 1758.

10) **Ritter des heiligen Geistes:**

1. Carl Ludwig von Montsaunin, Marquis von Montal, General-Lieutenant, † 22 Aug. 1758.
2. Carl Philipp von Albert, Herzog von Luynes, † 25 Oct. 1758.

11) **Ritter des schwarzen Adlers:**

1. August Wilhelm, Prinz von Preußen, † 12 Jan. 1758.
2. Friedrich Wilhelm von Dossow, Preußischer General-Feld-Marschall, † 28 May 1758.
3. Adam Otto von Viereg, Preußischer Staats-Minister, † 11 Jul. 1758.

4. Jacob von Keith, Preußischer General-Feld-Marschall, † 14 Oct. 1758.
5. August de la Chevallerie, Baron von la Motte, Preußischer General-Lieutenant, † 7 Dec. 1758.
6. Peter von Pennavaire, Preußischer General-Lieutenant, † 19 Jan. 1759.

12) **Ein Ritter des St. Andreä-Ordens:**

Stephan Foedorowitz, Graf von Aprarin, Russischer General-Feld-Marschall, † 30 Aug. 1758.

13) **Ritter des weißen Adlers:**

1. Ernst August Constantin, Herzog von Sachsen-Weimar und Eisenach, † 28 May 1758.
2. Stephan Foedorowitz, Graf von Aprarin, Russischer General-Feld-Marschall, † 30 Aug. 1758.
3. Heinrich, Fürst von Schwarzburg-Sondershausen, † 5 Nov. 1758.
4. Andreas Zaluski, Bischoff von Cracau, † 16 Dec. 1758.
5. Severinus Rzewuski, Woywode von Pollynien, † im Jan. 1755.

14) **Ein Seraphinen-Ritter:**

Joh. Christoph, Graf von Düring, Schwedischer General-Feld-Marschall, † 5 Jan. 1759.

II. Unter

II. Unter den Gebohrnen befinden sich:

1) Einige Prinzen:

1. Georg Carl Aemilius, ein Prinz von Preußen, geb. 30 Oct. 1758.
2. Friedrich Ferdinand Constantin, Prinz von Sachsen-Weimar, geb. 8 Sept. 1758.
3. Friedrich Eugenius Heinrich, Prinz von Würtemberg, geb. 21 Nov. 1758.

2) Einige Prinzeſſinnen:

1. Sophia Friderica, Prinzeſſinn von Mecklenburg-Schwerin, geb. 24 Aug. 1758.
2. Hedwig Elisabeth Charlotte, Prinzeſſinn von Holſtein-Gottorp, geb. 22 Mart. 1759.
3. Sophia Friderica Dorothea, Prinzeſſinn von Thurn und Taxis, geb. 29 Jul. 1758.
4. Anna Chriſtina, Prinzeſſinn von Löwenſtein, geb. 26 Jul. 1758.

III. Unter den Vermählten befinden ſich folgende Durchl. Perſonen:

1. Ernſt Friedrich, Herzog von Sachſen-Hildburghauſen, verm. den 1 Jul. 1758 mit Erneſtina Auguſta Sophia, gebohrnen Prinzeſſinn von Sachſen-Weimar.

2. Ludwig Franz von Bourbon, Graf von la Marche, Königl. Französischer Prinz von Geblüthe, verm. den 27 Febr. 1759 mit Fortunata Maria d'Este, gebohrnen Prinzeßinn von Modena.

IV. Unter den Avancirten befinden sich:

1) **Ein neues gekröntes Haupt:**
Clemens XIII. Römischer Pabst, erwählt 6 Jul. 1758.

2) **Neue Cardinäle:**
1. Carolus Rezzonico, ein Venetianer, 25 Sept. 1758.
2. Anton Marinus Prioli, ein Venetianer, 2 Oct. 1758.
3. Franz Joachim Peter de Bernis, ein Franzose, eod.

3) **Neue Regenten:**
1. Carolus Herzog von Curland und Semigallien, ein gebohrner Königl. Prinz von Pohlen, den 16 Nov. 1758 investirt 8 Jan. 1759.
2. Johann Ludwig Guerin von Tencin, Großmeister von Malta, im Sept. 1758.
3. Carl August, Herzog von Sachsen-Weimar und Eisenach, unter der Vormundschaft seiner Durchl. Fr. Mutter, 28 May 1758.
4. Christian Günther, Fürst von Schwarzburg-Sondershausen, 5 Nov. 1758.
5. Franz Felix, Bischof zu Trident, ein gebohrner Graf von Alberti, succ. als bisheriger Condj. im Sept. 1758.

6. Philippus, Abt zu Corven, ein gebohrner Freyherr von Spiegel, erwählt 5 Mart. 1758.
7. Donduck Daichi, neuer Fürst der Calmucken,
im May 1758.
   4) Neue Marschälle in Frankreich:
1. Ladislaus, Graf von Berchent, eigentlich Ber-
tenny, 9 April 1758.
2. Hybertus de Brienne, Marquis von Conflans,
9 Apr. 1758.
3. Erasmus, Marquis von Contades, im Aug.
1758.
4. Carl de Rohan, Prinz von Soubise, im
Oct. 1758.

* *

Register
der vornehmsten Sachen.

NB. Weil sich im 115 Theile, die mit p. 599 geen-
digte Pagina, aus Irrthum wieder mit p. 500 von
neuen anfängt, und folglich die Pagina von 500
bis 600 sich in diesem Bande gedoppelt befinden,
hat man in dem Register zu den letztern Paginis
von 500 bis 600 ein b gesetzt.
Eine solche Irrung ist auch im 119 Theile, p. 894 sq.
vorgefallen.

Adler, des schwarzen, neue Ritter,
522. 524. 726.
 . . des weißen, neue Ritter, 339.516.
Algierer, werden von den Spaniern zur See geschlagen, 591 sq. Bombardiren Piombino, 744.
Alliir-

Register der vornehmsten Sachen.

Alliirten, gehen über den Rhein, 8 sq. treiben die Franzosen bis Crevelt, 18 sq. schlagen sie allda, 22 sq. müssen wieder zurücke, 258 sq. und über den Rhein gehen, 272 sq. werden durch ein Corps Engelländer verstärkt, 273 sq. nehmen in Westphalen die Winter-Quartiere, 283 sq.

Apostolische Majestät, diesen Tittel erhält die Kayserinn Königinn vom Pabst, in Ansehung Ungarn, vor sich und ihre Nachfolger, 588 sq.

Araber, schlagen die große Caravane nach Mecca, 643 sq. werden deßwegen von den Türken bekriegt, 644 sq.

Bamberg, wird von den Preußen zum zweyten mahle heimgesucht.

Bengalen, Krieg allda, 374 sq.

Böhmen, darinnen ruiniren die Preußen die Magazine, 1050 sq.

Breve, Päbstliches, wegen des Titels Apostolische Majestät, 588 sq.

Calmucken, kriegen einen neuen Fürsten, 337 sq.

Cap-Breton, von den Engelländern erobert, 195 sq. Freude in Engelland darüber, 204 sq.

Cardinals-Collegium, bey der Wahl Clementis XIII. 101 sq.

Cardinäle, neue, 124. 525

Caserta, Bau des neuen Königlichen Schlosses daselbst, 511 b

Conclave, die Geschichte des letztern, 110 sq.

Corsica, Rebellion daselbst, 653 sq.

Cosel, von den Oesterreichern vergebens belagert, 499 sq.

Cre=

Crevelt, Schlacht zwischen den Franzosen und Alliirten an diesem Orte, 22 sq.
Cüstrin, wird von den Russen eingeäschert, 305 sq.
Curland, unter Russischer Protection, 665 sq. kriegt einen neuen Herzog, 666 sq. dessen Reversalien, 672 sq. erhaltene Belehnung von Pohlen, 678 sq.
Dänische Lager, in Holstein, 501 sq.
Dannebrog, neue Ritter, 891
Demmin, von den Preußen erobert, 773
Dreßden, die Vorstädte daselbst abgebrannt, 519 b. 521 sq. b
Düsseldorf, von den Alliirten eingenommen, 258
Engelländer, ihre Landüngen auf der Französischen Küste, 169 sq. werden bey St. Cast geschlagen, 187 sq. erobern Cap Breton, 195 sq. sind in Ost-Indien glücklich, 374 sq. kriegen bey Ticonderago in America eine Schlappe, 382 sq. verstärken die Alliirte Armee, 273 sq. bemächtigen sich des Landes Senegal, 450 sq. ingleichen der Insel Goree, 454 sq. sind zur See glücklich, 456 sq. nehmen den Holländern viele Kauffarthey-Schiffe weg, 619 sq kommen darüber mit den General-Staaten in Irrung, 617 sq. Englische Declaration deshalben, 633 sq. erobern Guadaloupe, 1008 sq.
Erfurt, von den Preußen eingenommen, 1041 sq. wieder evacuirt, 1044
Evangelische Corpus zu Regensburg, dessen Conclusum wegen der Reichsacht, 732 sq. Kayserl.

Register der vornehmsten Sachen. 1087

serl. Decret darwider, 734 sq. Vertheidigung
dargegen, 738 sq.
Falkenstein, Grafschaft, dasige Religions-Beschwerden, 587
Fehrbellin, von den Schweden ausgeplündert, 552
Frankfurt am Mayn, von den Franzosen besetzt, 411 sq.
Franzosen, werden von den Alliirten bey Crevelt geschlagen, 22 sq. treiben dieselben wieder zurücke, 258 sq. werden bey Meer geschlagen, 261 sq. siegen bey St. Cast, 187 sq. bey Ticonderago, 382 sq. bey Sangerhausen, 383 sq. bey Lutternsburg, 403 sq. verlassen Cassel, 410 nehmen Rheinfelß weg, 410. besetzen Frankfurt, 411 sq. sind in Africa unglücklich, 450 sq. Ingleichen in Ost Indien, 374 sq. und zur See, 456 sq. verliehren Cap Breton, 195 sq.
Französische Küste, von den Englischen Flotten angefallen 168 sq. wird gut vertheidiget, ibid.
General-Staaten, ihre Irrungen mit den Engelländern, wegen der See-Capereyen, 617 sqq.
Gesandten, die angekommenen und abgegangen an den Europäischen Höfen 1758. p. 425. sqq.
Goree, Insel, von den Engelländern erobert, 454 sq. beschrieben, 455 sq.
Gothenburg, großer Brand daselbst, 743
Guadaloupe, Insel, von den Engelländern erobert, 1008 sq. beschrieben, 1013 sq.
Haag, Brand daselbst, 743

Aaaa 3 Hanau,

Hanau, leidet viel von den Franzosen, 5
Hannövcrischen Trouppen, deren jetziges Verzeichniß, 559 sq. b
Heeringe, die Holländischen in Frankreich eingeführt, 658 sq,
Heil. Geist-Orden, neue Ritter, 329 332 714 sq. 716
Hessen, Krieg in diesem Lande, 387 sq. 393 von den Franzosen größtentheils verlassen, 410 sq.
Hinrichtung der Portugiesischen Königsmörder, 689 sqq. des Dähn. Cantzleyraths Hammond, 517
Hochkirchen, Schlacht bey diesem Orte, 484 sq.
Holländer, verliehren durch die Engl. Capers viel Schiffe, 619 sq. ihre Beschwerden darüber, 620 sq. 627 sq. wollen sich wider die Engelländer rüsten, 624 sq. verliehren ihre Erb-Stadthalterinn, 882 sqq.
Jesuiten, ihr Verhalten in West-Indien, 507 sq. b fallen am Portugiesischen Hofe in Ungnade, 508 sq. b conspiriren wider den König, 588 sq. b 852 sq. werden arretirt, 585 sq. b 863 sq. selbst zu Rom übel beschrieben, 850 sq. in Portugall ihre Güter confiscirt, 854 sq. 862 sq. ihre bösen Grundsätze, 857 sq. vom Pabst beseufzet, 866 in Spanien ihre Ehre gerettet, 866 sq.
Inquisition, in Portugall eingeschränkt, 509 b
Jubiläum, ordnet der neue Pabst an, 125 sq.
Juden zu Rom, wie sie dem neuen Pabst bewillkommen, 414 b
Klattow, Stadt in Böhmen brennt ab, 744
Königs-Mord in Portugall, 571 sq. b 585 sq. b

Lissabon,

Lissabon, soll wieder aufgebauet werden, 510 b
Livorno, wird vergrößert, 587
London, dasige große hölzerne Brücke brennt ab, 74
Lütternburg, Treffen bey diesem Orte, 403 sq.
Mähren, in solches fallen die Preußen ein, 77 sq. verlassen es wieder, 359 sq.
Manifest, des Preußischen Generals von Dohna wider die Russen, 299 sq. des Russischen Generals von Fermor, 302 sq. Dänisches, wegen des Lagers in Holstein, 501 sq. b Portugiesisches, wegen des vorgehabten Königs‑Mords, 577 sq. b
Mannheim, große Wasserfluth daselbst, 745
Marschälle von Frankreich neue, 70 333. 506
Martinique, von den Engelländern vergebens angegriffen, 1009 sq.
Medaille, auf den Grafen von Daun, 361 sq. auf den Schiffs-Capitain Balanso, 511. auf die verstorbene Erb-Stadthalterinn, 887
Mömpelgard, der Successions-Streit in diesem Fürstenthum völlig beygelegt, 604
Neiß, von den Oesterreichern belagert, 493 sq. von den Preußen entsetzt, 496 sq.
Nord-America, Krieg allda, 379 sq.
Nordstern Orden, neue Ritter, 517 sq.
Oesterreicher, treiben die Preußen aus Mähren zurücke, 359 sq. überfallen sie bey Hochkirchen, 483 sq. belagern vergeblich Neiß, 493. ingleichen Cosel, 499 sq. rücken vor Dreßden, 517 sq. b gehen von dar wieder zurücke, 528 sq. b

Ollmütz, von den Preußen belagert, 78 sq. 342 sq. die Belagerung wird aufgehoben, 359 sq.
Ost-Indien, Krieg allda, 373 sq.
Ostrog, Sequestration dieses Herzogthums wird aufgehoben, 501 b
Parlament, in Engelland, 596
.. zu Paris, erhält seine Rechte wieder, 594
Pastoral-Schreiben, des Erzbischofs zu Paris, 285 sq.
Peenamünde, von den Preußen erobert, 779 sq.
Persien, Unruhe darinnen, 650 sq.
Pohlnischer Reichstag, zerrissen, 500 sq. b
Preußen fallen in Mähren ein, 77 sq. belagern Ollmütz, 78 sq. 342 sq. leiden Abbruch, 91 sq. heben die Belagerung auf, 359 sq. gehen den Russen zu Leibe, 299 sq. schlagen sie bey Zorndorf, 310 sq. 567 sq. nöthigen sie, die Brandenburgischen Lande zu verlassen, 571 sq. 573. 574 ihre Kriegs-Thaten gegen die Reichs-Armee, 438 sqq. werden bey Hochkirchen überfallen, 484 sq. entsetzen Neiß, 495 sq. und Cosel, 499 sq. ihre Kriegs-Thaten gegen die Schweden, 547 sq. 769 sq. vertheidigen und behaupten Dreßden, 515 sq. b fallen in Mecklenburg ein, 776 sq. besetzen Erfurt, 1041 sq. fallen in Franken ein, 1054 sq. ruiniren die Magazine in Böhmen, 1048 sq.
Preußische Flottille auf der Oder, 781 sq.
Rede, der Holländischen Kaufleute an die Erb-Stadthalterinn, 627 sq. der Erb-Stadthalterinn an die General-Staaten, 634. sq. des neuen Herzogs von Curland an dem König, seinen Vater, 682. 684. der Curländischen Abgeordneten

neten an den König, 687. der Marqvifinn von Tavora, 694. ihres Sohnes, 695. des Herzogs von Avetro, 697 sq.

Reichs-sache, Conclusum der Evangelischen Stände darwider, 732 sq.

Reichs-Armee, ihre Kriegs-Operationes in Sachsen, 438 sq. 515 sq. b 1037 sq. verläßt Sachsen, 529 sq. b fällt ins Hessische ein, 1040 sq.

Rheinfelß, wird von den Franzosen überrumpelt, 410 sq.

Russen, fallen ins Brandenburgische ein, 293 sq. ihr übles Verfahren, 296. 299. äschern Cüstrin ein, 304 sq. werden bey Zorndorf geschlagen, 310 sq. wollen gesiegt haben, 567 sq. ziehen sich nach Pohlen zurücke, 571. belagern Colberg, 572 verlassen Hinter-Pommern, 573. und die Neumark, 574

Rußland, steht mit Schweden in genauer Alliantz, 599

Rußische Armee, ihre Stärke, 575

Sachsen, was es an die Preußen bezahlen muß, 507 b

Sängerhausen, Treffen bey diesem Orte, 388 sq.

St. Alexander-Orden, neue Ritter, 515
St. Andreas-Orden, neue Ritter, 515
St. Annen-Orden, neue Ritter, 74. 75. 516
St. Carls-Orden, wird neu gestiftet, 996. die jetzigen Ritter desselben, 996 sq.
St. Cast, Treffen bey diesem Orte, 185 sq.

Schlacht bey Crevelt, 22 sq. bey Meer, 262 sq. bey Zorndorf, 310 sq. bey Ticonderago, 382 sq.

Aaaa 5 bey

bey St. Cast, 85 sq. bey Sängehausen, 385 sq. bey Lutternberg, 408 sq. bey Hochkirchen, 484 sq. Schweden fallen in die Mark ein, 548 sq. werden wieder zurücke getrieben, 552 sq. 555 sq. in Stralsund eingeschlossen, 769 sq. ... dieser Crone genaues Bündniß mit Rußland, 509 zerfällt mit Engelland, 432

Schwerdt Orden, neue Ritter, 517
Schwerin, wird von den Preußen besetzt, 776 sq. wieder verlassen, 778
Senegal, ein Fluß in Africa, wird beschrieben, 452 sq. von den Engelländern erobert, 450 sq.
Seraphinen Orden, neue Ritter, 213. 517
Stern=Creutz=Ordens=Damen, neue, 502 sq.
Tavora, dieser Geschlechts Nahme wird vertilget, 692. 729
Theresien=Orden, neue Ritter, 504 sq.
Ticonderago, Treffen bey diesem Orte, 382 sq.
Troppau, brennt ab, 748
Türkische Begebenheiten, neue, 635 sq.
Tyrol, große Wasserfluth darinnen, 746
Venedig, Irrung des Päbstl. Stuhls mit dieser Republik beygelegt, 174
Vesuvius speyet Feuer aus, 749 sq.
Ungarn, dieses Reich bekömmt den Titel Apostolisch, 588 sq.
Wasserfluth, große zu Mannheim, 745. zu Rheims 716. in Tyrol, 746 sq.
Weimarische Vormundschafts=Sache, 37 sq. 602
Würtembergischen Generals und Obristen, 996 sq.
Zorndorf, Schlacht an diesem Orte, 310 sq 567 sq.

Register

Register
derer angeführten Personen.

A.

Abercrompie, Gener. 381 sq. 511
Abloing von Gießenburg, 883
Abreu, Gesandter, 428
Acerenza Erzbischoff, 731
d'Ache, si. de Dache.
Achmeth Schach, 652
Adelipsen, verstorb. General, 838
Adler, Cammerherrinn, 211
Adlerstrael, Gener. †789
Adolph Friedrich, König in Schweden, 599
504 b
Agde, Bischoff, †788
Ahlfeld, Gr. Ulr. Carl †853
– – Gr. und Gener. 211
– – Obrister, 892
– – Langeland, Gener. 501 b
– – Esselsmark, Gener. 502 b
– – Barouesse, geb. 800
– – Hannß, Geh. Rath, 891
Aiguillon, Herzog, 176 sq. 188 sq.
Ailly, Ritter, 721
Albani, Card. Alex. 107. 109. 110. 117. 121

Albani, Card. Joh. Franc. 109. 110. 730
– – Prälat, 344. 731
Albert, Graf, 716
Alessandria, Bischoff, †792
Alexandria, Patriarche, †791 neuer, 343. 730
Alfson, Obrister, 505
Ali Pascha, † 156
Aligre, Intendant, 829
Alorna, Marquis, 582 b. 584 b Marquisinn, 584 b
Alpuim, Prälat, 731
Alsace, Cardinal, 108. 112. †783. dessen Leben, 801 sq.
Albani, Gr. Mich. Joh. verin. 796
– – Gräfinn, † 470
– – General, 63. 438
Altieri, Prälat, 221
Alvensleben, Major, 217
Amalfi, Erzbischoff, 731
Amfreville, Ritter, 722
Amhorst, General, 196 sq. 198 sq. 207 sq.
– – Capitain, 198. 261. 511
Amiens, Vidame, 19 verm. 349
Ancaster, Herzog, 724. 725
Anderson, Obrister, 892
Andlau, Desf. General, 327
Angenelli,

Ingenelli, General, 87.
215
Ingers, Bischoff, 510
Anhalt, siehe Bernburg,
Cöthen rc.
, , Graf Heinr. † 472
Anboen von Hardeweib,
Gener. 574
Anson, Admiral, 171 sq.
179 sq. 185. 191 sq. 334
Anspach Marggraf, 345-
347. 732. 737. 831
Anterocheb, Graf, 721
Antiochia, Patriarche,
829
Antwerpen, Bischoff, †
153
Apenburg, Major, 217
Apenrade, Obr. Lieuten.
521
Apraxin, Feld-Marschall,
† 159
, , Gr. Nic. verm. 797
Aquapendente, Bischoff,
528. 731
Arberg, General, 504
1038. 1040
Archinto, Cardinal, 108
111. 118. 122. 341 †
463 sq.
Aremberg Herzog, 87.
373. 485. 486 sq. 504
Argensole, Obr. Lieuten.
489
Argentrau, Gener. 66
Argentre, Abt, 70
Argenvillieres, Cardinal,
108. 111. † 531 b

Armagh, Erzbischoff, 334
Jemientietes, Marq. (-)
258. 272. 281 sq.
Arniger, Obrister, 335
Arnim, verst Staats-Mi-
nister, 570
Arnold, Feld-Marschall,†
533 b
Arnstädt, Obrister, 216.
894
, , Major, 341
Arnouville, siehe Ma-
chault.
Aschewewskoi, Gene-
ral, 336
Aschersleben, General,
920. 1039. 1041 1042
, , Obr. Lieut. 320. 523
Asfeld. Marquisinn, 836
Asbburnham,Graf, verm.
797
Assebureg, General, 441.
530 b 593
, , Obr. 523. 727
Atouguia, Graf, 582 sq. b
592. b 596. b 692. sq.
860. hingerichtet, 696
Leben, 709
Attalaia, Cardinal, 109.
112. 508. † 140
Avaray, Graf, 723
Aubigny, Gr. 177. 189
Aveiro. Herzog, 574 b 581
b 583 b 587 sq. b 595
sq. b sein Urtheil, 690 sq.
letzte Rede, 697 sq. Hin-
richtung, 698 Leben,
701 sq.
, , Herzoginn, 582 b 705
Avella-

derer angeführten Personen. 1095

Avellano, Marquis, 68
Avellino, Fürstinn, 503
Aveyra, Graf, 519
Auger, General, 444. 996
Augustus III. König von
  Polen, 500 b 602. 668.
  belehnt seinen Prinzen
  Carl mit Curland,
  678 sq.
Aumale, verstorb. Graf,
  829
Auvermenil, Marq. 890
Avron, Bischof, 71. 72
Ayasau, Gener. 363. 485
Ayen, Herzog, 715. 723
Aylva, Gener. 346
Aynse, siehe Deynse.

B.

Baboczai, verstorb. General, 831
Bachow, Gesandter, 437
Back, G. b. Rath, 529
Badgurski Major, 341
la Badie, Brig. 723
Baillou, Obr. Lieuten. † 542
Balanso, Schiffs-Capitain, 511
Balassa, Graf, 328
los Balbazts, Marq. † 835
Balbi, Marq. † 546
= = Obrister, 78
Baldeschi, Prälat, 731
Balincourt, Marq. 715
Ballasti siehe Pallasti.
Balleroi, Graf, 188 sq.
Bamberg, Bischoff, 427

Banchieri, Cardinal, 108
  112. 123. 344
Bandemer, General, 30.
  214. 726
Bagreville, Marq. 719
du Barail Gener. 716
Barcali, Prälat, 343
Bark, Graf Ulrich, 518
Bardi, Cardinal, 109. 110.
  111. 114. 115
Barrington, Vicomte,
  724
= = General, 335. 1009.
  1012 sq. 1014 sq. 1016
Bartner, Stifts-Amtmann, 891
Bartoli, Prälat, 343. 527
Barziza, Obrister, 64
Bastompierre, Marq. 718
Bastide Obrister, 201
Baudry, Staatsrath, †
  791
Bauer, Oester. Major,
  505
Baumann, Gener. 336
Baumgarten, Graf, 436
Bayern, Churfürst, 598 b
= = Cardinal, 108. 112
Bayreuth, Markgraf, 345.
  347. 733
= = Marggräfinn, † 473 sq.
Beauharnois, Chef d'Esc.
  1015
Beaujeu, Graf, 721. 890
= = Ritter, 70
Beaulieu, Jagd-Junker, 730
Beaumont Marquis, 285
= = Intendant, 829
  Beaupoil,

Beaupoil, Abt, 717
Beaußier, Chef d'Esc. 197
Beck, Gener. 712
Bedford, Herzog, 334. 784
Beek, Holl. Gener. 222
Beenfeld, Gener. 211. 891
Bejar, Herzog, 593
Belidor, Brigad. 722
Bellegarde, Graf, 338
Belling, Obr. Lieut. 218. 446. 516 b 1056
Belliale, Marschall, 59. 69. 512 b 613. verst. Gemahlinn, 836
Below, General, 521
= = Obr. Lieut. 320. 523
Benedictus XIV. Röm. Pabst, † 35. 101. 107. dessen Leben, 225 sq. 413 sq.
Benevento, Erzbischoff, 829
Bengalen, Nabob, 374 sq.
Bentheim = Steinfurt, Comt. geb. 800
Bequignole, Capitain, 10
Berchini, Marschall, 70. 71
Berkentin, Graf, † 146
Berg, Ruß. General, 714
Bergh, Bürgemeister, † 794
Bergeres, General, 718
Berlepsch, verst. Regier. Rath, 835
Berlichingen, Obrister, 67
Bernard, Engl. Gouv. 73

Bernburg, Fürst, 733
= = Prinz Fr. Alb. 319. 522. 726. 893
Bernis, Abt, 72. 329. wird Cardinal, 525 sq. 507 sq.
Bernois, Marq. 331
Berryer, Staats=Minist. 332. 506. 509
Besenwald, General, 261
Bestuchew, verst. Gräfinn, 841
Betblen, Obrister, 364
Bethune, Graf, 718
= = Marq. 830
Bettendorf, Obrister, 64
Bettoni, Gener. 487
Bevern, Herzog, 218. 549. 726
Beust, Obr. Lieut. 15 sq. 278. 776
Beurcon, Marq. 716
Beyer, Major, 319
Bibra, Baron, † 164
Biela, Gener. 712
Biglia, Prälat, † 795
la Billarderie, Marq. 722
Bille, Conf. Rath, 891
Billerbeck, Obrister, 521. 522
= = ein anderer, 522. 727
Billieski, Knäs, 426
Birkenfeld, Prinz Wilh. 66
Birkbahn, siehe Pirkbahn.
Biron, siehe Curland.
= = Gustav, Gen. wie er gefangen worden, 1024 sq.
Bißy,

derer angeführten Personen.

Bißy, Graf, 720
Blaisel General, 718
Blakenay, Gener. 654 sq.
Blankenburg, Obrister, 367
Blankensee, Obrister, † 166
Blaney, Obrister, 512
Bligh, General, 180. 181 sq. 185 sq. 512
Blixen, Obr. Lieut. 554
Blondel, Staatsrath, 842
Blonquet, Gener. 505. 11. 889. 1038
Boccard, Gen. 254
Bocchi Prälat, 118. 344
Boccopaduli, Prälat, 118. 344
Bock, General, 345. 404
- - Obrister, 521. 523
Böhme, Obrister, 523. 727
Bönike Obrister, 521. 522
Boerhave, Bib. Medicus, † 155
Bohlen, Major, 217
Bolognini Prälat, 221
Bompart, Chef d'Escadre, 1015
Bonelli, Herzog, 831
Bonnaire, Brigad. 722
Bonningshausen, Major, 340
Bork, Hannover. General, 70
- - Staats-Minister, 503 b
- - Graf, 894
de la Borde, 716
Bordieu, Capitain, 518
Borghea Schouboe, 891
Borghese, Cardinal, 107. 109. 110. 790
Born, Vice-Canzler, † 541 b
Bornstedt, General, 360
- - Urst. Kriegsrath, 840
- - Major, 728
Borosdin, General, 575. 713
Borsele Baron, 883
Boscawen, Admiral, 195 sq. 207 sq. 461. 513. 514. 724
- - Obrister, 335
Bosecker, Obr. Lieut. 216
Bossu, verw. Gräfin, † 143
Botta, Obrister, 505
Boufflers, Graf, 722
Bouille Abt, 72
Boulogne, GeneralContr. 889
Boucet, General, 719
Bourdonnaye, Intendant, 809
Bourgogne, Herzog, 70. 328. 600
Bournouville, General, 711
Bousquet, Brigad. 190. 722
Bouville, Marq. 721
Bowes, Lord, 835
Boyen, Major, 215. 340
Boyer, Gesandter, 425
Bradstreet, Obrister, 383
Bracing, Admiral, 222

Braga,

Braga, Erzbischoff, 341.
789
Bragadino, Prälat, 895
Braganza, Herzog, 613
Brabe, verw. Gräfinn.
798
Brances, Marq. 184
Francsorte, Prälat, 435
Brancone, Abt, † 545
Brandenburg, Märggr.
Carl, 78. 82 sq. 360.
371. 400 sq. 568
= = siehe Anspach, Bay=
reuth ꝛc.
Brandis General, 725
Braßac Marq. 184
Brauerer, General. 68
Braun, Ruß. General,
301. 302. 310. 324.
515. 570
= = Pr. General, 520. 522
= = Major, 240
Braunschweig, Herzog,
37. 604. 735
= = Herzoginn, 604
= = verw. Herzoginn, 605
= = Erbprinz, 7. 12. 15 sq.
26 sq. 223. 253 sq. 257
sq. 269 sq.
= = Prinzen und Prinzes=
sinnen, 604
= = Prinz Lud. 882. 883
= = Prinz Ferdin. 2 sqq.
35. 215. 257. sq. 268 sq.
396. 409. sq. 511. 522.
1041
= = Prinz Franz, 78 sq.
359. 360. † 474 sq.
486

Bribeuf, General, 398
Bridow, General, 214.
834
Breban, Brigadier, 325
Brebaut, Marq. verm.
798
Brentano, General, 87.
372. 362. 364. 373.
504
Breslau, Bischoff, 218
Bretlach, General, 65.
440
Brinken, Obrister, 489
Brißac, Herzog, 19
Bristol, Graf, 427. 434
= = Bischoff, 73
Britzke, Obr. Lieut. 524
Broc, Marq. 188. 500
Brockdorf, Ober-Cam=
merh tr, 74
= = Cammer-Präs. 74
Broderick, Admiral,
459.
Bröck, Obr. Lieut. 525
Brösicke, Obrister, 218.
376
Broglio, Herzog, 93 =
388 sq. 398 sq. 410. 715.
dessen Vetter, † 165
= = Graf, 420
= = vrst Marq. 827
Broune, General, 67. 488.
489. 1040
= = Obrister, 488
Browe. Obrister, 335
Brown. siehe Braun.
Bruckhausen, General,
65. 395
Brühl,

derer angeführten Personen. 1099

Boabl, Gräfin, 219
= = Starofte, 685
= = junger Graf, 338
Brüsching, Obrister, 390
1039
Brunt, Gener. 20
Bruslart, General, 718
Bacow, General, 85.
86 sq. 360 sq. 436 sq.
Bugnetti, Obrister, 489
Bückeburg Graf, 610 sq.
Bülow, Drst. General,
sq. 91. 104
= = Pr. General, 214. 313.
319. 893
= = Dähn. Gener. 891
= = Fr. Brig. 723
Bärner, Gesandter, 437
Bullstrode, Brig, 723
Burgsdorf, Comt. †
540 b
= = Major, 319
Burmanni, Baron, 883
Boßi, Brigadier, 72
Butler, Obr. † 489
Burwelin, Feld-Marschall, 336
Burste, Obrister, 521.
522

C.

Cadaval, Herzog, 588 b.
Calbaris, Marg. † 789
Calmette, Gesandter, 433 sq.
Calmucken, Fürst, 337
Cambis Vicomte, 333
Cambout-Coislin, Marq. 716

Campol, Obrister, 482
Campenhausen, verst. Gener. 837
Campitelli, General, 889.
1038. 1047 sq.
Canale, Gr. Paul, 730
Caniz, Preuß. General, 299
= = Heß. Obr. 390. 392
Canterbury, Erzbischoff, 73
Capizucchi, Graf, 790
Caprara, Obr. 64
= = Prälat, 225
Caraffa, Prälat, 124
Caramelli, General, 67.
712
Caravalho, Staats-Minister, 572 sq. b 574 b
= = General, † 799
Cardona, Cardinal, 109.
112
Carlowitz, Krayß-Hauptmann, 841
= = Major, 340
Carlson, Staats-Secretair, 518
Carnal, Major, 517
Caroli, General, 328
Carolus, König von Sicilien, 511 b
Carolus Emanuel, König von Sardinien, 512 b
Carr, Obrister, 512
Carrigliano, Herzogin, 503
Cassel. s. de Hessen.
Casini, Brig. 722

G. L. Nachr. 120 Th. Bbbb Casse-

Caserta, Fürst, Sohn
geb. 799
Castella, General, 255.
717.
Castellane, Graf, 721
Castellaz Brig. 721
Castelli Prälat, 344
Castle omer, Lord, 335
Castonier, General, 211.
801
Castries, Marq. 398 410
sq. 715
Cäub art, Leyd, 724
Cavalchini, Cardinal, 108.
110. 113. 116. 118. 122.
344. 527. 739
Cavendish, Lord Friedr.
74. 186
Cederstrom, Baron, 517
Cen i, Prälat, 113
la Cerda, Commandeur,
830
Chabot, Graf, 275. 330
Chabrillan, Ritter, 721
Champignelles, General,
719
ss Brigad. 721
Charleville, Graf, 335
Chartres, Herzog, 329
la Chastre, Marquis,
506
Chatel-Crozat, verstorb.
Marq. 82 sq.
Chatillon, Herzog, Sohn,
geb. 799
ss General, 719
Chaulnes, Herzog, 828
Chaumont Bernage, 715

Cheristy, Brig. 722
Cbrvett, General, 19. 260
sq. 262 sq. 270 sq. 277.
401 sq. 406 sq. 409
Chevreuse, Herzog, 19.
275. 279. 714-715 Toch-
ter, verm. 349
la Chese, Marq. 719
Chieti, Erzbischoff, †
792
Chigi, Cardinal, 108.
110
ss Fürst, 114
Chimay, Fürst, 715
Choiseul, Herzog, 333.
425. 507. 508 716
ss Graf, 425 sq.
ss Beaupré, Gr. 718
Christi Majre, 341
Cholmondeley Graf, 724
Christiani, Graf, † 143.
Ehre, 999
Churfeld, Obr. 66
Clari Graf, 326
Clavering Obrister, 187.
1014 sq.
Clemens, Reichshofrath,
502
Clemens, XIII. Röm.
Pabst dessen Leben, 99
sq. Wahl, 116 sq. Mi-
nistri, 118. 394. 527.
Krönung, 120 sq erstes
Verrichtungen, 122 sq.
513. 514. 588. 513 b
nimmt vom Lateran.
Besitz, 513 sq. sein Cha-
racter, 126 sq. sein
Mutter, † 153 küsset
über

derer angeführten Personen. 1101

über die Jesuiten, 866.
‒ rettet in Spanien ihre
 Ehre,   867
Clerici, Marchese, 115
      434
Clermont, Graf, 4 sq. 19
 sq. 331. 257
‒ ‒ Montoison, Graf, 722
Clive, Obrister, 73. 374 sq.
la Clue, Chef d'Esc.
     456 sq.
Coates, Admiral, 379 sq.
      461
Cobenzl, Comt. verm.
      349
‒ ‒ Graf, geb. 352
Coburg, Erb-Prinz, 534
‒ ‒ P... 489
‒ ‒ Prinz † 48. 143
Cocalim, Graf, 545
Cocceji, verst. Groß-Canz-
 ler,   578 sq.
Cölln Churfürst. 6. 599 b
Cöthen, Prinz Fr. Erdm.
      723
Co tlogon, Graf, 184
Coetlosquet, siehe Limo-
 ges.
Colignon. Obr. 254
Colloredo, General, 66.
      488
Colonna, Card. Hier. 101.
     109. 110
‒ ‒ Card Prosp. 108. 110.
     122. 344
‒ ‒ Connetable, verm.
     347 sq.
‒ ‒ Prälat Marc. Ant.
      110

Colonna, Graf, † 521
Colvil, Obrister, 335
Commachio, Bischof, 731
Conde, Prinz, 19. 258.
 274. 506. 715
Conflans, Marschall, 70
Contad. s, Marschall, 19.
 157 sq. 272 sq. 275. 233.
 409 sq. 714. 716.
‒ ‒ Brigad. 721
Corbusch, Major, 340
Cordoua, Cardinal, 109.
      112
Cornainville, General,
 260. 720
Cornaro Prälat, 731
Cornish, Admiral, 723
Correr, Gesandter, 435
Coscini, Cardinal, 109.
 110. 116
Corte Real, siehe Men-
 doza.
Corvey, neuer Abt, 62
Coße, Herzog, 616
‒ ‒ Gener. siehe Filz.
Costnitz, verst. Bischof,
      830
‒ ‒ ietziger Bischof, siehe
 Rodt.
Courbuißon, General,
      718
Cracau, Bischof, † 533. b
 siehe Zaluski.
‒ ‒ neuer Bischoff, 516
Cramer, siehe Kramer.
Crema, Bischof, 829
Cremille, Marquis, 71
Crescenzi, Cardinal, 108.
     112. 114
      Croy,

Bbbb 2

Croy, Fürst, 715. 716.
Crussol d'Amboise, Marq.
    722
Culmbach, Marggr. Fr.
Ernst,   501 b
Cumberland, Herzog,
              513
da Cunha, Port. Gouvern.
              220
Curland, gewes. Herzog,
665. 669 sq. wie er an
1740 arretirt worden,
              1021. sq.
 neuer Herzog, 666 sq.
Cusaqves, Graf, 718
Custine, verstorb. Marq.
              831
Czabelitzkl, General, 996
Czeknli, siehe Szekull.
  Geb. Rath,   516
Czettritz, General, 725

D.

Dache, Chef d'Escadre,
              378 sq.
Dachenhausen, General,
              46. 223
Dännemark, König, siehe
 Fried. V.
Damitz, Obrist-Lieuten.
              216
Daneschiold, siehe Laurwig
 und Samsoe.
Danois, Marq. 716
Darlington, Graf, 334
Darnley, Graf, 512
Daun, Feldmarschall, 51
sq. 360 sq. 368. 372 sq.
445. 483 sq. 490 sq.

498 sq. 516 sq. b 528 b
              531 b
  verwittw. Gräfinn,
              478
 Obr.   489
Degenfeld, Obrister, 558
Dehn, General, 347
              458
Del.i, Cardinal, 107. 108.
          110. 116. 122
Delfino, Cardinal, 109.
              112
Delius, Major, 215
Demikow, General, 295.
298. 325. 335. 569.
              713
Dennis, Schiffs-Capitain,
              462. 832
Derville, Schiffs-Capi-
 tain,   458
Derwentwater, verw.
 Gräfinn,   793
Desaguliéres, Obr. Lieut.
              171
Dessau, Prinz Moritz, 78.
85. 314. 359. 360 sq.
              492
Deynse, Marq. 489
Diemar Major, 6
Dierke, General, 725.
              780 sq.
Dieskau, Pr. Obrister, 78
Diest, Legations-Rath,
              17
Dietrichstein, Gr. Carl,
 verm.   343
  Reichs-Hofrath, 502
Dietz, General, 301. 330.
              874
              Dilhen

derer angeführten Personen. 1103

Dilkew, General, 724
Dingelstädt, Obr. Lieut. 214
Dyfurt, Obr. 405
Diuclo, General, 536
Dohna, General, 215. 299 sq. 363 sq. 514. 547 sq. 571. 527 sq. b 529 sq. b. 769 sq. 775 sq. 778 sq.
= = verst. Gr. Flü. Obr. 575 sq.
Dolgoruki, Gener. 74. 75. 292. 324. 574. 714
Dollen, Major, 341. 501
Dombale, General, 66. 439 sq. 448. 504
Donduck Daschi, 337
Doria, Cardinal, 109. 110. † 783. Leben, 1004 sq.
Dostow, Feld-Marschall, † 35 sq.
Draskowitz General, 80. 327. 353. 356. 504
Driesen, General, 77. † 539 sq.
Drogheda, Graf, † 542
Druchsleben, General, 223. 230
Drucourt, Ritter, 198 sq. 203. 208
Ducie Moreton, Lord, 724
Düring, Feld-Marschall, † 783 sq.
= Holl. Gener. † 794
= Major, 728

Düringshofen, Obrister, 523
Du Mesnill, siehe Mesnil.
Dupplin, Lord, 76
Durand, Obrister, 8
Durell, Schifs-Capitain, 832
Durford, Marq. 435
Durini, Cardinal, 109. 112
Durlach, Prinz Carl Aug. 369. 371 sq. 373 444
Dury, General, 174. 181 sq. † 472
Dutreil, Gouverneur, 1015

E.

Eck, siehe Olmütz.
Edeblad, Reichs-Rath, 599
Edgecumbe, Capitain, 198. 201
Effern, General, 444
Ega, Graf, 219
Eggers, Obrister, 518
Egmont, Graf, 19
Ehrenhielm, Capitain, 213
Ehrenschwerd, General, 517. 729
Eichstädt, Obrister, 892
Einsiedel, junger Graf, 427
Elisabetha I. Kayserinn von Rußland, 198 sq. befördert die Wahl des neuen

neuen Herzogs von Curland, 666
Ellert, Major, 521
Elliot, Gen. 73. 335
Ellis, Heinr. 335
Ellison, General, 724
Ellrod, geheimer Rath, 956
Ellrichshausen, General, 713
Embers, Obrist-Lieuten. 726
Engel, Capitain, 17
Epting, Obrister, 1060
Erba, Prälat, 118. 344
Escars, Marq. 331
Eschignac, Graf, 722
Escotailles, Marquis, † 43
Esparbes, Graf, 721
l'Esperance, Herren, 604
l'Esperaux, General, 719
Espies, Graf, 721
Esgrevilly, Marq. 720
Essen, Gen. 574
Esser, Graf, 725
Este, Mademoiselle, verm. 348
Estaing, Graf, 842
Estenduaire, verst. Abm. 828
Esterhasy, Gen. 88 sq. 373. 438 sq. 711
• • Gr. Daniel, 328
Estistat, Herzog, 333
Estrees, Marschall, 332. 613 sq. 616
• • Ritter, 377

Ewroa, Obrister, 442. 1046
Evora, Erzbischof, 583 b 729
Eymer, Obrist-Lieuten. 489

F.

Faber, Obrister, 64
Fast, General, 713
Faaquier, Engl. Gouv. 73
Felles, Obrister, 428
Fenelon, Marq. 719
Ferdinandus VI. König in Spanien, 158. 594 sq.
Feemor, General, 292 sq. 302 sq. 322 sq. 324. 326. 339. 515. 570. 571 sq.
Ferrari, Obrister, 505
• • Abt, 995
Ferriere, Ritter, 70
Ferroni, Cardinal, 109. 110
Fersen, Schw. Gen. 517
• • Ober-Jägermeister, 505 b
• • Hannöver. Obrister, 405
Feuerstein, Gener. 445
Filley, Gener. 719
Filst von Cosse, General, 719
Fink, General, 441. 530 b 726. 834. 1054. 1057 fs.
Finochietti, Prälat, 221
Firmian, Graf, 434. 502
Fischer,

derer angeführten Personen.

Fischer Obr. 392. 394 sq.
   398 sq. 400
— — Admiral, 501 b
Fitzjames Herzog, 19.
   277. 332. 401
— — Graf, † 41
Flamarens, Ritter, 329
Flans Orrister, 804
Flemming Schw. Reichs-
 rath, 213
— — Obr. Lieut. 523
Fleury, Herzog, Tochter,
 geb. 800
— — Prälat, 828
Floret, Obr. Lieut. 1060
Florisac, Brigad. 722
Fock, Obr. † 789
Folleville, Gener. 719
Fonterre, Ritter, 190
Forcade, General, 313.
      319
Forest, Schifs-Capi-
 tain, 463
Forti, Prälat, 343. 528
Foulon, Intendant, 410
Fouquet General, 77 sq.
 360. 365 sq. 500. 528.
   531 b 726. 833
— — Graf, 331
Fourar, Obr. Lieut. 87
Fraigne, Marq. 656
Francavilla, Fürst, 113
Franciscus I. Röm. Kay-
 ser. 87. 734 sq.
Frank, Land-Marschall,
    224
Franke, Major, 505
Franklin, Major, 215

Frankenberg, Prälat, 889.
 Obr. 894
Frankreich, König, siehe
 Ludw. XV.
Frangipani, Prälat, 731
Frauendienst, Obr. Lieut.
    489
Fr mur, Marq. 331
Frantzel Admiral, † 789
Freytag, Obr. Lieut. 391.
   412. 529
Freywald, Obr. 411
Fridenhausen, Baron,
    223
Fridericus II. König in
 Preussen, 5. 6. sq. dessen
 Feldzug in Mähren, 77
 sq. 357 sq. schlägt die
 Russen, 3 8 sq. 567 sq.
 geht nach Dressden, 372.
 571. bey Hochkirchen
 überfallen, 483 sq. ent-
 setzt Neiß 490 sq. be-
 hauptet Sachsen, 507 b
 Kömmt wieder nach
 Dressden, 529 sq. b
Friderius V. König in
 Dännemark, 57. 501 b
Friedenstern, Präsident,
    213
Friesen, Obr. 64
Frölich, General, † 835
Froideville, General,
    341
Frolow, General, 574
Froreich, Major, 521
Fuchs Obr. 67
Fuentes, Graf, 428.
    434
    Fürsten-

Bbbb 4

Fürstenberg, verst. Fürstinn, 339
— Prinz Carl Egon, 840
— Landgraf, 447 sq. dessen zweyter Sohn, 999.
— Gen. 12. 530
Fullerton, Obrister, 319

G.

Gablenz, General, 520. 893
Gace, Graf, 715
Gäbler, General, 211. 502 b
— Gesandter, 435
— Conferenz-Rath, 891
Gage, Obrister, 384
Gaisruck, Gen. 444 sq.
Galean, Herzog, 223
Galifet, Graf, 720
Galissoniere, Obrister, 332
Galler, Gen. 711
Galli, Cardinal, 108. 110. 423
Gallizin, Fürst, 120
— Gen. 292. 574
Gangreven, General, 574. 714
Gansel Obrister, 334
P. Gaspard, verst. Pr. Min. 587 b
Gaubret, Graf, 68
Gaugreven, siehe Gangreven.
Gaumont, verst. Staatsrath, 830
Gayon, Gener. 718

Gayot, Intend. 69
Geary, Admiral, 335. 723
Geist, Gen. 492
Gemmingen, Gen. 504. 712
— Gesandter, 735. 737 sq.
Genua, Doge, 530. 894
Georgien, Fürst, 515
Georgius II. König von Großbritannien, 595 sq. 623 sq. 883. 884 befördert ein merkwürdiges Conclusum zu Regensburg, wider die vorhabende Reichssache, 735 sq. 738 sq.
Gersdorf, Dess. Obrister, 64
— Pr. Obrister, 521. 893
— Major, 340
Gesvres, Cardinal, 109. 112. 123. 329. 330. 345. 716
— Herzog, verm. 342
Ghedda, Baron, † 44
Giannini, Obrister, 354. 505
Gildemeester, Gesandter, 434
Gisors, Graf, 32. 33. 330 † 57 sq.
Giustiniani, Fürst, Sohn geb. 799
— Prälat, 528
Glebow, General, 515
— Ober-Procurator, 516
Gleichen,

derer angeführten Personen. 1107

Gleichen, Ober-Jägerm. 346
Glifo, Obrist-Lieutenannt, 405
Glyn, Ritter, 513
Goderich, Ritter, 432
Göbeler, Major, 216
Götz, Obr. 3 u
Gör, Obr. 727
Goldacker, Obr. Lieut. 5
Golze, Gener. 500
Goniault, Herzog, 333
Gorden, Lord Adam, 334
Gore, Lord, 335
— — Obrister, 334
Gosen, Major, 319. 341
Gotha, Herzog, 735. 995
Gourcy, Gener. 67
— — Obrister, 67
Gource, Marq. 581 b 588 b 705
Gony, Marq. 718
Gotter, Graf, 800
Grabow, Gener. 834
Gradenigo, Prälat, 344
Grävenitz, Obr. 64
Grammont. Graf, 720
Granby, Gener. 274. 334. 724
Grant, Pr. General, 523. 893
Grape, Obr. 444
Grasalkowitz, Graf, 328
Gravenreuth, Obrister, 346
Graville, Graf, 172. 715. 716
Gravisy, Obr. 495

Grevenbroick, Präsident, 530
Griffin, Obr. 334
Grillo, Herzog, 221. sq. verm. 797
Grimbergen, Fürst, † 535
Grooth, verstorb. Präsident, 836
Groß, Obr. 64
Großbritannien, König, siehe Georg II.
— — Prinz Eduard, 180. 182. 184 sq. 188. 193
Gron-Vezier, vermählt sich, 636 sq.
Grote, Gener. 730
Grotbauß, Gener. 345
Grüner, Gener. 892
Gertschreiber, Ernst Gottlieb, 891
Guadagni, Cardinal. 107. 108. 110. 111. 122. 126. † 783. Leben, 599 sqq.
Guasco, Gener. 442. 1038. 1041 sq.
Guerchy, Graf, 715. 715
Guiche Graf, 510
Günterodt, verstorb. Geh. Rath, 828
Günther, Gener. 211
Guyol de Guiran, Gener. 719
Gyllenstierna, Gräfinn, 505 b
Gyllenstolpe, Graf, 798

H.

Haak, Obr. 218
— — verst. Baron, 830
Habert

Bbbb 5

Habermann, Reichs-Hofr th, 502
Haddick, General, 440 sq. 447 sq 527 b 711. 1038
Härd, Obr. 298 301 311. 527 b
Häseler, Geh. Rath, verm. 349. 836
Hagen, Graf. † 163
Hager, O. St. Gener. 711
Haldane, Engl Gouv. 73
Halker Gener. 346
Haller, Obr. 67
Hallifax, Graf, 724
Hallet, General, † 537 b
Hamilton, Schw. Gener. 518 548 sq. 729
= = Oest. Gener. 711. 712
= = Fr. Gener. 718
Hamond, Canzley-Rath, 212. hingerichtet, 517
Harboe, Gener. 891
Harcourt Herzog, 184
= = Graf, 724
Hardenberg, Gener. 256. 274. 283
Hardeweis, siehe Anhorn.
Hardy, Admiral, 309. 461
Harrach, Gr. Carl Ant. † 44
= = Obrister, 64
Harsch Gener. 81. 88 sq. 493 sq. 496 sq. 499
Hasslinger, Obrister, 64. 459
Hasslocher, Obr. Lieutenant, 83. 95

Hastonville, siehe Haussonville.
Haugwitz, Baron, † 54+b
= = Graf, 371
Hauss, Obr. Lieut. 514
Hausen, Preuß. General, 530 b
= = Russ. Obrister, 319
Haussonville, Graf, 716
Hawke, Admiral, 169 sq. 173. sq.
Haxthausen, Gr. verm. 349
Haye, Marq. 71
= = Eduard, 434
Hatzfeld, Fürst, 297
Hedwiger, Gener. 65
Heising, Major, 341
Heister, verw. Gräfinn, 712
Herberstein, Gen. 489
Heredia, Don Eman. † 541
Herrera, Prälat, 731
Hessele, Major, 489
Hessen Cassel, Landgr. 607. 735
= = Erb-Prinz, 736
= = Erb-Prinzeßinn, 607
= = Prinz Wilhelm, 210. 492
= = Prinz Carl, 517. 892
= = Darmstadt, siehe Darmstadt.
= = Major, 319
Hessenstein, Schw Gener. 549. 554
Heuking, Major, 217
Heyden,

derer angeführten Personen.

Heyden, Obrister, 572.
725
– d'Oimarstum, Baron,
883 verm. 349
Hildburghausen, Herzog,
211 verm. 346
– Prinz Joseph, 62
Hochberg-Ronstock, verst.
Gr. 839
Hochpied, Baroninn, †
471
Hochwächter, Obr. 346
Höpken, Reichs-Rath,
599
Hofmann, Gener. 728
Hohenegg, Baron, † 44
Hohe-Lohe-Langenburg,
Graf, † 540 b
– Weickersheim, verw.
Gräfinn, † 38
Hohenzollern, Gr. Franz,
66. 487
Holk, Gener. 209. 502 b
Holmer, Gener, 713
Holmes, Admiral, 190.
191 sq. 535
Holstein-Augustusburg,
Herzog, 211. 501 b
– Prinz Aem. 210. 502 b
– Glücksburg, Herzog,
211
– Beck, Prinz Pet.
Aug. 75
– Prinz Carl Fr. 333.
722
– Gottorp, Prinz Geor-
ge, 4. 6. 7. 8. 12. 16. 18.
27. sq. 257 sq. 270 sq.
275. 276. 283 sq.

Holstein-Gottorp, Prin-
zeßinn, geb. 799
– verw. Gräfinn, 211
– Graf, 210. Gemah-
linn, ib.
– Conferenz-Rath, 210
Holzen, Gener. 718
Holzmann, Obrister, 424.
728
Hopson, Gener. 1009 sq.
† 1012
Horn, Schw. General,
552
– Pr. Gener. Chr. Ei-
mund, 725
– Pr. Gener. Fr. Wagn.
728
Hoppe, Lord, † 153
– Commandeur, 173 sq.
182. 184 sq. 192. 839
Howen, Con. Ser. 226
Hughes, Commandeur,
1009
Hülsen, Gener. 214. 439.
447 sq. 522. 529 b 539 b
1048. 1052
– Capitain, 548. 554
Hume, Graf, 724
Hunter, Thom. 513
Hutchinson, Engl. Gou-
vern. 73
l'Huvettier, Major, 489

J.

Jablonowski, Fürstinn,
503
Jagousinski, Cammer-
herr, 515. 714
Jagow, Obr. 727
Jalom-

Jakowlew, Gener. 414
Jannert, Major, 254.
 , , 278
Jansen, Peter, 220
Janus, Gener. 88 sq. 365
 sq. 366 sq.
Joockinga, Baron, 837
Jreez Obr. Lieut. 320.
 424
Jeffemow, General, 568.
 575
Jenner, Brigad. 723
Jeropkin, Gen. 301. 574.
 714
Jesikow, Gen. 713
Jesuiter-General, 343.
 866
Imhoff, Gener. 7 sq. 20.
 260 sq. 266 sq. 270.
 277. 280 sq. 469
Imperiali, Cardin. 109.
 110
Ingebrecht, Major, 215
Inkey, Gener. 65
Jonquiere, verstorb. Admir. 828
Josephus I. König in Portugall, schränkt die Inquisition ein, 509 b will Lissabon neu bauen, 510 b befördert das Commercium, 511 b wird geschossen, 510 b 571 sq. b 506 sq. b Conspiration wider ihn, 587 sq. b wird entdeckt, 574 sq. b läßt die Conspiranten hinrichten, 693 sq. begeht deshalben ein

Dankfest, 760. sein Verfahren gegen die Jesuiten, 507 sq. b 852 sqq. läßt ihre bösen Grundsätze entdecken, 857 sq.
Irminger, General, 21 sq. 891
Isenburg, Prinz, 275. 276. 387 sq. 392. 396. 398 sq. 409. 412. 1048
 - - Dähn. Gener. 211
 - - Büdingen, Com. geb. 351
 - - Gr. Ern. Dietr. † 539
 - - Meerholz, Gr. Wilh. Chr. † 539 b
 - - Gr. Fr. Lud. † 539 b
 - - Wächtersbach, Gräfinn, † 541. eine andere, † 545
 - - Comt. † 44
des Iffards, Marq. 828
Iselbach, General, 253. 296
Isselstein, Major, 340
Ittner, Obr. Lieut. 489
Juel, General, 211. 501 b
Juigne, Marq. 329. 332. 725
Iurgas, Obr. Leutn. † 319
Itzenplitz, Gener. 439 sq. 522. 515 b 518 b 526 b 530 b 1058
 - Obr. 527 b
 - - Major, 217
 Kaas,

derer angeführten Personen.

K.

Kaab, General, 218. 892
Obr. 711
Kablden Gen. 313. 319
543
Rakotschin, Gener. 574
714
Kalben, Major, 340. 728
1039
Kalcreuth, Dänn. Gener.
501 b 892
Major, 340
Kalkstein, Feld-Marsch.
139
Kalnocki, Gener. 88. 364.
366
Kaltenborn. Gener. † 163.
211
Kamecke, Major, 217
Karabanow, Gen. 336
Karr, Obr. Lieut. 216
Kasböll. Gen. 891
Kaulbars, Baron, 517
Kayser, Röm. siehe Franciscus I.
Türk. siehe Mustapha III.
Kayserinn Röm. siehe Maria Ther.
Ruß. siehe Elis. I.
Kayserling, junge Gräfinn. † 545 b
Keith, Feld-Marschall, 77 sqq. 359 sq. † 474. 486.
492
Gesandter, 429
verst. Stallmeister, 582 sq.

Kellerhofen, Fr. Frank.
791
Keppel, Commandeur,
454 sq.
Kerim Ebau, 650 sq.
Kersaint, Chef d'Esc. 462
Keuenberg, Herr von,
Ketzler. Gen. 66
Keyl, Feld-Marsch. 326.
50 sq.
Khevenhüller, Comt. 502
Kielmansegg, Gen. 276.
280 sq.
Kikol. Obr. 424. 727
Kildare, Graf, 512
Kingston, Herzog, 724
Kinnaird Lord, 793
Kiow, Bischoff, 516
General, siehe Kpow.
Kleefeld, Gener. 440 sq.
447 sq. 1050. 1060
Kleist. Gen. 520. 521.
776 sq.
Obr. Heinr. Wilh. 523.
727.
Obr Leop. 524. 728
Obr. Lieut. Hus. 214.
340. 446. 448. 521. 1048.
1052. 1056. 1059
Majors, 319. 340
Klicke, Capitain, 313
Klinkowstrom, Cantzler,
213. 518
Staats-Secret. 518
Klitzing, Gen. 529
Knistädt, Gesandter,
732
Knipbausen, Gesandter,
428
Knobels-

Knobelsdorf, Obrist. Baron, 572
Knobloch, Gen. 214. 442. 530. b 1041. 1045 sq. 1054. 1058 sq.
Knoth, Graf, 890
Königseck = Aulendorf, Gr. † 470
Kokorschkin, siehe Kokorschkin.
Kolb, Gen. 1044
Korf, Gen. 75. 336. 337
Koslowskoi, Gen. 336
Kowaski, Major, 779
Kott Obr. 64
Kramer, Gen. 505
Kraschnaschokow, Gen. 575
Kreebs, Major, 319
Kreitmeyer, Geh. Rath, 341
Kreyzen, Gen. 215. 216. 360
Krokow, Gen. 95. 360. 492
Krogh, Gen. 891
Küchenmeister, Obr. Lieut. 523
Kursel, Gen. 364
Kyow, Gen. 728

L.

Laffert, Obrister, 278. 730
Lafochs, Herzog, 556
Lagerbielke, Admir. 212
Lagerberg, Reichsrath, 212. 729
Lagerfeld, Landshauptm. 519
Lagerflycht, Vice-Präsid. 518
Lally, Gen. 841
Lamberg, Cardinal, 109. 112
Lambert, Ritter, 722
Lambertini, Marchese, 113. 221
Lampton, Obr. 331
Lancellotti, Prälat, 528
la Lande, Gen. 829
Landi, verst. Cardinal, 829
Lange, Major, 341
Lanius, neue Grafen, 320
, , Obr. 89 sq. 362
Lannion, Graf, 332. 398. 714
Lanri, Cardin. 108. 110. 529
Lanringhausen, Gen. 519. 772 sq.
delle Lanze, Cardin. 108. 112
Laon, Bischof, 434
Lapuchin, Admir. 509
Lascy, Geh. Rath, 836
Lasy, Gener. 363. 486. 544. 841
Lasberg, Major, 530
Lascelli, Gen. 712
Lasgallner Obr. 65
Latorf, Gener. 367. 509 sq. 524
Laval, Marq. 33
Laval

derer angeführten Personen.

Laval, Montmorancy,
  Graf, 353
Laudon, Gen. 85. 87 sq.
  91 sq. 327. 362 sq.
  370 sq. 372. 487 sq. 490
  sq. 498 sq. 504
Laverne, Marquis inn, †
  466
Lauraguais, Graf, 33.
  333
Laurwig, Adm. 210
" " Gen. 502 b
Lauter Graf, 721
Leckow, Obr. 216. 319.
  522
Ledebour, Gen. † 836
Lehndorf, junger Graf,
  † 540 b
Lehwald, Feld-Marsch.
  139. 215
" " Obr. Lieut. 217. 319.
  523
" " Capitain, 553. 554
Leiningen-Westerburg.
  Graf, 611
" " Gr. geb. 351
Lemberg, Erzbischoff,
  319
Lemos, Gräfinn, 158
Lemps Marq. 719
Leon, Prinz, verm. 347
Lionsieur, Gen. 74. 324.
  ein anderer, 574. 714
Lerche, Cammerjunker,
  212
Letma, Herzog, verm.
  797
Lessner, Obr. † 892

Lesperour, siehe Espe-
  reur.
Lestewitz Major, 217
Leuenburg, General, †
  165
Levenfeld, Obr. 892
Levezow, Cammerher-
  rinn, 211
Leyde Marq. 33
Lezeni Major, 87
Lidinewski Major, 340
Lichtenstein, Fürst Joh.
  Wenc. 609. 889
" " Prinz Johann, 65
" " Cammerherr, 428
Ligne, Fürst, 712
" " Pri 3 Car. Jos. 65
Ligonier, Lb. 334. 513
Likastinow, Obr. 1053
Lilienberg, Landshauptm.
  518
" " Obr. 774
Lima, siehe Massones.
Limeges, Bischoff, 70
  828
Limpurg-Styrum, Comt.
  geb. 800
Link Major, 489
Lindemann, General,
  346
Lindstedt, General, 520.
  893. 1047
Lingen, Gener. 556
Linstow, Obr. 259
Lion Erzbischoff, 71
Lippe-Bückeburg, siehe
  Bückeburg.
" " Alverdißen, Comt.
  verm. 776
  Lipski,

Lipski, Cron. Notarius, 516
Litassy, Major, 489
von der Lith, 891
Lobkowitz, Prinz Aug. 712
Lodmann, Obr. 33
Lodron, Obrist-Lieuten. 489
Löwenskiold, Conf. Rath, 891
Löwen, Präsident, 517
Löwenstein, Prinz und Gen. 487
– – Prinzeßinn, geb. 351
Lolhöfel, Obr. Lieuten. 521
Lorges, verst. Herz. 837. jetziger, ib.
– – Graf, 5. 332. 837
Loß Graf, 500 b
Losch, Obr. 523
Losow, Obrister, 524. 727
Lostanges, Graf, 285
Lothringen, Herzog Carl, 602
– – Prinzeßinn Charlotte, 602
– – Prinz Camillus, 398
Lottum, Major, 521
Lowdon, Graf, 381
Lubienski, Prälat, 219
Lubomirski, Ruß Ge-ner, 324. 574. 713
Luce, Gen. Intend. 69
Luchesi, verstorb. Gener. 834
Lucini, Prälat, 124

Luckner, Obr. Lieut. 8 sq. 275. 400
Lukowski, Major. 489
Luçon, Bischoff, † 540, neuer, 510.
Ludovicus XV. König in Frankreich, 594 sq.
Lugeac, Marquis, 890
Lübeck, Bischoff, Tochter geb. 799
Luppe, Baron, 70
Lußan, Frau, † 61
Lusinski, Gen. 438 sq.
Luynes, Cardinal, 109. 112. 123. 329. 330. 345. 714
– – Herzog, † 541 b neuer, 716

M.

Macheult, Staats-Mi-nister, 827
– – verst. Staaten, 827
Mackensie, Gesandter, 434
Magenis, Obrister, 64
Mahoni, Graf, 426
Maillebois, Marschall, 616.
– – Graf, 172. 612 sq.
Mailly, Graf, 33
– – Marq. 718
Malachowski, Groß-Cantzler, 666. 683. 685
– – Cron. Fähndrich, 219
– – Pr. Gemr. 302. 340. 571. 533 b 777
Malagrida, P. Gabr. 586 b 589 sq. b 853. 859. 865.

Male-

derer angeführten Personen.

Mair, Generalmajor, 167. siehe 546 sq. b
† neue Großmeister. 130
Malpin, Obr. 304
Mahony, Carblr. 109. 111. 122
Manderscheid Graf Geheimbd. siehe Graf † 757
Mannstein, verst. General. dessen Leben, 1047 sq. 314
Mansfeld, Pr. Gen. Eintheilung. 215. 553. 556 sq. 571 sq. 720. 771. 773. 779
— Chur. Gener. 309. † 471
Maguire, Gen. 88. 441 sq. 444. 1037. 1055 sq. 1057
Marbœuf, Marq. 71. 716
la Mardre, Graf, 119. 258. 506. 715. verm. 795 sq.
— verst. Gen. 827
Marciru, Ritter, 701
Mark, Ritter, 718
Marderfeld, Herr von, 75
Marescotti, Ritter, 525
Maria Theresia, Kayserinn Königinn von Ungarn, 588. 608
Maria v. Marq. 572 b
Marlborough, Herzog, 171 sq. 174 sq. 274. 335. † 474. sein Leben, 598 sq.
Marocco, Kayser, 649 sq.
Marsan, Gräfinn, 328. 606

G. H. Nachr. 120 Th.

Marschall, Oest. Feldmarschall, 84. 342 sq. 327. 304
Marsh, Schiffs Capitain, 450 sq.
— Pr. Gen. 728 sq.
— Obr. 727
Martene, Gen. 860
Marwitz, Obrister, 433. 727
Mason, Major, 450 sq.
Massrano, Fürstinn, 158
Massius, See-Gener. 331. 507
Massini, Marq. † 791
Massones, Don Julius, 68
Massow, Obr. 894
Matias, verst. Card. 221. 835
— Prälat, 118. 343. 345. 527. 731
Mauregnault, Präs. † 546
May, Gesandter, † 473
Mayer, Pr. Gen. 78. 81. 90. 439 sq. 449. 520. 515 sq. b 526 sq. b † 789. dessen Leben, 1061 sqq.
— Oest. Gen. 712
Mayrhofen, verstorb. Baron, 828
Mazarin, Herzog, 715
Meaux Bischoff. 717. 879
Mecheln, Erzbisch. † 783 neuer, 889
Mecklenburg-Schwerin, Herzog, 607. 19. 732. 776
— Prinz Ludw. 777
— Prinzeßinn, geb. 350
— Strelitz, Herzog. 608

Cccc Mecc-

Meerkatz, Obr. 495
Meinecke, Gen. 1052. 1057
Melchiori, verstorb. Marq. 528
Melgunow, Brigad. 713
Mellin, Obr. 524. 727
Melo, Don Man. Bern. 342
Menadier, Major, 215
Mendoza, Cardinal, 108. 112
– – gewef. Staats-Minister, 519
– = Don Fr. Xav. 342
Mesmer, Cardinal, 109. 112
du Mesnil, Marq. 397
Meyer, Dähn. Gouv. 516
Mezieres, Ritter, 721
Micoud, Gen. 336. 574
Mieden, Präsid. 222
Millesimo, Gräfinn, 637
Minutillo, Obr. 67
Minuzzi, Gen. † 535 b
Mirabeau, Ritter, 890
Miranda, Bischoff, 729
Mirbach, Baron, 672. 673
Mirepoix, verst. Marschall, 832
Mischoukow, Adm. 599
Mirrowski, Gen. 438 sq.
Muschefol, Gen. 893
Mittersteller, Capitain, 506
Mniszeck, junger Graf, 685
Modena, Herzog, 427
– = Prinzeßinn vergl. 796
Möhring, Obr. 216. 340

Möllendorf, verst. Gener, 839
Möllerus, Gen. 892
Mösting, Friedr. 891
Moldan, Fürst, 531
Molesworth, Lord, † 544 b
Molina Obr. 574
Molsheim, verst. Canzler, 578
Moltke, Graf Casp. 910
– = Dest. Gen. 711
– = Dähn. Gen. 502 b 891
– = Gesandter, 437
– – Gen. Adjut. 502 b
Monciel, Brigad. 723
Moniou, Major, 524. 1055
Montal, Marq. † 162
Monsalambert, Marquis, 433
Montalegre, Marq. 158. 221
Montargues, Gen. 891
Montazet, Graf, 716
Montberry, Marq. 72
Montcalm, Marq. 382 sq. 510. 716
Montecalva, Herzoginn, 503
Montecker, Graf, 720
Montecuculi, Graf, 427
Montesquiou, Marq. 71. 72
Monteynard, Gen. 717
Montfort, Graf, 998
Montmartel, Staatsrath, 331. 716
Montmartin, Graf, 224
Montmirail, Marq. 333
Mont

derer angeführten Personen.

Montmorancy, Herzog, 33. 715
Montpouillant, Marq. 721
Moore, Lord, 335
– – Commandeur, 209. 1008 sq. 1012 sq. 1015 sq.
Morangies, Marq. 510
Moras, Staatsminister, 331. 332. 509
Morbecq, Marq. 715
Mordwinow, Gen. 574. 719
– – Admir. 599
Morialles, Brig. 722
Morliere, General, 718. 826
Mortaigne, Graf, 19
Mosca, Cardin. 108. 110. 114
Mosel, Gen. 520
– – Obr. Lieut. 216
Mostyn, Cammerherr, 513
la Motte, Tr. Gener. † 534 b
Moulina, Gen. 720
Mourier, Marq. 722
Mufti, neuer, 224
Müffling Gen. 833
– – Gen. 832
Muhamed Chasen Chan, 659 sq.
Mülbe, Obr. Lieut. 319. 523
Müller, Dähn. Gen. 211
– – Oest. Obr. 254
– – Pr. Obr. 315

Münchhausen, Obr. 64
Münchhofen, Graf, 68
Münchow, verst. Graf, 576
Mustapha III. Türkischer Kayser, 635 sqq.
Muy, Ritter, 33

N.

Nadasti, Feld-Marschall, 326
– – Gr. Leop. Flor. † 45. 68
Nagel, Gen. 445
Nancklas, Ritter, 723
Nangis. Graf, 221
Narischkin, Ober-Jägermeister, 515
– – Ober-Hofmarsch. 516
– – Cammerherren, 74. 516
Naségain, Marq. 329
Nassau, siehe Oranien, Weilburg.
der Nach, Gr. 343. Usingen :c.
Navarra, Obr. 68
Naundorf, Gen. 65. 370
Negroni, Prälat, 118. 344
Neuburg, Engl. Gräfin, † 793
Neubauß, Baron, 164
– – Obr. Lieut. 1053
Neuhoff, siehe Partini.
Neuwied, Pr. Gen. 215. 360
Newton, Obr. 455
Nicolai, Ritter, 19

le No-

le Noble, Obr. 78. 81. 87.
    90. 216. 369
Noe, Marg. 329
Nordmann, Brig. 723
le Normand, Staatsmin.
    332. 507
Normann, Obr. Lieut. 525
Norris, Schiffs-Capitain,
    209
Navara, verst. Bisch. 839
Numersberg, Gen. 574
Numniers, Gen. 714
Numnisen, General-Adj.
    890

O.

O Obr. Lieut. 726
Obenheim, Gen. 720
Oberg, Gen. 24. 25 sq. 29.
    273. 276. 280. 396. 397.
    400 sq. 409. 529
Obidos Graf, 584
Obstein, Major, 500 sq.
Otti, Cardin. 109. 110.
    529
Oeschalchi, siehe Erba.
Odimira, Graf, 219
Odonell, Gen. 486 sq.
= Gen Wachtm. 63
Oels, siehe Würtemberg.
Oesterreich Erzherzogin
    Mar. Anna, 608
Oettingen, verw. Fürstinn,
    † 48
Ogilvy, Lord, 721
Olivazzi, Prälat, 731
Olitz, Erzb. 324. 574. 713
Olmütz, neuer Bisch. 68
Onorati, Prälat, 221
Oporta Bisch. 583 b 729
Oppel, Geh. Rath, 998 sq.

Oppen, Obr. 340
    Major, 340
Oranien, verw. Prinzeßin,
    601. 624 sq. † 782. 882.
    ihr Leben, 868 sqq. ihr
    Testament, 893. sorgt
    für die Vermählung ih-
    rer Prinzeßinn 885 sq.
    Medaille auf sie, 887.
    ihr Lob, 888
    - alte verw. Prinzes. 883
    - junge Prinzeßinn, 601.
        885 sq.
Orford, Graf, 725
Ormeson, Staatsr. 329
Oros, Obr. Lieut. 489
Orsini, Cardin. 108. 110.
    111
Osborne, Admir. 456 sq.
    513
Ostenberg, Oberburggraf,
    234
Ohun, verw. Marg. † 788
Otterwolf, verst. Gen. 834
Otto Major, 524
Overbeck, Major, 216
Oxenstierna, Gen. † 793
Oxford, Bisch. 73. 335

P.

Paar, Gr. Wenc. Jos. 712
Pabst, siehe Bened. XIV.
    und Clem. XIII.
Pabstein, Obr. Lieut. 217.
    319. 728
Pachta, Obr. 67
Padua, Bischoff, 527
Palfy, Gr. Nic. 68
- - Gr. Leop. 329
- - Gr. Rud. 106
- - verst. Gräfinn, 827
    Pallasti,

derer angeführten Personen. 1119

Pallasi, Obr. 65. 370
Palmbach, Gener. 572.
574
Palmsticrna, Reichsrath, 504 b
Panin, Gen. 292 sq. 324.
574. 713
, , Gesandter, 509
Paoli, Don Hyac. 653 sq.
Paolucci, Cardin. reg. 110.
221. sq. 529. 731
Paris, Erzbisch. 284 sq.
601 sq.
, = de Montmartel, siehe Montmartel.
Patulow, Obr. 335
Pattini, Gen. 841
Passionei, Cardin. 107. 108.
110. 851
Pastels, Obr. Lieut. 505
Patkul, Major, 319
Pauernfeind, Gener. 211.
891
Pauli, Canzler, 345
Paulmy, Marq. 69-72
, = Graf, 332
Payton, Schiffs-Capitain, 459 sq.
Peicenc, siehe Moras.
Pellegrini, Obr. 505. 506
Pembrock, Graf, 74
Pennavaire, Gen. † 786
Peperell, Gen. 724
Pereira, Don Pedro, 480 b
854
Persan, Obr. 71
Perusse d'Escars, Marq. 721
Pexitot, Obr. 335

Philanderschtold, Admir.
212
Piccolomini. Fürstinn, 503
Pickeron, Der. 319
Pirrasch, Obr. Lieut. 505.
506
Pieterson, Adm. 894
Pinto, Don Eman. siehe Malta.
Pirch, Major, 217
Pirrhan, Obr. 523. 727
Pitt Wilhelm, 513. 516 sq.
Platen, Gen. 294 sq 556.
573. 771, 773 sq 842.
1053. 1058
, , Obr. 214. 546
Plemannikow, Gener. 75.
574
Pleßen, Vernh. Haupt.
891
Plön, Obr. 218
, = Obr. Lieut. 319. 524
Plotho, Obr. 522
, , Obr. Lieut. 523
Potok, Adm. 373 sq.
Podewils, Comt. verm.
319
, , Obr. † 794
, , Legat. Rath, 521
Podhorski, Landbothe,
500 b
Podoski, Cron-Referent.
516
Polanzki, Adm. 509
Polastron, Graf, 72
Pöllnitz, Major, 530
Poitiers, Bischoff, 717
Polen, König, siehe Aug. III.
Cccc 3 Polen,

Polen, Prinz Xav. 258.
260. 333
– – Prinz Carl, 301. 338.
656 sq.
Polignac, Ritter, 191. 506
– – Vicomtin, † 792
Polloreski, Brigad. 330
Poly, Graf, 722
Pomiana, Obr. Lieuten.
523
Pommerellen, Woywode,
219
Poniatowski, Graf, 338
– – Staroste, 836
Ponickau, Gesandter,
732 sq.
Ponsonby, John, 334
Ponte de Lima, Vicom-
te, 572 b
du Portal Brig. 722
la Porterie, Brig. 723
Portocarrero, Cardin. 109.
110. 115
Portugall, König, siehe
Joseph I.
– – Königinn, 572 b
– – Infant Petrus, 159
– – Inf. Caspar, 343
– – Inf. Joseph, 342. 519
Posadowski, Major, 521
Posen, verst. Woywode,
840
Posfort, Obr. 505
Post Gen. 404
Potterie, General. 502 b
891
Powis, Graf, 724
Powlet, Graf, 724

Pozzobonelli, Cardin. 108.
112
Pradel Brigad. 722
Prätorius, Gen. 211. ein
anderer, † 545
Prebendow, Major, 524
Preisach, Gen. 68
Pretlach, siehe Bretlach.
Preußen, König, siehe Fri-
dericus II.
– – Königinn, 507 b 605
– – Prinz Aug. Wilh. † 47.
dessen Leben, 127 sq. äl-
tester Prinz, 139. 519.
ein posthumus gebo-
ren, 350
– – Prinz Helm. 218. 439
sq. 448 sq. 493. 497.
529 b. 531 b. 1040 sq.
1045. 1048 sq. 1051 sq.
– – Prinz Ferd. 90
Preysing, Gr. Joh. Max.
Xav. 223
Prioli Cardin. 525. 526
Prock, Major, 215
Provence, Graf, 330
Prüsching, siehe Brü-
sching.
Pugnetti, Obr. 67
Puisieux, Marq. 332
Putbus, Präsident, 517
– – Rittmeister, 213
Puttkammer, Gen. 79. 81.
84. 89. 93. 214. 358
– – Obr. Lieut. 521. 524
Puy, Bisch. 610
Puysegur, Marq. 391
Pyt, Admir. 335
Q. Quadt,

derer angeführten Personen. 1121

Q.

Qradt, Fr. Gen. 825
Queberg. Marq. 722
Quebedo, Don Juan Balth. 220
Queiß, Gen. 520. 728
du Quesne, Chef d'Esc. 456 sq. 715

R.

Raben, Hof-Dame, 211
Radonvilliers, Abt, 70
Ramdohr, Obr. Lieut. 254. 259
Ramin, Gen. 726
: : Obr. 319. 522
Ramsay, Obr. Lieut. 505 b
: Randan, Herzog, 19. 837
Ranuccini, Marchese, † 545
: : Herzog, ibid.
Ramzau, Gen. 343
: : Gr. Otto Maderup, 890
Rappe, Gen. 538 b
Rasp, Obr. Lieut. 489
Rastagnac, Graf, † 790
Rath, Obr. 727
Rathenau, Major, 217
Ratta, Prälat, 731
Rautern, Gen. 521
Raymond, Graf, 183
Rebentisch, Gen. 78 sq. 360. 521
Rechtern Graf, verm. 796
Reck, Obr. Lieut. 216
Redmone, Ritter, 189. 506
Refelt, Landshauptmann, 518
Reggio, Admir. 69. 591

Rebbach, Gen. 489. 505
Reinhard, Gener. 1052
Reisewitz, Major, 215
Reitzenstein, Erbkämmerer. 346
: : Geh. Rath, 890. verm. 798
Renard, General, 219. 497
Renzel, Obrister, 524. 727
Resanow, General, 293 sq. 304. 325. 571. 574
Resie, General, 720
Restorff, General, 891
Revel verw. Gräfin, †. 540
Reventlau, Geh. Conf. Minister, † 41
: : Gr. Christ. Deeler, 210
: : Geh. Rath Detlev, 890
: : Hofmeisterin, 210
Reuß, Gr. Heinr. XLVIII. geb. 800
Reuschenberg, Baron, 62
Rex, Graf, 500 b
Rey, Baron, 721
Reynold, Brigadier, 721
Rezzonico, Cardinal, 99. 108. 112. 115. wird Pabst, 116. siehe Clemens XIII.
: : Prälat, 118. 344 wird Card. 125. 525. 527. 528
Retzow, Gen. 85. 352. 360. 366 sq. 490 † 537
Rheden, verst. Ober-Hofmarsch. 838
: : Obrister, 34
Rheingraf zu Grumbach, 611
: : Ludwig, 722
: : Carl Techt. geb. 800
Ribeira

Eeee 4

Ribeira Grande, Graf
  584 b.
Ricci, Jesuiter-General
  343. 866
Richelieu, Marschall, 73
Richmond, Herzog, 73
  181. 335
Ried, Gen. 449. 5. 6 b. 1054
 - Gesandter, 435
Riedesel, Dest. General
  65. 67. 1039. 1057
Rieppur, Gen. 502 b. 891
los Rios, General, 63
Riverson, Brigadier, 63
Robeck, Prinz, 719
Robinson, Obrister, 334
Rochambeau, Graf, 33
Rochau, Sächs. Gen. 831
 - Pr. General, 833
Rochechouart, Graf, 715
 - Prälat, 434
Rochford, Graf, 724
Rochefoucault, Gen. 720
Rochepine, General, 353
Rodney, Schiffs-Capitain, 463
Rode, Cardinal, 109. 112. 116. 123. 124. 345. 607
 - General, 712
Röder General, 395. 996
 - Geh. Leg. Rath, 346
Roek, Capitain, 781
Römeling, General, 502 b.
Rohan Chabot, Prinz
  per m. 347
 - Ritter, 462
Rohr, Obrister, 218. 523
Rolamb, Baron, 517
Roman, General, 996
Romanzow, s. Rumanzow.

Roach, Fr. General, 718
la Roque, Brig. 713
Roscius, Obr. Lieut. 319
Rosconnien, Brig. 721
Roseberry, Graf, 794
la Roser, Obrister, 353
Rosen, Russ. General, 326. 716. 775
 - Fr. Obrister, 59
 - Dr. Obrister, 523. 726
Rasenbusch, Major, 714
Rosenfeld, General, 728
Rösli, Prål. 126. 730. 820
Roth, Obr. Lieut. 524
Rothes, Graf, 523
Rothfried, Baron, 436
 - General, 996
Rothsburg, Major, 483
Roverto, Cardinal, 108. 112. 123. 234. 345
Rouge, Graf, 332
Rouille, Staatsmin. 332
Rouvroy, Major, 566
Royalin, Commandeur, 713
Rudenschild, Präsid. 518
Rutsch, Major, 219
Rumanzow, General, 74. 295. 297. 304. 311. 312. 313. 320. 54. 325. 571. 574
Rummel, Major, 525
Rußland, Kayserinn, siehe Eiif. I.
 - Großfürst, 718
Ruzzini, Gesandter, 427

S.

St. Aignan, Ritter, 716
St. Amand, Obrister, 371
St. Andre, General, 820. 1059. 1060

St.

derer angeführten Personen.

St. Andre, Fr. Delp. 39. 722
St. Nicaire, Abt, 717
St. Florentin, Graf, 705
St. Gall, Abt, — 850
St. Germain, Graf, 31. 22. 30. 28. 33. 260. 467
St. Heren, Marq. 721
St. Ignon, General, 67. 65. 90. 363. 305. 306
St. Julian, verw. Gräfin, 839
St. Pau, verst. Graf, 827
St. Paul, Obrister, 370
St. Pern, Ritter, 189. 506
St. Sauvent, Ritter, 719
Saalfeld, siehe Coburg.
Sabacklin, Commercien-Rath, 515
Sabrau, Vicomte, 723
Sachsen, siehe Weimar, Coburg x.
— verst. Gr. Moritz, 511
Sackville, Lord, 72. 174. 274
Saripante, Cardinal, 108. 110. 528. † 531 sq.
Sagreskoi, General, 336
Salaburg, Graf, † 49
— Comt. verw. 348
Saldanha, Cardinal, 109. 112. 572 b 683 b
— Don. Eman. 219
— Don Petro, 229
Saldern, General, 367. 520. † 656. 843 sq.
Salio, Marq. 184
Salm, Pr. und Obrister, 505. 1056
— Princeßinnen, 502

Salm, Wilh. C. verw. 797
Salmour, Graf, 500 b
Salmuth, Gen. 520. 530 b
Salomon, Obrist-Lieut. 78. 216
Saltes, General, 720
Salza, Baron, 504 b
Samsoe, Graf, Friedr. Christ. 210
Sandford, Obrister, 338
Sandwich, Graf, 725
Santucci, Prälat, 528
Saone, Marq. 716
Sardinien, König, siehe Car. Eman.
Sartirana, Graf, 427
Saß, Oberhauptm. 224
Saunders, Admiral, 180. 185. 192
Schack, junge Gräfin, 210
— Pr. Obrister, 306
— Pr. Major, 728
Schatzel, Major, 215. 521
Schaffgotsch, Major, 524
Schafstädt, Obr. Lieut. 523
Scheel, Gr. George, 210
Scheelen, Obr. Lieut. 726
Scheich, Ali Chan, 650 sq.
Scheiter, Obrister, 272. 282
— Capitain, 7. 8. 9. 10. 11. 223. 280
Schenck, General, 502 b
Schenckendorff, General, 78 sq. 215. 360. 1047
— Obrister, 727
Schilin, General, 337
Schilling, General, 336
Schimmelpfennig von der Oye, Baron, 989
Cccc 5 Schir-

Schirnding, Ritterhaupt-
  mann, 346
Schlabrendorff, General,
  573. 728
Schlafstedt, Major, 420
Schlegel, Cammerh. 210
Schlieben, Major, 521
Schlottheim, Obr. Lieut.
  397. 412
Schmehling, Obrist. 725
Schmettau, Gr. Gen.
  Lieut. 517 sq. b
= = Dahn. Gen. 502 b 891
Schneid. Gesandter, 436
Schönaich, General 893
Schönburg, Comtessin,
  née. 351
Schröpping, Herr von,
  667 sq.
Schorr, Obrist. 892
Schorrsee. Major. 217. 320
Schott Obrister, 266
Schreiber, Major, 217
Schulenburg, Hannöv.
  Obrister, 26. 730
Schuwalow, Graf Peter,
  339. 714
= = Gr. Alex. 516
Schwartz Obr. Lieut. 489
Schwartzburg siehe Son-
  dershausen ꝛc.
Schwartzenberg, Gene-
  ral, † 543 sq.
Schwartzhoff, Obr. 64
Schweden, König, siehe
  Adolph Friedrich.
Schwerin, Gr. Eug. 217
= = Obrister, 319. 894
= = Major, 218. 298
Seckendorff, Graf, 612

= = Baron Chr. Frieb. †
  786. 826
= = Baron Chr. Lud. 826
= = Destr. General, 712
Setzeni, General, 503. 711
Seefried, Gesandter, 436.
  737
Seelen, Obrister, 216. 521
Segorbe, Bischoff, 69
Segur, Marq. 329
= = Vicomte, 719
Sebestedt, Gen. 211. 501 b
Seidlitz, siehe Seydlitz.
Seinsheim, Gr. verm. 348
Senecterre, Marschall, 172
Sept Maisons, Marq. 719
Serbelloni, Cardinal, 109.
  112. 123. 344
= = General, 443. 515 b.
  1037. 1044
Sereni, verw. Gräfin, †
  787
Serilly, Intendant, 325
Sermento, General, 511
Sers, General, 725
Sersale, Cardinal, 108.
  112. 122
Setties, General, 717
Seydlitz, Gen. Lieut. 311.
  314. 315
= = Gen. Major, 340. 893
= = Major, 215
Shannon, Graf, 334
Sherlington, Obr. 335
Shirley, General, 513. 724
Sicilien, König, s. Carolus.
= = Prinz Gabriel, 525
Siebbern, Obrister, 892
Siegroth, Major, 340
Sievers, General, 515
  Sie=

derer angeführten Personen.

Sievers, Brigad. 319.
Obr. 892
Silhouette, General-Controlleur, 889
Silverhielm, Obr. Lieut. 517
Simiane, Marquisin, †788
Simolin, Gesand. 437. 666
Simschön, Gen. 67. 353
Sincere, General, 488. 504. 506
Sintzendorff, Graf Ant. † 835
Sirmien, Bischof, 712
Siskowitz, General, 91 sq. 328. 362. 488 sq.
Sirrheim, Major, 217
Stölln, General, 223. † 46
Smith, Admirals, 723
Solari, Prälat, † 791
Solms-Baruth, Graf, geb. 800
Soltikow, General, 515
 - Gen. Lieut. 319
 - Cammerh. 655 sq. 714
Soltyk, siehe Cracau.
Somaggi, Major, 217
Sondershausen, Fürst, † 533 sq. sein Nachfolger, 534
Soro, Obr. Lieut. 505
Sorrento, Erzbisch. 731
Soubise, Prinz, 72. 387 sq. 392. 397 sq. 401 sq. 410 sq. 506. 717
Souptré, Ritter. 376. 843
Sourches, Marq. 19
Soyecourt, Marq. 720
 - Marquisin, † 546
Spada, Grafen, 528
Spaen, General, 520

Spanien, König, siehe Ferdin. VI.
 - Königin, † 155
 - verw. Königin, 594. 600
 - Inf. Lud. 593
Sparr, Obr. Lieut. 775
Spinola, Prälat, 866
Spleni, Obr. Lieut. 1037
Spiegel, Baron, 4. 62
Spinelli, Cardinal, 108. 110. 115. 116. 528. 730
Spörcken, Hannöv. Gen. 8. 20. 24. 26 sq. 29. 903
Sporck, Gr. Joh. Rud. † 788
Sprecher, Oestr. Gener. † 466 sq.
 - Garb. General, 828
Sprengport, Obrister, verw. 798
Spreti, Graf, 223
Stabrenberg, Gener. 507
Stain, Obrister, 64
Stainville, Graf, 114. 333. 425. siehe Choiseul.
 - Oestr. Gener. 65. 712
Stallhammer, Capit. 557
Stamblen, Baron, 74
Stampa, General, 66
Stanhope, Schiffs-Capitain, 457
Stanislaus I. König, 512 b
Stanley, Adm. Comiss. 334
Stechow, General, 214
 - Obrist. 217. 320. 522
Steenflicht, Gen. † 54 sq.
Stein, Oberschenke, 346. siehe Stain.

Steins

Steinberg, Groß-Beat. 5
Steinville, f. Stainville
Steinwehr, Obr. 246, 319
Sternberg Obr. Lieut. 523
Sterneld, General, 554
Sternroos Capitain, 213
Stevens, Admiral, 379
Stieglitz, Geh. Kriegs-
  rath, † 154
Stockenstrom, Justitz-
  Cantzler, 517
Stoffeln, General, 301.
  304. 319. 321. 325. 575
Stoganow, Fris. 294. 303
Stojenzin, Obrister, 727
Sollhofen, General, 339
  † 165. 844
Stollberg, Graf Christ.
  Günther, 891
Stollberg, General, 1037
Stoppani, Cardinal, 109.
  112. 123. 344
Storr, Schiffs-Capit. 458
Stosch, Baron, † 546
Strachwald, Obr. 341, 522
Straßburg, Bischoff, 427
Strensnew, General, 74
Strode, Obrister, 335
Strongoli, Pr. veem. 798
Struve, Major, 616
Stubenberg, Graf, 500 b
Stutterheim, General,
  522. 726. 893
Subay, Major, 489. 505
Subm, Admiral, † 540
Sultowsty, Just. Gen. 66
– – Russ. Obr. 297. 319
Syburg, Obrister, 523
Sydow, Obr. 216, 893, 894
– – Major, 340

Szmaa, Bischoff, 78
Szockeni, siehe Seczeni
Szekulu General, 213. 340
Szerbonski, Obr. Lieut. 340

T.

Talbot, Obrister, 335
Tamburini, Card. 103. 110
Tana, Graf, 323
Tanne, Obr. Lieut. 523
Tartar-Chan, abgesetzt,
  225. 645. neuer, 646
Tavannes, Cardinal, 109.
  112. 332
Tauenzien, General, 320
Tauskirchen, Graf Jos.
  Ad. Ant. † 60
– – Graf, Carl, 345
Turora, alter Marq. 581 b
  583 b. 591 b. 595 b.
  596 b. Urtheil, 691 sq.
  666 sq. Hinrichtung,
  697. Leben, 705 sq.
– – alte Marquisin, 582 b
  585 b. 589 sq. b. 596 b
  Urtheil, 693. letzte Rede,
  694. Hinrichtung 695
  Leben, 708
– – junger Marq. 582 b.
  591 sq. b. 595 b. Ur-
  theil, 692. Hinrichtung,
  696. Leben, 709
– – Don Joseph Maria,
  582 b. 592 b. 595 b Ur-
  theil, 693. letzte Rede,
  695. Hinrichtung, 696
– – Brüder des alten Mar-
  quis, 582 b. 583 b.
  584 b
– – Vettern desselben, 583 b
Tesken

derer angeführten Personen. 1127

Mecklenburg Comtesse, 341
Teigner, Obrister, 302
Tempi, Cardin. 109. 114
Tentin, verst. Card. 833
 = Ritter, 530
Tervarina, Bischoff, 732
Terzel, Bischoff, † 792
Terzi, 1058
Tesse, Graf, 723
 = Marschall, 723
Tettenborn, Obrister, 530
Teufel, Obr. Lieut. 216. 341
 = Buseny, 437
Thadden, Obr. 320. 524. 727
Thiele, Obr. 721. 522
 = Major, 217
Thienen, Conf. Rath, 75
Thierstenhausen, Brig. 319
Thomond, Marschall, 172
Thoir, Staatsschrift, 343
Than, Comtesse, 403
Thurn u. Taxis, Prinzessin, geb. 530
 = Major, 489
Tien, Obrister, † 489
Tillier, Gen. 363. 448. 483. 486. 504. 712
 = Französ. Gen. 890
 = Major, 355
Tilli, Marq. verm. 349
Tivoli, Bischoff, 732
Töckeli, Obrister, 301
Törreck, Obr. 443 sq.
Tolstoi, Gen. 936
Torcy, Marq. 258
Torregiani, Cardinal, 109. 110. 527. 730
Torre Palma, Graf, 426. 434

Touche, Ritter, 476
Toulouse, verst. Erzb. 838
la Tour d' Auvergne, Gr. 791
 = Ritter, 506
Tours, Erzbischoff, 828
Tovorahend, Gen. 513
Trowks, Baron, 717
Trautmannsdorf, Genet. 442
 = Gräfin, † 471
Trembach, Major, 524
in Tremouille, Herz. 723
Tresckow, Gen. 78. 499
 = Obrister, 894
 = Major, 319
la Terrane, Brig. 721
Treyden, Gen. 574. 714
Tridente Bischoff, † 467
 = Nachfolger, 468
Trier, Churfürst, 600
Trolle, Admiral, 213
Troschke, Obr. Lieut. 330. 341. 523. 524
Truchses, Graf, Canz. Heinr. † 66
 = Scheer. Gen. 395. 908
Türkischer Kaiser, siehe Must. III.
 = Gesandten, 426. 429
Tunderfeld, Gen. 718
Turenne, Prinz, 896
Turpin, Graf, 76
V.
Valbelle, Graf, 715
Valdeparaiso, Gr. 503
Valence, Ritter, 721
Valentiniani, Obr. 489
Valentinois, Gr. 722
Valiere

Valiere, Obr. 71
Vai, Prälat, 527
Vanolles, Staatsr. 828
Vardmin, Obr. 894
Vasconcellos, Don Ant. 220
, , Don Diego, † 790
Vasold, Gen. 216. 893
Vastian, Marq. 715
Vaubecourt, Marq. 721
Vauguyon, Herzog, 70. 329. 333. 600. 715
Vaussieur, Marq. 329
Vaur, Marq. 653
Vay, Obrister, 65
Ubelli, Major, 489
Ueberracker, Rhofr. 502
Uechtritz, Obr. 995
Veesey, Obrister, 65. 439. 443 sq. 1045
Vega Florida, Gr. 69. 591
Vebla, Gener. 327. 364. 366 sq. 372
Ven e, Bischoff, 510
Venedig, Patriarche, † 478. neuer, 530. 995
Verdiere, Obr. 377
Verelst, Gesandter, 433
du Verger, Obr. Lieut. 524
Verona, Bischoff, 528
Veronese, Prälat, 527
Vettes, Obrister, 64
Vezanne, General, 719
Vienne, Graf, 720. 721
Vieregg, Staats-Minister, † 149. dessen Gemahlin, † 61
Vieuville, Marq. 720
Vignolles, Obrister, 510
Uibassy, siehe Uphassy.

Vilbois, General, 74. 574.
la Ville, Gener. 79. 88. 90. 363. 493. 497. 499. 504
, , Ubt, 723
Villabatour, Gener. 190
Villemur, Marq. 18. 19. 332
Villequier, Herz. Verm. 797
Vins, Major, 505. 506
Virgin, Obr. Lieut. 729
Vise, General, 717
Visieur, Marq. 723
Vitelleschi, Prälat, 221
, , General, 489. 498
Vittinghoff, Maj. 215
Ulrich, Major, 340
Ungern-Sternberg, Feldmarsch. 212
Unbno, Graf, 427. 572 b
Vockerod, verst. Cabinetsrath, 580
Vöblin, Baron, 223
Vogue, Graf, 716
Voigt, Major, 217
Voit, Obr. Lieut. 327. 362
Voisenon, General, 717
Vollbynien, Woyw. † 790
Voltrea, Bischoff, 829
Voreilles, Gen. 719
Vover, Marq. 406 sq. 510
Upsal, Erzbischoff, † 46
Urff, General, 273. 405. 1043
Ursel, Herzog, 389
Uses, Herzog, Tocht. verm. 347
Usingen, Pr. Fr. Aug. 489
, , Prinz Joh. Ad. 391
Uybassy, Gen. 65. 438 sq. 530.

W.

W.

Wackerbart, Graf, 500 b
Wagenitz, Obr. Lieut. 521
Wagner, Major, 217
Wahl, Comteſſe, 503
Waldeck, Fürſt, 395
Waldner, Gen. 400
Waldſtein, Reichshofr. 502
Walker, Capitain, 450
Wall, Don Richard, 593
Wallachey, Fürſt, 531
Wallenſtein, Obr. 64
Wallis, Comteſſe, 502
– – Obriſter, 67. 489
Walter, Dor. 488. 505
Wandesford, Graf, 335
Wangenheim, Gen. 8. 9.
12. 26. 27. 253. 256.
271. 283 ſq.
– – Obriſter, 522
– – Obr. Lieut. 524
Warren, Fr. Brig. 721
Wartenberg, Obr. 340.
894
Wartensleben, Gr. Leop.
Al. 726
Wasmer, Major, 217
Waſſenaer-Catwyk, Bar.
883
Watſon, Obriſter, 935
– – Admiral, † 841
Webb, Obriſter, 381
Wecſey, ſiehe Becſey.
Wedel, Gr. Chriſtian, 211
– – Gr. Hannibal, 788
– – Pr. General, 78. 549.
523 ſqq. b. 726
Wegnern, Obr. 319
Weichs, Obr. 489
Weilburg, Fürſt, 322

ſeine beſtimmte Braut,
886 ſq.
Weimar, Herzog, † 95 ſq.
– – neuer Herzog, 37. 602
– – verw. Herzogin, 37.
602. 604
– – Prinz geb. 530
– – Prinzeßin verm. 347
Weißmann, Major, 489
Weitersheim, Obr. 892
Welsh, Negociant, 510
Werneck, Gen. 696. 998
Werner, Gen. 95. 500 520
Weſtmorland, Gr. 723
Wich Dor. Lieut. 340
Wied, verſt. Gr. Franz
Carl Chriſt. 830
– – Deſt. General, 497
– – Pr. Gen. ſ. Neuwied.
Wieſe, Gen. 66
Wieſer, Major, 1061
Wilczeck Gen. 62. 63
Wildenſtein, Graf, Caj.
Aug. 712
– – Comt. verm. 796
Williams, Geſandter, 428
Windt, Oberhofmeiſt. 210
Winterfeld, verſt. Gener.
Leben, 812 ſq.
– – Obriſter, † 824
– – Major, 319
Witke, Major, 340
Wittendorf, Major, 30
Wobersnow Pr. Gen. 571
– – Dähn. Obr. 892
Wobeſer, Major, 341
Wodzicki, Cron-Obr=
Cantzler, 687
Woeſtyne, Marq. verm.
349
Woje=

Wojekow, General, 515
Wolchonski, s. Woltowsk.
Woldeck, Obr. 216. 894
Wolfe, Engl. Obr. 335
Wolff, Gen. 996
Wolfirsdorf, Oest. Gen.
448. 711
Wolkonskoi, Gener. 574.
836
Worge, Obr. Lieut. 454 sq.
513
Woronzew, Groß-Canz-
ler, 75, 515
– Gr. Johann, 714
Wrende, Pr Obrister, 725
Würtemberg, Herzog,
392. sq. 397. 398. 408.
598 sq. b. 603. 732. 737.
stiftet einen neuen Or-
den, 996 sq.
– Prinz Friedr. Eug. 77
Sohn geb. 709
– Welf. verw. Herz. † 47
Wunsch, Obr. Lieut. 439.
724. 519 b. 1038. 1042
1043. 1046 sq. 1048 sq.
1051. 1055. 1059
Wurmser, Obr. 275
Wussow, Capitain, 548
Wutgenau, Gener. 12. 20
Wuthenau, Obr. Lieut. 726
Wynantz. Reg. Secret. 428
432

Y.

Yorck, Cardinal, 108.
110. 121. 527 sq.
– – Gen. 433. 435. 623 sq.
633
Young, Schiffs-Cap. 833

Z.

Zaluski, Bischoff zu Cra-
cau, † 533 b. dessen Le-
ben, 753
– Cron-Refer. 516
Zaremba, Major,
Zastrow, Hannöv. Ge-
neral, 4. 21
– Hann. Gen. Maj. † 545
– Braunschw. General,
224. 264. 266 sq. 275.
400. 404 sq.
– Pr. General, 520. 725
– Pr. Major, 217
Zawoisky, Obrist. 520 b
Zecherlin Major, 524
Zedmar, Rittmeister, 295
Zerbst, Fürst, 607. 656
– verw. Fürstin, 607
– Major, 217
Zesen, Major, 320
Zeuner, Obrist. 341. 523
Ziegesar, Obrister, 67
Ziegler, Major, 341
Ziethen, Gen. Lieut. 76.
83. sq. 95. 358. 531 b.
– Gener. Major, 520
Zimmermann, Obrist. 64
Zinzendorff, Obr. 835
Zobel, Baron, † 545 b
Zorn. Obrister, 505
Zuckmantel. Baron, 721
Zülow, General, 777 sq.
Zweybrück, Pfalzgraf,
396. 398. 408. 63
– Prinz Friedrich, 62.
371 sq. 438 sq. 515 sq. b.
528. sq. b. 531 b. 889.
1037. sq. 1058

Die vornehmsten Druckfehler:

Im 109. Theile pag. 36. lin. 4. setze hinzu; weil er nun noch nicht im Stande war, p. 82. l. 25. ließ ungleich.

Im 111. Theile ist von p. 231. bis 251. in der Rubric anstatt Benedicti XIV. Clementis XIV. Leben gesetzt worden.

Im 112 Theile p. 295. l. 18. ließ an der preußischen Grenze; p. 327 l. 30. ließ Anblau; p. 336. l. 19. ließ Demikow; p. 351. l. 8. ließ Kösterlß; p. 353. l. 19. ließ Rochepine.

Im 113 Theile p. 389. l. 17. ließ ein; p. 440 l. 25. ließ Altenberg; p. 445. l. 11. ließ Bohmen; p. 455 l. 11. ließ wegen.

Im 114 Theile p. 518. l. 28. ließ Hamilton; p. 530 l. 15. ließ Pölnitz; p. 531. l. 24. ließ Narni.

Im 115 Theile fängt sich nach p. 599. die pag. wieder mit 500 an, und geht bis in den folgenden Theil, bis 100 Seiten voll sind, also fort, welches im Register eine große Irrung verursachet. p. 546. l. 7. ließ Farch.

Im 116 Theile p. 572. l. 20. ließ Unhao; und l. 30. ließ Saldanha; p. 582. l. 11. ließ Alorna; p. 585. l. 5. ließ Lafoens.

Im 117 Theile p. 705. L. 20. ließ daher wurde; p. 713. l. 13. ließ, anstatt bis, ließ; p. 726. l. 7. ließ Bandemer.

Im 118 Theile p. 764. l. 22. ließ Premislauer Bischoff; p. 799. l. 23. ließ Sermonetta und Gaettano; p. 801. l. 10 ließ Chimay; p. 811. l. 12 ließ bekam; p. 827. l. 25 ließ heißt;

Im 119 Theile p. 995. l. 7. ließ Christiani.

In diesem 120. Theile ist in dem Verzeichniß derer in diesem Bande vorkommenden Lebens-Beschreibungen p. 1077. n. XI. Christoph Herrmann von Mannstein, Preußischer General-Major, ausgelassen. Im Register ließ vor Sommerland, Cummerland.

Neue Genealogisch-Historische Nachrichten

von den

Vornehmsten Begebenheiten,

welche sich an den

Europäischen Höfen

zutragen,

worinn zugleich

vieler Stands-Personen

Lebens-Beschreibungen

vorkommen.

Der 121 Theil.

Leipzig, 1760.

Bey Johann Samuel Heinsii sel. Erben.

Inhalt.

I. Die zwischen den Franzosen und Alliirten gehaltene Schlacht bey Bergen, nebst dem, was vorher gegangen ist.

II. Einige jüngst geschehene merkwürdige Todes-Fälle.

III. Einige jüngst geschehene merkwürdige Avancements.

IV. Die Einrückung der Preußischen Truppen in Pohlen.

I.

Die zwischen den Franzosen und Alliirten vorgefallene Schlacht bey Bergen, nebst dem, was vorher gegangen ist.

Der Feldzug zwischen den Franzosen und Alliirten fieng sich 1759 sehr hitzig an. Beyde Theile wollten einander in der Ausführung glücklicher Unternehmungen zuvor kommen. Sie geriethen deßhalben einander scharf in die Haare. Allein den 13 Apr. kam es bey Bergen, unweit Frankfurt am Mayn, zu einer Bataille, darinnen beyde Theile sich so an die Köpfe stießen, daß ihre Hitze vergienge, und sie sich wieder in ihre Cantonirungs-Quartiere zogen, um von ihren Schlägen und Kopf-Stößen ein wenig auszuruhen. Es verdient diese Begebenheit eine umständliche Beschreibung.

Die Soubisische Armee hatte nach Einnehmung der Stadt Frankfurt ihr Haupt-Quartier allhier,

I. Die Schlacht bey Bergen,

allhier, der Hessische General, Prinz von Isenburg, aber zu Fritzlar, und der Herzog Ferdinand von Braunschweig zu Münster genommen, da indessen die Contadische Armee unter dem Marquis von Armentieres in dem Erzstifte Cölln und Herzogthum Jülich cantonirte, und ihr Haupt-Quartier zu Crevelt hatte. Man dachte auf allen Seiten auf Mittel, sich aufs Frühjahr zu verstärken, daß man nicht nur seinem Feinde die Spitze bieten, sondern auch denselben überwältigen könnte.

Der Prinz von Soubise verließ zu Ende des Januarii 1759 die Armee und gieng nach Paris, der Herzog von Broglio aber kriegte indessen das Commando. Ehe der obgedachte Prinz von Frankfurt abreisete, ließ er dem Magistrat der Reichsstadt Wetzlar andeuten, daß, da man aus den Bewegungen des Isenburgischen Corps vermuthen müste, daß solches sich der dortigen Brücke über den Lahnfluß zu bemächtigen suchte, er sich genöthiget fände, besagtem Corps, sobald es sich zu Ausführung dieses Anschlages anschicken würde, zuvor zu kommen. Da nun hierauf der Wetzlarische Magistrat nicht nur den Landgrafen von Hessen-Darmstadt, als Schutzherrn der Stadt Wetzlar, sondern auch den Churfürsten von Maynz als Reichs-Erz-Canzler, ersuchte, es in die Wege zu richten, daß von keiner Seite gegen die Stadt etwas wider die Sicherheit des Cammer-Gerichts und Archivs vorgenommen würde, so nahm darauf der Chur-Maynzische Commitial-Gesandte, mit den übrigen Commitial-Gesandschaften zu Regenspurg die Abrede, daß das Reichs-Directorium

nur

nur für sich insonderheit dem Chur-Braunschweigischen Comitial-Gesandten, Baron von Gemmingen, zu erkennen geben möchte, wie man von Chur-Braunschweig und dessen Alliirten der gesicherten Hofnung lebe, daß sie um so weniger etwas zur Beunruhigung des Cammer-Gerichts und Archivs gegen die Stadt Wetzlar unternehmen lassen würden, da Dero hohen Prinzipalen, als angesehener Reichs-Stände, eigenes Interesse darunter leiden müßte.

Immittelst hatten die Oesterreichischen und Reichs-Trouppen einen unvermutheten Einfall in die Hessen-Casselischen Lande gethan, davon aus dem Hessischen unterm 19 Febr. folgendes geschrieben wurde:

Zu Cassel ist alles in Bewegung, und diese Landgräfl. Residenz befürchtet einen dritten beschwerlichen Besuch. Die Oesterreichischen und Reichs-Trouppen sind ihr schon bis auf 6 Meilen nahe, und ihre Anzahl wird von einigen auf 36000 Mann ausgegeben. Der General Arberg hat das Commando über sie. Hersfeld ist schon seit dem 9ten dieses in ihren Händen. In den ersten Tagen verschlossen sie die Thore daselbst, und keiner von den Einwohnern durfte weder aus- noch einpaßiren. Man muß ihnen daselbst die etappenmäßige Verpflegung reichen. Sie haben sich überhaupt im ganzen Fürstenthum Hersfeld ausgebreitet, und auch die Hessischen Aemter, Friedewald und Landeck, wie auch die Herrschaft Schmalkalden besetzt. Indessen hat der Prinz von Isenburg die besten Veranstaltungen getroffen, welche zu Abwendung des, auf dieses mitgenommene Land abgezielten, neuen Streichs dienen können. Sein Haupt-Quartier ist nunmehro zu Homberg, wird aber ehestens näher gegen Cassel verlegt werden, indem sich die ganze Armee, die unter dem

I. Die Schlacht bey Bergen,

Erb Prinzen von Braunschweig eine Verstärkung erwartet, in diese Gegend ziehen soll. Zu desto besserer Communication ist am 14 Febr. oberhalb Cassel eine Schiffbrücke über die Fulda geschlagen worden. Das Lager vor Cassel ist schon errichtet, und mit Anlegung eines ansehnlichen Magazins ist auch der Anfang gemacht worden.

Sobald der Erb-Prinz von Braunschweig mit seiner Verstärkung bey dem Isenburgischen Corps in der Gegend von Cassel angelanget war, wurde zu Wilhelmsthal zwischen ihm und dem Prinzen von Isenburg eine Unterredung gehalten, und in solcher dem General-Major von Urf in geheim aufgetragen, die Reichs-Völker zurücke zu treiben. Zu dieser Unternehmung wurden 4 Bataillons zu Fuß, 600 Reuter, 2 Escadrons Preußische Husaren unter dem Major von Stentsch, 1 Escadron Hessische Husaren unter dem Obrist-Lieutenant von Schlotheim, und 200 Hessische Fußjäger unter dem Major von Butler beordert. Zu gleicher Zeit mußte der General-Major von Dachenhausen, mit 2 Escadrons von seinem Regimente, und 400 Scharfschützen, auf der Straße nach Eisenach gegen Treffurt und Creußburg vorrücken, und seine Patrouillen bis Eisenach gehen lassen. Auch wurde der Obrist-Lieutenant von Freytag beordert, einen Anfall zwischen dem 1 und 2 März auf Hersfeld zu wagen. Die ganze Expedition wurde folgendergestalt ausgeführt:

Den 28 Febr. brach der General von Urf mit den vorgedachten Trouppen auf, und kam selbigen Abends bey Bebra, Breitenbach und der Oten an. Den 1 März rückte er gegen Friedewald, und
die

die aus Husaren bestehende Avantgarde hatte Befehl, diesen Ort anzugreifen. Die Ausgänge gegen Schenklengsfeld und Hersfeld wurden besetzt, und die Preußischen Husaren sprengten mit der zurückweichenden Oesterreichischen Feldwache bis in Friedewald. Die letztere wollte sich zwar mit der Flucht retten, stieß aber auf die Hessischen Husaren, welche den Weg nach Schenklengsfeld eingenommen hatten. Es wurden also von dem in Friedewald gelegenen Feinde 1 Rittmeister, 1 Corporal, 1 Trompeter, und 21 Gemeine nebst soviel Pferden, davon einige blessirt waren, gefangen. Die Husaren marschirten sogleich nach einem andern Dorfe Maßfeld, wo 1 Lieutenant und 27 Mann lagen, welche aber durch das Schießen allarmirt worden, und durch Beyhülfe der einbrechenden Nacht sich mit Zurücklassung von 27 Pferden davon gemacht hatten.

Den 2 März giengen mit anbrechendem Tage 2 Commando von gleicher Stärke, jedes von 100 Husaren, 100 Jägern und 60 Reutern, und zwar eines unter dem Obrist-Lieutenant von Schlotheim nach Schenklengsfeld, und das andere unter dem Major von Butler nach Bach; die übrigen Trouppen blieben bey Friedewald auf einer Anhöhe stehen. Eine Weile nachher berichtete der Obrist-Lieutenant von Freytag, daß der Feind den 1sten Abends um 8 Uhr Hersfeld verlassen, daher er im Begrif wäre, selbigem nach Schenklengsfeld zu folgen. Der General von Urf brach alsdenn gleich mit seinem ganzen Corps auf, und marschirte gegen Schenklengsfeld, in Hofnung, die

Hers-

Hersfelder Garnison noch daselbst zu finden. Allein da er unterweges von dem Obrist-Lieutenants von Schlotheim und Freytag die Nachricht erhielte, daß der Feind in aller Eilfertigkeit gedachten Ort verlassen, und sich nach Vach gezogen habe, ließ er sein Corps, weil er wegen der üblen Witterung nicht im Stande war weiter zu kommen, in die umliegenden Dorfschaften einrücken. In eben dieser Nacht berichtete der Major von Bütler, daß er zu Philippsthal einen Hauptmann mit 100 Mann Reichs-Trouppen angetroffen habe, welche sich anfangs zur Wehre gesetzet, aber bis auf 72 Mann geschmolzen wären, die er hernach nebst 3 Officiers zu Gefangenen gemacht. Da auch der Feind Vach verlassen hatte, besetzte der Major diesen Ort, verließ ihn aber nach einigen Stunden wieder, und begab sich wieder zurücke. Es sollen bey dieser ganzen Expedition nicht mehr als 2 Husaren getödtet, 1 Jäger aber und 2 Pferde blessirt worden seyn.

Da nun der Prinz von Isenburg glaubte, daß man nichts weiter zu besorgen hätte, weil sich die Reichs-Armee bis Königshofen und Gelß zurücke gezogen hatte, über dieses die Avant-Garde der Prinz-Heinrichschen Armee bereits bis ins Fuldische vorgedrungen war, ertheilte er dem General-Major von Urf Ordre, seine unterhabenden 4 Bataillons wieder in ihr altes Cantonnement einrücken zu lassen; doch blieb er selbst mit der Cavallerie und den leichten Trouppen noch einige Zeit zu Hersfeld stehen. Es war auch indessen der Erb-Prinz von Braunschweig mit seinen Corps
wieder

wieder in sein Haupt-Quartier nach Paderborn zurücke gekehret.

Allein es währte nicht lange, so langten die Kayserlichen und Reichs-Trouppen über Coburg und Meinungen im Heßischen an, und setzten alles am Fulda-Strome wieder in die größte Unruhe. Schon den 12 März hohlte ein Detaschement Kayserl. Husaren den Heßischen Beamten aus Vach nach Dietlos, und ließen ihn nicht eher los, als bis sie ihm eine gute Summe Rationen zu liefern auferlegt hatten. Zugleich erfuhr man, daß eine ganze feindliche Armee nach Heßen im Anzuge sey, deren rechter Flügel auf Hersfeld, und das Centrum auf die Fuldische Stadt Geis treffen, der linke Flügel aber durch das Fuldische gehen, und daselbst einige Französische Trouppen an sich ziehen würde. Den 15ten rückten 1000 Mann zu Fuß und 200 Seczenische Husaren in Vach ein, von dar sie 100 Mann nach Phillppsthal schickten, und den dasigen Beamten in Arrest nahmen.

Den 16ten überfiel ein starkes Kayserl. Corps sowohl zu Pferde als zu Fuß, wobey sich ein Escadron Französisch-Nassauischer Husaren befand, die Stadt Hersfeld wieder, nachdem die allda befindlichen Heßischen Husaren und Jäger kaum Zeit gehabt zu entrinnen, davon aber doch etliche verlohren giengen. Die Reichs-Trouppen breiteten sich alsdenn in diesem ganzen Fürstenthum aus, und foderten viele Lieferungen. Ueberall, wo sie hinkamen, geschahen Excesse. Zu Hersfeld selbst plünderten sie verschiedene der besten Häuser.

A 5 Ueber

Ueber dieses verlangte man für die ganze Armee den Unterhalt, und eine Contribution von 100000 Thalern, da doch das ganze Fürstenthum nur aus wenig kleinen Aemtern bestehet.

Den 15 März umringten die beyden Regimenter Würtemberg und Sachsen-Gotha, unter dem Obristen von Seckendorf, die Stadt Schmalkalden von allen Seiten; und als kurz darauf 3 Krauß-Regimenter dazu gestoßen waren, rückte ein großer Theil davon in die Stadt, und versicherte sich der Person des Ober-Forstmeisters von Maßebach. Hierauf wurde die Gewehr-Fabrike besetzt, und aller Vorrath hinweggenommen, auch das auf den Herrschaftlichen Salzwerken gefundene Salz, und das vorhandene Stahl und Eisen auf den Herrschaftlichen Hütten weggeführet. Ueberdieses wurden zwey Patente von dem commandirenden Reichs-General, Prinzen von Zweybrücken, angeschlagen, in deren einem den sämmtlichen Heßischen Unterthanen bey Lebens-Strafe, Schleifung der Häuser, und Confiscation ihres sämmtlichen Vermögens, alle Communication mit denen (wie es hieß) in der Empörung befangenen Trouppen verbothen, in dem andern aber befohlen wurde, nicht alleine die sämmtlichen Heßischen Cassen an einen Kayserlichen Kriegs-Commissarium abzuliefern, sondern auch 50000 Thaler Geld in 15 Tagen ohnfehlbar zu entrichten, und zwar alles auf höchsten Befehl Ihro Kayserl. Majestät.

Sobald der Herzog Ferdinand von Braunschweig, den 13 März zu Münster die zuverläßige

sige Nachricht erhielte, daß sich die Kayserlichen
und Reichs-Trouppen mit verstärkter Macht durch
das Fuldische wiederum in Hessen eingefunden hätten, und in den Gegenden von Schmalkalden und
Hersfeld allerhand Gewaltthätigkeiten ausübten,
ergieng sowohl an die bisher im Stifte Paderborn
unter des Erb-Prinzens von Braunschweig
Commando stehenden alliirte Trouppen, als auch an
die, unter dem Prinzen George von Holstein
im Herzogthum Westphalen stehenden Preußischen
und Hessischen Trouppen die Ordre, den 20sten dieses aller Orten aufzubrechen, so, daß die entfernte-
sten den 23sten auf der Heßischen Grenze die ihnen angewiesenen Quartiere beziehen, und daselbst
weitere Ordre erwarten könnten. Alle diese Trouppen bekamen aus denen längst vorher zur Vorsicht
errichteten Magazinen zu Warburg und Brilon ihr
Brod und Fourage. Der Erb-Prinz langte
schon den 21 Mart. mit 3 Regimentern aus Paderborn zu Cassel an.

Den 22sten frühe um 9 Uhr trat auch der Herzog Ferdinand in Gesellschaft seines General-Ad-
jutantens, Herrn von Bülow, von Münster die
Reise nach Hessen an, darzu er schon vor mehr als
8 Tagen die Anstalten gemacht hatte. Inzwischen
blieb alles im Haupt-Quartiere in seiner vorigen
glänzenden Pracht, und es war noch den Tag vor
seiner Abreise ein großer Ball en Masque. Der
Englische General, Lord Sackville, der kurz darauf nebst dem General-Lieutenant Granby, und
dem General-Major Mostyn, aus Engelland zurücke kam, führte nunmehro nebst dem Hannöverischen

rischen Generale von **Spörken** zu **Münster** das Ober-Commando, da indessen der General **Imhoff** zu **Oßnabrück**, der General-Major **Hardenberg** zu **Lippstadt**, und der General **Oberg** auf den Postirungen längst dem Rheine commandirte. Der Herzog reisete über Ham, Lippstadt, Büren und Warburg, und langte den 24 zu Mittage zu Cassel an, wo sich gleich darauf die hohe Generalität von allen Corps, besonders die Prinzen von **Isenburg**, **Braunschweig**, **Holstein** und **Bernburg** versammleten, mit denen sich der Herzog unterredete, worauf den 25sten frühe der Aufbruch erfolgte. Der Erb-Prinz von **Braunschweig** führte die Avant-Garde, der Prinz von **Isenburg** aber commandirte das, aus dem Paderbornischen angelangte, Corps. Der Herzog **Ferdinand** führte das Ober-Commando. Der Marsch gieng über Melsungen, Rothenburg und Hersfeld nach Fulda, wo der Erb-Prinz mit der Avant-Garde den 27sten anlangte. Der Prinz von **Holstein-Gottorp**, welcher über Brilon und Corbach mit den Trouppen aus Westphalen nach Fritzlar marschirt war, rückte von dannen weiter nach Marpurg, wo die Franzosen noch das Schloß mit 4 bis 500 Mann besetzt hielten.

Immittelst hatten die Kayserlichen und Reichs-Trouppen den 20 März schon wieder Hersfeld, sammt dem ganzen Fürstenthum dieses Namens, und dem Amte Friedewald wieder verlassen, und sich nach dem Fuldischen zurücke gezogen; doch hatten sie überall, wegen der nicht völlig bezahlten Contributionen, Geiseln mitgenommen. Das Haupt-

Haupt-Quartier des, diese Trouppen commandirenden Generals von Serbelloni, das bisher zu Bamberg gewesen, ward über Erlangen wieder nach Nürnberg verlegt, der Bischof von Fulda aber begab sich aus seiner Residenz nach Saalmünster.

Den 30sten langte der Herzog Ferdinand mit der Armee zu Fulda an, da der Erb-Prinz mit der Avant-Garde schon 4 Stunden weiter zu Geisfeld Posto gefasset hatte, den 31sten aber zu Ostheim zu stehen kam.

Er traf in hiesiger Gegend 1 Bataillon Würzburger und 2 Escadrons Hohenzollerische Cürasiers an, die er mit 2 Escadrons schwarzen Husaren angriffe, davon er viele niederhieb, und bey 200 Mann gefangen kriegte. Er rückte darauf bis Meinungen vor, und bemächtigte sich nicht nur der Stadt mit denen darinnen befindlichen Magazinen, sondern machte auch 2 Bataillons von Chur-Cölln und Münster zu Kriegs-Gefangenen.

Den 1 April griff ein Commando Heßischer Husaren, bey welchen sich einige von dem neuerrichteten Corps leichter Trouppen des Obrist-Lieutenants von Stockhausen befanden, zusammen 100 Mann, das alte Käyserl. Dragoner-Regiment von Savoyen in der Gegend von Tanne an, machte eine große Niederlage unter ihm und nahm alle 4 Standarten weg, wovon im Zurückmarsche 2 wieder verlohren giengen, die übrigen 2 aber nebst einigen Gefangenen ins Haupt-Quartier nach Fulda gebracht wurden. An eben diesem Tage gieng der Prinz von Holstein, der sein Haupt-Quartier zu

Rucke-

III. Die Schlacht bey Bergen, &c.

Rucksfeld im Riedeselischen hatte, mit einem Detaschement von 400 Sächsischen Dragonern, einer Escadron schwarzer Husaren und einiger Heßischen Infanterie, nach Freyensteinau, so 4 Stunden davon liegt, um die allda stehenden 400 Französische Volontairs von Elsas unter dem Obristen Bergeley aufzuheben. Allein diese hielten nicht Stand, und es wurde nur eine Compagnie von ihnen handgemein, die aber, nachdem 20 Mann davon getödtet worden, sich mit dem Capitain, dem Lieutenant und 60 Mann gefangen gab.

Den 2 Apr. machte der Erb-Prinz dem größten Theil von dem Regimente des Münsterischen Generals von Nagel zu Wasungen zu Kriegs-Gefangenen, worauf er den Marsch nach Schmalkalden richtete. Allein ehe er diese Stadt erreichte, hatte der Oesterreichische General von Arberg die 4 Kayserl. Regimenter, die bisher die Werra besetzt gehalten, zwischen Frauen- und Altenbreitungen zusammen gezogen, und sich über Wernhausen, in der Gegend von Wasungen, mit denen von Schmalkalden und andern Orten bereits angerückten Reichs-Trouppen vereiniget, mithin ein Corps von 8000 Mann formirt. Mit diesem griff er das Corps des Erb-Prinzen beherzt an, nachdem er alle Grenadiers voraus gestellt hatte, aber er wurde mit ansehnlichem Verluste zurücke geschlagen. Die Action währte von 4 Uhr Nachmittags bis in die späte Nacht. Man verlohr etwan 100 Mann und machte viele Kriegs-Gefangene, erbeutete auch einige Artillerie. Der Erb-Prinz nahm darauf sein Haupt-Quartier zu Schmalkalden.

Immit-

Immittelst hatte der Prinz von Isenburg zu Fulda folgendes Patent publiciret:

Wir Johann Casimir, Fürst zu Isenburg und Büdingen, General-Lieutenant bey der Königl. Großbritannischen und hohen Alliirten Armee, Ritter des Königl. Schwedischen Serapphinen-Ordens ꝛc. Nachdem nunmehro die Königl. Großbritannische und hohe Alliirte Armee in das Hochstift Fulda und denen zugehörigen Landen eingerücket, mithin nicht gestattet werden kann, mit denen Feinden Sr. Königl. Großbritannischen Maj. und der hohen Alliirten einigen Briefwechsel fernerhin zu unterhalten; Als befehlen Wir hiermit Namens und auf ausdrücklichen Befehl des commandirenden Feld-Marschalls, Herrn Herzogs Ferdinands von Braunschweig Durchl. sowohl Geist- als Weltlichen, Vornehmen und Geringen, wes Standes und Würden dieselbigen auch immer seyn mögen, sich von Dato an nicht nur alles Briefwechsels mit den erwehnten Feinden, sondern auch aller übrigen verdächtigen Correspondenz zu enthalten. So ferne aber einer oder der andere gegen diese Unsere Verordnung handeln, und verdächtigen Briefwechsel führen wird, so hat derselbe sich selbst beyzumessen, wenn er ohne einige Gnade nach Kriegs-Gebrauch mit aller Schärfe bestraft wird. Nicht weniger befehlen Wir Namens höchstgedachten Herrn Herzogs Durchl. daß von Dato an binnen 48 Stunden alles Gewehr, keinerley Gattung ausgenommen, von allen und ieden ohne Unterschied des Standes, aus der Stadt und ganzen Lande anhero auf das Rathhaus geliefert, und darüber ein Verzeichniß uns eingehändiget werde; falls aber bey der nach dieser Zeit vorzunehmenden Visitation bey einem oder dem andern Gewehr gefunden wird, so soll solches Vergehen mit der größten Ahndung und Schärfe also gleich angesehen werden. Ueber alles dieses aber wird denen Beamten, Richtern und Dorf-Vorstehern hiermit alles Ernstes anbefohlen, alle Nachrichten, welche dieselben von den mehr erwehnten Feinden in Erfahrung bringen,

gen, sollte es auch nur bloß eine feindliche sich gezeigte Patrouille seyn, Uns immediate anzuzeigen, in Entstehung dessen aber zu gewarten, daß man sich an die Beamten, Richter, Vorsteher und die Städte und Dörfer selbst, welche diesem Befehle zuwider gehandelt, halten, und solche ohne Unterschied mit Nachdruck strafen werde; da im Gegentheil und wenn dieser unserer Verordnung in allem genau Folge geleistet, und keine Gelegenheit zu gegründetem Mißfallen gegeben wird, auch die durch den Cammer-Director von Meyen vorgeschriebene Lieferung der Rationen und Portionen richtig erfolget, so versprechen Wir, nicht nur Namens Höchstgedachten Herrn Herzogs Durchl. und da man ohnehin nicht gemeinet, diesen und andern Reichs-Landen und deren Unterthanen Schaden und Nachtheil zuzufügen, sondern dieselben von allem Ueberfall und der daher bekannten entstehenden Verheerung und sonstigen Schaden zu schützen, gute Mannszucht halten zu lassen, sondern auch keinesweges zu gestatten, jemanden in den vorhin gedachten Landen das geringste Leid widerfahren, vielmehr alle Gerechtigkeit in unvermutheter Entstehung einer Klage ausüben zu lassen. Desgleichen wollen Wir sämmtliche Unterthanen des ganzen Landes in ihrem freyen Religions-Exercitio auf alle Weise schützen und erhalten, und alle darüber entstehende Klagen und Beschwerden auf das nachdrücklichste abhnden. Wornach sich also jedweder, wes Standes er auch sey, zu richten und vor Schaden zu hüten wissen wird. Dessen zu wahrer Urkund haben Wir das Original dieser von uns eigenhändig unterzeichneten Verordnung Fürstl. Regierung zu Fulda zustellen, ein gleichlautendes Exemplar aber zum Druck befördern, und an den gehörigen Orten im ganzen Lande zu jedermanns Wissenschaft affigiren lassen. So geschehen Fulda den 30 Mart. 1759.

(L. S.)

Joh. Casimir, Prinz von Isemburg.

nebst dem, was vorher gegangen ist. 17

Nachdem der Erb-Prinz von Braunschweig die Gegend Schmalkalden von den Kayserl. und Reichs-Trouppen wieder gesäubert, und sie in den Thüringer-Wald zurücke getrieben, kam er den 6 Apr. mit seinem Corps wider zu Fulda an. Kurz darauf langten auch die eroberten Fahnen daselbst an. Zu Wasungen wurden außer dem Nagelischen Bataillon auch 20 Reuter von dem Sachsen-Gothaischen Reichs-Contingente gefangen. Man führte den 6 Apr. 1800 Kriegs-Gefangene von Fulda ab, die vielen Blessirten, die zur Verpflegung zurücke geblieben, nicht zu rechnen. Die Beute, welche die Jäger und Husaren bey dieser Expedition gemacht, ist sehr ansehnlich. Den 7ten wurde das feste Berg-Schloß Ulrichstein erobert, von welcher Expedition man folgende Beschreibung bekannt gemacht:

Da die Postirungen auf dem rechten Flügel der Armee, welchen der Prinz von Holstein im Riedeselischen commandirte, durch die Franzosen auf dem Bergschlosse Ulrichstein gar sehr beunruhiget wurden, befahl der Herzog Ferdinand, wo möglich, die Franzosen von dar zu vertreiben. Dem zu Folge wurden von dem Corps des Prinzens von Holstein 3 Bataillons Hessen, das Preußische Dragoner-Regiment von Finkenstein, und die Preußischen und Hessischen Jäger zu dieser Expedition commandirt. Es war des Morgens um 7 Uhr als dieses Corps anrückte, ein dicker Nebel aber verhinderte, daß man weder das Schloß, noch das Dorf, welches am Berge liegt, und vor welchem man aufmarschirt war, sehen kunnte. Bloß durch

G. H. Nachr. 1 21 Th. B

durch das Anrufen einer Französischen Post auf dem Walle erfuhr man, daß man sich bereits am Fuße des Schlosses befand. Das Heßische Grenadier- und das Erb-Prinzliche Regiment wurden nebst ihren Feldstücken sogleich zur Attaque commandirt, und es befand sich der General-Adjutant des Herzogs Ferdinands, Herr von Bülow, mit den erstern Grenadiers bereits dichte an den Schloß-Mauern, ehe die Garnison sich auf denselben sehen lies. Ob nun zwar durch die besondere Tapferkeit der Grenadiers das einzige Thor, das nach dem Schlosse führt, fast unter beständigem feindlichen Feuer und Steinregen von der steilen Mauer gesprenget und eingehauen wurde; so war doch der fernere Eingang in das Schloß durch Balken und große Steine dergestallt gesperrt, daß es ohne entsetzlichen Verlust nicht hätte forcirt werden können. Inzwischen fieng die Französische Garnison bey dem beherzt fortgesetzten Angriffe um 9 Uhr des Morgens zu Capituliren an, und erhielte gegen die Verpflichtung, im Jahr und Tag gegen die hohen Alliirten nicht zu dienen, einen freyen Abzug nach Frankfurt. Sie bestund aus 400 Mann Infanterie von dem Fischerischen Corps, unter dem Commando des Obrist-Lieutenants, Barons von Ried, welche Mittags um 12 Uhr mit allen Ehrenzeichen ausmarschirten, und durch die Husaren nach Schotten escortirt wurden. Es sind mehrere durch die, von der Mauer geworfenen, Steine als durch das Feuer der Garnison getödtet und blessirt worden. Unter den erstern war der Hauptmann von Weitershausen, unter den letztern

tern der Obriste von Diefurt, der mit einem Steine am Kopfe leicht verwundet wurde, der vornehmste.

Die Franzosen unter dem Herzoge von Broglio waren indessen zu Frankfurt und in derselben Gegend auf guter Hut, und setzten sich gegen die Anfälle der Alliirten überall in gute Verfassung. Sie griffen dabey noch immer scharf die Hessischen lande an, und ließen solches sonderlich die Grafschaft Hanau fühlen, welche sie völlig im Besitz hatten. Die, von den General-Staaten geschehene, Fürbitte für dieselbe am Französischen Hofe hatte eine gar schlechte Würkung. Denn der Obrist Fischer zwange den 15 Febr. 1759. im Namen des Intendanten von Foullon, der Regierung und den beyden Stadt-Magistraten zu Hanau eine schriftliche Verpflichtung ab, daß sie von solcher Zeit an bis in den Sept. dieses Jahrs nach und nach die Summa von 640000 livres, unter dem Namen der Fourage-Gelder abführen wollten, ohngeachtet im verwichenen Jahre bereits gegen 600000 Rationen in natura geliefert worden. Weil die Erfüllung dieses Engagements unter den allerhärtesten Drohungen gefordert wurde, so ward auch der erste Zahlungs-Termin sogleich mit 75000 livres berichtiget, und 65000 livres sollten den 25 Febr. bezahlt werden. Die Versicherungen, die dargegen Französischer Seits gegeben wurden, waren, daß die nach Straßburg und Nantes geführte Hanauische Regierungs-Glieder wieder frey gegeben, und die Nauheimer-Salzwerke wieder eingeräumet, das ganze Land aber künftig erleichtert

werden

werden sollte: jedoch hatte man bey dem Abtritt der Salz-Soode den Vorrath so aufgeräumet, daß die Hanauer für ihre Garnison und Einwohner das Salz anderwerts hohlen mußten. Es wurde über dieses fast alles, was zur Befestigung von Friedberg, Gießen und Frankfurt, ingleichen zu Unterhaltung der Artillerie und zu andern Zurüstungen der Trouppen nöthig war, von der Grafschaft Hanau gefordert. Man forderte auch im März, ohne die erstaunliche Menge von Pallisaden, Faschinen, Eisen und andern kostbaren Werkholz, so vorhin schon herbey geschaft worden, wiederum 40000 Faschinen, 90000 Blöcke, 8000 Pallisaden, und so viel Floßböden, als nur zu bekommen waren.

Den 28 März kriegte nicht nur der Marschall de Camp, Herr du Blaisel, von dem Herzoge von Broglio die Ordre, mit den leichten Trouppen von Siegen her in die, von Trouppen ganz entblößten, Heßischen Aemter Frankenberg und Hanna einzurücken, sondern es mußte auch der Graf von St. Germain, mit einem weit ansehnlichern Corps längst der Sieg gegen Hessen anrücken. Der erste langte auch würklich über Wildungen zu Frankenberg an, und breitete sich durch das ganze Amt Henna und bis Fritzlar und Trensa aus, schrieb auch überall Contributiones und Lieferungen aus. Allein es rückte ein Corpo von den Alliirten, unter dem General Hardenberg zu rechter Zeit in Hessen ein, das nicht nur den 8 Apr. die zu Fritzlar und Werkel zurücke gebliebenen Magazine nach Cassel transportiren ließ, sondern auch die Franzosen

nebst dem, was vorher gegangen ist. 31

jofen nöthigte, den 11ten sowohl Frankenberg, als auch Treysa, Ziegenhayn und was sie kurz vorher besetzt hatten, wieder zu verlassen. Der Herr du Blaisel forderte von jeder Stadt und Amte, bey seinem Rückzuge 10000 Thaler, und nahm, bis ein Erkleckliches darauf bezahlt worden, Geiseln mit.

Den 10 Apr. brach der Herzog Ferdinand mit seiner ganzen Armee in 3 Colonnen aus den Cantonirungs-Quartieren im Fuldischen und Riedeselischen wieder auf. Die erste Colonne commandirte der Herzog selbst, und der Erb-Prinz von Braunschweig, die andere der Prinz von Isemburg, und die dritte der Prinz von Holstein-Gottorp. Die Armee langte noch denselben Tag zu Freyensteinau an. Die Hannöverischen Jäger zu Pferde und zu Fuß marschirten unter Commando des Obrist-Lieutenants von Freytag voraus, und kamen zu Birstein an, wo der Französische Obriste vom Regimente Plemont, Graf von Esparbes, mit 400 Reutern und 700 Mann zu Fuß stunden, der diese Stadt noch Abends um 10 Uhr mit seinen Leuten verließ. Den 11 Apr. kam das Haupt-Quartier nach Büdingen, die leichten Trouppen aber nach Lindheim. Den 12ten forcirte der Obrist-Lieutenant von Freytag mit der Bülowischen Jäger-Compagnie, die Thore der kleinen Stadt Windecken, und machte daselbst 40 Soldaten mit 1 Capitain und 2 andern Officiers zu Gefangenen, worauf das Haupt-Quartier an diesen Ort kam. Den 13ten gerieth man mit der ganzen Französischen Armee bey Bergen in ein

B 3   blutiges

I. Die Schlacht bey Bergen,

blutiges Treffen, wovon die erste vorläufige Nachricht aus Frankfurt von 14 April also lautete:

Mein Herr! Wir lebten auf die großmüthige Versicherung des Herzogs von Broglio in größter Hofnung, unsere Messe in erwünschter Ruhe und Sicherheit zuzubringen, von der man sich, wegen der zahlreichen Ankunft der Fremden viel Gutes versprach, als uns die Nachricht von Annäherung der alliirten Armee in Unruhe setzte. Die Französische Armee campirte bey Bergen, 2 Stunden von hiesiger Stadt. Seit etlichen Tagen sahen wir ein Regiment um das andere durch hiesige Stadt und an solcher vorbey in das Lager marschiren. Da wir schon vorgestern von dem hiesigen Dom-Thurme die alliirte Armee erblickten, so vermutheten wir, daß unsere Gegend ein Schlachtfeld beyder Armeen abgeben werde, und unsere Vermuthung ist frühe genung eingetroffen, indem schon gestern frühe um 8 Uhr die Französischen Vorposten von der alliirten Armee attaqvirt worden, und es darauf zwischen Wilbel und Bergen zu einer hitzigen Action gekommen. Der Herzog von Broglio hatte das vortheilhafteste Lager auf den Anhöhen genommen. Die Alliirten attaqvirten mit einem wahren Helden-Muthe den rechten Flügel, wurden aber mit ungemeiner Bravour zum 5ten mele repoußirt. Unterdessen geschahe auch der Angrif auf dem linken Flügel, welcher von dem daselbst postirten Sächsischen Corps mit eben so großer Tapferkeit beantwortet und abgehalten wurde, so, daß sich die Alliirten gezwungen sahen, sich zurücke zu ziehen; welches jedoch in guter Ordnung geschehen. Die Canonade hat von beyden Seiten mit größter Heftigkeit bis bald 8 Uhr Abends fortgedauert. Wegen Ungleichheit des Terrains hat die Cavallerie nicht agiren können. Da beyde Armeen wie die Löwen gefochten, so kann es wohl nicht anders seyn, als daß der Verlust auf beyden Seiten beträchtlich seyn müsse. Es werden hier viele Blessirte eingebracht.

Franzö-

nebst dem, was vorher gegangen ist. 23

Französischer Seits wurde diese Schlacht also erzehlt:

Der Herzog von Broglio bekam den 11 Apr. verschiedene Nachrichten, daß die Alliirten mit starken Schritten gegen ihn im Anzuge wären. Als ein erfahrner General schlug er diese Nachrichten nicht in den Wind, sondern setzte sich vielmehr mit der Armee bey Bergen, einem auf einer Anhöhe anderthalb Stunden von Frankfurt, und 3 Stunden von Hanau gelegenen Hanauischen Dorfe. Zugleich beorderte er den Obristen Fischer mit seinem Corps, sich nach Friedberg zu begeben, um das dasige Fourage-Magazin so lange, als möglich, zu erhalten, oder, wenn er es nicht behaupten könnte, in Brand zu stecken. Den 12ten Abends versammlete sich die ganze Armee zwischen Vilbel und Bergen, und stund die ganze Nacht über im Gewehr. Sie stieß zur Rechten ans Dorf Bergen, welches gerade vor der Höhe liegt, die von da an bis nach Frankfurt das Lager bedeckte, und bey dem Dorfe sehr steil ist. Das Dorf selbst ist rings umher mit lebendigen Hecken umgeben, vor denen viele Obst-Bäume stehen, aus welchen man einen Verhack gemacht hatte. Zur linken der Armee lag ein Holz, in welchem sich ebenfalls ein sehr steiler Abhang befand, der sich um das Dorf Vilbel, so gegen über liegt, herum ziehet und sich bey dem Flusse Nidda endiget. Von der rechten Hand gegen die Mitten erhebt sich diese Höhe allmählig bis an einen alten Thurm, welcher der erhabenste Ort im ganzen Lande ist. Von da gehet das Erdreich eben so allmählig wieder herunter bis zur Linken.

I. Die Schlacht bey Bergen,

Zwischen dem Dorfe und Holze liegt eine Ebene, die durch einen Hohlweg völlig in die Queere abgeschnitten ist.

Den 13ten frühe gegen 8 Uhr kamen die Alliirten würklich zum Vorschein. Sie machten ihre Dispositionen unter Begünstigung einer kleinen Anhöhe, hinter welcher sie bedeckt waren; gegen 10 Uhr aber brachen sie gegen Bergen hervor, und thaten einen sehr lebhaften Angriff. Der Herzog von Broglio hatte den Abend vorher, um das Dorf Bergen zu decken, 8 Bataillons unter den Brigadiers von Clausen und Paravicini in die Gärten daselbst rücken lassen, weil er voraus gesehen, daß der Feind zuvor würde Bergen einnehmen müssen, ehe er ihn selbst angreifen könnte; deswegen stellte er verschiedene Brigaden Infanterie hinter das Dorf, und ließ sie nach und nach anrücken. Die Feinde wurden binnen drittehalb Stunden dreymal zurücke geschlagen, da sie sich wieder hinter die Anhöhe zogen, welche des Morgens ihre Dispositionen verborgen hatten. Hier machten sie eine andere Anordnung. Sie theilten ihre Infanterie in 2 Corps, und nahmen die Cavallerie in die Mitten, vor welche sie noch eine kleine Colonne Infanterie stellten. Nunmehro schiene es, daß sie mit ihrer Infanterie das Dorf und den Wald zur linken, wo sich das ganze Corps Sachsen befand, zugleich angreifen, und, wenn eine von diesen Attaquen glücklich abgelaufen, auch gegen unser Centrum anrücken würden. Dieses war desto wahrscheinlicher, weil sie viele Canonen

nonen gegen Bergen aufpflanzten, und den Ort sehr heftig damit canonirten.

Mit den Canonen auf ihrem rechten Flügel schossen sie unaufhörlich in den Wald, wo unsere Freywilligen waren. Unsere Stellung war sehr eingeschrenkt, und sowohl auf den rechten als auf dem linken Flügel gehörig unterstützt. Sie hatte demnach den Vortheil, daß keine Aenderung nöthig war; daher der Herzog nur erwartete, was die Feinde mit diesem neuen Manoeuvre vorhatten. Er that weiter nichts, als daß er 2 Brigaden Infanterie hinter einen Galgen stellte, der in unserm Centro an einem ziemlich erhöheten Orte stund. Dieses geschahe in der Absicht, um sie erforderlichen Falls auf dem rechten oder linken Flügel gebrauchen zu können. Die Feinde ließen es aber bey einer bloßen Canonade bewenden, wovon die Trouppen in dem Dorfe ziemlich viel leiden mußten, dem ohngeachtet aber doch bey ihrer vorigen Standhaftigkeit beharrten. Die Feinde zogen sich wieder hinter ihre Anhöhen, behielten aber jederzeit eine zahlreiche Artillerie auf der Spitze, auf welcher sie so, wie ihre Freywilligen, in dem Gehölze zur linken, bis in die Nacht ein unaufhörliches Feuer machten. Sie waren hier sehr vortheilhaft postirt. Vorne bedeckte ihre Infanterie die Anhöhen, und hinten wurde sie durch die Cavallerie unterstützt. Der Herzog von Broglio fand also nicht für rathsam, seine Stellung zu verlassen und weiter vorzurücken, welches die Feinde den ganzen Tag durch verschiedene Bewegungen zu erhalten trachteten.

Es war der Prinz Camillus von Lothringen, dem die Vertheidigung von Bergen aufgetragen worden. Der Herr von Beaupreau commandirte nebst dem Marquis von Castries die Cavallerie, und der Baron von Dyherr das Sächsische Corps, der Ritter Pelletier aber die Artillerie. Des Nachts um 11 Uhr nahmen die Feinde ihren Rückzug, und marschirten die ganze Nacht. Die Deserteurs meldeten, daß sie 40000 Mann stark gewesen. Man kann die Herzhaftigkeit unserer Trouppen, und die Standhaftigkeit womit von 1 biß 8 Uhr die heftigste Canonade ausgehalten worden, nicht genung rühmen. Der Angriff auf das Dorf fieng um 10 Uhr an, und endigte sich um 1 Uhr. Es hat also die ganze Action wenigstens 10 Stunden gedauert. Nahe bey dem Dorfe haben wir 7 Canonen erbeutet, wovon 3 von großem Calibre sind. Die Feinde haben viele Todte auf der Wahlstatt zurücke gelassen, ihre Blessirten aber meistens mit sich genommen, und deßhalben eine große Anzahl Wagen mit sich weggeführt. Nach geendigter Schlacht schickte der Herzog von Broglio noch an demselben Abend den Grafen von Apchon mit 2 Dragoner-Regimentern nach Friedberg, um für die Erhaltung des Magazins Sorge zu tragen, und das Fischerische Corps zu verstärken. Der Prinz Camillus hat bey Vertheidigung des Dorfs seinen gewöhnlichen Muth bewiesen, und ist von dem Grafen von Orlick und dem Marquis von St. Chamans vortrefflich unterstützt worden. Den erstern hat eine Cartätschen-Kugel gestreift, wodurch

durch er eine starke Contusion bekommen. Der Prinz von Rohan, der Graf von Esparbes, der Ritter von Montazet und die Herren von Diesbach, von Clausen, von Bousquet und Paravicini, haben sich sehr tapfer verhalten, und man kann auch von dem guten Betragen des Marquis von Boufflers und der Herren von Hautonville, von Sparre, von Chaulieu, von Greaumor und von Cluxy, nicht genung Rühmliches sagen. Der vornehmste unter den Todten ist der Brigadier von Chabrie. Der General, Baron von Dyherr, der die Sachsen commandirt hat, ist durch einen Canonen-Schuß *) in dem Unterleibe gefährlich verwundet worden. Den 19 Apr. langte der Graf von St. Germain mit der ersten Division seines Corps bey der Armee an, welchem den 20sten der Herr von Belsunce folgte. Der Herzog von Broglio hatte den ersten schon vor der Schlacht durch ein Handschreiben gebeten, sich unverzüglich in eigener Person einzufinden, und seine erste Division so geschwinde, als möglich, herbey marschiren zu lassen. Wenn man bedenket, daß der Herzog von dem Anmarsche der Feinde nicht eher als den 11 Apr. Abends gewisse Nachricht bekommen, die Armee aber aus mehr, denn 80 Quartieren zusammen gezogen, und für die Erhaltung der Magazine sowohl, als der Städte Hanau, Gießen und Mannz eiligst gesorgt worden, wird man finden, daß dieser General keine

Zeit

---

*) Oder vielmehr, wie andere Nachrichten versichern, durch einen abgeschossenen Baum-Ast.

Zeit verlohren hat. Der glückliche Ausschlag dieses Treffens ist von der größten Wichtigkeit gewesen. Hätten die Feinde gesieget, würden sie sich von der ganzen Wetterau Meister gemacht haben, und gewiß in Franken eingedrungen seyn. Alleine dieser Sieg hat ihre Projecte vernichtet, und muß unsere Armeen über die Armeen der Feinde in dem übrigen Theile dieser ganzen Campagne das Uebergewichte geben ꝛc.

Auf alliirter Seite kam von der Schlacht bey Bergen folgende Beschreibung zum Vorschein:

Nachdem die Armee den 12 Apr. Abends das Haupt-Quartier zu Windecken bezogen, die Bülowischen Jäger aber bis Dorfeld vorgerückt waren, wurden die letztern den 13ten frühe mit einem Escadron Preußischer Dragoner verstärkt. Kaum waren sie angelangt, so kam es zwischen ihnen und den feindlichen leichten Trouppen, die sich im Gehölze und in den Büschen aufhielten, zum Scharmützel. Der Obrist-Lieutenant von Freytag that einen Angriff auf das Gehölze, und nöthigte den Feind durch einige Canonen-Schüsse, sich zu retiriren. Die Jäger setzten sich auf einer Anhöhe, wo sie einen großen Theil des feindlichen Lagers beobachten kunnten. Unterdessen verflossen ohngefehr anderthalb Stunden, bis die ganze Armee anrückte. Der Feind stellte sich. Der mit einem Graben und einer Mauer umgebene Flecken Bergen ward mit solcher Geschwindigkeit angegriffen, daß unsere Grenadiers und die Infanterie kaum eine Minute Zeit hatten, auszuruhen. Der Herzog von Broglie

Broglio hatte diesen Ort durch 9 Bataillons der auserlesensten Sächsischen und Schweitzerischen Regimenter, und mit vielem schweren Geschütze besetzen lassen. Wir aber hatten damals nicht mehr als 4 sechspfündige Canonen und einige Feldstücke bey uns. Feuerkugeln und Haubitzen würden den Feind ohne Zweifel genöthiget haben, den Flecken zu verlassen; aber der Prinz Ferdinand und der Erb-Prinz kunnten sich bey Dero leutseeligen Gesinnungen nicht entschließen, diesen Ort den Flammen aufzuopfern.

Der linke Flügel des Feindes wurde von diesem Flecken bedeckt, sein rechter Flügel aber stieß an eine mit Holzung besetzte Anhöhe und an die Nidda. Unsere Armee stellte sich auf die Anhöhe, der sich unsere Jäger zuvor bemächtiget hatten. Die Hannöverischen Regimenter befanden sich auf dem linken Flügel, und von da aus erfolgte die mißlungene Attaqve auf Bergen. Die Braunschweiger und Hessen formirten den rechten Flügel. Die Cavallerie war auf beyde Flügel vertheilt. Das Musqveten-Feuer war sehr hitzig, und währte von 9 Uhr des Morgens bis an den Mittag. Die Isenburgischen Trouppen thaten zwey Attaqven, wurden aber jedesmal zurücke getrieben. Der Prinz der sie commandirte, dieser Menschen-Freund, endigte dabey seinen glorreichen Lebenslauf, wegen der durch eine Musqveten-Kugel ihm beygebrachte Wunde.

Dieser Verlust machte alle unsere Kämpfer traurig. Die allzu vortheilhäftige Stellung des Fein-

Feindes, seine ungemein starken Retranschements, und die Vertheidigung, welche ihm ein, mit Mauern umgebener, Kirchhof verschafte, nöthigte uns, unsere tapfern Streiter von der Attaque zurücke zu berufen. Ihr Rückzug bewog einige feindliche Regimenter, auf das freye Feld heraus zu rücken; aber sie retirirten sich bald wieder, als unsere Trouppen mit aufgesteckten Bajonetten auf sie loß fielen. Unsere Cavallerie kunnte nicht mit zur Action kommen, ausgenommen ein Heßisches und eines von den Dragonern. Diese beyde machten sich an ein feindliches Bataillon, welches, da es sich im Zurückziehen verspätete, fast gänzlich zu Grunde gerichtet wurde. Das Hammersteinische Regiment und die Dachenhausischen Dragoner machten sich Meister von einem Hohlwege. Sie mußten sich aber wegen des starken Canonen-Feuers, mit Hinterlassung verschiedener Pferde zurücke ziehen. Die Mitte und der linke Flügel des Feindes, wie auch unser rechter Flügel kamen gar nicht zum Treffen; nur das Canoniren kam von allen Seiten her, und war allgemein.

Gleich beym Anfange der Action suchte sich der Feind in dem, ihm zur linken gelegenen, Dorfe Vilbel zu besestigen; aber 2 Jäger-Compagnien zu Fuß und 16 Reuter belogirten denselben, und nahmen von Vilbel Besitz. Hierdurch bekam unser rechter Flügel eine Bedeckung. Als der Prinz Ferdinand sahe, daß die unsrigen sich des Fleckens Bergen nicht leicht bemächtigen kunnten, so machte er verschiedene Manoeuvres, die den Feind bewegen sollten, denselben zu verlassen. Aber da auch

nebst dem, was vorher gegangen ist. 31

auch dieses nicht gelingen wollte, so lies der Prinz bis Abends um 8 Uhr mit Canonen auf Bergen feuern. Unterdessen hatte sich unsere Linie einen Canonen-Schuß näher gegen den Feind gemacht, als bey der ersten Position geschehen war. Diese Attaqve hat unsern dabey gewesenen Regimentern verschiedene Officiers, und an andern Todten und Blessirten 1500 Mann gekostet. Wir sind bis um Mitternacht auf dem Schlachtfelde stehen geblieben. Alsdenn aber zog sich die Armee auf eine Meile zurücke. Daselbst blieb sie den folgenden Tag, als den 14 Apr. geruhig stehen. Der Feind lies uns durch ohngefehr 50 Reuter beobachten. Den 15 Apr. frühe um 4 Uhr wurde zum Marsch geschlagen; aber die Armee rückte erst um Mittag aus, und marschirte nach Marienborn, ohne daß sie im geringsten verfolgt wurde ꝛc.

Der Herzog Ferdinand hat diese Action un Coup manqué, d. i. eine mißlungene Unternehmung genennet. Die Hannoveraner schätzen ihren Verlust auf 153 Todte und auf 471 Blessirte; die Braunschweiger auf 116 Todte, 462 Blessirte und 83 Verlohrne; und die Hessen auf 142 Todte, 929 Blessirte und 91 Verlohrne, welches zusammen 411 Todte, und 2129 Blessirte und Verlohrne beträgt, ohne die Preußen zu rechnen, die aber vielleicht unter den Hannoveranern begriffen sind. Unter den Todten sind der Prinz von Isemburg und der Braunschweigische Obriste von May, und unter den Blessirten die General-Majors von Gilse und von Schulenburg, und die Obristen von Linstow, der zugleich gefangen wor-

worden, von Kuhlwein und von Halm die vornehmsten. Von denjenigen Franzosen, die sich in der Action zu weit gewagt, sind 164 Mann in die Kriegs-Gefangenschaft gerathen, einige Regimenter aber sehr übel zugerichtet worden. Den größten Verlust litten die Alliirten an dem tapfern Prinzen von Isemburg. Er hatte sich wegen des Vorfalls in dem vorigen Jahre ausdrücklich von dem Herzoge Ferdinand das Commando über die Grenadiers von der ersten Attaqve ausgebeten. Wie er nun mit denselben anrückte, sagte er: Frisch! Kinder! weichet nicht! Ihr fechtet für Hessen und für die gute Sache; und bey diesen Worten wurde er durch die Brust geschossen. Er hat noch im Tode eine so vergnügte und freudige Mine gehabt, daß alle, die ihn gesehen, sich höchstens darüber verwundert. Er ist gleich nach 10 Uhr gefallen. Sein Leichnam ward sofort durch 12 Mann in seinem Wagen nach Büdingen abgeführet.

Sobald die Alliirten die Gegenden bey Hanau und Frankfurt wieder verlassen, hat der Herzog von Broglio seine Trouppen größtentheils wieder in die vorigen Cantonnirungs-Quartiere gehen lassen.

II. Ei=

II.

Einige jüngst geschehene merkwürdige Todes-Fälle.

a) Im Febr. 1759.

I.

Louise Henriette, von Bourbon, Herzoginn von Orleans, erste Prinzeßinn vom Königl. Geblüte, starb zu Paris den 9 Febr. frühe um 5 Uhr nach einem langwierigen Lager im 33sten Jahre ihres Alters. Sie war eine Tochter Ludwig Armands von Bourbon, Prinzens von Conty, der den 4 May 1727 gestorben ist. Ihre Mutter, Louise Elisabeth, eine Tochter des Herzogs von Bourbon Conde, lebt noch als Witwe. Sie wurde von ihr den 20 Jun. 1726 zur Welt gebracht, nachdem sie sich mit ihrem Gemahl nach dreyjähriger Trennung wieder versöhnet hatte. Ihren Vater verlohr sie, ehe sie ihn kennen lernte, wurde aber dem ohngeachtet als eine Prinzeßinn von Königl. Geblüte sorgfältig erzogen. Als sie das 17te Jahr ihres Alters zurücke gelegt, ward sie den 17 Dec. 1743 mit Ludwig Philipp, Herzoge von Chartres, vermählt, der nach seines Vaters Tode 1752 den Titel eines Herzogs von Orleans annahm. Sie hat ihm zwey Kinder gebohren, die auch noch am Leben sind, nämlich den heutigen Herzog von Chartres, der den 13 Apr. 1747 zur Welt gekommen, und die Mademoiselle von Frankreich,

reich, so den 9 Jul. 1750 gebohren worden. Sie hat schon seit geraumer Zeit sich in kränklichen Umständen befunden, auch bereits den 2 Jan. die letzten Sacramente empfangen. Sie soll eine ausnehmende Standhaftigkeit und Ergebenheit in dem göttlichen Willen bezeigt haben. Nachdem man ihren Leichnam 8 Tage in ihrem Palais ausgestellt gehabt, ward er nach Val de Grace abgeführt und allda beerdiget.

II. H. George Carl Aemilius, Königl. Prinz von Preußen, starb zu Berlin den 15 Febr. Nachts um 10 Uhr, in einem Alter von viertehalb Monathen. Er wurde nach seines Vaters, August Wilhelms, Prinzens von Preußen, Tode, den 30 Oct. 1758 zu Magdeburg von seiner, noch lebenden Fr. Mutter, Louise Amalia, gebohrnen Prinzessinn von Braunschweig, zur Welt gebohren.

III. Paul Franciscus von Bethune, Herzog von Charost, Pair von Frankreich, Lieutenant General von Piccardie und Boulonnois, Ritter der Königl. Orden, Chef des Königl. Finanzen Raths, ältester Capitain der Königl. Leib-Garde, General-Lieutenant der Königl. Armeen und Gouverneur zu Calais, starb den 11 Febr. zu Versailles in dem 77sten Jahre seines Alters. Sein Vater war Armand de Bethune, Herzog von Charost, gewesener Ober-Hofmeister des Königs, der den 23 Oct. 1747 das Zeitliche verlassen. Seine Mutter, die ein Jahr nach seiner Geburt gestorben, war Maria Theresia von Melun, des Fürstens Alexander Wilhelms von Epinoy Tochter,

von

merkwürdige Todes-Fälle.   35

von welcher er, den 2 Aug. 1682 gebohren worden.
Er führte anfangs den Titel eines Marquis von
Benne, wurde aber hernach der Marquis von An-
tenis genennet. In dieser Qvalität diente er 1708
und 1709 in Flandern, und ward in der Schlacht
bey Oudenarde 1708 gefangen. Er kriegte alsdenn
das Regiment Dauphin zu Pferde, und ward den
29 Mart: 1710 Brigadier der Cavallerie, auch
Gouverneur von Doulens. Im Nov. 1715 bekam er auf die Capitain-Stelle der Königl. Leib-
Garde, und im Sept. 1718 auf die Stelle eines
Lieutnant-Generals von der Piccardie, und auf das
Gouvernement von Calais die Anwartschaft. Den
1 Febr. 1719 ward er Marschall de Camp, worauf
ihm der Vater 1722 seine Pairschaft mit dem Titel
eines Herzogs von Bethune, auch hernach die
würkl. Stelle eines Capitains der Königl. Leib-
Garde abtrat. Den 2 Febr. 1728 wurde er zum
Ritter der Königl. Orden creirt, und den 16 May
a. e. darzu installirt, den 14 Aug. 1734 aber zum
General-Lieutenant der Königl. Armeen erklärt, in
welcher Qvalität er auch in den Jahren 1734 und
1735 am Rheinstrome Dienste geleistet. Anno
1747 folgte er seinem Vater in der Würde eines
Herzogs von Charost, und in allen den Chargen,
worauf er die Anwartschaft hatte. - Seine Gemahlinn, die er sich den 3 Apr. 1709 beygelegt, war Ju-
lia Christina Regina, Herrn Petri George von
Entraigves, Parlaments-Raths zu Metz, Tochter,
welche ihm verschiedene Söhne gebohren, die aber
alle vor ihm gestorben sind. Die ältesten beyden
führten den Marquisen-Titel von Charost, und sind

C 2   in

36 II. Einige jüngst geschehene

in den Jahren 1735 und 1736 kurz hinter einander ohne Erben gestorben. Der dritte, Joseph Franz, welchem er seine Pairschaft und die Stelle eines Capitains der Königl. Leib-Garde abtrat, führte den Titel eines Herzogs von Ancenis, und starb den 26 Oct. 1739 in dem 21sten Jahre seines Alters, mit Hinterlaßung einer jungen Wittwe, Namens Maria Elisabeth de Rochefoucault, des Grafens Francisci von Roh und Routy Tochter, die er den 4 Mart. 1737 geheyrathet hat, und eines Sohnes, Namens Armandi Josephi, der den 1 Jul. 1738 gebohren worden, welcher vielleicht noch lebt, und nunmehro den Titel eines Herzogs von Charost führet.

IV. Franz Carl, Graf Wratislau von Mitrowitz, Oberst-Erb-Küchenmeister im Königreiche Böhmen, Kayserl. Königl. würkl. geheimer Rath und Cämmerer, Herr auf Nethek, Schönwald, Peterswald, Mißkowitz, Raudna und Kolabieg, starb den 25 Febr. in dem 63sten Jahre seines Alters zu Prag. Sein Vater war Franz Ignatius, Graf Wratislau von Mitrowitz, Kayserl. geheimer Rath, die Mutter aber hieß Maria Victoria, eine gebohrne Gräfinn von Schönfeld, die 1727 gestorben ist. Er ward Kayserl. Cämmerer und Appellations-Rath in Böhmen, wie auch Referendarius der deutschen Lehen. Den 9 Mart. 1747 ward er Appellations-Vice-Präsident, welche Stelle er aber 1757 wieder resigniret hat, nachdem er Kayserl. Königl. würkl. geheimer Rath worden. Von seiner Gemahlinn, Maria Anna, des Grafen Wenceslai von Kinsky Tochter, die er 1726 geheyrathet,

rathet, aber 1737 gestorben ist, hat er drey Söhne hinterlassen, die Franz Carl, Franz Wenzel und Joh. Nepomucenus Rudolph heißen. Er darf mit Franz Carl, Grafen Wratislau von Mitrowitz, auf Ginetz ꝛc. nicht verwechselt werden, der viele Jahre sich als Kayserl. Abgesandter, und Obrist-Hofmeister der Königinn von Pohlen, am Dreßdnischen Hofe aufgehalten, und den 23 April 1750 auf seinen Gütern gestorben ist.

V. Olof, Graf Leyonstedt, Königl. Schwedischer Landshauptmann von Wester-Boten, starb den 5 Febr. zu Stockholm. Sein Vater war Königl. Schwedischer Reichsrath, und wurde in den Grafen Stand erhoben. Mehr weiß ich von ihm nicht zu berichten.

VI. Peregrin Thomas Hopson, Königl. Großbritannischer General-Major, starb den 27 Febr. auf der Insel Guadaloupe an einem Blutsturze. Er wurde als Obrister im Mart. 1752 an des zurücke berufenen Generals Cornwallis Stelle, zum Gouverneur und General-Capitain in Neu-Schottland ernennet, wohin er auch den 12 May a. e. aus Engelland abgieng, und zu Hallifax glücklich anlangte. Er hatte kurtz darauf das Glücke, mit den wilden Indianern von Micmack, welche längst der Neu-Schottländischen Küste wohnen, im Nov. 1752 einen vortheilhaftigen Friedens- und Handlungs-Tractat zu schließen, den sie aber durch Wegnehmung einer Chaloupe, worauf sie alle Personen maßacrirten, gar bald wieder brachen. Die Colonisten in Neu-Schottland waren mit ihm bey weiten nicht so zufrieden, als mit dessen Vorgänger, weil er die Regiments-Form veränderte, und hierbey die Kriegs-leute mit den Kaufleuten vermischte, welches zu vielen Irrungen und Zwistigkeiten Anlaß gab, die den Hof bewogen, ihn durch den Herrn Lawrence ablösen zu lassen. Dieser langte auch vor Ende des Jahrs 1753 zu Hallifax an, worauf Hopson sich an Bord des Kriegs-Schifs Torrington begab, und mit solchem nach Engelland zurücke kehrte. Noch vor seiner Abreise von Hallifax errichtete er daselbst eine Art von einer National-Militz. Im Febr. 1757 wurde er zum General-Major ernennet, und ihm kurz darauf das Commando über die Trouppen aufgetragen, die dem, in Nord-America wider die Franzosen commandirenden, Grafen von Lowdon zu Hülfe geschickt wurden. Den 7 May gieng er mit dem Transport zu Cork in Irrland, unter der Flagge des Admirals Holbourne unter Seegel, und langte den 9 Jul. 1757 zu Hallifax an. Man machte einen Anschlag auf Cap-Breton, der aber diesmal nicht ausgeführt werden kunnte. Im Jan. 1758 erhielte der General Abercrombie das Ober-Commando über die Trouppen in Nord-America, und der Graf von Lowdon wurde zurücke berufen. Der General Hopson blieb in Neu-Schottland, und führte daselbst das Commando, während der Zeit der Admiral Boscawen und der General Amhurst die Insel Cap-Breton eroberten. Er übernahm darauf das Commando über die Trouppen, die auf die Escadren der Commandeurs Moore und Hughes embarquiret wurden, um sich derer Französischen Inseln in dem Mexicanischen Meere zu bemäch-

bemächtigen. Man that zu dem Ende im Jan. 1759 eine Landung auf Martinique, da aber der General Hopson die Franzosen in all zu guter Verfassung antraf, ließ er die Trouppen wieder einschiffen und seegelte nach Guadaloupe, wo man den 23 Jan. die Hauptstadt Baßeterre angriff und glücklich eroberte. Ehe man aber sich der übrigen Plätze der Insel bemächtigen kunnte, starb der General Hopson, worauf der General Barrington das Commando übernahm.

VII. Hanß Caspar von Krockow, Königl. Preußischer General-Major, Chef über ein Regiment Cürassirer, und Amtshauptmann zu Gibichenstein und Moritzburg, starb den 25 Febr. zu Schweidnitz an seinen bey Hochkirchen empfangenen Wunden, in dem 59sten Jahre seines Alters. Er stammte aus einem Pommerischen Geschlechte her, und wurde den 29 Aug. 1700 zu Peest auf seines Vaters, Caspars von Krockow, Gute gebohren. Nachdem er einige Zeit zu Halle den Studien obgelegen, trat er bey dem Prinz Gustavischen Cürassier-Regimente in Kriegs-Dienste. Nachdem er alle Officiers-Stellen durchgegangen, ward er 1738 Major, in welcher Qualität er 1741 mit dem Regimente, daß nun Prinz Eugen von Anhalt hieß, unter dem alten Fürsten von Dessau in dem Lager bey Genthinn zu stehen kam. Den 18 Nov. a. c. ward er Obrist-Lieutenant, mit welchem Character er 1742 dem Feldzuge in Böhmen beywohnte, und sich den 17 May in der Schlacht bey Czaslau zugegen befand.

Anno 1743 wohnte er als Freywilliger dem Feldzuge der Oesterreicher wider die Franzosen bey. Anno 1745 ward er Obrister, und kam in solcher Qualität mit dem Regimente unter dem alten Fürsten von Dessau, in dem Lager bey Dieskau zu stehen, worauf er als ernennter Commandeur des Buddenbrockischen Regiments nach Schlesien abgehen mußte. Er wohnte darauf im Nov. dem Einfall in die Ober-Lausitz und der Action bey Catholisch-Hennersdorf bey. Nach dem bald erfolgten Dreßdner Frieden führte er das Buddenbrockische Regiment nach Breslau zurücke, wo dasselbe sein Stand-Quartier hatte. Er ward den 8 Dec. 1750 General-Major, nachdem er Amtshauptmann zu Giblchenstein und Moritzburg worden. Anno 1756 wohnte er unter dem Feld-Marschall Schwerin dem Feldzuge in Böhmen bey. Anno 1757 erhielte er nach dem Todte des alten Feld-Marschalls von Buddenbrock dessen Regiment, das er bisher commandirt hatte. Den 6 May wohnte er mit solchem der Schlacht bey Prag, den 18 Jun. der Schlacht bey Kollin, und den 22 Nov. der Schlacht bey Breslau bey, in welcher letztern er nicht nur sein Pferd unter dem Leibe verlohr, sondern auch am Fuße blessirt wurde, welches ihn aber nicht hinderte, den 5 Dec. dem herrlichen Sieg bey Leuthen erfechten zu helfen. Anno 1758 wohnte er dem Feldzuge in Böhmen, Mähren und Lausitz bey, ward aber den 14 Oct. bey Hochkirchen so gefährlich blessirt, daß er obgedachter maßen sterben mußte. Seine Gemahlinn, Sophia Lucretia von Wulfen, die 3 Monathe vor ihm das

Zeitl-

Zeitliche verlassen, nachdem er sich 1730 mit ihr vermählt, hat ihm verschiedene Kinder gebohren, davon die ältesten beyden Söhne bereits ansehnl. Officiers-Stellen bekleiden.

VIII. Carl Ferdinand, Freyherr von Hagen, sonst Geist genannt, Königl. Preußischer General-Major und Chef eines Regiments zu Fuß, starb den 19 Febr. zu Baußen im 48sten Jahre seines Alters. Er diente bey der Leib-Garde, und ward bey solcher Major und Commandeur des 2ten und 3ten Bataillons, wobey er den Character als Obrister führte. Im May 1757 ward er General-Major, und erhielte das Amstelische Infanterie-Regiment. Er wohnte denen Schlachten bey Roßbach und Leuthen bey. In dem Ueberfalle bey Hochkirchen am 14 Oct. 1758 ward er sehr blessirt, welches seinen Tod nach sich zog. Sein Leichnam wurde nach Berlin und von dar auf seine Güter in der Mark gebracht, und daselbst beerdiget.

IX. Daniel Alexander, Graf von Hochpied, Consul der General-Staaten derer vereinigten Niederlande zu Smirna, starb den 24 Febr. in einem Alter von 70 Jahren. Er ward 1742 in den Ungarischen Grafen-Stand erhoben. Er darf mit dem Baron Elbert von Hochpied, der sich seit 1746 als Holländischer Gesandter zu Constantinopel befindet, nicht verwechselt werden. Sein Sohn, Graf Daniel Johann von Hochpied, bekleidet anjetzt die Stelle eines Consuls zu Smirna.

E 5   X. Joh.

X. **Joh. Friedr. von König**, Königl. Schwedischer Resident zu Hamburg, starb den 16. Febr. an einer 7 wöchentlichen Krankheit in dem 69ſten Jahre ſeines Alters. Er war den 21 Aug. 1690 zu Stockholm gebohren, und hatte das Intereſſe der Cron Schweden 40 Jahr zu Hamburg, und zwar ſeit 1747 als Reſident, beſorget.

XI. **Don Pedro de Pau**, Königl. Spaniſcher General-Conſul in den Niederlanden, ſtarb den 1 Febr. zu Brüſſel in einem Alter von 75 Jahren.

XII. **Ludwig, Marquis von Monti**, Senator zu Bologna, des Franzöſiſchen Marſchalls de Camp dieſes Namens älteſter Bruder, ſtarb den 14 Febr. Er war vermuthlich ein Sohn des vormaligen Franzöſiſchen Abgeſandtens in Pohlen, deſſen Bruder vor einigen Jahren als Cardinal geſtorben.

XIII. **Der Herr von Virlois**, Königl. Franzöſiſcher Directeur der Fortificationen der Plätze in Hennegau, ſtarb den 18 Febr. zu Maubeuge in einem Alter von 91 Jahren, nachdem er 31 Jahr in ſolcher Bedienung geſtanden, und vor 52 Jahren das St. Ludwigs-Creutz empfangen hatte.

XIV. **Mahometh Baſſa, Dey zu Tunis**, ſtarb den 11 Febr. nach einer Krankheit von 3 Wochen. Er war unſtreitig derjenige, der ſich mit Hülfe der Algierer 1756 auf dem Thron geſchwungen.*) Er hat den Ruhm eines großen Gene-

---

*) Siehe die neuen Nachr. T. VII, p. 782. ſqq.

b) Im Mart. 1759.

I. Anna Petrowna, Prinzeſſinn von Rußland, ſtarb den 19 Mart. zu Petersburg, in einem Alter von fünf viertel Jahren. Sie war eine Tochter Petri Foederowiz, Groß-Fürſtens und Thronfolgers von Rußland, wie auch regierenden Herzogs von Holſtein-Gottorp. Ihre Mutter, Catharina Alexiewna, gebohrne Prinzeſſin von Anhalt-Zerbſt, brachte ſie den 20 Dec. 1757 zur Welt. Nachdem der Leichnam in dem Kloſter des heil. Alexandri Newski 6 Tage lang öffentlich zur Schau ausgeſtellt geweſen, ward er den 26ſten in dem daſigen Kayſerl. Begräbniſſe beygeſetzet.

II. Carl Nicolaus Saulx von Tavannes, der Römiſchen Kirche Cardinal, Erzbiſchof von Rouen, und Groß-Almoſenierer von Frankreich, Commandeur des heil. Geiſt-Ordens, und Proviſor der Sorbonne, ſtarb den 9 Mart. zu Rouen in dem 69ſten Jahre ſeines Alters, und 3ten ſeiner Cardinals-Würde. Er ſtammte aus einem alten Franzöſiſchen Geſchlechte her, und ward den 19 Sept. 1690 zu Paris gebohren. Man widmete ihn dem geiſtl. Stande, und ließ ihn in der Sorbonne ſtudiren, wo er auch Doctor wurde. Er erhielte die Abtey Mont-Benoit, bekam ein Canonicat zu Lion und ward Ober-Vicarius zu Pontoiſe. Nach dem Tode des Biſchofs von Chalons an der Marne, eines Bruders des berühmten Cardinals von Noailles, der den 17 Sept. 1730 das Zeitliche verließ, erhielte er dieses Bißthum, welches mit dem Titel einer Pairschaft prangt, daher er den 4. Dec. 1721 als Pair von Frankreich in dem Parlamente zu Paris Besitz nahm, nachdem er den 9 Nov. in der Theatiner Kirche dieser Stadt die Bischofs-Werhe empfangen. Er wohnte darauf im Oct. 1722 der Königl. Krönung zu Rheims bey, und hatte hierbey die Ehre, den Königl. Ring zu tragen. Anno 1725 ward er Ober-Allmosenierer der Königinn. Den 30 Aug. 1733 erhielte er das Erzbißthum zu Rouen, durch welches er Primas in der Normandie wurde. Nach einigen Jahren bekam er die Groß-Allmosenier-Stelle bey der Königinn, welche der Cardinal von Fleury niedergelegt hatte. Den 21 May 1747 wurde er zum Commandeur des heil. Geist-Ordens creirt, und den 1 Jan. 1748 darzu installirt. Im Jun. 1752 wurde er ein Mitglied des neuen Gewissens- und Religions-Raths, den der König zu Untersuchung derer bisherigen Streitigkeiten zwischen der Geistlichkeit und dem Parlamente zu Paris anordnete. Den 5 Apr. 1756 ward er von Benedicto XIV. auf Recommendation des Königs Stanislai zum Cardinal-Priester creirt. Der Prälat Durini überbrachte ihm das Biret, welches ihm der König den 7 Jun. in seiner Hof-Capelle zu Versailles aufsetzte, worauf er den 13ten den neuen Eyd der Treue in die Hände Sr. Maj. ablegte, so, wie es in Frankreich gewöhnlich ist, wenn ein Prälat die Cardinals-Würde erlanget. Den 21 Jun. 1757 erhielte er die Würde eines Groß-Allmo-

Allmoſenierers von Frankreich, dargegen er die Groß-Allmoſenier-Stelle bey der Königinn niederlegte. Im Mart. 1758 ward er Proviſor der Sorbonne, und da kurz darauf der Pabſt ſtarb, berief man ihm zum Conclave nach Rom, er war aber nicht im Stande dahin zu gehen, weil er mit dem Podagra gar ſehr beſchwert war. Er nahm daher keinen Theil an der Wahl des neuen Pabſts Clementis XIII. ſondern blieb zu Hauſe. Endlich ſtarb er obgedachter maßen in ſeiner Erzbiſchöfl. Reſidenz zu Rouen, wohin er ſich einige Zeit vorher von Paris erhoben hatte, ohne den Cardinals-Hut von Rom abgeholt zu haben.

III. **Adam Romorowski**, Erzbiſchof zu Gneſen und Primas Regni in Pohlen, Ritter des weiſſen Adlers, ſtarb den 2 Mart. Abends um 5 Uhr zu Skierniewic, in einem Alter von 60 Jahren, nachdem er noch nicht völlig 10 Jahr die Durchl. Würde eines Primas bekleidet. Er ſtammte aus einem ſehr alten Pohlniſchen Geſchlechte her, das ſeinen erſten Sitz in Ungarn gehabt, aber unter der Regierung des Königs Uladislai von Pohlen und Ungarn ſich nach Pohlen gewendet, in welchem Reiche es durch ſeine Verdienſte viele anſehnliche Güter und hohe Bedienungen erlanget. Unſer Adam ward gleich in ſeiner erſten Jugend dem geiſtl. Stande gewidmet, und zu Rom in dem ſogenannten Archi-Gymnaſio ſapientiæ darzu bereitet, auch daſelbſt zum Doctor der Rechte creirt. Nach der Zurückkunft in ſein Vaterland bekam er in dem hohen Stifte zu Cracau zuerſt die Stelle eines Canzlers, und hernach die

II. Einige jüngst geschehene

die Würde eines Probstes, wie auch viele andere Prälaturen und einträgliche Präbenden in den Collegiat-Stiftern der Cracauischen Dioeces, ward auch zum Coadjutor zu Klow erwählt. Er wohnte zu verschiedenen malen den hohen Reichs-Tribunalen zu Petersau und Lublin, als Deputirter des Cracauischen Dom-Capitels, bey, und ließ sich von dem damaligen Bischoffe zu Cracau, dem Cardinal Lipski, in den wichtigsten Kirchen-Geschäften gebrauchen. Er wurde bey aller Gelegenheit dem Könige wegen seiner ansehnl. Gestalt, ausnehmenden Klugheit und sonderbaren Redlichkeit so nachdrücklich angepriesen, daß als der Primas von Pohlen und Erz-Bischoff zu Gnesen, Christoph Anton Szembeck, den 5 Jul. 1748 das Zeitliche gesegnete, er ihn drey Tage darauf unvermuthet an dessen Stelle zum Primas ernennte. Komorowski befand sich damals gleich zu Warschau zugegen, und kriegte von dem Könige das Wort, da derselbe eben in die Messe gienge. Jedermann war mit dieser Wahl zufrieden. Bey dem Ausgange aus der Messe empfieng er von allen verhandenen Magnaten und Ministern die Glückwünschungen, worauf er den 13 Jul. nach Cracau abreisete, um seine Sachen daselbst in Richtigkeit zu setzen. Den 22 Sept. 1749 wurde er von dem Pabste in seiner neuen Erzbischöffl. Würde bestätiget, und ihm die Hälfte der Kosten wegen Ausfertigung der Bestätigungs-Bulla geschenket. Nachdem er von dem Bischoffe Andrea Zalueki zu Cracau sowohl die Bischoffs-Weyhe, als das von Rom übersendete Pallium empfiengen, langte er 1750 als würkl. Primas Regni, und

Erzbi-

merkwürdige Todes-Fälle. 47

Erzbischoff von Gnesen zu Warschau an, und legte den 28. April, nachdem er sich mit einer zahlreichen Begleitung von Carossen nach Hofe begeben, in des Königs Hände den gewöhnl. Eyd der Treue ab, worauf er sowohl bey dem Könige, als der Königin Audienz hatte. Anno 1753 gerieth er mit dem Wojwoden von Culm, und zugleich mit dem gesammten Adel in große Irrungen, weil er die Rechte der Geistlichkeit zum Nachtheil der Reichs-Gesetze zu weit triebe, und deshalben wegen seiner Eingriffe von dem Tribunal zu Petrikau ein hartes Urtheil empfienge, welches seiner Ehre sehr nachtheilig war; doch wurde die Sache noch so vermittelt, daß das Tribunal das Decret wieder aufhub. Indessen gab er eine Vertheidigung der Pohlnischen Geistlichkeit wider die Beschuldigungen des weltlichen Standes in Pohlnischer Sprache heraus, die drey Bogen stark ist. *). Er hat sich übrigens vor sein Vaterland jederzeit gut gesinnt, und gegen den König und dessen Hauß sehr ergeben erwiesen. Als Dom-Probst zu Cracau hat er vielmals geprediget, als Primas aber, außer der obgedachten Vertheidigung bey der allgemeinen Jubelfeyer der Römisch Catholischen Kirche, einen Unterricht für die Gnesener Clerisey in lateinischer Sprache drucken lassen. Den Pohlnischen Ritter-Orden des weisen Adlers empfieng er 1749 und also kurz nach seiner Erhebung zur Würde eines Primas.

IV. Frie-

*) Siehe von dieser Sache die neuen Nachr. T. IV. p. 850 sq. it. T. V. p. 977. sq. 1058.

IV. Friedrich Christian Carl, Erb-Prinz von Würtemberg-Oels, starb den 11 Mart. zu Oels im 2ten Jahre seines Alters. Sein Vater, Carl Christian Erdmann, ist der regierende Herzog von Würtemberg-Oels. Die Mutter, Maria Sophia Wilhelmina, gebohrne Gräfinn von Solms-Laubach, hat ihn den 19 Nov. 1757 zur Welt gebracht. Es lebt aus dieser Ehe nur noch eine Prinzeßinn, die 9 Jahr alt ist.

V. Boris Grigorjewitsch, Fürst *) Jusupow, Rußisch-Kayserl. würkl. Geheimer Rath und Senator, Ritter des St. Andreä-Ordens, Präsident des Cammer- und Commercien-Collegii und Directeur des Ladogaischen Canals, starb den 12 Mart. zu Petersburg an einem hitzigen Fieber. Er war ein Sohn des Knees Gregorii Jusupow, der den 4 Sept. 1730 zu Moskau als Kriegsischer General en Chef gestorben ist. Er hat sonst ebenfalls Kriegs-Dienste gethan; auch eine Cammerherrn-Stelle bekleidet. Anno 1732 ward er Ober-Commendant zu Petersburg, nachdem er schon verschiedene Jahre General-Major gewesen. Anno 1734 kam er unter dem General Lasey in Pohlen, und nachgehends in dem Lager vor Danzig zu stehen. Er wurde darauf ein Mitglied des dirigirenden Senats, und im Dec. 1738 Gouverneur zu Moskau, auch bald hernach geheimer Rath. Anno 1740 ertheilte ihm die Groß-Fürstinn Anna den Orden des St. Alexandri Newski.

A.

---

*) Die Russen nennen einen solchen Fürsten Knees.

1740 machte ihn Ja, seine Kayserinn Elisabeth zum Präsidenten des Cammer- und Commercien-Collegii, und zum würckl. geheimen Rathe. Sie verordnete auch im Dec. 1748, daß er bey Dero Abwesenheit in dem zu Petersburg zurückbleibenden Comtoir des dirigirenden Senats präsidiren sollte. Den 2 Mart. 1750 wurde er Director des adel. Cadeten-Corps, und den 16 Sept. 1751 Ritter des St. Andreä-Ordens. Er hat auch die Direction über den Ladogaischen Canal geführt. Die Direction des adel. Cadeten-Corps hat er nicht lange vor seinem Erbe an dem Großfürsten abtreten müssen. Wer seine Gemahlinn gewesen, ist mir nicht bekannt, soviel aber gewiß, daß ihm im May 1742 ein Sohn, und im May 1743 eine Tochter gebohren worden. Den ersten haben die Kayserinn und der Großfürst aus der Taufe gehoben.

VI. Ascanius, Marquis von Guadagni, Kayserl. Königl. General-Feld-Marschall, starb den 6 Mart. zu Inspruck in Tyrol in einem hohen Alter. Er stammte aus einem Toscanischen Geschlechte her, und ward den 27 Oct. 1733 General-Feld-Wachtmeister der Cavallerie, in welcher Qualität er den Feldzügen am Rheinstrome 1734 und 1735 beygewohnet hat. Anno 1736 kam er unter dem Grafen Johann Palfy in Ungarn zu stehen. Anno 1737 ward er General-Feld-Marschall-Lieutenant, in welcher Qualität er in diesem Jahre dem Feldzuge wider die Türken beywohnte, und sich sonderlich bey dem Corps, das der General Franz Paul von Wallis in Siebenbürgen com-

G. H. Nachr. 121 Th.   D   man-

mandirte, befand; wie er denn auch mit einem besondern Corpo einen Einfall in die Moldau gethan, aber bald wieder zurücke gehen müssen. Nach erfolgtem Belgradischen Frieden ward er Commendant zu Eßeck, und mußte als Kayserl. Commissarius sowohl die Grenzen in Servien, Sclavonien und Sirmien, als auch die Auswechselung der Groß-Botschafter, die beyde Höfe einander 1748 zuschickten, reguliren helfen.   Anno 1746 zählte man ihn fälschlich unter die Todten. *) Er mag wohl um diese Zeit von seiner Commendantur-Stelle zu Eßeck abgegangen seyn.   Nach der Zeit ist er General der Cavallerie, und im Jun. 1754 General-Feld-Marschall worden, hat aber in beyder Qualität keine Dienste geleistet, sondern sein Leben im Verborgenen geführt.

VII. Hans Weinmann, Königl. Dänischer General der Infanterie, Ritter von Dannebrog und Commendant zu Bergen in Norwegen, starb im März zu Bergen im 93sten Jahre seines Alters. Von seinem Geschlechte und Kriegsdiensten weis ich nichts zu berichten. Als er den 4 Sept. 1747 den Orden von Dannebrog erhielte, war er schon verschiedene Jahre General-Lieutenant gewesen. Im April 1755 wurde er General der Infanterie, und vermuthlich darauf erst Commendant zu Bergen.

VIII. Joachim Ernst von Westphalen, Groß-Fürstl. wie auch Herzogl. Holsteinischer Präsident des geheimen Conseil, Hof-Canzler und
Ritter

────────────
*) Siehe die alten Nachr. T. X. p. 54.

Ritter des St. Annen-Ordens, starb den 21 Mart. zu Kiel an einer auszehrenden Kranckheit. Er hat schon unter dem vorigen Hertzoge von Holstein-Gottorp vielen Antheil an den Regierungs-Geschäften gehabt, und sowohl die Stelle eines Geheimbden Raths und Hof-Cantzlers, sondern auch Consistorial-Präsidentens bekleidet, auch den von dem Hertzog Carl Friedrich neugestifteten St. Annen-Orden erhalten. Anno 1744 erhielt er das Prädicat eines würckl. Geheimbden Raths, worauf er gar Präsident des geheimen Conseil bey der Holsteinschen Regierung zu Kiel wurde. Er war einer der grössten Geschichtschreiber und Publicisten unserer Zeit, und hat sonderlich durch seine Monumenta inedita Rerum Germanicarum, præcipue Cimbricarum et Megapolensium, so in 4 Folio-Bänden zum Vorschein gekommen, unter den Gelehrten einen grossen Namen erlangt.

IX. Friedrich Wilhelm von Ryan, Königl. Preußischer General-Lieutenant, und Chef von einem Regimente Cürassierer, Ritter des schwartzen Adler-Ordens und Amtshauptmann zu Potsdam, starb den 9. Mart. zu Schweidnitz im 51 Jahre seines Alters. Er war nach dem unglücklichen Tode seines ältern Bruders, der jung im Wasser umkam, der einzige Sohn Joachim Bernhards von Ryan, der als Königl. Pohln. und Churfürstl. Sächsischer General-Major auf seinen Gütern bey Bautzen 1731 gestorben ist. Seine Mutter, Erdmuth Dorothea von Schönberg, brachte ihn den 22 Jan. 1708 zu Pirna, wo sich damals sein Vater als Major der reitenden Trabanten

II. Einige jüngst geschehene

banten aufspielte, zur Welt. Der durch seine lustigen Einfälle bekannte General von Kyau, seines Vaters Bruder, nahm ihn, da er ein wenig erwachsen, zu sich auf den Königstein, wo er Commendant war, und ließ ihn in den Sprachen und Wissenschaften bestens unterrichten, wobey er zugleich des Umgangs und Unterrichts der beyden Staats-Gefangenen, des Barons von Imhoff und des Leipziger Bürgemeisters Romani, theilhaftig wurde. Anno 1724 wurde er auf die Universität Wittenberg und 1728 nach Halle geschickt, wo er die besten Lehrer hörte. Anno 1729 that er eine Reise nach Wien, wo damals seines Vaters jüngerer Bruder, Christian Heinrich von Kyau, der auf Verleibung des Cardinals von Sachsen die Catholische Religion angenommen, und Chur-Maynzischer Geheimer Rath, Ritter des deutschen Ordens und Comthur zu Mecheln worden, sich als Deutschmeisterlicher Gesandter befand, durch dessen Vorschub er überall vielen Zutritt fand. Er that eine Reise nach Ungarn und besahe die vornehmsten Vestungen, begleitete auch seinen Vetter nach Mecheln, und hatte Gelegenheit den Hof zu Brüssel und viele Niederländische Städte zu sehen. Er reisete darauf nach Frankreich, mußte aber wegen der Eltern herannahendem Ende, die Rückreise beschleunigen. Der König August II. ernennte ihn 1731 zum Lieutenant bey den reitenden Trabanten, und gab ihm 1732 Erlaubniß, eine Reise durch Schlesien nach Italien zu thun, wo er sonderlich zu Venedig, Rom, Neapolis und Turin sich wohl umgesehen. Nach seiner Rückkunft nach Sach-

sen,

merkwürdige Todes-Fälle.

sen, ward er 1733 Rittmeister und 1734 Major, in welcher Qualität er der Krönung Augusti III. und nachmals der Belagerung von Danzig beywohnte. Anno 1736 kam er aus Warschau nach Sachsen zurücke, und wohnte 1737. als Volontair dem Feldzuge in Ungarn wider die Türken bey, da er sich denn zu dem Bestenbostelischen Cuirassier-Regimente, das nebst andern Regimentern dem Kayser zu Hülfe geschickt worden, hielte, auch den 27 Sept. der Action an der Timoc, da Khevenhüller von den Türken überfallen wurde, beywohnte, worauf er Obrist-Lieutenant wurde, aber zu Orsova die Ungarische Krankheit ausstehen mußte. Anno 1738 quittirte er seine Dienste bey den reitenden Trabanten, und trat dargegen bey das Bestenbostelische Regiment, mit welchem er den damaligen Türken-Krieg bis zum Frieden 1739 aushielte, aber an den eigentlichen Kriegs-Thaten keinen Theil nahm, weil sich das Sächsische Auxiliar-Corps die Zeit über in Siebenbürgen befand, und die Grenzen bedeckte. Anno 1740 quittirte er die Sächsischen Dienste, und trat als Obrister des neuerrichteten Nassauischen Dragoner-Regiments in Königl. Preußische Dienste, in welcher Qualität er 1741 in Schlesien zu stehen kam, als der König einen Einfall in dieses Land gethan hatte. Er half Breslau überrumpeln und die Belagerung von Neiß bedecken, wohnte alsdenn dem Einfall in Mähren bey, und hielte sich in einem Scharmützel sowohl, daß ihm der König das Gnaden-Creutz des Ordens pour le merite ertheilte, daß ihm der alte Fürst von Dessau mit eigener Hand an die

Brust

Brust hienge. Anno 1742 kam er in Böhmen zu stehen, und stieß mit dem Regimente zur Armee, eben da die Schlacht bey Czaslau vorbey war, welche den Breslauischen Frieden nach sich zog. Anno 1743 erhielte er das Waldauische Curaßier-Regiment und ward General-Major; in welcher Qualität er in dem neuentstandenen Kriege dem Feldzuge in Böhmen und der Eroberung von Prag beywohnte. Anno 1745 befand er sich in den drey Schlachten bey Hohenfriedberg in Schlesien, bey Sor in Böhmen und bey Kesselsdorf in Sachsen, die alle dreye vor die Preußen glücklich ausfielen. In der ersten wurde er von einigen Hußaren so umringt, daß sie nicht nur sein Pferd sehr bleßirten, auch Hut und Rock vielfach zerstücken, sondern ihm auch den Zopf vom Kopfe hieben, ohne ihn selbst zu beschädigen. Zu der letzten Schlacht kam er mit dem Corps des Generals von Lehwald, das der König von Bautzen aus nach Meißen schickte, den Fürsten von Dessau zu verstärken. Er trug zu Erhaltung des Sieges nicht wenig bey, blieb auch bis zuletzt auf der Wahlstatt stehen. Der darauf erfolgte Friede gab ihm und seinem Regimente, das sein Standt-Quartier in Schlesien kriegte, Ruhe, daher er sich den 22 May 1748 mit der verwitweten Baronin Helena von Trach auf Iworkau und Brandsdorf in Ober-Schlesien, einer gebohrnen Gräfinn von Sobeck, vermählte, aber mit ihr kein Kind zeugte. Anno 1750 ward er Amtshauptmann zu Potsdam und 1752 sowohl General-Lieutenant, als Ritter des schwarzen Adlers. Als 1756 der jetzige Krieg angieng,

gieng, kam er unter dem Feld-Marschall von Schwerin in Böhmen zu stehen; wurde aber vor seine Person zu der Armee des Königs berufen, als er dem Grafen von Brown den 1 Oct. bey Lowositz eine Schlacht lieferte, wobey er den rechten Flügel der Cavallerie ins Feuer führte, und den Angriff that. Er bedeckte bey dem nachmaligen Rückzuge der Armee nach Sachsen die Bagage, und brachte den Winter über seine Zeit bey dem Könige zu Dreßden zu. Anno 1757 begleitete er denselben auf seinem Marsche nach Böhmen, als er auf Prag los gienge. Wie der Monarch mit einem Corps zu dem Grafen von Schwerlin jenseit der Muldau, wo die Oesterreichische Armee stunde, stieß, die den 6 May angegriffen und geschlagen wurde, blieb er mit der übrigen Armee diseit unter dem Feld-Marschall Keith stehen, und commandirte die Cavallerie. Die nachfolgende unglückliche Schlacht bey Kollin nöthigte den König, die Belagerung von Prag aufzuheben und die Armee zu theilen, da denn ein Theil der König über Leutmeritz nach Sachsen, der andere aber unter dem Prinzen von Preußen nach der Lausitz gieng. Knau befand sich bey der erstern Armee; wurde aber im Aug. mit einem Corps zu der letztern abgeschickt, die damals bey Bautzen stunde. Er wurde aber durch eine Krankheit genöthiget, die Armee zu verlassen, als eben der König mit seinen Trouppen bey derselben anlangte. Als er von Görlitz, wo er krank lag, wieder bey derselben anlangte, war der König mit einem Corps nach Sachsen gegangen. Der Herzog von Bevern, der das

Cont-

II. Einige jüngst geschehene

Commando bekommen, zog sich alsdenn nach Breslau zurücke, wo er den 22 Nov. von einer überlegenen Macht angegriffen, und nach tapferer Gegenwehr genöthiget wurde, sich durch die Stadt Breslau zu retiriren. Der Herzog von Bevern wurde bey Recognoscirung der Feinde gefangen, und Kyau mußte als ältester General nunmehro das Commando über sich nehmen. Er sollte den Ueberrest der Preußischen Trouppen dem Feinde entführen, und solche Maasregeln treffen, daß Breslau, darinnen der General von Lestwitz zurücke geblieben, erhalten würde. Da er aber alle mögliche Sorgfalt auf die Rettung der Trouppen wendete, wurden darüber gewisse Veranstaltungen vergessen, die zu Erhaltung der Stadt Breslau gemacht werden sollten, welche darüber verlohren gieng. Dieses brachte ihm des Königs Ungnade zuwege. Denn zwey Tage nach der Uebergabe von Breslau, da Kyau mit seinen Trouppen gegen Glogau marschirte, ward ihm im Namen des Königs, der nach erhaltenem Siege bey Roßbach in Schlesien angekommen war, der Arrest angekündiget und zu Glogau Kriegsrecht über ihn gehalten, da denn seine Richter in seinem letzten Betragen eine solche Fahrläßigkeit zu finden vermeynten, daß ihm ein halbjähriger Vestungs-Arrest zuerkannt wurde. Er wurde alsdenn von Glogau nach Schweidnitz gebracht, wo ihn den 27 Dec. 1758 der Schlag rührte, der ihn zwar sehr lähmte, aber doch nicht des Verstandes beraubte. Er bereitete sich schon zu seinem Ende und hatte vor solchem noch den Trost, daß der König nicht nur täglich

merkwürdige Todes-Fälle. 57

lich sich nach ihm erkundigen ließ, sondern ihn auch den 24 Mart. selbst seines allerhöchsten Besuches würdigte. Sein Cörper wurde den 6 Apr. zu Schweidnitz mit vielem Gepränge zur Erden bestattet. Er war nicht nur ein beherzter und erfahrner Kriegsmann, sondern liebte auch die gelehrten und politischen Wissenschaften, laß fleißig in Büchern, war aufgeweckt im Umgange, und gab in allen Stücken eine vornehme Aufführung zu erkennen.*)

X. **Heinrich Hawley,** Königl. Großbritannischer General-Lieutenant und Gouverneur zu Portsmouth, starb den 23 Mart. in einem Alter von etlichen 80 Jahren. Er ward den 29 Dec. 1735 Brigadier und im Jul. 1739 General-Major, in welcher Qualität er 1742 unter dem Grafen von Stairs in den Niederlanden zu stehen kam. Im Apr. 1743 ward er General-Lieutenant, und wohnte dem Feldzuge in Deutschland und besonders der Schlacht bey Dettingen bey, darinnen er sich so wohl hielte, daß er deßhalben von dem Könige den Banner-Herrn-Titel, mit allen daran haftenden Ehren erhielte. Anno 1744 und 1745 stund er in den Niederlanden. Er befand sich in der Schlacht bey Fontenoi, und commandirte im Sept. und Oct. 1745 ein fliegendes Corps, als Ath von

*) Es ist dieses ein kurzer Auszug aus der weitläuftigen Lobschrift, die Herr D. Pauli dem 3ten Theile seiner Geschichte großer Helden des gegenwärtigen Krieges, p. 3. sq. von dem General von Xxxx einverleibet hat.

II. Einige jüngst geschehene

den Franzosen belagert wurde. Anno 1746 kriegte er an des Generals Wade Stelle das Commando über die Königl. Truppen in Schottland, als der junge Prätendent eine Rebellion darinnen erregt hatte. Er langte den 17 Jan. zu Edimburg an, zog eine Armee von 10060 Mann Land-Miliz zusammen, und trat mit solcher den 13ten den Marsch nach Falkirch an, um den Rebellen eine Schlacht zu liefern und sie zu nöthigen, die Belagerung des Castells zu Sterling aufzuheben. Allein sobald diese von dem Anmarsch der Königl. Truppen hörten, zogen sie alle ihre Mannschaft zusammen und giengen ihnen bis Falkirch entgegen, allwo es den 28 Jan. zu einem Treffen kam, darinnen die Rebellen den Sieg erhielten. Diese Scharte wetzte der General Hawley bald wieder aus, da er den 27 Apr. eben dieses Jahrs die Rebellen bey Culloden, unter dem Herzog von Cumberland, aufs Haupt schlug, und dadurch der ganzen Rebellion ein Ende machen half. In den folgenden Jahren 1747 und 1748 hat er den Feldzügen in den Niederlanden, unter dem Herzoge von Cumberland, beygewohnet. Anno 1752 erhielte er das Gouvernement zu Portsmouth, und 1756 kam er in dem Lager zu stehen, das bey Canterbury errichtet wurde.

XI. Herr Forbes, Königl. Großbritannischer Brigadier, starb den 11 Marz. zu Philadelphia in Pensylvanien. Er gieng als Obrister mit dem General Hopson den 7 May 1757 nach America ab, und ward im Jan. 1758 Brigadier. Er half das Fort du Quesne erobern, und sorgte vor dessen

Sicher-

Sicherheit, als man es unter dem Namen Pittsburg wieder herstellte. Weil seine Gesundheit sehr baufällig worden, begab er sich nach Philadelphia, wo er gestorben.

XII. D. Ereskin, ein vornehmer Schottländer, der bey dem Prätendenten zu Rom als Leibarzt in Diensten gestanden, starb im März zu Rom in einem Alter von 80 Jahren. Er beharrte bis an sein Ende in der reformirten Religion, obgleich der Prätendent verschiedene gelehrte Geistliche und selbst dem Cardinal von York zu ihm geschickt hatte.

* * * * * * * * * * * * * * * * * * * *

III.
Einige jüngst geschehene merkwürdige Avancements.

I. Am Kayserl. und Königl. Ungarischen Hofe:

Nachdem die Kayserinn-Königinn sich im Apr. 1759 entschlossen, die seit einigen Jahren zertheilt gewesenen beyden landesfürstl. Stellen, nämlich die Nieder-Oesterreichische Repräsentation und Cammer und die Nieder Oesterreichische Regierung in Justiz-Sachen, wieder zu vereinigen, und auf den vormaligen Fuß unter dem alleinigen Titel einer Nieder-Oesterreichischen Regierung zu setzen, mithin hierzu ein neues Präsidium, aus ei-

III. Einige jüngst geschehene

nem Stadthalter, Vice-Stadthalter und Canzler bestehend, zu ernennen, so wurden den 17 Apr. durch den Grafen von Uhfeld 1) der wü. kl. geheime Rath, und bisher gewesene Assessor bey der obersten Justiz-Stelle, Franz Ferdinand, Graf von Schrattenbach, als Stadthalter; 2) Johann Joseph, Freyherr von Mannagetta und Lerchenau als Vice-Stadthalter, und 3) Thomas Ignatz von Pöck als Regierungs-Canzler, öffentlich introducirt; dargegen wurden der bisherige Präsident, Johann Joseph, Graf von Breuner, und der Vice-Präsident, Ferdinand Wilhelm Graf von Pergen, hohen Alters halben, mit Beybehaltung ihrer gewöhnl. Belohnungen erlassen.

Den 3 May 1759 wurden 7 Damen in den Hochadel. Stern Creutz Orden aufgenommen, worunter die ersten viere zu merken sind, nämlich: 1) Maria Francisca, Fräul. Gräfinn von Colloredo, Kayserl. Hof-Dame, 2) Theresia, Gräfinn von Kolowrat, gebohrne Gräfinn von Millesimo, 3. Philippina, Gräfinn von Morzin, gebohrne Gräfinn von Weisenwolf, und 4) Antonia, Gräfinn von Saurau, gebohrne Gräfinn von Daun.

Den 27 May a. e. wurde Joh. Baptista, Graf von Serbelloni, als Kayserl. und Königl. Ungarischer General-Feld-Marschall bey der Reichs-Executions-Armee vorgestellt, davon das Decret schon seit einem Jahre ausgefertiget gewesen.

Der General Wachtmeister von Tillier, ein Schweitzer, der die Catholische Religion angenommen,

merkwürdige Avancements. 61

men, hat im Jun. a. e. das Brounische Infanterie-
Regiment bekommen, sich aber zu Wien zu gleicher
Zeit sehr krank befunden.

Im Jun. a. e. sollen Carl Johann Philipp,
Graf von Cobenzl, bevollmächtigter Minister zu
Brüssel, und George Adam, Graf von Stah-
renberg, Kayserl. Gesandter in Frankreich,
den Ritter-Orden des güldenen Vließes bekommen haben.

II. Am Rußisch-Kayserl. Hofe:

Den 30 Oct. 1758 ward dem würkl. Staats-
rath von Aljusjew die Besorgung der Cabinets-
Geschäffte aufgetragen, an dessen Stelle der Hofrath Bechtejew zum Ceremonienmeister, mit Bri-
gadiers-Range, ernennt wurde.

Den 25 Mart. 1759 ward der Groß-Cantzler,
Graf von Woronzow, zu einem Mitgliede des
dirigirenden Senats ernennet.

Außer denen zu anderer Zeit *) angeführten
neuen Kriegs-Avancements, sind auch im Febr. 1759
folgende Obristen zu Brigadiers erhoben worden:

1. Wilhelm Löbel,
2. Johann de Brilly,
3. Jurasim Schwanenberg,
4. Carl Bachmann,
5. Der Fürst Chowanski,
6. Johann von Benkendorf,
7. Adam Brill,
8. Alexander Melgunow,
9. Der Graf von Bruce,
10. Ja-

*) Siehe die neuen Nachr. T. X. p. 713 sq.

III. Einige jüngst geschehene

10. Jacob Brand.
11. Nikifor Jelagim.
12. Johann von Derfelder.
13. Nicolaus Chomurow, General-Proviantmeister, und
14. Jacob Jeltschaninow.

Folgende Obrist-Lieutenants wurden Obristen: Friedrich Münster; Adam Romanus; Christian Rehbinder; Gregor Samaitin; Otto Peterson; Wasilei Schatilow; Wilhelm Brimmer; Carl Transee; Thomas Graews; Iwan Kislensky; Matthias Treyden; Carl Mohrenschild; Johann de Colong; Johann Relnsdorf; Sachar Iottof; Johann Rennenkampf; Gustav Raß; Joseph Macrofski; Carl Völkersam; Michaila Maslow und Baron Schulz; item bey dem Rostowischen und Sibirischen Regiment Gawrila Czerepow und Peter Kritscheenikow.

Folgende Premier-Majors wurden Obrist-Lieutenants: Johann Czerbatschew; Michaila Schatleew; Peter Graews; Iwan Nelmtsch; Ignatey Maechkov; George Grotenhelm; Alexander Tulubjew; Michaila Iebedew; Adolph von Burmann; Sergey Balkow; Anofrey Wolkow; Nicolay Soltikow; Rudolph Albrecht; Carl Behagel; Alexei Kozekin; Andrey Bruhs; Peter von Zimmermann; Carl von Bucholz; Iwan Drumont; Peter Gorskin; Gustav von Menseakampf; Johann von Vegesack.

Zu Premier-Majors von Second-Majors wurden ernennet: George Formaelen; Carl von Haubrshg; Jacob von Witten; Wilhelm von Engel-

Engelhard; Carl von Gersdorf; Adolph von
Weißmann; Ilya Salacorew; Wasiley Sytin;
Afonosei Subaus; Ignätei Tschigatschew; Ser-
men Oserow; Anton Mällenin; Alexander All-
mow; Fürst Alexander Prosorowski; Iwan Maslow; Johann Rehbinder; Gregor Schlischkow;
Fürst Dolgoruki; Manasein; Andrey Wajekow;
Carl Fischer; Iwan Koptew; Johann von But-
hösden; Wasiley Glotow; Johann Fischer; Wasiley Popow; Carl von Traubenberg und Paul
von Treyden, Ober-Quartiermeister. Hiernächst
ward der Premier-Major, Fürst Iwan Gart-
schakow, Obrist-Lieutenant, wobey er die Gene-
neral-Proviantmeister-Lieutenants-Stelle behielte.

Bey den Husaren-Regimentern wurden Obrist-
Lieutenants: Matthias Fuller; Fürst Iwan
Bagrationow und Friedrich Völker; Premier-
Majors aber: Fürst Demitrei Schalikow und
Iwan Malama.

Second-Majors bey der Cavallerie sind
folgende Rittmeister worden: George von Fran-
kenstein; Fürst George Dolgoruki; Pavel
Massurow; Trofim Misdrodo v, und Christoph
Montigall; bey der Infanterie sind es folgende
worden: Ivah Waltschanow; Gabrila Skura-
tow; Gottlieb Tunßelmann; Matthias Miller;
Wilhelm Eilers; Afonasei Botschkow; Nicolai
Krukowski; Peter Gurlew; Esdokim Domaschl-
row; Alexander Scherbatschew; Iwan Wl-
tomtow; Franz Coberty; Wolodimer Polonsky;
Nicolai Filenin; Nicolai Scherbatschew; Gri-
gorei

gorel Kosterew; Albert Kaderw; Fürst Peter Meschetski; Iwan Orlow; Nicolai Naumow, Alexander Rabinh, Friedrich Anderkas; Iwan Schilling; Alexander Asch; Fedor Lukin; Otto Beyer von Weißfeld, und Iwan Droßman. —

Im Apr. a. c. hat der gewesene Groß-Canzler, Graf Alexius von Bestuchew, durch ein Kayserl. Manifest unterm 5 Apr. 1759 sein Urtheil fällen bekommen, daß er an statt der verdienten Todes-Strafe nur auf seine Güter verwiesen, und daselbst bewacht werden solle; sein ganzes Vermögen solle ihm auch aus besondern Gnaden gelassen werden, wenn zuvor die an die Kayserl. Cassa verhafteten ansehnl. Summen beygetrieben worden; es solle auch seiner Frau und seinem Sohne frey stehen, entweder ihm zu folgen, oder an einem andern Orte sich aufzuhalten. Seine Verbrechen sind, 1) daß er sich vieler Sachen angemaßet, die ihm nicht gebühren, und durch allerley unerlaubte Wege gesucht, seine Gewalt zu erweitern und seine Ehrbegierde zu vergnügen; 2) die Kayserl. Befehle, die mit seinen Gesinnungen nicht übereingestimmt, nicht gehörig expedirt, und deren Erfüllung durch allerley heimliche Ränke gehindert; vieles zum Schaden der Kayserinn und des Reichs verschwiegen und vorsetzlich verborgen gehalten; viele Befehle ohne der Kayserinn Vorwissen, und oft wider ihren Willen ausgefertiget, 3) Den Großfürsten und die Großfürstinn durch allerley boshaftige Erdichtungen bey der Kayserinn verleumdet, auch durch verhaßte Insinuationes bey eben denselben hinwiederum die der Kayserinn schuldi-

schuldige, Liebe und Ehrfurcht zu verringern gesucht. Es wurde ihm auch Schuld gegeben, daß er sich während seinem Arrest sehr halsstarrig und widerspenstig erwiesen, auch ohngeachtet seiner größten Betheuerungen, und der ihm angedroheten Lebens-Strafe, kein aufrichtiges Bekenntniß abgeleget, sondern vieles verschwiegen, das man hernach aus seinen eigenhändigen Briefen entdeckt hat, den 19 Apr. in der Nacht wurde er auf seine Güter abgeführt, wohin ihm seine Gemahlinn und sein Sohn bald hernach folgten.

Die General-Majors von Stoffel und von Palmbach sollen wegen ihres Betragens gegen den General Fermor ihrer Dienste entlassen worden seyn.

Da der General, Graf von Fermor, im Winter bey seiner Abwesenheit zu Petersburg die Kayserinn gebeten, das Haupt-Commando der wieder die Preußen agirenden Armee, wegen seiner kränklichen Leibes-Constitution und überhäuften Beschäfftigungen einem andern Generale aufzutragen, so hat die Kayserinn im Junio 1759 den alten General, Grafen von Soltikow, der die Anciennität vor dem Grafen von Fermor hat, beordert, das Ober-Commando bey der Armee zu übernehmen, welcher es denn auch gethan hat; wobey zu gleicher Zeit dem Grafen von Fermor anbefohlen wurde, bey der Armee ebenfalls zu bleiben, und seinem eigenem Ansuchen gemäß unter demselben zu dienen.

Im Jun. a. c. empfieng der von seinen Reisen ohnlängst zurücke gekommene Cammerherr und

Ritter des St. Annen-Ordens, Fürst Dmitri Michailowitsch Golizin,*) den St. Alexander-Newski Orden.

Zu Ende im Jan. 1759 erhielte der Feld-Marschall, Graf von Daun, durch den Oesterreichischen Obristen Pellegrini, der die Nachricht von dem Siege bey Hochkirchen nach Petersburg gebracht, einen goldenen mit Brillanten gezierten Degen, der auf 10000 Rubel geschätzt wurde.

III. **Am Königl. Französischen Hofe.**

Im Apr. 1759 wurden der Graf von Berlick und der Ritter Pelletier General-Lieutenants der Königl. Armeen, und der Prinz von Rohan Marschall de Camp.

In eben diesem Monathe errichtete der König bey dem Kriegs-Departement zur Erleichterung des Marschalls von Belleisle, welcher Chef von demselben ist, und des Herrn von Crémille, der unter demselben arbeitet, zwey neue Chargen. Die erste hat der Herr von Foullon unter dem Titel als General-Intendant, und die andere der Ritter von Villiers unter dem Titel als Grand-Inspecteur erhalten.

Hiernächst ward der Erzbischof von Alby, Herr von Rochefoucault, zum Erzbischoff von Rouen, der Bischoff von Eureur, Herr von Choiseul, zum Erzbischoff von Alby, und der Abr von Marnezia zum Bischoff von Eureur ernennet.

In

---

*) Ich wünsche zu wissen, ob Golizin und Golizyn ein oder zweyerley Geschlechte sind.

merckwürdige Avancements. 67

Im May a. e. wurde der Obrist Fifiber zum Brigadier ernennet, der Graf von Maillebois aber, der seit einem Jahre nach dem Castell zu Dourlens relegirt gewesen, kriegte Erlaubniß sich auf seine Güter zu begeben, unter der Bedingung, daß der Marschall, sein Vater, für dessen Aufführung stehen sollte.

Im Jun. a. e. erhielte der Graf Dessalles, Obrister von den Grenadiers de France, das Infanterie-Regiment Saintonges, der Graf von Preißac de Cadillac, Obrister der Volontairs von Flandern, das Cavallerie-Regiment Harcourt, das, der neue General-Commissarius bey der Cavallerie, Marquis von Beauvron, gehabt, der Marquis von Escouloubre das Cav. Regiment Hesrichemont, und der Ritter von Jancoult das Regiment Volontairs von Flandern. Der General von Chevert erhielte das Gouvernement von Bellisle.

Nachdem der junge Hertzog von Bourgogne, als Chef des St. Lazari-Ordens, den König gebeten, den jungen Edelleuten, deren 40 an der Zahl aus der Militair-Schule gegangen sind um als Subaltern-Officiers zu dienen, das Creutz dieses Ordens geben zu lassen: so hat der König diesem Prinzen nicht nur solches bewilliget, sondern auch eine Pension von 400 Livres damit verknüpft, biß daß sie durch ihre Dienste das St. Ludwigs Creutz verdienen würden.

E 3　　　　　　　　　IV. Am

IV. Am Königl. Großbritannischen Hofe.

Im Apr. 1759 erhielte der Lord Tyrawley das Gouvernement zu Portsmouth, dem Herren Legard und Charles aber wurde die Erziehung der beyden Prinzen, Wilhelm Heinrichs und Heinrich Friedrichs, anvertrauet, davon der erstere zum Gouverneur, der letztere aber zum Unter-Gouverneur ernennet wurde.

In eben diesem Monathe wurden der Graf von Besborough und Herr Trevor Hampden zu General-Directeurs der Posten dieses Königreichs, an die Stelle des verstorbenen Grafens von Licester und des ebenfalls verstorbenen Akers Falkener, ernennet.

Der Prinz Eduard, der eine ganz besondere Neigung zu dem Seewesen hat, ist zum Schiffs-Capitain ernennet, und ihm das Kriegs-Schiff Phönix gegeben worden. Es führt 44 Canonen, ist auf dem Werfte zu Limehouse an der Themse erbauet worden, und der Prinz hat es den 25 Jun. vom Stapel laufen gesehen.

Der Obrist Clavering, der die Nachricht von der Eroberung von Guadaloupe nach London gebracht, auch zu solcher selbst vieles beygetragen, ward im Jun. s. e. Königl. General-Adjutant und Obrister der Infanterie.

In eben diesem Monathe ward der Feld-Marschall, Lord John Ligonier, zum Grand-Maitre der Artillerie an des Herzogs von Marlborough baracht wyrd Cantzler gemacht. In Als auch der Graf von Westmoreland, zum Cantzler der Universität Oxford eingesetzt wurde, nahmen unter andern die Grafen von Northampton und von Macclesfield die Doctor-Würde in der Rechtsgelehrsamkeit an.

V. In Pohlen:

Den 11 Mart. 1759 ward der Ertzbischoff von Lemberg, Ladislaus Lubienski, zum Fürsten Primas und Ertzbischoff von Gnesen ernennet, auch den 9 Apr. von dem Pabste darzu bestätiget.

VI. Am Königl. Dähnischen Hofe:

Den 2 Apr. 1759 ward der Königl. Cammerherr und Landrath, Herr von Rantzau, zum Vice-Cantzler im Hertzogthum Schleßwig ernennet.

Im Jun. a. c. wurden der Printz von Sachsen-Hildburghausen und der Graf von Isenburg General-Majors. Der General-Lieutenant von Moltke erhielte die Commendanten-Stelle zu Cronenburg, und der General Kaltreuth bekam dessen schönes Dragoner-Regiment.

VII. Am Königl. Schwedischen Hofe:

Im Mart. 1759 ward der General Lantingshausen Stadthalter zu Stockholm, der General Graf Lieven, aber regulirte zu Petersburg den Operations-Plan. Er langte den 17. Apr. zu Petersburg an, und kehrte den 3 Jul. wieder zurücke. Er kriegte eine kostbare mit Diamanten besetzte Dose,

---

*) Es ist dieses bey seinem Leben, T. X. p. 564. anzumerken.

Dose, 4000 Rubels am Werthe, und 3000 Rubel baar Geld zum Geschenke.

Der General Hamilton hat sich wegen der ihm zur Last gelegten Beschuldigungen zu Stockholm gerechtfertiget.

Im Apr. a. e. erhielte der Obrist-Lieutenant Baron H. Flemming, die Obristen-Stelle des Nyland- und Tavasthusischen Dragoner-Regiments.

Im Jun. a. e. ward der General, Baron von Kaulbars, zum ersten und beständigen Directeur des großen Waysen-Hauses zu Stockholm, das die Frey-Mäurer daselbst gestiftet haben, ernennet.

Als den 28 Apr. a. e. der jährl. Ordens-Tag gehalten wurde, ward der General-Major, Baron Berend Lieven, zum Commandeur des Schwerdt-Ordens, und der Staats-Secretair, auch Ritter des Nordstern-Ordens, Friedrich von Stenhagen, zum Secretair von allen Königl. Orden ernennet. Es wurden zugleich eine große Menge von Officiers zu Rittern des Schwerdt-Ordens, zu Rittern des Nordstern-Ordens aber der Lagemann, Baron J. A. A. von Knorring, der Admiralitäts-Cammerrath, H. A. Löwenschild und der Baron P. Ehrencron creirt.

VIII. Am Königl. Portugiesischen Hofe:

Don Emanuel de Saldanha, ist schon vor einiger Zeit Vice-König zu Goa worden.

Den

merkwürdige Avancements. 71

Den 6 Jun. 1759 als an des Königs Geburths-Tage, ward Don Sebastian Joseph de Carvalho zum Grafen von Oeyras und Herrn von solcher Stadt und dem Flecken Pombal erhoben, wobey ihm zugleich eine Commende, die auch seine Söhne und Enkel zu genüßen haben sollen, ertheilt wurde. Die Dominicaner zu Lissabon haben 3 Tage hinter einander durch wiederhohlte Illuminationes bezeugt, wie vielen Antheil sie an der Erhebung des Grafen von Oeyras nähmen.

IX. Am Königl. Preußischen Hofe:

Im May 1759 wurden bey den Dragonern folgende Obrist-Lieutenants zu Obristen erneuret:
1. von Bülow bey Bayreuth,
2. von Versen bey Holstein Gottorp,
3. von Münchow bey Prinz Eug. von Würtemberg.
4. von Pomeiske bey Manstein, und
5. von Zastrow bey Normann.

Kurz darauf wurde der Obriste und Chef eines Dragoner-Regiments, Herr von Platen, zum General-Major der Cavallerie, und der Major bey dem Leib-Carabinier-Regimente von Biederfee zum Obrist-Lieutenant ernennet. Es wurde auch der bißherige Obrist-Lieutenant des Szekulischen Husaren-Regiments, Herr von Kleist, nicht nur zum Obristen erklärt, sondern ihm auch das Szekulische Regiment selbst ertheilt. Er hat nachgehends sein Regiment noch mit einigen Escadrons sogenannter Frey-Husaren vermehrt, die theils zu Leipzig, theils zu Dreßden angeworben und wohl mäntlet worden. Ein gewisser Ungarischer Ueberläufer, Namens Kovarsch, ist Rittmeister dabey worden. Zu gleicher Zeit erhielte auch der General-Major von Ramin das Kreytzische Infanterie-Regiment.

Im Jul. a. c. wurde der Obriste und Chef eines Infanterie-Regiments, Herr von Sydow, zum General-Major erklärt, der General-Major von Schenkendorf aber erhielte das Puttkammerische Infanterie-Regiment.

X. Am Chur-Hannövrischen Hofe:

Im Apr. 1759 hat der General-Lieutenant von Oberg, und der General-Major von Diepenbroick die gebetene Erlassung ihrer Dienste mit ansehnl. Pensionen; und der letzte zugleich mit General-Lieutenants-Character erhalten, welches auch dem aggregirten Obristen bey dem Scheiterschen Regimente, Herrn von Ompteda, wiederfahren; dargegen wurden die General-Majors von Hardenberg und Wangenheim zu General-Lieutenants erklärt.

Im May a. c. erhielte der General-Major von Dachenhausen die gesuchte Erlassung mit einer Pension, worauf dessen Dragoner-Regiment der Obrist von Breitenbach, das Breitenbachische Cavallerie-Regiment aber der Hammerstelnische Obrist-Lieutenant von Veltheim kriegte. Auch bekam der General-Major von Zepelin mit General-Lieutenants-Character, und der Obrist-Lieutenant von Horn bey dem Grothausischen Regimente mit Obristen-Character seine Erlassung. Es hat

hat auch der General-Lieutenant von Bruck
abgedankt.

Den 26 Jun. a. c. wurde der General-Major
den Zastrow zum General-Lieutenant von der Infanterie, der Obrist Herr von Breitenbach, der
ältere, zum General-Major der Cavallerie, und
die Obristen von Stolzenberg, Drepes, Scheele
und Halberstadt, zu General-Majors der Infanterie ernennet.

Im Jul. a. c. verließ der General-Major von
der Schulenburg seine Kriegsdienste bey der alliirten Armee.

XI. In Holland:

Die Staaten von Holland haben, für gut befunden, dem Feld-Marschall, Herzog Ludwig
von Braunschweig, im Jun. 1759 die Ausübung
der Chargen eines Obristen und Capitains der
Garde du Corps des Prinzen-Stadthalters zu übertragen, nachdem der General-Lieutenant von Grove-
stins Erlaubniß erhalten, dieselben niederzulegen.

XII. In der Schweiz:

Nachdem den 14 May 1759 der bisherige Bürgermeister zu Zürch, Herr Johann Frieß, gestorben, so ist den 16ten dieses an dessen Stelle Herr
Hanß Jacob Leu zum Bürgermeister und
Chef der Republik Zürch erwählet worden. *)

---

*) Ich gedenke dieser Erhebung mit desto größerem
Vergnügen, da eben dieser Herr Leu schon seit
vielen Jahren mein werthester Gönner und treue-
ster Correspondente gewesen. Gott wolle ihn
viele Jahre in dieser neuen höchst ansehnlichen
Würde die Früchte seiner vielen Verdienste genüßen laßen.

Dieser ist 1680 gebohren, und nachdem er von 1719 bis 1729 in der Canzelen die untern Stellen bekleidet, ward er Stadtschreiber, 1735 Land-Vogt der Grafschaft Nyburg, 1744 Mitglied des kleinen Raths, und 1749 Seckelmeister.

Im Mart. a. e. resignirte Christoph Steiger die Stelle eines Schultheissens zu Bern, welches die oberste Stelle bey dieser Republick ist, worauf an dessen statt den 28 Mart. a. e. Albrecht Friedrich von Erlach, auf Hindelbank, Urtenen, Bärlswyl und Mattstetten, Kaysers Cammerherr und Ritter des Bareuthischen rothen Adler, des Würtembergischen grossen Jagd- und Baden-Durlachischen Fidelitäts-Ordens, zum Oberhaupt und Schultheiß des Cantons Bern erwählet wurde. Er ist 1696 gebohren.

* *

IV.
Die Einrückung der Preußischen Trouppen in Pohlen.

Die Pohlen besorgten gleich von Anfang des gegenwärtigen Kriegs, es möchte ihr Vaterland ein Tummel-Platz der Kriegführenden Trouppen werden, daher sie so schwer daran giengen, denen Russen den Durchzug nach den Preußischen Landen zu verstatten. Man mußte allerdings die Mäßigung des Königs von Preußen bewundern, daß er diesen Durchzug nicht gleich für eine Verletzung der Neutralität ausgab, und sich deshalben an der Republik zu rächen suchte. Es giengen auch würklich einige Jahre hin, ehe er denen Poh-

der Preußischen Trouppen in Pohlen. 75

in seinen Unweisen, den er darüber geschöpft, empfinden ließ. Endlich erfolgte solches im Febr. 1759, in-
ein Corps von etliche 4000 Mann, unter den General-
Majors von Wobersnow und von Braun aus Schlesien nach den Gegenden von Reußen und Lissa abgeschickt wurde. Sie langten den 24 Febr. daselbst an,
und verlangten bey dem daselbst residirenden Fürsten
von Sulkowski, den Durchmarsch. Nach gekehr-
ter Besichtigung der dasigen Gegend, rückten sie vor
das Fürstl. Schloß und kündigten dem Fürsten, jedoch
mit Beybehaltung seines Degens, den Arrest an. Die
Fürstl. Garde und Grenadiers wurden darauf entwaf-
net, die dort herum liegenden leichten Reuter aber durch
die Husaren aufgehoben, davon man zwar die Ober-
und Unter-Officiers wieder los ließ, die Gemeinen aber
zu Kriegs-Diensten zwang. Der Fürst selbst wurde
den folgenden Tag nach Glogau gebracht, *) die Preußen aber setzten den Marsch nach Posen fort, nachdem sie
eine Quantität Mehl und Fourage mitgenommen, auch
mehrere ausgeschrieben hatten.

Das Manifest, das die gedachten Generals in
Pohlen ausstreueten, war später datirt, als der Einfall
würklich geschahe, und lautete also:

„Wir Friedrich, von Gottes Gnaden König in
Preußen &c. Entbieten der Durchl. Republik Pohlen,
denen ansehnlichen Herren Magnaten und allen übrigen
Einwohnern dieses Königreichs, Unsern freundschaftlichen und gnädigen Gruß! Da Wir bey gegenwärtigen
Zeitläuften nicht umhin können, ein und anderes Corps
Unserer Treuppen in das Königreich Pohlen einrücken
zu lassen, so wird ein jeder Unpartheyischer gestehen,
daß wir vollkommen befugt seyn, uns hierunter eben
desselben Rechts zu bedienen, welches die Russen gebraucht haben, um gegen Uns feindlich zu agiren. Jedoch ist hierbey der große Unterschied, daß Wir nichts
weiter als einen, der Durchl. Republik ohnschädlichen
und

*) Er ist im May gegen Caution von Glogau nach
seiner Residenz zurücke gebracht worden.

nes oder jüdicirlichen Durchmarsch verlangen, sondern daß die Russen die Pohlnischen Garnisons und
Trouppen vertrieben haben, und auf die Possession der
von aller der Durchl. Republik Protection stehenden
ansehnlichsten Plätze bringen. Gleichwie Wie nun für
Unsere Trouppen, bey ihrem Hin- Durch- und Zurück-
marsch, dergleichen zu fordern keineswegs gemeinet
sind, noch jemanden von denen Unterthanen der Durchl.
Republik feindlich begegnen lassen werden, außer daß
daß Wir etwan die öffentlichen Abkünften der Russen, und die als Particuliers alle Animosität gegen Uns
erwiesen, auch Unsrer Feinde Parthey öffentlich ergriffen, Unsere gerechte Indignation darüber empfinden
lassen möchten; Also declariren Wir Kraft dieses Unsers, auf das feyerlichste, daß Wir so wenig gegen des
Königs von Pohlen Majestät, als gegen die Durchl.
Republik Pohlen im geringsten feindlich achten, sondern
im Gegentheil allezeit die Republik, deren Gesetze
und Untertanen bey allen ihren Prärogativen, Privilegien und Freyheiten, nach aller Unserer Macht zu manu-
teniren und zu protegiren; dieselbe von Unserm unveränder-
lichen Desinteressement ferner zu überzeugen, und das
Band der engsten Freundschaft sowohl bey dieser, als
jeder andern Gelegenheit zu conserviren suchen werden, maßen Wir hierdurch nochmals auf das heiligste
versichern, daß Wir durch den gegenwärtigen Einmarch
Unserer Trouppen, nichts feindliches gegen die Durchl.
Republik intendiren, sondern nur Unsere Feinde abzuhalten, und an ihren feindseligen und schädlichen Absichten zu hindern trachten. Urkundlich unter Unsrer
höchst eigenhändigen Unterschrift und beygedruckten
Königl. Insiegel. Gegeben Breslau den 2. Mart.
1759.

Wegen des Fürsten von Sulkowsky Aufenthalt
ließ der König eine besondere Declaration bekannt machen, die dieses Inhalts war:

„Se. Maj. hätten zwar durch Dero Manifest von
2 März feyerlich versichert, daß Dero in Pohlen ein-
rückende Trouppen den Gliedern und Unterthanen der
Republik

der Preußischen Troppen in Pohlen.

Republique feindlich begegnen sollten; doch wären diejenigen davon ausgenommen gewesen, die sich zu Gunsten der Russen erkläret, oder doch deren Partheÿ unterstützt hätten. Da nun der Fürst von Sultikow sich nicht nur der Armee Sr. Maj. großen Tort gethan, sondern sogar, wie aus seinem Gesuch erhelle, mit Aufrichtung eines Regiments unter Anführung seines Sohnes umgegangen, welches er nur, zum Schein, Sr. Königl. Pohlnischen Majestät hätte antragen, selbige aber zugleich ersuchen lassen wollen, damit von wegen des Fürsten Ihro Kayserl. Königl. Maj. ein Geschenk zu machen; so sey die an diesem Fürsten genommene Ahndung sehr gerecht; übrigens ware durch diese Privat Sache die genaue Freundschaft Sr. Maj. des Preußen, mit der Durchlauchtigsten Republik Pohlen keineswegs verletzt worden.

Das Preußische Corpo langte den 28 Febr. zu Posen an, und bemächtigte sich des dasigen Magazins, worauf es den 4 Mart, die Stadt wieder verließ, und sich nach Schlesien zurücke zog. Als man zu Petersburg von dem Einmarsche der Preußen in Pohlen Nachricht empfienge, kriegte der General-Lieutenant Jestromow, welcher die Armee in Abwesenheit des Grafens von Fermor commandirte, Befehl, die Trouppen aus den Winter Quartieren aufbrechen zu lassen, und dem eindringenden Feinde entgegen zu gehen, der aber selbst sich bald wieder zurücke zog.

Den 19 Mart, langte der Graf von Fermor aus Petersburg zu Königsberg an, von dar er den 21sten seine Reise nach Marienwerder, wo er sein Haupt-Quartier hatte, fortsetzte, um das Commando der Rußischen Armee zu übernehmen. Jedoch den 29 Jul. langte der General en Chef, Graf von Soltikow, bey derselben an, der mit Genehmhaltung des Grafens von Fermor das Commando übernahm, nachdem er den 5ten von Petersburg abgereiset war.

Immittelst hatte der Rußische General, Fürst Gallizin, unterm 28 May ein Patent publiciren lassen, darinnen er denen Pohlen, die Macht der Rußischen

Armee

IV. Die Einrückung

Armee von 40000 Mann nach Glogau angekündiget und die Anschaffung der benöthigten Lebens-Mittel für dieselbe verlanget hatte. Der König in Preußen ward dadurch bewogen, bey Landsberg an der Warta eine Armee zusammen zu ziehen, über die der Graf von Dohna das Commando kriegte, der deßhalben den 21 May von Berlin dahin aufbrach. Die Rußen streiften indessen stark in die Preußischen Lande, und übten viele Gewaltthätigkeiten aus. Den 20 Jun. kam eine Parthey von 2000 Mann über die Neumärkischen Städte Dramburg, Neuwedel und Reetz, und suchte sogar die Stadt Stargard zu überrumpeln. Da aber der allhier mit 200 Mann stehende Major von Podel mit Feldstücken unter sie feuern ließ, retirirten sie sich, nachdem sie eine Vorstadt ausgeplündert und unbewehrte Menschen erstochen hatten. Sobald der Graf von Dohna von dieser Streiferey Nachricht bekommen, detaschirte er den General-Major Malachowski nach Arenswalde, es hatte sich aber schon der ganze Schwarm in solcher Eilfertigkeit über Fürstenau nach Pohlen retirirt, daß man nur 2 Mann davon gefangen kriegte.

Den 23sten Jun. brach der Graf von Dohna mit der Armee von Landsberg nach Pohlen auf, und schlug den 25sten sein Lager bey Schwerin. Der General Malachowski, den er mit der Avant-Garde voraus schickte, mußte in seinem Namen aller Orten in Lateinischer und Pohlnischer Sprache folgende Declaration bekannt machen:

„Se. Königl. Maj. in Preußen, mein allergnädigster Herr, finden sich gemüßiget, einen Theil höchst Dero Armeen unter meinem Commando in das Gebieth der Erlauchten Republik Pohlen einrücken zu lassen, um von Dero Staaten die Einbrüche abzuwenden, womit solche vom Feinde bedrohet werden. Durch solchen Schritt ist man gar nicht gemeint, die bisher zwischen Sr. Königl. Maj. von Preußen und der Erlauchten Republik von Pohlen obwaltende nachbarliche Freundschaft zu stören, oder derselben einigen Eintrag

zu

der Preußischen Troupen in Pohlen. 73

zu thun, ja nicht, wie bisher, man die Versicherungen, daß desfalls nichts geschehen werde, was den bißher geäußerten Gesinnungen entgegen seyn könnte, dagegen nun aber auch von Seiten einer Erlauchten Republik, um so mehr aller freund nachbarlichen Willfährigkeit sich versiehet, da man nichts mehr verlanget als was den selbsteigenen Mächten einzuräumen wären. Diesemnach wollen die sämmtl. Herren von Adel, Eigenthümer und Magistrate der Gegenden längst den Preußischen Gränzen biß hinter Posen jedes Orts anschaffl. Vorräthe von Lebens-Mitteln, Getrayde und Fourage auf eine Armee von einigen 40000 Mann des förderfamsten zusammen bringen lassen, und der festen Versicherung seyn, daß nichts ohne baare Bezahlung davon verlanget oder genommen werden. Wobey man jedoch hinzu zu fügen sich nicht entübrigen kann, daß, wenn es an einem oder anderen Ort an ermeldeten Naturalien fehlen sollte, man eben dadurch sich gedrungen sehen würde zu fouragiren, und sich darunter gleicher Rechte zu bedienen, deren sich eine jede Macht anmaßet, die mit einer Erlauchten Republik in Frieden und Freundschaft zu stehen, öffentlich, so eins bedeutet. Man ist aber des Vertrauens, es werden sämmtl. Jurisdictiones der Oerter längst der Gränze biß hinter Posen und weiter, es sich angelegen seyn lassen, biß baldigsten alles dasjenige herbey zu schaffen, was zur Subsistenz der Königl. Preußischen Armee, bey deren nechsten und in wenig Tagen zu erfolgenden Ankunft, in solchen Gegenden erforderlich ist, und werden Jedem von selbigen alle Unordnungen auf das sorgfältigste verbüten, und alles mit baarem Gelde bezahlet werden. Gegeben im Feldlager den 15 Jun. 1759.

Christoph, Burggraf und Graf
zu Dohna.

Nicht lange hernach gab der Graf von Dohna ein abermaliges Patent heraus, das den 22 Jun. unterschrieben worden. Es wurde darinnen das Obige umständlich wiederhohlt, aber auch dieses noch hinzu gesetzt: Sollte jemand

IV. Die Einrückung der Preußischen ꝛc.

jemand Neigung in Königl. Preußische Kriegsdienste zu treten, und Lust und Vorsatz sich darinnen treu und redlich zu verhalten, der kann sich im Haupt-Quartier melden, und gewärtig seyn, daß nicht allein auf 3 bis 4 Jahr Capitulation bewilliget, sondern auch ein gutes Handgeld gezahlt werden soll. Wären auch etwan die Fürsten und Glieder einer Erlauchten Republik disponirt, einen Aufsitz zu veranlassen und Trupp- oder Fahnen-Weise sich zu der Preußischen Armee zu wenden, und mit selbiger gemeinschaftliche Sache zu machen, so können sie sich aller guten Aufnahme versprechen."

Wider diese Preußischen Declarationes gab die Rußische Kayserinn unter dem 13ten Julii eine nachdrückliche Gegen-Erklärung heraus, darinnen sonderlich die jetzt angeführten Einladungen zu Preußischen Kriegs-Diensten sehr übel ausgelegt, und desthalben die härtesten Drohungen wider alle, die denselben Gehöre geben würden, ausgestoßen wurden.

Indessen setzte die Preußische Armee unter dem Grafen von Dohna über Birnbaum, Sterabow und Wronky bis Obrzycko, wo man ein Rußisches Magazin aushub, ihren Marsch an dem rechten Ufer der Watta fort, während daß die Rußische Armee sich auf der linken Seite derselben befand, bey welcher den 29sten die letzte Division unter dem General Frolow-Baggeow, wie auch der neue commandirende General, Graf von Soltikow, anlangte, der den 1 Jul. die ganze Armee bey Posen die Musterung paßiren ließ. Die Preußen giengen hierauf bey Obernick über die Warta, und waren entschlossen die Russen bey Posen anzugreifen, die aber nicht Stand hielten, weil ihr Absehen nur auf Schlesien gerichtet war. Beyde Armeen kamen einander den 12 Jul. sehr nahe, und canonirten stark auf einander.

www.ingramcontent.com/pod-product-compliance
Lightning Source LLC
Chambersburg PA
CBHW021225300426
44111CB00007B/431